PPN 150593635

(SU) 332.6
LES

Introduction aux Marchés Financiers

AF853643

Dans la même collection

(extraits)

BELLIER-DELIENNE A. et KHATH S., *Gestion de @trésorerie*, 2e éd.

DEBEAUVAIS M. et SINNAH Y., *La gestion globale du risque de change : nouveaux enjeux et nouveaux risques*, 2e éd.

DESBARRIÈRES N., *La bourse et ses back-offices*, 4e éd.

DESBARRIÈRES N. et MIGUEL M., *Les OPCVM.*

DESCLOS D., *Analyse-crédit des PME.*

DUPONT C. et AUDEBERT-LASROCHAS P., *Prévisions financières et tableau de variation d'encaisse.*

ESPOSITO M.-C., *Dictionnaire de l'économie, de la finance et de la comptabilité (anglais/français français/anglais)*, 5e éd.

HOUDAYER R., *Évaluation financière des projets*, 3e éd.

JAFFEUX C., *Le second marché – Mythes et réalités.*

JEANNICOT K. et BEN LARBI S., *Management des risques financiers et marchés organisés.*

LA BAUME Ch. (de), *Gestion du risque de taux d'intérêt*, 2e éd.

LABADIE A. et ROUSSEAU O., *Credit management – Gérer le risque client.*

LEUTENEGGER M.A., *Les tableaux d'analyse des flux.*

LOINTIER J.C., SALVIGNOL J.L., BUAILLON G., *L'entreprise et la banque – Leur relation d'affaires en pratique.*

MAHÉ de BOISLANDELLE H., *Dictionnaire de gestion.*

MONTIER J. et GRASSI O., *Techniques de consolidation*, 2e éd.

PARRAT F., *Reprise et transmission de l'entreprise – Aspects stratégiques, juridiques et fiscaux.*

PERFETTI P., *Analyses techniques.*

PIGET P., *Gestion financière de l'entreprise*, 2e éd.

PIGET P., *Comptabilité analytique*, 6e éd.

PILVERDIER J. et HAMET J., *Le marché financier français*, 4e éd.

RIVA F., *Applications financières sous Excel en Visual Basic*, 3e éd.

THAUVRON A., *Évaluation d'entreprise*, 3e éd.

Collection **Techniques de Gestion**

dirigée par Yves Simon, Professeur à l'Université de Paris-Dauphine

Introduction aux Marchés Financiers

CENTRE D'ETUDES UNIVERSITAIRES
DE BOURG ET DE L'AIN
UNIVERSITÉ JEAN MOULIN
LYON 3
3, rue des Casernes
01000 BOURG EN BRESSE
Tél. 74 23 82 30

3e édition

Erwan LE SAOUT

Préface de Jean-François THÉODORE

Ancien Directeur Général Adjoint de NYSE Euronext

ECONOMICA
49, rue Héricart, 75015 Paris

© Ed. ECONOMICA, 2011

Tous droits de reproduction, de traduction, d'adaptation et d'exécution réservés pour tous les pays.

Préface

Ces dernières années ont été marquées par une mutation sans précédent des marchés financiers internationaux et par une innovation permanente en matière de techniques boursières et d'instruments financiers dont a pu bénéficier l'ensemble des intervenants. Première bourse paneuropéenne, Euronext a été au cœur de cette dynamique et un acteur principal du mouvement de consolidation des marchés, comme en atteste sa fusion avec le New York Stock Exchange. Formé en avril 2007, le nouvel ensemble NYSE Euronext constitue le groupe boursier leader dans le monde, offrant la gamme de produits et de services la plus diversifiée et créant un véritable pont transatlantique entre New York, le pilier américain, et Euronext, le pilier européen, et entre deux des trois principales devises mondiales, le dollar et l'euro. À ce titre, il offre à l'ensemble des acteurs des marchés financiers – sociétés cotées, investisseurs, intermédiaires financiers et sociétés de gestion – des perspectives nouvelles et porteuses de nouvelles opportunités d'innovation et de développement. En tant que leader mondial du secteur, NYSE Euronext est aujourd'hui à même de répondre aux nombreux défis qui se présentent à elle, comme lors de l'entrée en vigueur en Europe le 1er novembre 2007 de la directive sur les Marchés d'Instruments Financiers, qui élabore un nouveau cadre de régulation des marchés favorisant la concurrence entre marchés réglementés, systèmes multilatéraux de négociations et internalisateurs systématiques.

Devant tant de transformations passées et à venir, il faut admettre qu'il peut paraître délicat de s'y retrouver. Et ceci bien que la Bourse, longtemps considérée comme un domaine réservé à un public averti, se soit grandement démocratisée depuis quelques années, notamment grâce au développement des nouvelles technologies de l'information et de la communication et à la mise en place de nombreux outils à destination des investisseurs particuliers pour la gestion de leur épargne. C'est ici tout le mérite d'Erwan Le Saout dont je tiens à saluer l'excellent travail à l'occasion de la deuxième édition de son ouvrage *Introduction aux Marchés*

Financiers. On y retrouve le sens de la pédagogie dont l'auteur faisait preuve lorsqu'il assurait les formations d'initiation aux marchés financiers pour le compte de l'École de la Bourse. Cet ouvrage ne permet pas seulement d'apprendre mais aussi de comprendre les marchés financiers.

Jean-François THÉODORE
Ancien Directeur Général Adjoint de NYSE Euronext

Introduction

Les marchés financiers ou bourses de valeurs sont des lieux où s'échangent différents produits financiers. Parmi ceux-ci les plus connus sont les actions et les obligations. Cependant il existe une multitude d'autres produits dont le nombre n'est limité qu'à l'imagination des financiers.

Le rôle des marchés financiers est de tout premier ordre. La bourse joue en effet le double rôle d'être à la fois un lieu de financement et un lieu de placement. Les marchés financiers permettent une allocation efficace des ressources dans le temps et dans l'espace. Les entreprises y trouvent une partie des capitaux nécessaires à leur expansion, l'État y finance le déficit de ses comptes, et les investisseurs présentant une capacité d'épargne positive peuvent devenir les associés des plus grandes entreprises privées industrielles et commerciales par le biais des actions ou devenir les créanciers de ces sociétés et des collectivités publiques. Comme l'expliquent Jacquillat et Solnik (2002), il y a inadéquation entre la richesse individuelle et la taille des entreprises. La bourse permet aussi la mutualisation des ressources.

Les marchés financiers permettent également l'allocation et la gestion des risques. La cession sur le marché d'une partie des actions composant le capital d'une entreprise permet de transférer le risque vers d'autres actionnaires sans accroître le risque total de l'entreprise. L'émission de dette par l'entreprise permet à ses actionnaires de transférer une partie de leurs risques sur les actionnaires des institutions de crédit. De plus, nous verrons que les marchés financiers vont permettre aux actionnaires de diversifier leurs engagements, et donc leurs risques, sans entamer leur espérance de rentabilité. La gestion des risques ne se limite pas au seul risque des actions ; elle s'étend aux risques de change ou au risque de taux d'intérêt. Les marchés financiers proposent aux investisseurs des instruments de couverture comme les options ou les contrats à terme.

Une autre fonction concerne la liquidité des investissements. Les marchés permettent également de ne pas immobiliser les titres de propriété définitivement et d'autoriser les investisseurs à se désengager quand ils le souhaitent. Cette absence de contrainte à la sortie ne peut que faciliter le rapprochement entre le besoin de capitaux et l'offre d'épargne. Cette possibilité de négociation « à tout instant » correspond à la liquidité ni plus ni moins. Les marchés financiers permettent la liquidité des titres financiers.

Par ailleurs, la concentration d'acteurs sur les marchés financiers facilite la diffusion d'informations. Les marchés obligataires et de swaps [1] renseignent sur le coût de l'argent. Les marchés d'actions tiennent un rôle de juge entre les entreprises suivant leur niveau de performance et déterminent ainsi un prix d'équilibre et la prime de risque attendue par les investisseurs pour chaque titre. Les marchés peuvent être également le théâtre de modifications des structures de production telles que des prises de contrôle. Enfin, ils permettent des opérations d'arbitrage qui consistent à exploiter d'éventuels déséquilibres de marchés et contribuent à les faire disparaître et à assurer ainsi l'efficience des marchés financiers.

Ce manuel d'introduction aux marchés financiers comporte trois parties.

La première est consacrée à la présentation des principaux instruments financiers qui peuvent être négociés sur les marchés financiers qu'ils soient réglementés ou non. Les différentes classes d'actifs que sont les titres de créances, les actions, les produits dérivés ainsi que les produits d'épargne collective sont passés en revue. Cette partie ne se limite pas à une simple présentation des caractéristiques de ces actifs financiers ; il est également précisé les différents éléments constitutifs de la valeur de ces actifs.

La deuxième partie présente les modalités d'organisation des échanges sur les différents marchés financiers ainsi que les différents intervenants participant aux négociations. Un chapitre est entièrement consacré aux règles de marché de la Bourse de Paris. L'analyse est complétée par un chapitre relatif à la création et à l'utilité des indices boursiers.

Les ingrédients et les ustensiles maîtrisés, il est temps de découvrir quelques recettes. C'est l'objet de la troisième partie de ce manuel. Elle expose les concepts fondamentaux de la gestion de portefeuille en particulier l'arbitrage entre l'espérance de rentabilité et le risque. Il y est relaté les bienfaits de la diversification ainsi que les différentes techniques de gestion qui découlent du paradigme rentabilité/risque.

---

1. Un swap constitue une opération d'échange entre deux entités pendant une période définie. Les échanges portent généralement sur des flux financiers comme un différentiel de taux d'intérêt.

PREMIÈRE PARTIE

Les instruments financiers

Cette première partie présente les principaux instruments financiers négociables sur les marchés financiers. Chaque classe d'actifs fait l'objet d'un chapitre. Les titres de créances, les obligations, les actions, les produits dérivés et les produits d'épargne collective sont ainsi exposés. Préalablement à cette présentation, un premier chapitre est consacré aux mathématiques financières. Celui-ci permettra au lecteur de mieux appréhender l'évaluation de certains actifs financiers.

Chapitre 1

La valeur du temps

Ce premier chapitre est consacré à l'analyse de la valeur du temps, et plus précisément au taux d'intérêt qui est un concept capital en finance. Le taux d'intérêt se situe au cœur des développements relatifs aux marchés financiers. Son analyse permet de mieux appréhender les décisions d'investissement et de financement ainsi que la valorisation des différents instruments financiers.

1. Le taux d'intérêt

Dans la vie de tous les jours notamment lors d'opérations d'investissement, on a recours à des calculs d'intérêts. Si on emprunte de l'argent auprès d'une banque, on remboursera plus que ce qu'on a emprunté. Inversement, on immobilise ses deniers personnels dans un placement que si en retour on peut en tirer un revenu. L'intérêt correspond à la différence entre la somme prêtée et celle remboursée. Il peut se définir comme le prix du service rendu à l'emprunteur ou la rémunération versée par l'emprunteur afin de disposer d'une somme d'argent pendant une durée déterminée.

Sur le plan théorique, le taux d'intérêt reflète l'inflation (théorie monétariste) ou encore l'équilibre entre l'offre et la demande des capitaux (théorie keynésienne). L'intérêt caractérise également la préférence temporelle des agents économiques. Ceci correspond à la rémunération de l'abstention de consommer.

1.1. La structure par terme des taux d'intérêt

Si on demande à son banquier un prêt pour financer une acquisition, le taux d'intérêt de l'emprunt proposé va dépendre du délai de remboursement. Ceci signifie que, pour un même projet d'investissement, il existe plusieurs taux d'intérêt.

Cet ensemble de taux d'intérêt forme la structure par terme des taux d'intérêt. Elle est le plus souvent de forme ascendante : le taux d'intérêt est d'autant plus élevé que la durée du prêt/emprunt est longue. Différentes théories apportent des éléments d'explications à cette forme. On évoque les théories des anticipations, de la préférence pour la liquidité, de la segmentation des marchés et de l'habitat préféré. Les deux premières citées semblent être le plus à même de comprendre la forme prise par la structure par terme. Ainsi, la théorie des anticipations repose sur la proposition selon laquelle les taux d'intérêt à long terme s'expliquent par l'anticipation de l'évolution des taux d'intérêt à court terme [1]. Si on estime que les taux d'intérêt de court terme vont augmenter, on exigera des taux d'intérêt plus élevés à long terme. Inversement, si on anticipe une baisse des taux d'intérêt de court terme, les taux d'intérêt à long terme vont baisser et peuvent se situer à un niveau inférieur aux taux de court terme. Fin 2010, devant les craintes d'un retour de l'inflation et donc d'un relèvement des taux d'intérêt à court terme par les banques centrales, la structure par terme des taux d'intérêt des emprunts décrit une forme ascendante. La théorie de la préférence pour la liquidité affirme pour sa part que le taux d'intérêt à long terme est égal à la moyenne des taux à court terme anticipés augmentée d'une prime de liquidité qui dépend des conditions d'offre et de demande. L'hypothèse clef de cette théorie est que les investisseurs préfèrent les placements à court terme car ils comportent moins de risque de taux d'intérêt. Les investisseurs n'accepteront donc d'investir à long terme qu'en contrepartie d'une prime de liquidité positive qui compense les désavantages par rapport aux placements à court terme. Cette théorie

Graphique 1.1. – *Courbe des taux sur titres d'État français*

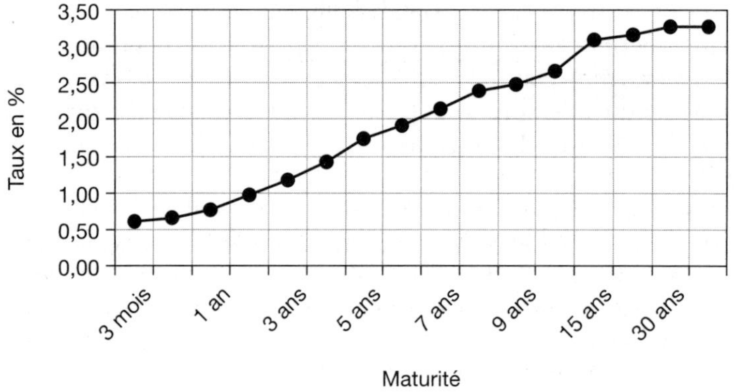

Source : Bloomberg (2010).

1. Les taux d'intérêt de courte échéance sont décidés par les autorités tandis que les taux à long terme sont le résultat de l'offre et de la demande de capitaux sur le marché. Voir le chapitre 2.

va plus loin que celle de l'habitat préféré développée par Modigliani et Sutch selon qui les investisseurs ont des préférences pour certains horizons de placement. Les émetteurs de titres à un horizon non souhaité par les investisseurs devront accorder une prime de rendement supplémentaire afin de les inciter à souscrire à leurs emprunts. La théorie de la segmentation de marchés rapporte quant à elle qu'il n'y a pas de lien entre le niveau des taux d'intérêt et leurs échéances. Cette théorie apparaît peu vraisemblable compte tenu de la présence d'arbitragistes qui emprunteraient sur les marchés où les taux sont faibles pour placer sur les autres marchés. Cette présence renforce l'idée qu'il y a bien une relation entre les différents taux d'intérêt.

1.2. Comparer ce qui est comparable

Les mathématiques financières constituent un outil d'aide à la décision financière. En effet, les décisions financières nécessitent de considérer des flux monétaires à des dates différentes. Or, deux sommes de même montant ne sont équivalentes que si elles sont considérées à une même date. En effet, toute somme d'argent détenue aujourd'hui vaut plus qu'une somme d'un montant identique qu'on s'attend à recevoir dans le futur en raison du coût de l'argent qui vient d'être mis en relief. Un euro d'aujourd'hui vaut plus qu'un euro de demain car cet euro peut être placé et rapporter des intérêts.

La capitalisation consiste à déterminer la valeur future d'un placement présent. Cette valeur future peut être décomposée en deux : d'une part, sa valeur présente et, d'autre part, les intérêts accumulés durant la période de placement.

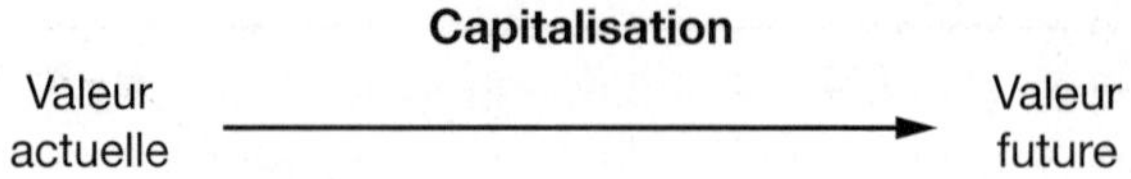

L'actualisation permet de faire correspondre à une valeur future sa valeur actuelle ou encore sa valeur présente. Le calcul de la valeur actuelle est en quelque sorte l'inverse du calcul de la valeur future. Cela indique combien on doit placer aujourd'hui afin de percevoir un montant donné dans le futur ou encore combien vaut en euros actuels un revenu futur. L'actualisation est très utile lorsqu'il s'agit d'évaluer des projets d'investissement en comparant le montant de l'investissement initial aux revenus futurs.

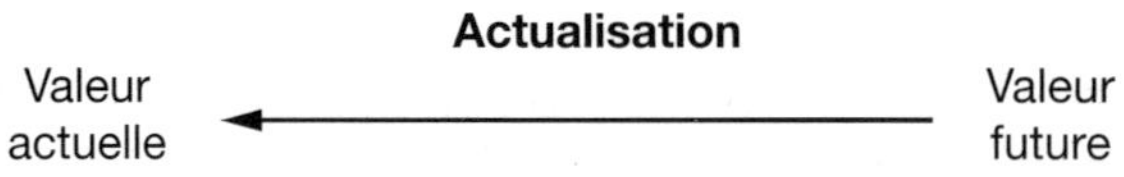

2. Le calcul des intérêts

Il existe deux méthodes d'estimation du montant des intérêts : les intérêts simples et les intérêts composés. Les calculs se font suivant des principes distincts, à employer chacun dans des cas déterminés.

2.1. Les intérêts simples

Les intérêts simples s'appliquent essentiellement aux opérations de courte échéance (inférieure à une année).

2.1.1. *Le calcul des intérêts*

Les intérêts simples sont proportionnels au capital prêté ou emprunté, au taux appliqué et à la durée de placement ou d'emprunt. C'est la règle du *prorata temporis*. En général, les intérêts sont versés en une seule fois au début ou à la fin de l'opération.

Le montant de l'intérêt simple, I, se calcule à partir de trois grandeurs auxquelles il est proportionnel : le capital emprunté ou prêté, noté C, la durée du placement ou de l'emprunt, notée n, et le taux d'intérêt annuel, noté i.

Le montant de l'intérêt simple s'obtient de la manière qui suit :

$$I = C \times i \times n$$

Exemple

Un capital de 1 000 euros placé pendant 6 mois au taux mensuel de 0,25 % rapporte un intérêt égal à :

$$1\,000 \times 0{,}25\ \% \times 6 = 15\ €$$

2.1.2. *Les taux proportionnels*

Les taux sont exprimés par convention en terme annuel. Dès lors, il peut se poser un problème si la durée du placement n'est pas exprimée annuellement. Lorsque l'on considère une période de capitalisation ou d'actualisation inférieure à l'année, le taux d'intérêt prévalant pour cette période doit être calculé de manière proportionnelle.

Le taux choisi est un « taux proportionnel ». Deux taux sont dits proportionnels si leurs valeurs sont proportionnelles à leurs durées respectives. On peut ainsi calculer des taux semestriels, trimestriels, mensuels, hebdomadaires ou encore quotidiens. Dans ce dernier cas, on retient par convention un nombre de 360 jours [1].

Soient i_a le taux annuel et i_P le taux période si l'on considère qu'il y a P périodes pendant l'année. La relation entre les deux taux s'exprime de la manière qui suit :

$$i_P = \frac{i_a}{P}$$

1. Ceci peut différer dans certains pays qui retiennent une base exacte de 365 jours.

Exemple

Soit la somme de 1 000 euros placée à 6 % annuel, pendant une demi-année, 6 mois, 2 trimestres ou 180 jours :

– Intérêts calculés avec le taux annuel :

$$i_a = 6\ \% \quad \text{et} \quad I = 1\,000 \times 6\ \% \times 0{,}5 = 30\ €$$

– Intérêts calculés avec le taux trimestriel :

$$i_t = \frac{6\ \%}{4} = 1{,}5\ \% \quad \text{et} \quad I = 1\,000 \times 1{,}5\ \% \times 2 = 30\ €$$

– Intérêts calculés avec le taux mensuel :

$$i_m = \frac{6\ \%}{12} = 0{,}5\ \% \quad \text{et} \quad I = 1\,000 \times 0{,}5\ \% \times 6 = 30\ €$$

– Intérêts calculés avec le taux quotidien :

$$i_q = \frac{6\ \%}{360} = 0{,}0167\ \% \quad \text{et} \quad I = 1\,000 \times 0{,}0167\ \% \times 180 = 30\ €$$

2.1.3. *La valeur acquise*

La valeur acquise, notée C_n, est égale à la somme du capital initial, noté C_0, et des intérêts qu'il génère, au terme d'une certaine durée de placement. Elle se calcule de la manière qui suit :

$$C_n = C_0 \times [1 + i \times n]$$

Ainsi pour une somme initiale de 1 000 euros placée 6 mois au taux annuel de 12 %, sans capitalisation des intérêts, la valeur acquise est égale à :

$$1\,000 \times [1 + 6 \times 1\ \%] = 1\,000 + 60 = 1\,060\ €$$

2.1.4. *Les intérêts précomptés et post comptés*

Pour un taux d'intérêt donné, les intérêts peuvent être versés en début ou en fin de période selon les modalités du contrat de prêt ou de placement.

Les intérêts sont dits post comptés ou à terme échu lorsqu'ils sont versés en fin de période.

Exemple

Une entreprise emprunte aujourd'hui 50 000 euros à 10 % pour une durée de 3 mois. Le montant des intérêts s'élève à :

$$50\,000 \times \frac{10\ \%}{12} \times 3 = 1\,250\ €$$

L'entreprise reçoit 50 000 euros aujourd'hui et remboursera 51 250 euros dans 3 mois.

Les intérêts sont dits précomptés ou terme à échoir lorsqu'ils sont versés en début de période et déduits du capital initial.

Exemple

Dans le cas d'un emprunt à intérêts précomptés, l'entreprise ne reçoit que 48 750 euros et remboursera 3 mois plus tard la somme de 50 000 euros.

Un emprunteur préfère verser ses intérêts en fin de période, tandis que le prêteur est avantagé par la perception des intérêts en début de période. En effet, le taux *in fine* est plus élevé dans le cas des intérêts précomptés :

$$i' = \frac{50\,000 - 48\,750}{48\,750} \times \frac{12}{3} = 10{,}25\ \%$$

Les deux taux sont liés par la relation suivante :

$$i' = \frac{i}{1 - i \times n}$$

Si on reprend l'exemple précédent, on a bien :

$$i' = \frac{10\ \%}{1 - 10\ \% \times \frac{3}{12}} = 10{,}25\ \%$$

2.2. Les intérêts composés

La démarche envisagée avec la méthode des intérêts simples consiste à calculer tout d'abord les intérêts puis d'en déduire, si besoin est, une valeur acquise du capital en additionnant ces intérêts au capital initial, ou une valeur actuelle en soustrayant ces intérêts au montant nominal.

On adopte une démarche inverse avec la méthode des intérêts composés. Dans un premier temps, on calcule la valeur acquise ou actuelle d'un capital. Dans un second temps, on en déduit les intérêts par soustraction ou addition au capital obtenu. En d'autres termes, un capital est placé à intérêts composés, si au terme de chaque période de capitalisation, l'intérêt généré s'ajoute au capital initial pour ensemble produire des intérêts au cours des périodes suivantes. On appelle aussi cela la capitalisation des intérêts.

2.2.1. La valeur acquise d'un capital

La valeur acquise d'un capital correspond à la valeur que prendra un capital qui reste placé pendant *n* périodes à un taux constant.

La valeur acquise d'un capital placé au taux *r* se calcule de la manière qui suit :

$$C_n = C_0 \times (1 + r)^n$$

Exemple

Soit un placement de 1 000 euros rapportant 4 % par an. La somme obtenue au terme de cinq années sera la suivante :

$$C_n = 1\,000 \times (1 + 4\ \%)^5 = 1\,216{,}65\ €$$

Si les intérêts avaient été versés chaque année, c'est-à-dire si les intérêts n'avaient pas été capitalisés, la valeur acquise par le capital aurait été de

1 200 euros : 1 000 euros de capital initial plus 5 versements de 40 euros soit 200 euros d'intérêts. La différence de 16,65 euros correspond à la capitalisation des intérêts versés.

2.2.2. *La valeur actuelle d'un capital*

On peut aussi se poser la question à l'envers et déterminer le capital qu'il est nécessaire d'investir aujourd'hui pour percevoir un montant à une date donnée. Il s'agit d'actualiser une valeur future. La formule précédente est inversée et on obtient :

$$C_0 = C_n \times (1 + \mathrm{r})^{-2} = \frac{C_n}{(1+r)^n}$$

Exemple

On souhaite disposer d'un capital de 250 000 euros dans 15 ans et on a la possibilité de réaliser un placement rémunéré à un taux fixe de 5 %. La somme qu'il convient de placer s'élève à :

$$250\,000 \times (1 + 5\ \%)^{-15} = 120\,254{,}27\ €$$

2.2.3. *Les taux équivalents*

Compte tenu de la capitalisation des intérêts, il faut être très vigilant sur la périodicité de cette capitalisation. Deux taux correspondant à des périodes de capitalisation différentes sont dits équivalents quand ils donnent une valeur future identique au terme d'une même durée de placement.

Si les durées sont exprimées en mois, on doit utiliser un taux mensuel. Si la donnée est un taux annuel, on doit le transformer en taux mensuel. Les taux annuels et mensuels doivent être tels qu'une somme C placée un an au taux annuel rapporte les mêmes intérêts que si elle est placée 12 mois au taux mensuel.

Soient r_a le taux d'intérêt composé annuel et r_P le taux d'intérêt composé par période. Si on considère qu'il y a p périodes de capitalisation pendant l'année, la relation entre les deux taux s'exprime de la manière qui suit :

$$r_P = (1 + r_a)^{\frac{1}{P}} - 1 \quad \text{ou} \quad r_a = (1 + r_P)^P - 1$$

Exemple

Soit un placement de 100 euros sur une année. Le taux annuel s'élève à 10 %. On peut s'apercevoir que la périodicité de la composition n'est pas sans conséquence sur le niveau de la valeur acquise.

Périodicité	**Taux**	**Valeur acquise**	**Taux équivalent**
Annuelle	10 %	$100 \times (1 + 10\ \%) = 110$	10 %
Semestrielle	5 %	$100 \times (1 + 5\ \%)^2 = 110{,}25$	10,25 %
Trimestrielle	2,5 %	$100 \times (1 + 2{,}5\ \%)^4 = 110{,}38$	10,38 %
Mensuelle	0,83 %	$100 \times (1 + 0{,}83\ \%)^{12} = 110{,}47$	10,47 %

3. Le calcul des annuités

Les annuités désignent une suite de versements ou de remboursements effectués à intervalles de temps réguliers. Le versement qui peut être annuel, mensuel, trimestriel... est généralement destiné à constituer un capital ou à rembourser une dette. Il serait plus exact de parler de mensualités quand les remboursements se font tous les mois, de trimestrialités s'ils se font tous les trimestres... mais le terme annuité est devenu générique et peut s'employer dans tous les cas.

3.1. La valeur acquise d'une suite d'annuités constantes

La valeur acquise d'une suite d'annuités constantes de fin de période désigne la somme des valeurs acquises par chacune de ces annuités, déterminée immédiatement après le versement de la dernière.

Soit un placement de 100 euros déposé tous les ans pendant trois années (4 placements) au taux d'intérêt composé de 10 % annuel.

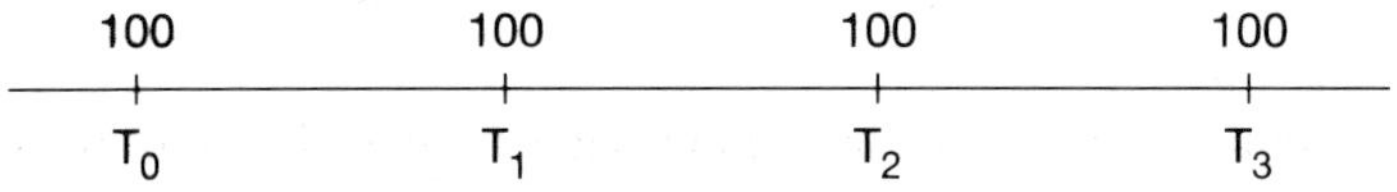

Pour connaître la valeur acquise par les quatre placements à la dernière période, on va calculer séparément les valeurs acquises des quatre placements en fin de période :

$$V_{0\_3} = 100 \times (1 + 10\ \%)^3$$
$$V_{1\_3} = 100 \times (1 + 10\ \%)^2$$
$$V_{2\_3} = 100 \times (1 + 10\ \%)^1$$
$$V_{3\_3} = 100 \times (1 + 10\ \%)^0 = 100$$

On en déduit que la valeur acquise par les quatre placements de 100 euros s'élèvent à :

$$V_{acq} = 100 \times (1 + 10\ \%)^3 + 100 \times (1 + 10\ \%)^2 + 100 \times (1 + 10\ \%)^1 + 100$$

Soit $V_{acq} = 100 \times [1 + (1 + 10\ \%)^1 + (1 + 10\ \%)^2 + (1 + 10\ \%)^3]$

On peut reconnaître entre crochets une suite géométrique de premier terme 1, de dernier terme $(1 + 10\ \%)^3$ et de raison $(1 + 10\ \%)$. Sa somme est égale à :

$$\frac{(1 + 10\ \%)^4 - 1}{10\ \%}$$

L'application numérique révèle que la valeur acquise de ces 4 versements est égale à :

$$100 \times \frac{(1 + 10\ \%)^4 - 1}{10\ \%} = 464{,}1\ €$$

Le résultat se généralise et on aboutit à une formule permettant de calculer la valeur acquise d'une suite de n annuités A identiques placées au taux d'intérêt composé r :

$$V_{acq} = A \times \frac{(1+r)^n - 1}{r}$$

Dans cette formule, il est important de retenir que :
– la date à laquelle on obtient la valeur acquise est celle du dernier versement ;
– l'exposant correspond au nombre de versements de la suite ;
– les versements sont placés à intervalles de temps égaux.

Exemple

Un épargnant verse 500 euros pendant 4 années sur un compte rapportant 9 % d'intérêts composés annuels.

La valeur acquise lors du quatrième versement sera égale à :

$$V_{acq} = 500 \times \frac{(1+9\ \%)^4 - 1}{9\ \%} = 2\ 286{,}56\ €$$

S'il souhaite disposer de sa somme deux années plus tard, il suffit de capitaliser la suite d'annuités constantes pendant deux ans, soit :

$$V_{acq+2} = 2\ 286{,}56 \times (1+9\ \%)^2 = 2\ 716{,}67\ €$$

3.2. La valeur actuelle d'une suite d'annuités constantes

La valeur actuelle d'une suite d'annuités constantes de fin de période désigne la somme des valeurs actuelles de chacune de ces annuités, exprimée une période avant le premier versement.

Soit un emprunt de montant inconnu qui doit être remboursé pendant trois années. Le montant de l'annuité s'élève à 100 euros. Le taux d'intérêt composé est égal à 10 %.

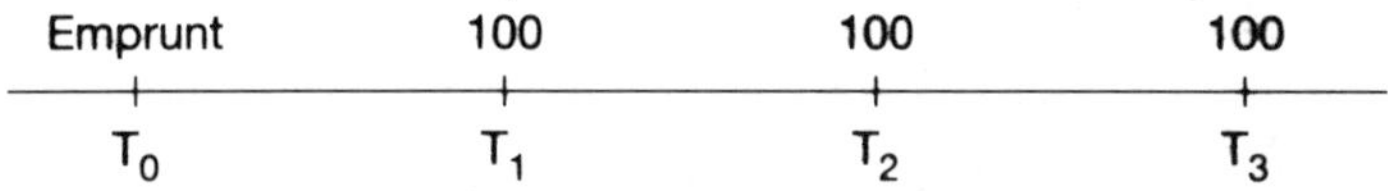

De la même manière que, pour estimer les valeurs acquises, on va calculer séparément les valeurs actuelles des trois versements réalisés pour connaître le montant emprunté, c'est-à-dire la valeur actuelle des sommes remboursées.

$$V_{3\_0} = 100 \times (1+10\ \%)^{-3}$$
$$V_{2\_0} = 100 \times (1+10\ \%)^{-2}$$
$$V_{1\_0} = 100 \times (1+10\ \%)^{-1}$$

On en déduit que la valeur actuelle des trois versements de 100 euros s'élève à :

$$V_{act} = 100 \times (1 + 10\ \%)^{-3} + 100 \times (1 + 10\ \%)^{-2} + 100 \times (1 + 10\ \%)^{-1}$$

Soit $V_{act} = 100 \times [(1 + 10\ \%)^{-3} + (1 + 10\ \%)^{-2} + (1 + 10\ \%)^{-1}]$

On peut reconnaître entre crochets une suite géométrique de premier terme $(1 + 10\ \%)^{-3}$, de dernier terme $(1 + 10\ \%)^{-1}$ et de raison $(1 + 10\ \%)$. Sa somme est égale à :

$$\frac{1 - (1 + 10\ \%)^{-3}}{10\ \%}$$

L'application numérique révèle que la valeur acquise de ces 3 versements est égale à :

$$100 \times \frac{1 - (1 + 10\ \%)^{-3}}{10\ \%} = 248{,}69\ €$$

Le résultat se généralise et on aboutit à une formule permettant de calculer la valeur actuelle d'une suite de n annuités A identiques placées au taux d'intérêt composé r :

$$V_{act} = A \times \frac{1 - (1 + r)^{-n}}{r}$$

Dans cette formule, il est important de retenir que :
– la date à laquelle on obtient la valeur actuelle est située une période avant le premier versement ;
– l'exposant correspond au nombre de versements de la suite ;
– les versements sont effectués à intervalles de temps égaux.

Exemple

Un emprunteur rembourse 500 euros pendant quatre années. L'emprunt a été réalisé au taux de 9 %. La somme empruntée est égale à :

$$V_{act} = 500 \times \frac{1 - (1 + 9\ \%)^{-4}}{9\ \%} = 1\ 619{,}86\ €$$

3.3. Calcul de l'annuité

Dans le cadre d'un emprunt, l'annuité correspond à la somme de trois éléments :
– l'amortissement : c'est la partie de l'annuité qui sert à rembourser la dette ;
– les intérêts : dans chaque annuité, les intérêts sont calculés sur le capital restant dû en début de période ;
– les éventuelles charges : pour un emprunt, la banque prêteuse oblige l'emprunteur à souscrire à diverses assurances (assurance invalidité-décès, assurance chômage…). En période de bas taux, cela peut représenter un

coût loin d'être négligeable. Ces assurances sont payées avec les annuités. Il y a donc les annuités hors charge et les annuités charges comprises.

Le montant de l'annuité diffère selon la méthode d'amortissement, i.e. de remboursement, retenue. En effet, il existe trois modes de remboursement : le remboursement avec amortissement *in fine*, le remboursement avec amortissements constants et le remboursement avec annuités constantes.

L'amortissement *in fine* implique que l'emprunt est remboursé en totalité à la dernière échéance et pendant toutes les échéances précédentes, on ne paye que les intérêts sur la totalité de la somme empruntée. L'annuité est constante sauf pour le dernier versement.

Un remboursement avec amortissements constants signifie qu'à chaque période le même montant de capital est amorti. L'amortissement, pour être constant, est donc égal au montant de l'emprunt divisé par le nombre d'annuités. L'annuité diminue au fur et à mesure que l'on se rapproche de l'échéance puisque les intérêts portant sur le capital restant dû diminuent également.

Le remboursement avec annuités constantes correspond au cas le plus fréquent. À chaque période, l'annuité reste constante. L'intérêt est égal à la dette restant due en début de période, multipliée par le taux d'intérêt. Afin de connaître le montant de cette annuité, il suffit de considérer l'équation déterminant la valeur actuelle d'une suite d'annuités constantes

$$V_{act} = A \times \frac{1-(1+r)^{-n}}{r}$$

On en déduit que :

$$A = \frac{r \times V_{act}}{1-(1+r)^{-n}}$$

Exemple

Soit un emprunt sur 5 années de 100 000 euros au taux de 10 %. Il est remboursé par annuités constantes.

L'annuité est égale à :

$$A = \frac{10\,\% \times 100\,000}{1-(1+10\,\%)^{-5}} = 26\,379{,}75\ €$$

Le tableau ci-dessous représente le tableau d'amortissement qui peut être dressé une fois le montant de l'annuité constante calculé.

Tableau 1.1. – *Tableau d'amortissement*

Capital dû	Intérêt dû	Amortissement	Annuité
100 000,00	10 000,00	16 379,75	26 379,75
83 620,25	8 362,02	18 017,72	26 379,75
65 602,52	6 560,25	19 819,50	26 379,75
45 783,02	4 578,30	21 801,45	26 379,75
23 981,57	2 398,16	23 981,57	26 379,75

Chapitre 2

Le marché monétaire

La banque de France définit le marché monétaire comme étant « le marché des capitaux à court et moyen terme, par opposition au marché financier sur lequel s'effectuent les emprunts et placements à long terme ». Le marché monétaire est un marché dématérialisé et délocalisé sur lequel les intervenants émettent, souscrivent ou échangent des titres essentiellement à courte échéance en contrepartie de liquidités. Le marché monétaire est, comme son nom l'indique, le marché sur lequel on négocie la monnaie nationale. C'est sur ce marché que l'on va se tourner afin de négocier les problèmes liés à la quantité de monnaie.

On peut noter que depuis l'instauration de l'euro, le 1er janvier 1999, le marché monétaire, initialement circonscrit aux limites nationales, s'est élargi à l'ensemble des onze pays constituant la zone euro.

Le marché monétaire peut être divisé en deux compartiments : le marché interbancaire et le marché des titres de créances.

1. Le marché interbancaire

Le marché interbancaire peut se définir comme un lieu d'échange de liquidités bancaires. Il s'agit d'un marché de gré à gré [1]. C'est sur ce marché que les banques centrales interviennent puisque ces dernières sont chargées de gérer la masse d'argent en circulation.

1.1. Les intervenants

Le marché interbancaire n'est pas ouvert à tous ; néanmoins de nombreux intervenants y participent. Au premier rang des acteurs de ce marché, on y rencontre la Banque de France qui a entre autres pour mission

1. Voir le chapitre 7.

l'animation du marché en y assurant la liquidité à travers différentes interventions. On retrouve également le Trésor public qui est le principal émetteur de titres sur le marché français pour le compte de l'État. À ses côtés figurent des établissements de crédit qui regroupent diverses institutions financières telles que les banques, les caisses d'épargne, des maisons de titres ainsi que la Caisse des Dépôts et Consignations. Enfin, peuvent également y avoir accès des entreprises d'investissement.

Le marché interbancaire est international. On y retrouve donc également les homologues des intervenants français qui viennent d'être cités.

1.2. Les instruments

Les instruments négociés sur le marché interbancaire sont pour l'essentiel des contrats de prêts et d'emprunts négociables dont l'échéance est en général extrêmement courte [1].

Les prêts et emprunts en blanc correspondent à un échange de liquidités sans garantie. Les maturités varient de un jour à une année, mais les plus fréquentes sont des maturités de 24 heures. On évoque le Jour le Jour où les fonds sont versés le jour de la transaction et sont remboursés le jour ouvré suivant. La deuxième durée est le Tom/Next où les fonds sont versés au lendemain de la transaction et remboursés le jour ouvré suivant.

À la différence des opérations en blanc, la pension interbancaire implique la contrepartie de titres en échange de liquidités. L'existence de cette garantie permet de bénéficier de taux inférieurs à ceux obtenus dans le cadre d'opérations en blanc. Néanmoins, les titres ne sont pas livrés et, par conséquent, le risque de contrepartie n'est pas éliminé.

La pension livrée implique la livraison des titres proposés en garantie des liquidités empruntées. Il y a un transfert de propriété mais cette cession de titres est assortie d'un engagement de rachat. L'opération de pension livrée peut donner lieu à un renouvellement de l'engagement.

Le billet à ordre négociable permet de matérialiser les opérations de prêts/emprunts. Le billet offre l'avantage d'être cessible sur le marché interbancaire. Les établissements de crédit peuvent ainsi allonger l'horizon de leurs opérations de crédit. En termes de risque de contrepartie, le billet à ordre négociable peut être assimilé à un prêt en blanc.

1.3. Les opérations

Trois types d'opérations se déroulent sur le marché interbancaire : les opérations entre établissements de crédit, les interventions du système européen des banques centrales (SEBC) et les interventions du Trésor public.

1. *Source* : Kolifrath et Tournel (2002).

1.3.1. Les opérations entre établissements de crédit

Les établissements de crédit interviennent sur le marché interbancaire en tant que prêteur, ou emprunteur, suivant le niveau de leur trésorerie. Si les échéances des opérations sont diverses, il n'en demeure pas moins qu'elles portent principalement sur des échéances extrêmement courtes. Dans ce cas, les excédents ou déficits de trésorerie sont compensés au travers de pensions livrées [1] à 24 heures.

1.3.2. Les interventions du système européen des banques centrales (SEBC)

Le deuxième type d'opérations correspond aux interventions du Système Européen des Banques Centrales. Le SEBC a été créé en mai 1998 ; il comprend la Banque Centrale européenne (BCE) et les Banques Centrales Nationales (BCN) des États membres de l'Union Européenne. Le SEBC est dirigé par le Conseil des gouverneurs et le Conseil général. Le Conseil des gouverneurs définit la politique monétaire. Le directoire du Conseil des gouverneurs met en œuvre cette politique et donne les instructions aux BCN. Le Conseil général a pour objet le renforcement de la coopération entre les BCN et supervise les mécanismes de change.

Afin de remplir sa mission, la SEBC fait appel à trois grandes catégories d'opérations : les opérations d'*open market*, les facilités permanentes et les réserves obligatoires.

1.3.2.1. Les opérations d'*open market*

Ce sont des opérations à fréquence déterminée qui permettent d'augmenter ou de diminuer les liquidités sur le marché (prises en pension, mises en pension de titres). Elles jouent un rôle important dans la régulation monétaire et permettent de répondre à trois finalités : le pilotage des taux d'intérêt, la gestion de la liquidité bancaire et le signal de l'orientation de la politique monétaire. Le taux auquel ces opérations sont réalisées est appelé le taux directeur car il constitue un taux de référence pour les autres opérateurs de marché. On peut distinguer quatre types d'opérations d'*open market* :

– les opérations principales de refinancement (REFI) par appels d'offres hebdomadaires et portant sur une durée de deux semaines. Leur rôle est d'apporter des liquidités aux banques (tous les mardis), par prise en pension ou prêt garanti. Les prêts à court terme sont remboursables à 7 jours. Il s'agit du principal instrument de pilotage des taux d'intérêt à court terme ;

– les opérations de financement à plus long terme consistent en des appels d'offres mensuels. L'échéance porte sur trois mois. Elles sont principalement destinées à répondre aux besoins de refinancement des petits

1. Il n'y a pas de livraison effective dans la mesure où les titres sont dématérialisés. L'opération consiste en un simple jeu d'écriture.

établissements de crédit peu actifs sur le marché interbancaire. Ces opérations sont exécutées par les Banques Centrales Nationales ;

– les opérations de réglage fin par appels d'offres occasionnels. Elles sont prises sur l'initiative de la BCE. L'objectif de ces interventions est d'atténuer d'éventuelles fortes fluctuations de la liquidité bancaire et donc de piloter les taux d'intérêt. Elles prennent en général la forme d'opérations de cession temporaire de titres par les banques qui souhaitent obtenir des financements. Ces opérations sont exécutées par les Banques Centrales Nationales ;

– les opérations structurelles. Elles consistent en des cessions temporaires et l'émission de certificats de dettes. Ce sont des opérations qui doivent agir durablement sur la position de liquidité du secteur bancaire vis-à-vis du SEBC. Par exemple, la BCE peut émettre des certificats de dettes contre des liquidités afin de réduire la masse monétaire.

1.3.2.2. Les facilités permanentes

Ce type d'opérations accessibles à tout instant comporte des opérations de prêts (prises en pension et prêts garantis) et de dépôts. Ces opérations permettent ainsi d'augmenter ou de réduire les liquidités au jour le jour, d'indiquer l'orientation de la politique monétaire et d'encadrer les taux du marché. Les prêts correspondent à un apport de liquidité en contrepartie d'actifs éligibles (facilités de prêt marginal). Les dépôts au jour le jour correspondent à une absorption de liquidité des banques (facilités de dépôt).

De ces opérations découlent les taux au jour le jour : un taux plafond pour les facilités de prêts et un taux plancher pour les facilités de dépôt.

1.3.2.3. Les réserves obligatoires

Un système de réserves obligatoires complète le dispositif de la BCE. Les établissements de crédit ont l'obligation de constituer des réserves auprès des Banques Centrales Nationales. La BCE détermine un niveau moyen mensuel de réserves obligatoires afin, d'une part, d'assurer une certaine stabilité aux taux et, d'autre part, d'élargir le besoin structurel de liquidité et ainsi d'amortir des variations de l'offre et de la demande de monnaie.

Il convient de signaler également des interventions ponctuelles lorsque la BCE souhaite influer sur les taux de change.

1.3.3. Les interventions du Trésor public

Le dernier type d'opérations concerne les interventions du Trésor public. Celui-ci intervient en tant qu'emprunteur afin de financer le déficit de l'État. Il émet pour cela des bons non négociables appelés Bons du Trésor à Taux Variable dont la durée est de deux ans.

2. Le marché des titres de créances

Le marché des Titres de Créances Négociables est ouvert a priori à tous les agents économiques. Un tel marché existe depuis longtemps aux États-Unis mais demeure jeune dans sa forme actuelle en France. Ce n'est en effet qu'au début des années 80 que le marché a été modernisé afin de faciliter la désintermédiation bancaire et permettre aux émetteurs de se financer directement sur le marché financier.

Il convient de distinguer deux types de titres négociables :

– les titres à court terme, dont l'échéance est inférieure à un an, sont appelés « Titres de Créances Négociables » (TCN) sur le marché français et « *Euro Commercial Paper* » (ECP) sur les euromarchés. Les TCN sont des « papiers » émis au gré de l'émetteur. On parle également d'« émission au robinet » ;

– les titres à moyen terme, entre 1 an et 5 ans, sont appelés « Bons à Moyen Terme Négociables » (BMTN) en France ou « *Euro Medium Term Notes* » (EMTN) quand ils sont émis sur les euromarchés. Sur le plan juridique, ces titres de créances sont considérés comme des instruments financiers et non comme des valeurs mobilières bien qu'ils en aient la couleur et le goût [1].

Ces titres permettent à leurs émetteurs d'obtenir des ressources aux conditions du marché (financement direct), alors qu'auparavant ils étaient contraints de contracter des lignes de crédit auprès des banques et des institutions financières (financement indirect). « L'émission de TCN est la manifestation la plus symbolique de la désintermédiation bancaire » [2].

Ces titres connaissent un succès important auprès des investisseurs qui les considèrent comme des placements temporaires très liquides en attente d'une occasion d'investir sur d'autres instruments de placement. Par ailleurs, le risque associé à de tels placements est très faible compte tenu de la qualité des émetteurs parfois garantie par l'État et de la faible sensibilité de la valorisation des titres aux mouvements des taux d'intérêt [3].

2.1. *Caractéristiques des titres de créances*

Les premiers Titres de Créances Négociables ont vu le jour à la suite de réformes initiées en 1985 [4]. Dans un premier temps sont apparus des certificats de dépôt, traduction française des « *certificates of deposit* », puis, dans un deuxième temps, des billets de trésorerie, équivalents français des « *commercial papers* », et des bons du Trésor. Les Bons à Moyen Terme

1. Voir les articles L. 211-1 et L. 213-1 du Code monétaire et financier. Ceci explique pourquoi le marché des TCN est placé sous la surveillance de l'Autorité des Marchés financiers *et* de la Banque de France.
2. Fleuriet et Simon (2003).
3. L'examen de la sensibilité au taux d'intérêt sera abordé lors du chapitre 3.
4. Loi n° 85-1321 du 14 décembre 1985 (articles 32 à 36).

Négociables sont apparus au cours de l'année 1992 [1]. Ces différents titres présentent quelques caractéristiques communes :

– ce sont des titres dématérialisés ;

– ils ont un montant unitaire minimum fixé à 150 000 euros ou sa contre-valeur en devises ;

– l'échéance est fixe et ne peut être prorogée ;

– les émetteurs doivent obtenir un visa de la Banque Centrale à l'exception de l'État ;

– il existe un marché secondaire qui permet au détenteur du titre de créance de le céder dans la mesure où il existe une contrepartie ;

– la négociation est réalisée sur la base d'un taux et non pas d'un prix.

2.1.1. Les titres à court terme

On dénombre trois types de titres de créances qui se différencient suivant la nature de leur émetteur : les certificats de dépôt, les billets de trésorerie et les bons du Trésor à taux fixe.

Les certificats de dépôt (CD) sont émis par les établissements de crédit pouvant recevoir des fonds à vue ou à moins de deux ans du terme. La durée varie entre un jour et un an. Dans la pratique, la durée est comprise entre 10 jours et 3 mois. Les intérêts peuvent être post ou précomptés. Le taux d'intérêt est en général fixe. Les certificats représentent actuellement approximativement deux tiers des encours des TCN.

Les billets de trésorerie (BT) sont émis par les entreprises pour satisfaire des besoins de financement en leur évitant de s'adresser à des banques. Leur échéance varie de un jour à un an. Dans la pratique, plus de 50 % des titres émis ont une échéance comprise entre un mois et trois mois, et le tiers des émissions concerne des titres ayant une échéance inférieure à un mois, ce qui explique le peu d'activité du marché secondaire. Le taux d'intérêt est en général fixe mais peut être variable. Les intérêts sont précomptés.

Les bons du Trésor à taux fixe et à intérêt précompté (BTF) sont des titres assimilables [2] du Trésor de maturité initiale inférieure ou égale à un an. Leur valeur nominale est de 1 euro. Les échéances sont standards : elles portent sur des durées de 13, 24-29 et 40-52 semaines. Chaque semaine, sont émis par voie d'adjudication, un BTF de 3 mois, un BTF semestriel et un BTF annuel. Les négociations s'effectuent sur la base d'un taux de rendement in fine à trois décimales, exprimé sur une base exact/360. Fin 2010, l'encours des BTF atteignait 206 milliards d'euros.

1. Consulter la loi n° 91-716 du 26 juillet 1991, les décrets n° 92-137, 98-08, 98-1316 et 2001-930.

2. Voir le paragraphe consacré aux OAT lors du chapitre 3 pour une définition de l'assimilation.

2.1.2. Les titres à moyen terme

On retrouve deux types de bons à moyen terme selon que l'émetteur est l'État ou non.

Les Bons à Moyen Terme Négociables (BMTN) sont émis par des établissements de crédit ou par des entreprises tandis que les Bons à Taux Annuel Normalisés (BTAN) sont émis par le Trésor public. Le taux de rémunération proposé est en général fixe mais il est possible de trouver certains taux variables. Ces bons versent un intérêt périodique à leur détenteur. L'échéance est supérieure à un an pour les BMTN tandis qu'elle est comprise entre deux et cinq années pour les BTAN. L'Agence France Trésor émet généralement une nouvelle ligne de BTAN 2 ans par semestre et une nouvelle ligne de BTAN 5 ans pour un an, sur lesquelles sont ensuite assimilées les émissions mensuelles. D'anciennes lignes de BTAN 5 ans mais de maturité résiduelle égale à 2 ans peuvent être abondées à la place d'un BTAN 2 ans. Les BTAN ont une valeur nominale de 1 euro. Le coupon couru est calculé sur une base exact/exact. L'échéance des BTAN ainsi que le paiement du coupon sont fixés au 12 du mois. Fin 2010, l'encours des BTAN atteignait 215 milliards d'euros.

2.2. Les taux de référence

Les taux proposés par les émetteurs de titres de créances sont fixés en référence à des taux du marché monétaire. Les principaux taux sont le TEMPE ou EONIA, l'EURIBOR, le T4M ou TMM et le TAM.

L'EONIA (*Euro Over Night Index Average*) ou le TEMPÉ (Taux Européen Moyen Pondéré) correspond au taux européen au jour le jour (*overnight*) du marché interbancaire. Il est égal à la moyenne des taux des prêts à 24 heures pondérée par le montant des transactions effectuées par un échantillon constitué de 57 établissements représentatifs [1] de la zone euro. Il est appliqué sur une base exact/360. L'EONIA est calculé par la Banque Centrale Européenne et publié par la Fédération Bancaire de l'Union Européenne à J+1 ouvré du calendrier TARGET à 7 h 00, heure de Bruxelles

Le Taux moyen mensuel du marché monétaire (T4M) correspond au taux de référence des prêts à court terme pour les entreprises. Ce taux est égal à moyenne arithmétique des EONIA sur un mois.

Le Taux Annuel Monétaire (TAM) sert de référence pour les prêts et obligations à court et moyen terme, ainsi que des contrats de swaps. Il s'agit d'un taux d'intérêt composé mensuellement d'un dépôt sur 12 mois au T4M. Il est calculé en début de chaque mois.

L'EUIRBOR (*Euro Interbank Offered Rate*) ou TIBEUR (Taux Interbancaire en Euros) désigne le taux moyen offert entre banques de référence pour des dépôts ayant des échéances variant de 1 semaine à 12 mois.

1. 47 banques de la zone euro, 4 banques de pays européens non membres de l'UEM et 6 banques situées en dehors de l'Union européenne opérant de manière active sur le marché.

Il est calculé en effectuant une moyenne quotidienne (après élimination des cotations extrêmes) des taux prêteurs sur 15 échéances communiqués par le même échantillon de banques retenues pour le calcul de l'EONIA. L'EURIBOR s'applique sur une base exact/360. Il est diffusé quotidiennement à 11 h 00 par la Fédération Bancaire de l'Union Européenne.

2.3. Principes d'évaluation des titres de créances négociables

Les titres de créances négociables ayant une échéance inférieure à l'année sont traités sur la base d'un taux proportionnel, in fine, 360 jours. Les intérêts simples sont calculés *prorata temporis* sur une fraction d'année de durée J/360. Ceci implique que les intérêts sont majorés puisque la durée pendant laquelle ils courent est elle aussi majorée. Deux cas doivent être considérés, selon que les intérêts sont post ou précomptés. S'ils sont précomptés, ils sont ajustés à la baisse de telle manière que le taux affiché soit équivalent au taux *in fine* r affiché et que le flux initial F_I et le flux final F_F soient liés par la relation suivante :

$$F_I\left(1 + r \times \frac{J}{360}\right) = F_F \quad \text{ou} \quad F_I = \frac{F_F}{\left(1 + r \times \frac{J}{360}\right)}$$

En ce qui concerne les Bons à Moyen Terme Négociables, leur durée étant supérieure à l'année, les taux proportionnels ne prévalent plus. On a recours à un taux actuariel sur une base de 365 jours comme c'est le cas pour les obligations [1].

Exemple

Soit un Titre de Créance Négociable d'une valeur de 1 000 000 d'euros émis au taux de 4 %. La durée du TCN s'élève à 90 jours.

Les intérêts s'élèvent à : $1\,000\,000 \times 4\ \% \times \frac{90}{360} = 10\,000$ €.

Si les intérêts sont post comptés, les intérêts sont rajoutés au montant initial lors de l'échéance. Dans le cas de l'exemple, l'émetteur reçoit 1 000 000 d'euros et remboursera 1 010 000 euros.

Lorsque les intérêts sont précomptés, les intérêts sont payables d'avance, cela signifie que les intérêts sont soustraits du montant nominal pour déterminer le montant perçu par l'emprunteur. Dans ce cas, l'émetteur remboursera 1 000 000 d'euros mais n'aura perçu que 990 000 euros. Mais on constate alors que le taux réel du TCN dans le cas d'intérêts précomptés est supérieur au taux de 4 %. Le taux réel obtenu est en effet égal à :

$$r_{\text{réel}} = \frac{10\,000}{990\,000} \times \frac{360}{90} = 4{,}04\ \%.$$

1. Cette méthode d'estimation est présentée au chapitre 3.

Pour maintenir un taux *in fine* de 4 %, il est nécessaire de calculer d'abord le flux initial puis d'en déduire le montant des intérêts.

Ainsi le flux initial est égal à : $\dfrac{1\,000\,000}{1 + 4\,\% \times \dfrac{90}{360}} = 990\,099$ €.

On en déduit un intérêt de 9 901 euros. Ce montant est inférieur aux 10 000 euros versés dans le cas des intérêts post comptés.

Chapitre 3

Les obligations

Une obligation est une valeur mobilière émise en représentation de la créance née d'un emprunt contracté par un émetteur auprès d'un ensemble de prêteurs. La créance obligataire présente un caractère collectif : elle naît d'un emprunt unique conférant aux différents prêteurs des droits identiques dans une même émission et pour une même valeur dite nominale [1]. Lorsqu'un investisseur se porte acquéreur d'une obligation, il prend le risque d'un banquier qui accorde un prêt. Il est créancier vis-à-vis de l'émetteur. Il ne dispose d'aucun droit sur la gestion de l'entreprise mais il possède les droits naturels du prêteur : remboursement du capital et versement d'un intérêt sur le montant emprunté tout au long du prêt.

Les émetteurs d'obligations sont multiples : l'État, les entreprises publiques ou privées ou les collectivités locales peuvent émettre des obligations pour se financer. Lorsque l'émetteur est l'État, ce sont des obligations souveraines. Lorsqu'il s'agit d'une entreprise, on parle d'obligations *corporate*. Dans le cas d'une souscription publique, une entreprise ne peut se financer sur le marché obligataire qu'à la condition d'avoir un capital minimum de 225 000 euros intégralement libéré [2].

Bien que les marchés des obligations ne soient pas cités régulièrement par les médias, il s'agit certainement des marchés les plus liquides compte tenu de l'importance des sommes empruntées par les États pour financer les déficits publics. En France, fin 2010, la « capitalisation » obligataire s'élevait à près de 1 500 milliards d'euros. Les souscripteurs sont très divers mais on constate que les investisseurs institutionnels (caisses de retraite, fonds de pension, *hedge funds*…) détiennent une large majorité des obligations émises. À l'exception des *hedge fiunds*, les investisseurs ont généralement une politique d'investissement à long terme ce qui peut nuire à la liquidité des titres.

1. Article L. 213-5 du Code monétaire et financier.
2. Ordonnance 2004-604 du 24 juin 2004.

1. Les caractéristiques des obligations

Les émissions d'obligations peuvent être réalisées au moyen de deux procédures : l'adjudication pour les titres d'État et la syndication pour les émetteurs. Comme toutes valeurs mobilières cotées, un certain nombre de caractéristiques leur sont associées.

1.1. Les clauses d'une émission d'obligations

Lors de l'émission d'un emprunt obligataire, plusieurs clauses doivent être présentées dans le contrat.

1.1.1. La valeur nominale ou principale

Il s'agit de la taille de l'émission obligataire divisée par le nombre d'obligations mises sur le marché. Cette fraction unitaire de l'emprunt global permet d'établir le montant à rembourser et de servir de base au calcul des intérêts. Généralement, la valeur nominale d'une obligation varie de 1 à 1 000 euros dans la zone euro.

1.1.2. Le taux facial

Le taux facial ou taux de coupon représente la rémunération servie. Il permet de calculer le montant des intérêts à payer. Traditionnellement, la fréquence, qui est toujours précisée, est annuelle mais elle peut également être trimestrielle ou semestrielle. Le montant des intérêts à verser correspond au produit de ce taux et de la valeur nominale.

$$\text{Coupon} = \text{taux facial} \times \text{valeur nominale}$$

Les intérêts sont généralement versés dans la devise de l'emprunt. Cette devise est le plus souvent celle du pays d'appartenance de l'émetteur. Le montant des intérêts versés est appelé coupon. Cette dénomination a un caractère historique. En effet, à l'époque où les titres financiers n'étaient pas dématérialisés, il était nécessaire de détacher un coupon papier de l'obligation papier pour pouvoir obtenir en contrepartie le versement des intérêts.

1.1.3. Les dates de souscription et de jouissance

La date de souscription correspond à la date à laquelle le prix d'émission est versé à l'emprunteur tandis que la date de jouissance est la date à partir de laquelle les intérêts commencent à courir. Ces deux dates sont souvent proches quand elles ne sont pas identiques.

1.1.4. La maturité

La maturité peut être assimilée à la durée de l'emprunt. L'emprunt s'achève le jour de la date d'échéance qui est précisée dans le contrat liant l'émetteur au souscripteur. La maturité réduit au fur et à mesure qu'on approche de la date de remboursement. Cet aspect de l'obligation est important car elle est l'un des critères déterminant le montant de la rémunération servi. Comme il l'a été signalé, le taux d'intérêt est généralement une fonction positive de la maturité.

1.1.5. Le prix et la prime d'émission

Le prix d'émission correspond au prix auquel l'obligation est mise en vente sur le marché primaire. Il arrive que le prix d'émission diffère de la valeur nominale. La différence entre la valeur nominale et le prix d'émission détermine la prime d'émission. L'émetteur reçoit en cas d'existence d'une prime d'émission un montant inférieur au montant nominal. Lorsque le prix d'émission et la valeur nominale coïncident, l'émission est dite au pair. Dans le cas contraire, il s'agit d'une émission en dessous du pair. Si le prix d'émission est égal à 95 % de la valeur nominale, l'entreprise paie une prime d'émission de 5 %.

Le rôle des primes consiste à ajuster les conditions de taux de l'emprunt à celles du marché lorsque ces dernières évoluent entre la date où sont fixés le taux et le lancement effectif. En effet, si le 5 juin l'entreprise Gerges annonce une émission effective au 5 juillet d'un emprunt au taux de 6 % et qu'entre-temps le taux d'intérêt du marché remonte, personne ne voudra acheter l'obligation le 5 juillet. Émettre une obligation moins chère que sa valeur nominale est une technique qui permet d'améliorer sensiblement son rendement, puisque l'intérêt est calculé sur la valeur nominale.

Exemple

Soit une obligation ayant une valeur nominale de 500 euros portant un intérêt annuel de 8 % et ayant une valeur d'émission de 450 euros. Le souscripteur paie son obligation 450 euros (valeur d'émission). Il bénéficie donc de 50 euros (la prime d'émission) et touchera un coupon calculé sur la base de la valeur nominale (500 euros), soit un coupon de 40 euros (8 % de 500 euros). Par conséquent le taux de rendement réel pour le souscripteur s'élève à :

$$\frac{\text{Coupon}}{\text{Valeur d'émission}} = \frac{40}{450} = 8{,}88\ \%.$$

1.1.6. La valeur et la prime de remboursement

La valeur de remboursement correspond au montant remboursé par l'émetteur au souscripteur. Le plus souvent la valeur de remboursement est égale à 100 % de la valeur nominale. En certaines occasions la valeur de remboursement peut être supérieure à la valeur nominale. Cette différence constitue la prime de remboursement. Si la valeur de remboursement est égale à 102 % de la valeur nominale, la prime de remboursement s'élève à 2 %. Lorsque la valeur de remboursement et la valeur nominale coïncident, le remboursement est dit au pair. Dans le cas contraire, le remboursement est dit au-dessus du pair.

1.1.7. La qualité de l'émetteur

La qualité ou signature est une mesure de la capacité de l'émetteur à rembourser les intérêts et la dette contractée auprès des détenteurs des obligations. La notation de l'émetteur a une incidence sur le niveau du taux de coupon exigé par les investisseurs. Plus le risque de défaillance de l'émetteur est important, plus le taux d'intérêt exigé par le marché sera élevé.

1.1.8. Le taux actuariel

Que ce soit lors de l'émission du titre de créance sur le marché primaire ou lors de sa négociation sur le marché secondaire, le taux actuariel est toujours précisé. Ce taux correspond au taux d'actualisation des flux futurs (coupons et valeur de remboursement) perçus par le détenteur de l'obligation. Ce taux est au cœur des principes d'évaluation d'une obligation.

1.1.9. La base

La base renseigne sur la durée entre deux dates et sur le nombre de jours considéré dans une année. La base la plus souvent utilisée est la base « Exact/Exact » (*Actual/Actual*) qui prend en compte le nombre exact de jours calendaires entre 2 dates et 365 ou 366 jours selon les années calendaires.

1.2. Les modalités d'amortissement

Il existe plusieurs modalités de remboursement d'une obligation. La première consiste à rembourser l'intégralité du capital emprunté à l'échéance. Il s'agit des obligations remboursables in fine ou à échéance. C'est le mode de remboursement le plus répandu. Le second mode de remboursement consiste à rembourser de manière fractionnée le capital emprunté jusqu'à l'échéance. Dans le cadre d'un tel mode de remboursement, il est procédé à un tirage au sort de la série d'obligations [1] qui va être remboursée. Lorsque l'émetteur opte pour un amortissement par annuités constantes, cela signifie que le montant comprenant le versement des intérêts et le remboursement d'une fraction du capital est constant. Dans le cas d'un remboursement par amortissements constants, le montant du remboursement annuel du capital emprunté est identique contrairement à celui des intérêts. Cela signifie que le montant de l'annuité fluctue d'une année sur l'autre.

Il existe d'autres modes de remboursement tels que la conversion des obligations en actions à l'échéance ou de manière anticipée. Ces modes de remboursement correspondent à des obligations particulières qui feront l'objet d'une présentation.

1. L'emprunt est divisé en séries numérotées d'obligations de caractéristiques identiques.

1.3. La cotation d'une obligation

Les obligations sont généralement cotées en pourcentage de nominal et au pied de coupon. Cela signifie que les obligations sont cotées non pas en euros ou en dollars mais en pourcentage de leur valeur nominale. Ainsi une cotation de 115,00 correspond à un cours égal à 115 % de la valeur nominale, soit 1,15 euro par euro de valeur nominale.

Par ailleurs, les obligations sont toujours cotées au pied de coupon. Ceci facilite les comparaisons des cours des obligations ayant des dates de paiement du coupon différentes. Ceci signifie que si on désire acquérir une obligation, il faut payer le cours coté qui reflète les conditions des marchés de taux, plus le montant d'un coupon couru qui fait également l'objet d'une diffusion.

Le coupon couru correspond à la valeur du coupon qui est attaché *prorata temporis* à une obligation à un instant donné. En effet, il faut rémunérer la détention d'une obligation par un investisseur qui souhaite revendre son obligation avant le versement des intérêts, i.e. le détachement du coupon. Le coupon couru s'estime donc comme le rapport entre le nombre de jours écoulé depuis la date du dernier coupon versé (ou la date de jouissance s'il n'y a pas eu d'intérêts versés) et la base exacte (365 jours) multiplié par le taux de rémunération de l'obligation :

$$CC = \frac{\text{nombre de jours}}{365} \times \text{taux facial}$$

Ainsi, chaque jour, on calcule le montant du coupon couru entre la dernière date de coupon et le jour de valorisation. Ce coupon couru augmente régulièrement chaque jour. Il se calcule linéairement. Ceci signifie qu'à taux d'intérêt constant, le prix d'acquisition de l'obligation augmente linéairement entre les dates de versement des intérêts. Le graphique 3.1 illustre le cas d'une obligation de maturité 6 ans versant un coupon de 5 %. À chaque date de versement du coupon, la valeur de l'obligation revient à une valeur de 100 %. Il est d'usage de calculer le coupon couru en appliquant un arrondi à la septième décimale sur le taux de coupon couru exprimé en pourcentage du nominal. Néanmoins pour des raisons de commodité, la plupart des marchés diffusent un arrondi à la troisième décimale.

Exemple

Soit une obligation de valeur nominale 1 000 euros payant un coupon de 6 % tous les 5 juin. Compte tenu des conditions de taux d'intérêt prévalant sur le marché, l'obligation est cotée 104 % le 2 juillet de la même année. L'investisseur désireux d'acquérir cette obligation devra régler 104 % augmenté du montant du coupon couru.

Celui-ci s'élève à : $6\ \% \times \frac{30}{365} = 0{,}49315\ \%$.

Graphique 3.1. – *Évolution du prix d'acquisition d'une obligation à taux d'intérêt constant*

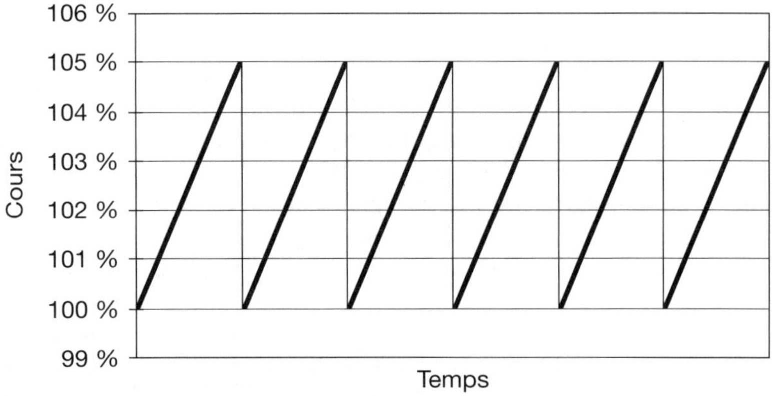

L'acheteur de l'obligation devra verser la somme de 1 044,93 euros.

On peut noter que l'écart entre le 5 juin et le 2 juillet s'élève à 27 jours. Or il a été considéré un écart de 30 jours. Cela s'explique par le fait que le règlement se réalise trois jours après la transaction.

Remarque

Depuis le 9 octobre 1995, les cotations s'alignent sur les dates de règlement. Dans le relevé de cotation illustré par le tableau 3.1, les coupons courus diffusés prennent en compte cet écart de 3 jours.

Tableau 3.1. – *Cotation d'obligations le 10 février 2008*

Valeurs	Cours	C/C en %	Date Amort.
5,25 % avril 2011	104,77	4,258	25-04-11
OAT 4 % avril 2012	102,98	3,244	25-04-12
TSR 6,70 % avril 2010	100,60	5,617	15-04-10

2. Les différentes catégories d'obligations

Il existe une grande diversité d'obligations. Elles diffèrent notamment par leurs échéances, leurs modes de remboursement et la nature de leur taux d'intérêt (fixe ou variable).

2.1. Les obligations à taux fixe

Ce sont des obligations classiques. Elles donnent le droit au versement d'un revenu fixe (intérêt fixe) pour toute la durée de vie de l'emprunt et au remboursement du capital à l'échéance. On constate que lorsque les taux sur le marché montent, le cours de l'obligation à taux fixe baisse pour aligner l'intérêt servi sur le rendement dégagé sur le marché et inversement lorsque les taux baissent, le cours de l'obligation à taux fixe augmente. Ceci signifie que l'émetteur subirait un coût d'opportunité si les taux d'intérêt venaient à baisser. Certaines obligations à taux fixe présentent des clauses particulières de remboursement qui seront détaillées ultérieurement.

2.2. Les obligations à taux variable et révisable

Ces obligations sont apparues sur le marché français en 1974. Elles permettent la distribution d'un coupon variant en fonction du taux nominal indexé sur un autre taux d'intérêt. Pour ces obligations, les deux acteurs, l'émetteur et le souscripteur, font le pari inverse sur une forte variation des taux d'intérêt. Si les taux montent le souscripteur sera le gagnant tandis que l'émetteur sera perdant. Les rôles s'inversent en cas de baisse des taux. L'émetteur privilégiera les obligations à taux variable au détriment des obligations à taux fixe en cas d'anticipation d'une baisse des taux tandis que le souscripteur s'orientera vers des obligations à taux variable s'il anticipe une hausse des taux.

Certaines obligations peuvent néanmoins prévoir l'existence de taux plancher et plafond.

2.2.1. La différence entre taux variable et taux révisable

La différence entre obligations à taux variable et à taux révisable réside dans le fait que, dans le premier cas, il s'agit d'un coupon post-déterminé, tandis que, dans le second cas, on a un coupon prédéterminé. Il est important de noter que c'est le montant du coupon qui subit les conséquences directes d'une variation des taux d'intérêt et non la valeur de l'obligation comme c'est le cas pour les obligations à taux fixe. Ceci limite les pertes en capital pour le souscripteur souhaitant conserver l'obligation jusqu'à son échéance.

Dans le cas de l'obligation à taux variable, si le coupon est versé à la date T, le montant de celui-ci n'est connu que très peu de temps avant son versement. Il est établi durant une période de référence intervenant très peu de temps avant sa distribution. En revanche, dans le cas de l'obligation à taux révisable, le coupon versé est connu à l'avance, bien souvent au lendemain du précédent coupon.

2.2.2. Les taux de référence

Les taux variables des emprunts émis en France sont aujourd'hui fixés relativement aux taux de référence TEC (Taux à l'Échéance Constante). Les plus répandus sont les TEC5 et TEC 10. Ces taux correspondent à des taux de rendement actuariels d'une valeur du Trésor fictive dont la durée de vie serait à chaque instant égale à cinq ans ou à dix ans. Ces taux sont calculés par le Comité de Normalisation Obligataire, par interpolation linéaire des taux de rendement de deux OAT (Obligations d'État) dont la maturité encadre la période donnée.

Les taux TEC sont des taux récents qui remplacent les taux TME et TMO. Ces derniers servent encore de référence pour des obligations émises avant l'instauration de l'euro. Le TME (Taux Moyen Mensuel des emprunts d'État) est un taux de rendement sur le marché secondaire des emprunts d'État à taux fixe supérieurs à 7 ans ; il est calculé en effectuant la moyenne arithmétique des THE [1] publiés chaque semaine au cours du mois correspondant. Le TMO (Taux Mensuel Obligataire) désigne une moyenne sur 6 mois du taux à l'émission des emprunts non garantis par l'État.

2.2.3. L'estimation du montant des coupons

Les rémunérations proposées peuvent être calculées suivant trois méthodes :

– la méthode additive : il s'agit de la somme du taux de référence et d'une marge prédéterminée. Par exemple, le taux *TEC5 + 0,75 %*. Si le TEC5 vaut 4,50 %, la rémunération reçue par le détenteur d'une telle obligation sera de 5,25 % ;

– la méthode multiplicative : cela correspond au pourcentage d'un taux de référence, comme 120 % du TEC10. Ainsi si le TEC10 est égal à 5 %, la rémunération servie s'élèvera à 6 % ;

– la méthode mixte : cette méthode comme son nom l'indique correspond à une association des deux méthodes précédentes. On pourrait avoir par exemple un taux *95 % × TEC5 + 0,50 %*.

2.3. Les obligations à coupon zéro

L'obligation zéro-coupon ou à coupon zéro est une obligation qui ne verse qu'un seul flux à maturité. Ce flux est composé des intérêts et du remboursement du capital. L'obligation zéro-coupon ne se distingue de l'obligation classique que par le fait qu'elle ne paie pas de coupon. L'investisseur trouve sa rémunération dans la différence entre le prix d'achat et le prix de remboursement. À caractéristiques semblables, le prix d'une obligation zéro-coupon sera inférieur à celui d'une obligation classique.

Les obligations zéro-coupon sont couramment appelées « *strips* » ou « *strip bonds* ». Cette dénomination s'explique par le fait qu'une obligation classique peut être décomposée en plusieurs zéro-coupons. Il suffit de considérer chaque paiement (chaque coupon et le remboursement final) de l'obligation classique comme une somme d'obligations zéro-coupon.

Dans la pratique, il n'y a pas pléthore d'emprunts réalisés sous forme d'obligation zéro-coupon. Ce type d'obligations est souvent le résultat du

1. Le THE est la moyenne hebdomadaire des rendements d'emprunts d'État de cette catégorie.

démembrement d'une obligation à taux fixe. Le démembrement peut se définir comme une commercialisation séparée des droits attachés au remboursement de la dette et des coupons.

2.4. Les obligations indexées

Les obligations indexées sont des obligations dont le montant des coupons et la valeur de remboursement sont indexés à l'évolution d'un indice de prix. Cela peut être le prix d'une matière première (pétrole, or...), l'inflation (indice des prix à la consommation) ou encore le chiffre d'affaires d'une société. Le référent n'est pas le taux d'intérêt. L'objet d'une telle obligation consiste à protéger le souscripteur d'une dépréciation du capital grâce à l'indexation des versements sur une référence. Les caisses de retraite ayant des engagements liés à l'inflation sont très intéressées par ce type d'obligations.

Exemple

En mars 2010, la société aurifère Auplata a lancé sur Nyse Euronext une émission de 14 000 obligations de maturité 5 ans représentant un montant brut de 7 millions d'euros. Le taux d'intérêt de cette émission est égal à 8 % pour la première année, puis pour les périodes suivantes à 6 % augmenté d'une marge indexée sur le prix de l'once d'or exprimé en dollars américains comme le présente le tableau ci-après. Les obligations seront amorties en totalité à l'échéance par remboursement de 100 % de la valeur nominale. La valeur de remboursement n'est donc pas indexée sur le cours de l'or.

Cours moyen du London Gold	**Coupon annuel fixe**	**Marge annuelle**	**Rendement annuel**
< 1 000 $	6 %	0 %	6 %
1 000 $ < C < 1 100 $	6 %	1 %	7 %
1 100 $ < C < 1 200 $	6 %	2 %	8 %
1 200 $ < C < 1 400 $	6 %	3 %	9 %
1 400 $ < C < 1 600 $	6 %	4 %	10 %
1 600 $ < C < 1 800 $	6 %	5 %	11 %
> 1 800 $	6 %	6 %	12 %

2.5. Les titres d'État

Les titres d'État représentent la dette publique. Il existe trois types d'instruments de créance sur l'État. Ils correspondent à trois degrés de maturité : le long terme avec les Obligations Assimilables du Trésor (OAT), le moyen terme avec les bons du Trésor à taux fixe et à intérêt annuel (BTAN) et le court terme avec les bons du Trésor à taux fixe et à intérêt précompté (BTF).

Les Obligations Assimilables du Trésor sont des emprunts à long terme émis par l'État français. Elles constituent la forme privilégiée du financement à long terme de l'État. Ces emprunts sont remboursables *in fine* et leurs maturités varient de 7 à 50 ans. Fin 2010, l'encours de la dette à long terme de l'État s'élevait à plus de 800 milliards d'euros.

Les OAT sont émises par adjudications. Celles-ci ont lieu le premier jeudi du mois à 10 h 50. Les soumissions, d'un montant minimal d'un million d'euros, s'effectuent en prix pied de coupon exprimé en pourcentage du nominal, avec deux décimales. Le règlement a lieu le mardi suivant l'adjudication. Les OAT ont une valeur nominale de 1 euro. Le coupon couru est calculé sur une base exact/exact.

La première OAT a été émise en mai 1985 et constituait pour l'époque une innovation considérable. En effet, l'assimilation consiste en un rattachement des obligations nouvelles à des tranches d'obligations, aux caractéristiques identiques, émises antérieurement. L'assimilation présente ainsi deux avantages. D'une part, elle permet de réduire considérablement le nombre de lignes de cotation. D'autre part, elle accroît la liquidité des titres puisqu'elle permet une augmentation de la capitalisation boursière des lignes [1].

Par ailleurs, parallèlement au lancement des OAT, il a été créé le statut de spécialistes en valeur du Trésor (SVT). Ces teneurs de marché ont pour mission d'afficher en permanence des prix et un nombre minimum de titres à l'achat et à la vente sur les valeurs du Trésor (OAT, BTF et BTAN). L'apparition des OAT et des services associés ont grandement favorisé la venue des investisseurs non-résidents en France attirés par la liquidité et la « sécurité » d'un tel placement.

Il existe des OAT à taux fixe, de capitalisation (zéro-coupon), à taux variable et à taux indexé sur l'inflation. Les dates d'échéances ainsi que le paiement des coupons s'ils ont lieu d'être sont standardisées : le 25 avril et le 25 octobre pour les OAT à taux fixe, le 25 avril pour les OAT de capitalisation et le 25 juillet pour les OAT à taux indexés.

Les OAT à taux variable ont pour taux de référence le TEC 10. Elles versent un coupon trimestriel prédéterminé indexé sur le TEC 10. Une OAT TEC 10 d'échéance 25 janvier verse des coupons le 25 janvier, le 25 avril, le 25 juillet et le 25 octobre.

Exemple

Soit une OAT TEC 10. Celle-ci verse un coupon tous les trimestres.

$$\text{Coupon} = [(1 + \text{TEC } 10 + m)^{1/4} - 1] \times VN$$

où m est marge nominale en pourcentage et VN est la valeur nominale du titre.

1. À l'époque, les emprunts d'État étaient émis en une seule fois et seul le Trésor américain avait la capacité d'émettre des titres d'encours suffisamment important pour assurer un niveau de liquidité convenable.

Les OAT de capitalisation sont le résultat des démembrements opérés par les Spécialistes en Valeurs du Trésor. Le démembrement consiste en une commercialisation séparée des droits financiers attachés au remboursement du capital et de ceux attachés à chaque coupon. Une OAT à taux fixe donne naissance à des « certificats de coupons » et à un « certificat de principal ». Le 23 novembre 2009, une petite révolution est intervenue sur le marché des *strips* des OAT à taux fixe. En effet, depuis cette date, la fongibilité du certificat du principal avec celui du dernier coupon de même maturité est autorisée. Jusqu'à l'instauration de ces nouvelles règles, une OAT à 10 ans pouvait être démembrée en 10 certificats de coupon et 1 certificat de principal. Désormais il n'y a plus que dix obligations zéro-coupon. On ne distingue plus les deux types de certificats. De cette réforme, on attend une meilleure liquidité des titres et la réduction du coût du démembrement.

Exemple

Avant la réforme, un spécialiste qui détenait 100 000 euros de l'OAT 4 % 25/04/2060 pouvait démembrer sa position et obtenir 100 000 certificats de principal au nominal de 1 euro échéance 25/04/2060 16 000 certificats de coupon, au nominal de 0,25 €, pour chacune des échéances jusqu'au 25/04/2060. Après la réforme, le démembrement aboutit à la détention de certificats 400 000 *strips* de nominal 0,01 € (équivalent à 4 000 euros) pour chaque échéance à l'exception de la dernière où il obtient 10 400 000 *strips* (équivalent à 104 000 euros).

En ce qui concerne les OAT indexées, ces dernières sont des obligations dont le nominal est remboursé au pair à l'échéance et qui est protégé soit contre l'inflation française (OATi) soit contre l'inflation européenne (OAT€i). Le coupon versé correspond à une fraction du nominal indexée ; par conséquent, il est également protégé contre l'inflation.

Exemple

Soit une OATi à 1 % qui arrive à échéance le 25 juillet 2017. Si, au moment du versement du coupon, le coefficient d'indexation sur l'inflation s'établit à 1,0791, un investisseur détenant 80 000 OATi perçoit des intérêts s'élevant à : 80 000 × 1 € × 1 % × 1,0791 soit 863,28 euros.

Remarque

Il ne faut pas confondre les OAT avec les Obligations Renouvelables du Trésor (ORT) qui sont des titres à intérêts capitalisés, d'une durée de 6 ans. Elles peuvent être échangées contre des obligations d'une nouvelle série au bout de trois années. Les intérêts capitalisés sont versés à l'occasion de l'échange des séries.

2.6. Les titres participatifs

Ces titres ont été créés par la loi du 3 janvier 1983 et sont réglementés par les articles L. 228-36 et L. 228-37 du Code du commerce. L'émission de tels titres était réservée à l'origine aux sociétés par actions appartenant au secteur public et aux sociétés anonymes coopératives. Depuis 1985, les établissements publics à caractère industriel et commercial, les coopératives et les banques mutualistes peuvent également en émettre. Leur durée de vie est d'au moins sept années. Ces titres ressemblent aux obligations à deux détails près. D'une part, la rémunération servie comporte une partie fixe et une partie variable indexée à l'activité ou aux résultats de la société. D'autre part, leurs détenteurs ne sont remboursés qu'après désintéressement complet de tous les autres créanciers sociaux. Ils sont donc remboursés juste avant les capitaux propres.

Ces titres figurent au bilan de la société dans la catégorie « autres fonds propres ». Ils peuvent parfois être assimilés à des actions sans droit de vote.

2.7. Les obligations hybrides

Ce sont des titres qui possèdent des caractéristiques appartenant à l'obligation mais également à d'autres actifs financiers.

2.7.1. Les obligations convertibles en actions

Les obligations convertibles en actions ont été instituées par une loi du 25 février 1953 [1]. Comme son nom l'indique, l'obligation convertible (OC) en actions tient à la fois de l'obligation et de l'action. Il est prévu que l'obligation peut être convertie en actions de la société émettrice selon une parité et des délais fixés dans le contrat d'émission.

Ce produit « hybride » assure ainsi à son détenteur un revenu minimal [2], celui de l'obligation, qui est presque toujours à taux fixe et offre à son détenteur l'opportunité de profiter de la hausse du cours de l'action. Lorsque la conversion devient intéressante, c'est-à-dire lorsque le cours de l'action monte au-delà de la valeur nominale de l'obligation, l'obligation convertible tend à se comporter en bourse comme l'action correspondante. À l'inverse, si le cours de l'action est faible et que la conversion n'est pas avantageuse, l'obligation convertible se comporte comme les autres obligations.

L'émission d'obligations convertibles constitue pour l'émetteur un moyen de réduire son coût d'emprunt. En effet, le montant des coupons versés aux investisseurs est généralement plus faible que dans le cadre d'une émission obligataire classique.

Dans certains cas, l'émetteur peut choisir entre l'augmentation de capital (conversion en actions nouvelles à émettre) et la recapitalisation (échange contre des actions existantes). Dans ce cas, on parle d'OCEANE (Obligation Convertible En Actions Nouvelles ou Existantes). La société

1. Elles sont réglementées par les articles L. 225-161 et suivants du Code de commerce.
2. Le taux d'intérêt d'une obligation convertible est en général plus faible qu'une obligation classique.

dispose ainsi d'un moyen de réagir, selon ses besoins, à l'évolution du marché en agissant ou non sur son capital et ainsi sur sa structure financière.

2.7.2. Les obligations remboursées en actions (ORA)

Le remboursement de l'obligation en fin de vie ne peut se faire qu'en actions [1]. C'est un moyen de transformer sa dette en capitaux propres. Contrairement à une obligation convertible, l'ORA est obligatoirement convertie en actions. Le porteur d'un tel titre a la qualité d'obligataire jusqu'à l'échéance de l'obligation. Il reçoit le nombre d'actions prévu dans le contrat d'émission.

2.7.3. Les obligations échangeables en actions (OEA)

Les obligations échangeables contre des actions sont apparues avec la loi du 24 juillet 1966 [2]. Une obligation échangeable en actions est une obligation émise par une société et remboursable en actions d'une autre société dans laquelle l'émetteur détient une participation [3]. À l'échéance, deux cas se présentent selon que le cours de l'action sous-jacente au contrat a progressé suffisamment ou non. Si l'échange est favorable au détenteur de l'obligataire, l'émetteur rembourse sous forme d'actions. Dans le cas contraire, l'emprunt est remboursé en liquidités.

2.8. Les autres types d'obligations

Ci-après une liste non exhaustive de quelques obligations présentant des caractéristiques particulières. Les émissions de ces obligations demeurent plus rares.

Les obligations à bons de souscription [4] associent une obligation classique et le droit de souscrire à une ou plusieurs actions (OBSA) ou obligations (OBSO) [5]. Une fois émis, l'obligation et le bon sont dissociés contrairement à l'obligation convertible. Le bon de souscription est valorisé par le marché, ce qui permet à l'émetteur de proposer un taux d'intérêt inférieur à une obligation classique.

Les obligations à coupon unique sont des obligations qui n'ont qu'un seul coupon qui capitalise tous les intérêts payables en une seule fois lors du remboursement de l'obligation. Le principe est donc similaire à celui d'une obligation à coupon zéro.

Les obligations spéciales à coupons à réinvestir (OSCAR) permettent de réinvestir, si on le souhaite, les coupons versés pour souscrire à de nouvelles obligations de caractéristiques identiques à celles des obligations

1. Consulter l'article L. 228-91 du Code de commerce.
2. Elles sont régies par les articles L. 225-168 et suivants du Code de commerce.
3. Voir les articles L. 225-168 et L. 225-176 du Code de commerce.
4. Consulter également les articles L. 225-150 et suivants du Code de commerce.
5. Consulter le chapitre 5.

d'origine. Cette possibilité de souscription sera utilisée par le détenteur en cas de baisse des taux.

Les obligations à fenêtre sont des obligations généralement à taux fixe remboursables in fine et de maturité 18 ans qui bénéficient d'une clause de remboursement anticipé à des échéances préfixées (7, 11 et 14 ans). Cette option de remboursement permet soit au détenteur de l'obligation de réclamer le remboursement de son titre moyennant une pénalité, soit à l'émetteur d'anticiper le remboursement moyennant une prime de remboursement. Le remboursement de l'obligation sera exigé de la part du détenteur en cas de hausse des taux, et par l'émetteur en cas de baisse des taux.

Les obligations à durée variable ont une durée initiale de six ans mais peuvent être échangées à mi-durée contre des obligations identiques. Les intérêts sont capitalisés et versés à l'échéance ou lors de l'échange comme c'est le cas pour les obligations renouvelables du Trésor.

Les obligations foncières sont des obligations émises par des Sociétés de Crédit Foncier (SCF) qui sont nées de la loi sur l'épargne en 1999. Ces sociétés ont pour mission de consentir des prêts garantis à des personnes morales. Les SCF se financent sur le marché obligataire en émettant des obligations foncières. Le rendement proposé par ces obligations est plus faible compte tenu de la sécurité du placement. Cette « garantie » s'explique notamment par le fait que les SCF possèdent une excellente notation. De plus, en cas de défaillance de l'émetteur, les souscripteurs sont remboursés en priorité.

Enfin les titres subordonnés correspondent à des obligations perpétuelles qui ont un caractère de quasi-fonds propres car ils ne sont remboursables qu'après désintéressement de tous les autres créanciers (Titres Subordonnés Remboursables et Titres Subordonnés à Durée Déterminée) ou après la liquidation de la société émettrice (Titres Subordonnés à Durée Indéterminée).

3. Principes d'évaluation

Afin d'évaluer le prix d'une obligation et d'analyser le lien qui le relie avec le niveau des taux d'intérêt, on va présenter dans un premier temps l'évaluation d'une obligation zéro-coupon avant d'exposer les principes d'évaluation d'une obligation classique qui verse régulièrement des coupons.

3.1. Les obligations zéro-coupon

Comme il l'a été indiqué précédemment, l'obligation zéro-coupon est la plus simple des obligations dans la mesure où elle ne verse aucun coupon. La rémunération provient de la différence de prix entre sa valeur à l'émission et sa valeur de remboursement elle-même égale à sa valeur nominale.

Dans la mesure où la valeur de remboursement est connue, on peut écrire que la valeur d'une obligation zéro-coupon correspond à la valeur actuelle de sa valeur de remboursement.

On a ainsi : $P \times (1 + r_T)^{-T} = VR$ ou $P = \dfrac{VR}{(1 + r_T)^T}$

où P est le prix de l'obligation de maturité T années, r_T désigne le taux d'intérêt à T années, et VR correspond à la valeur de remboursement de l'obligation.

Cette relation permet de constater qu'il existe une relation inverse entre le prix d'une obligation et le niveau des taux d'intérêt. Si les taux d'intérêt montent, le prix de l'obligation baisse et inversement si les taux d'intérêt baissent, le cours de l'obligation augmente.

Ceci s'explique par le fait que si les taux d'intérêt du marché augmentent, les investisseurs vont vendre leurs anciennes obligations pour acheter les nouvelles obligations émises à un taux de coupon plus élevé. La vente des obligations entraîne la baisse de leur prix. Les investisseurs arrêteront de vendre l'obligation jusqu'à ce que le taux actuariel soit identique à celui des nouvelles obligations.

Exemple

Soit une obligation zéro-coupon présentant un taux facial de 6 % remboursable au pair dans 7 ans. Son prix à l'émission est alors égal à :

$$P = \frac{100\ \%}{(1 + 6\ \%)^7} = 66{,}51\ \%$$

Au fur et à mesure que l'on se rapproche de l'échéance de l'obligation, le prix, toute chose égale par ailleurs, va se rapprocher de sa valeur de remboursement, à savoir 100 % comme l'illustre le graphique 3.2.

Graphique 3.2. – *Évolution d'une obligation zéro-coupon en fonction de sa maturité*

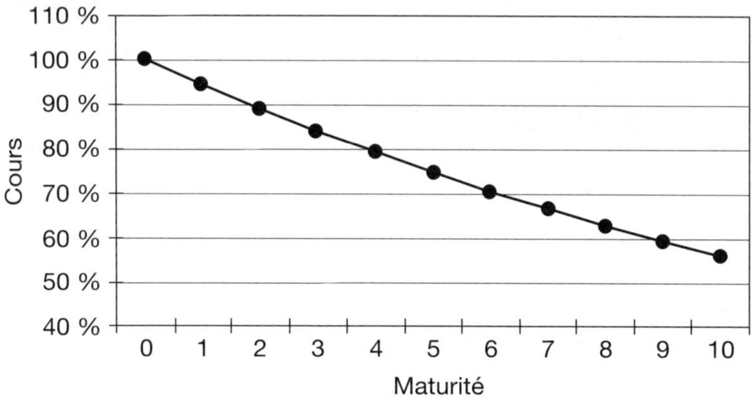

Le graphique 3.3 illustre quant à lui les conséquences d'une modification des taux d'intérêt sur l'obligation à coupon zéro précédente aussitôt après son émission. On peut vérifier que les taux d'intérêt et le cours de l'obligation évoluent dans le sens contraire.

Graphique 3.3. – *Évaluation d'une obligation zéro-coupon en fonction du taux de rendement actuariel*

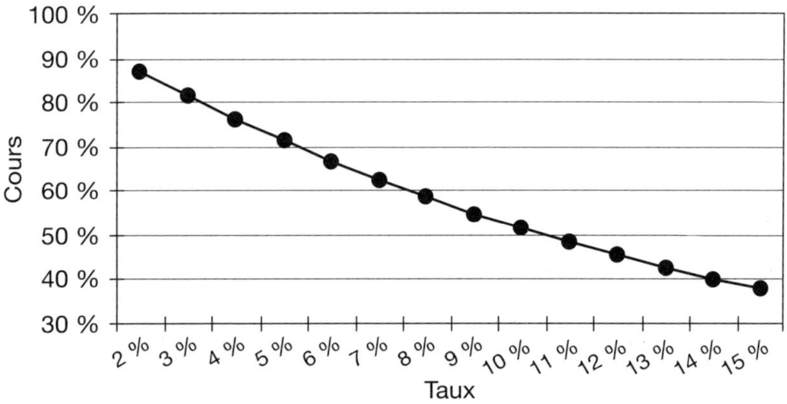

3.2. Les obligations à taux fixe

La valeur théorique d'une obligation qui paye des coupons correspond à la valeur actuelle de la série de coupons et du remboursement. Comme les flux monétaires ont lieu à des dates différentes, ils doivent être actualisés au taux d'intérêt correspondant à chaque date de paiement.

Une obligation à coupons peut être assimilée à une combinaison d'obligations zéro-coupon de maturités différentes. Cette opération est appelée un démembrement ou encore un « *coupon bond stripping* ». Par exemple, une obligation à 5 ans est la combinaison de 5 obligations zéro-coupon d'échéances un à cinq ans et de valeur nominale égale au montant du coupon, et d'une obligation zéro-coupon à cinq ans correspondant au remboursement final.

Pour une obligation à n années avec des *cash flows* d'un montant identique C et une valeur de remboursement VR, le prix de l'obligation correspond à la valeur actualisée des flux futurs. Il s'obtient de la manière qui suit :

$$P = \frac{C}{1+r_1} + \frac{C}{(1+r_2)^2} + \ldots + \frac{C}{(1+r_n)^n} + \frac{VR}{(1+r_n)^n}$$

L'évaluation d'une obligation présente un inconvénient : il est nécessaire de connaître plusieurs taux – un pour chaque échéance. Dans un souci de clarté, un investisseur souhaiterait avoir connaissance du taux de rendement moyen de son placement. Il s'agit du taux de rendement actuariel moyen sur toute la durée de vie de l'obligation. Ce taux n'est autre que le taux de rendement interne qui permet l'égalité suivante :

$$P = \frac{C}{1+r} + \frac{C}{(1+r)^2} + \ldots + \frac{C}{(1+r)^n} + \frac{VR}{(1+r)^n}$$

Le prix d'une obligation correspond donc à une suite d'annuités constantes auquel on ajoute la valeur de remboursement actualisée.

$$P = C \times \frac{1-(1+r)^{-n}}{r} + \frac{VR}{(1+r)^n}$$

La lecture de cette formule permet de comprendre l'incidence de la variation des taux d'intérêt sur le prix d'une obligation à taux fixe. À l'instar de l'obligation à zéro-coupon, le prix d'une obligation à taux fixe est une fonction négative du taux d'intérêt.

La sensibilité de la valeur de l'obligation dépend de sa maturité. L'effet d'une variation du taux d'intérêt sera d'autant plus important qu'on est éloigné de l'échéance comme en témoigne le graphique 3.4. Celle-ci représente la valorisation d'une obligation à taux fixe de 6 % selon la maturité de l'obligation et le niveau des taux d'intérêt.

Graphique 3.4. – *Prix d'une obligation suivant la maturité et le taux d'intérêt*

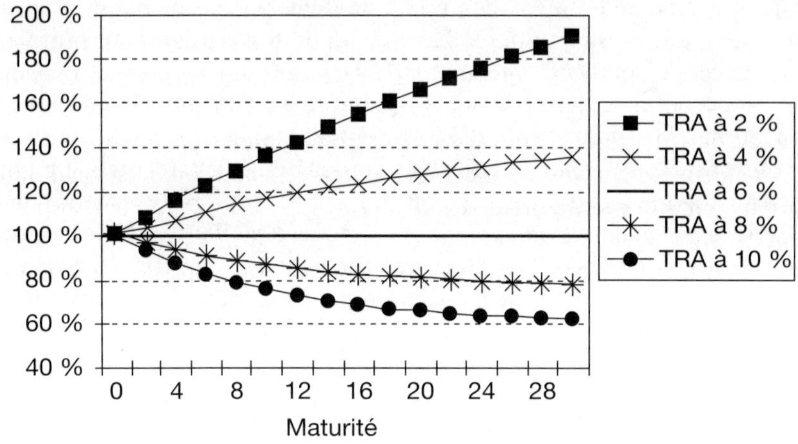

Exemple

Soit une obligation présentant un taux facial annuel de 6 % remboursable au pair dans 7 ans. Le taux actuariel du marché qui prévaut est égal à 5 %. Son prix est alors égal à :

$$P = 6\,\% \times \frac{1-(1+5\,\%)^{-7}}{5\,\%} + \frac{100\,\%}{(1+5\,\%)^7} = 105{,}78\,\%$$

4. La notation

Le niveau du taux d'intérêt qui devra être payé par l'émetteur est fonction de son risque de crédit, c'est-à-dire de sa capacité à rembourser les intérêts et le capital emprunté. La notation est l'évaluation du risque de non-paiement en temps et en heure de la totalité du principal et des intérêts relatifs à une obligation financière. Elle analyse donc à la fois la capacité et la volonté de l'emprunteur de remplir ses obligations contractuelles. La notation concerne à la fois des émetteurs, des opérations de titrisation, tous les types de dette financière, ainsi que certains titres hybrides. La qualité de l'émetteur est appréciée par des agences de notation.

Le niveau de rendement que doit proposer l'émetteur d'une obligation est directement lié à son rating. Ainsi le rendement d'une obligation dite de référence (un emprunt d'État) est plus faible que le rendement demandé pour une obligation moins bien notée. L'écart de rendement entre ces deux obligations est appelé le *spread*. Cet écart de taux est exprimé en points de base ou *basis points* en anglais. Un point de base correspond à un centième de pourcentage.

4.1. Les agences de notation

La notation ou rating délivre l'opinion d'une agence de notation sur la capacité d'un emprunteur à rembourser ses dettes. Il existe trois principales agences de notation : *Standard and Poor's*, *Moody's* et *Fitch*. Ces agences proposent deux types de notes : une note à court terme et une note à long terme. Les tableaux 3.2 et 3.3 présentent la signification de ces notes.

Les notes des agences s'articulent autour de deux catégories. La première catégorie dite d'investissement (*investment grade*) correspond à une signature de qualité, synonyme d'un accès aux capitaux plus facile pour l'entreprise concernée. La catégorie spéculative à l'inverse (*speculative grade*) désigne les obligations émises par les entreprises considérées comme les plus spéculatives. Ainsi les notes inférieures à BBB ou Baa selon l'agence de notation retenue correspondent à des entreprises n'appartenant plus à la catégorie d'investissement. Ces notes ont une incidence sur les taux d'intérêt requis mais également sur les apporteurs de capitaux. En effet, certains investisseurs institutionnels n'ont pas la possibilité d'investir dans la seconde catégorie d'entreprises. Un abaissement de la note en *speculative grade* peut donc être assimilé à une double peine pour l'entreprise.

Les notes à long terme peuvent être également assorties d'une perspective « stable », « positive » ou « négative ». La perspective a pour but d'indiquer l'évolution potentielle des notes. Cette qualification ne constitue pas un changement prévu de note, mais un simple signal d'une perspective d'évolution.

Tableau 3.2. – *Notation à long terme des entreprises*

S&P's	Fitch	Moody's	Description
AAA	AAA	Aaa	Excellente qualité. Le risque est quasi nul. L'aptitude à payer les intérêts et à rembourser le capital est extrêmement forte.
AA	AA	Aa	Haute qualité, mais il peut exister des facteurs pouvant rendre le risque à long terme légèrement plus important.
A	A	A	Bonne qualité mais un risque peut surgir en cas des modifications des circonstances ou des conditions économiques.
BBB	BBB	Baa	Qualité moyenne. Protection du capital et des intérêts satisfaisant au moment présent. Certains facteurs peuvent s'avérer intrinsèquement peu fiables à long terme.
BB	BB	Ba	Développement d'un risque de crédit possible, en particulier comme résultat de changements économiques dans le temps.
B	B	B	La probabilité de remboursement est incertaine. Il subsiste un risque assez fort.
CCC	CCC	Caa	Risque très important de non remboursement sur le long terme.
CC	CC	Ca	Très proche de la faillite, emprunt très spéculatif.
D	D	C	Situation de faillite de l'emprunteur.

Les notes à court terme s'appliquent à l'endettement dont la maturité initiale est inférieure à un an. Les échelles de notation sont beaucoup plus resserrées.

Tableau 3.3. – *Notation à court terme des entreprises*

S&P's	Fitch	Moody's	Description
A1+/A1	F1	P1	Excellente qualité de crédit.
A2	F2	P2	Bonne qualité de crédit.
A3	F3	P3	Qualité de crédit correcte mais présente une certaine sensibilité aux conditions économiques.
B	B	B	Caractère spéculatif quant au paiement à l'échéance.
C	C	C	Risque important de défaut.
D	D	D	Défaut.

Remarque

Le rôle des agences de notation ne se limite pas à l'évaluation du risque de défaut des entreprises. Elles proposent également des notations de produits structurés. Les agences ont été au cœur d'une polémique lors de la crise des *subprimes*. En effet de nombreux produits complexes, qui se sont révélés défaillants, avaient été émis assortis d'une note positive. Dès lors, beaucoup s'interrogent sur la réelle indépendance des agences de notation qui se font rémunérer par les émetteurs ce qui est susceptible de générer des confits d'intérêt. De nombreuses commissions ont vu le jour afin de proposer une alternative aux agences de notation ou des mesures destinées à encadrer leur activité. Une plus grande transparence du processus de notation est exigée afin d'améliorer la fiabilité et l'intégrité des notes attribuées. Certains acteurs comme la Coface ou *Meredith Whitney* aspirent à une plus grande concurrence du marché de la notation.

4.2. Les obligations à haut rendement

Les obligations à haut rendement [1] ou *junk bonds* sont des obligations classiques émises par des sociétés dont le risque de défaut est très important. Pour attirer les investisseurs, les émetteurs doivent donc offrir des rendements très élevés. Ces obligations peuvent connaître des variations très importantes de cours comme cela s'est présenté durant la crise russe de 1998.

Parmi les obligations à haut rendement, on retrouve également des obligations classiques à l'origine qui ont subi une dégradation de la signature de l'émetteur. Compte tenu du risque présenté par l'émetteur, l'obligation est vendue entraînant une baisse de son cours et donc une augmentation de son rendement.

Durant la vague des OPA [2] qui eurent lieu aux États-Unis dans les années 1980, le marché des *junk bonds* prit un essor considérable. En effet, ces obligations ont servi de moyen de financement pour le rachat d'entreprises. En cas de reprise de l'activité économique, le risque de défaut se réduit et entraîne ainsi un rehaussement de la notation : le cours de l'obligation peut alors augmenter de manière très significative.

1. On les appelle également obligations de pacotille.

2. Une Offre Publique d'Achat (OPA) est une offre d'achat faite à tous les détenteurs d'actions d'une société par une personne physique ou morale en vue de prendre le contrôle de cette société.

Chapitre 4

Les actions

Une action est un titre financier représentatif d'une part de propriété d'une société. Elle est attribuée en rémunération d'un apport fait à la société soit lors de sa création, soit à l'occasion d'une augmentation de capital. L'apport peut s'effectuer en numéraire, en nature (les actionnaires reçoivent des actions en contrepartie d'actifs non monétaires comme des immobilisations) ou à la suite de la conversion d'une créance sur la société en actions. L'action représente ainsi une fraction du capital social et confère à son détenteur un droit d'associé. L'action est un titre librement négociable sous réserves de certaines clauses.

Seules les sociétés anonymes et les sociétés en commandite par actions ont la faculté d'émettre des actions. La plupart des autres sociétés émettent des parts sociales. La différence entre ces fractions de capital ne tient pas seulement dans la dénomination mais également et essentiellement dans le caractère « librement négociable » des titres qui peuvent être cotés ou non.

1. Les droits d'une action

Les droits conférés à l'actionnaire en sa qualité de copropriétaire de la société peuvent être regroupés en deux catégories : une première d'ordre pécuniaire et une seconde d'ordre non pécuniaire qui a trait aux droits d'interventions dans la vie de la société.

1.1. Les droits pécuniaires

En tant que copropriétaire de l'entreprise, l'actionnaire doit pouvoir bénéficier des profits réalisés par l'entreprise et d'un droit sur l'actif de la société.

1.1.1. Le droit sur les bénéfices

Chaque détenteur d'une action dispose d'un droit sur les bénéfices de la société. Ce droit prend la forme d'une vocation aux dividendes.

Le dividende représente la part des bénéfices reversée aux actionnaires. Chaque année, l'entreprise réalise théoriquement des bénéfices. Il est de coutume, mais non obligatoire, qu'elle reverse une partie de ses bénéfices à ses actionnaires. Cette part, le plus souvent comprise entre 20 % et 50 % du résultat net, est appelée dividende. On appelle *pay-out ratio* le taux de distribution. Son montant est voté au cours de l'assemblée générale annuelle sur proposition du conseil d'administration. Le paiement des dividendes doit intervenir dans un délai maximum de 9 mois après la clôture de l'exercice. Si l'exercice comptable est clos le 31 décembre de l'année N, le dividende devra être versé avant le 30 septembre de l'année $N + 1$. Quelle que soit la part de capital détenue, chaque actionnaire obtiendra le même dividende par action.

Pour percevoir des dividendes, il suffit de détenir les titres le jour de détachement du dividende quelle que soit la durée de détention. Une fois le dividende versé, le cours de l'action baisse approximativement du montant du dividende. La différence observable s'explique par les taux de taxation différents des plus-values et des dividendes. Il est donc inutile de vouloir acheter un titre la veille du détachement dans l'espoir de le revendre au même prix le lendemain, une fois le dividende perçu.

Les revenus des actions peuvent donc provenir à la fois des plus-values générées par la détention des titres, mais aussi pour une part non négligeable des dividendes. Les dividendes peuvent être en quelque sorte apparentés aux coupons perçus pour une obligation.

Remarque

Tout le bénéfice de l'exercice n'est pas distribuable en dividendes aux actionnaires. En effet, la loi impose aux sociétés de conserver une partie du bénéfice de l'exercice, pour renforcer leur structure financière. Les entreprises incorporent donc une partie de leur bénéfice net aux réserves légales. Par ailleurs, en dépit d'un exercice comptable négatif, l'entreprise peut octroyer un dividende à ses actionnaires en prélevant de ses réserves le montant des fonds distribués.

À certaines occasions, relativement rares, l'entreprise peut proposer à ses actionnaires le versement des dividendes sous forme d'actions nouvelles. Ceci n'est *a priori* pas aussi intéressant que le versement en numéraire dans la mesure où le cours de l'action prend en compte la création de ces nouvelles actions versées gratuitement.

1.1.2. Le droit sur l'actif net de la société

Les actionnaires sont les propriétaires de l'entreprise. Cela signifie qu'ils détiennent chacun une part de l'entreprise et en conséquence possèdent une partie de l'ensemble des actifs (immobilisations, brevets, trésorerie...). Ils ont droit au boni de liquidation.

En cas de cessation d'activité de l'entreprise, l'actionnaire a un droit sur les actifs après remboursement des différentes créances de l'entreprise.

Bien entendu, le capital social n'est pas destiné à être remboursé. Cela est malheureusement ce qui se produit en cas de liquidation judiciaire mais, bien souvent, les caisses de l'entreprise sont vides.

1.1.3. Les droits d'attribution et préférentiel de souscription

Comme on vient de le signaler, détenir une action d'une société, c'est être propriétaire d'une fraction du capital de l'entreprise. À ce titre, l'actionnaire est associé au développement de l'entreprise et bénéficie de droits au dividende et sur les actifs. Une autre manifestation typique de ce droit sur les actifs s'exerce lors des augmentations de capital.

En effet, au cours de sa vie, il peut s'avérer nécessaire pour l'entreprise d'augmenter son capital. De manière classique, l'entreprise peut soit incorporer à son capital des bénéfices qu'elle a accumulés sous forme de réserves qui donnent lieu à la création d'actions gratuites, soit demander des capitaux nouveaux pour financer ses investissements et émettre en contrepartie des actions en numéraire. Dans le premier cas, les actionnaires bénéficient alors d'un droit d'attribution d'actions gratuites. Dans le second cas, les actionnaires jouissent d'un droit préférentiel de souscription. En effet, dans ce dernier cas, l'opération sur le capital est susceptible d'entraîner une réduction de la part des actionnaires dans le capital de la société à la suite de l'arrivée de nouveaux actionnaires. De plus, il faut savoir que les nouvelles actions sont souvent émises à un prix inférieur au cours des anciennes actions. On assiste alors au détachement d'un droit préférentiel de souscription négociable qui permet aux actionnaires de bénéficier d'une priorité d'achat sur les actions nouvellement émises. Ceci permet de ne pas léser les actionnaires actuels. [1]

Il convient néanmoins de signaler que, depuis la réforme du régime des valeurs mobilières – Ordonnance n° 2004-604 du 24 juin 2004 –, la société a la possibilité de supprimer ce droit ou de le remplacer par un droit de priorité moins intéressant pour l'actionnaire car ce droit n'est pas négociable en bourse. Une telle décision doit être votée en assemblée générale [2].

1.2. Les droits politiques

Les droits non pécuniaires correspondent aux droits de l'actionnaire à participer à la vie de la société.

1.2.1. Le droit de vote

L'action se compose pour une large part d'un droit de vote. Ce droit permet à chaque actionnaire de prendre part aux décisions des assemblées générales.

---

1. L'évaluation de tels droits sera examinée au chapitre 5.
2. Il en est de même lorsque la société souhaite réaliser une augmentation de capital réservée aux salariés.

Chaque année, l'entreprise réunit une ou plusieurs fois en assemblée générale l'ensemble de ses actionnaires. Ces réunions fixent notamment le montant du dividende à verser et valident diverses autres opérations, comme la mise en place d'un programme de rachats d'actions. Certaines sociétés limitent l'accès à ces grandes messes aux actionnaires détenant un nombre d'actions minimum. Les actionnaires écartés conservent toutefois leurs droits de vote qu'ils pourront exercer par correspondance.

Ce droit peut paraître réduit pour les actionnaires minoritaires. Il faut néanmoins se méfier. En effet, compte tenu de la faible participation aux assemblées générales, ceux-ci peuvent avoir une influence prépondérante. Ainsi les fonds collectifs de placement qui ont désormais obligation de participer aux votes peuvent représenter un pourcentage loin d'être négligeable.

1.2.2. Le droit à l'information

L'actionnaire détient également un droit à l'information communiquée par la société. Certaines sociétés envoient directement leurs rapports annuels et leurs communiqués de presse à l'ensemble de leurs actionnaires. Par ailleurs, la loi autorise l'actionnaire à prendre connaissance des documents relatifs aux trois derniers exercices. Dans tous les cas, l'actionnaire a le droit de poser deux questions écrites par an aux dirigeants de l'entreprise.

L'actionnaire doit pouvoir disposer à tout moment les informations qui suivent :

- les statuts de la société ;
- les inventaires et comptes annuels (bilans, comptes de résultats et annexes...) ;
- la liste des administrateurs ;
- les rapports du conseil d'administration et des commissaires aux comptes ;
- les textes et exposés des motifs des résolutions proposées aux assemblées générales ;
- les procès-verbaux et feuilles de présence des assemblées générales ;
- la rémunération certifiée des mandataires sociaux ;
- le rapport sur les plans de stock-options ;
- les bilans sociaux.

Préalablement à la tenue de son assemblé générale, la société à obligation de communiquer les éléments suivants à leurs actionnaires :

- la liste des actionnaires principaux ;
- le tableau relatif aux résultats des cinq derniers exercices ;
- les informations relatives aux administrateurs et directeurs généraux ;
- le rapport annuel du dernier exercice.

Pour les sociétés cotées, ce droit à l'information n'apporte pas un véritable avantage car les sociétés communiquent déjà beaucoup.

1.2.3. Le droit de présenter des résolutions

Tout actionnaire ou groupe d'actionnaires peut déposer un projet de résolution à l'assemblée générale. Afin d'éviter des demandes loufoques, l'actionnaire doit représenter un pourcentage minimum du capital défini dans les statuts. Ce taux varie entre 1 et 5 %. Pour un actionnaire seul, ce taux peut paraître élevé, c'est pourquoi on assiste à la création d'associations d'actionnaires afin de rassembler les droits.

1.2.4. Le droit d'action en justice

Enfin un dernier droit existe… il s'agit d'aller en justice contre la société en cas d'interrogation sur la bonne gestion exercée par les dirigeants. Un expert près des tribunaux sera chargé d'effectuer un rapport.

2. Les différentes catégories d'actions

Les droits qui viennent d'être présentés sont ceux conférés à une action dite classique ou ordinaire. Certaines actions peuvent différer par leurs droits. Ceci donne lieu à l'existence de plusieurs catégories d'actions. Préalablement à la présentation de ces catégories, il convient de préciser une première dichotomie relative à la forme de détention des actions par les actionnaires.

2.1. Les actions au porteur ou nominatives

Deux formules de détention sont proposées à l'actionnaire : les actions « au porteur » ou « au nominatif ».

Une action est par essence au porteur. L'action est inscrite aux livres de comptes de l'intermédiaire financier [1] chez qui l'actionnaire possède son compte titres. L'entreprise ignore le nom de ses actionnaires. Ce type de portage ne présente ni avantage ni inconvénient particulier.

Afin de fidéliser leur actionnariat, les sociétés les plus importantes proposent à leurs actionnaires de faire connaître leur identité par la mise au nominatif de leurs actions. Il existe deux types d'actions nominatives :

– le nominatif pur : les actions figurent directement dans les livres de comptes de la société émettrice ; les actionnaires bénéficient des frais de gestion gratuits ;

– le nominatif administré : les actions sont inscrites chez l'émetteur mais elles restent administrées par un intermédiaire financier retenu par l'actionnaire ; l'actionnaire doit s'acquitter des frais de gestion.

Les actions au nominatif permettent le plus souvent à l'actionnaire de recevoir directement toutes les informations financières concernant l'entreprise et éventuellement de percevoir un dividende majoré (dans la limite de 10 %) ou de bénéficier d'actions gratuites dans certains cas.

1. On entend par intermédiaire financier le dépositaire des titres. Cela peut être une banque ou une société de bourse.

L'actionnaire reçoit également une convocation à l'assemblée générale. La mise au nominatif peut être suggérée aux actionnaires qui souhaitent investir dans la société à long terme. Une contrainte apparaît néanmoins : la revente des titres peut donner lieu à une attente de quelques jours.

Compte tenu du coût de traitement des titres nominatifs pour l'émetteur qui peut apparaître comme onéreux, une alternative a été proposée en 1987 afin de connaître l'identité des actionnaires. Il s'agit des titres au porteur identifiable. Les négociations sont réalisées au porteur mais l'entreprise cotée a la possibilité de commander une enquête TPI (Titre au Porteur Identifiable) auprès de l'organisme [1] en charge de l'exécution des transactions entre les places financières.

2.2. Les actions aux dispositions particulières

L'ordonnance n° 2004-604 du 24 juin 2004 portant réforme du régime des valeurs mobilières a conduit à la disparition de l'émission d'actions à régimes particuliers. Désormais aux côtés de l'action ordinaire, on rencontre des actions de préférence, des actions à droit de vote double et des titres de participation [2].

2.2.1. Les actions de préférence

Cette catégorie d'actions a été instituée par l'ordonnance n° 2004-604 du 24 juin 2004. Elle regroupe des actions assorties de droits particuliers de toute nature à titre temporaire ou permanent. Ces privilèges sont définis par les statuts ou votés en assemblée générale extraordinaire. Néanmoins, le conseil d'administration ou le directoire peut procéder à l'augmentation ou à la réduction du capital qui résulte de la conversion des actions de préférence en actions ordinaires.

« L'émission des actions de préférence est encadrée afin de garantir la protection des autres actionnaires, préserver les droits particuliers des porteurs de ces titres de préférence ainsi que ceux des créanciers antérieurs » [3]. Par ailleurs, il est instauré une limitation des actions de préférence sans droit de vote à 25 % du capital social pour les sociétés cotées. En ce qui concerne les sociétés non cotées, les actions de préférence ne peuvent représenter plus de la moitié du capital.

Cette nouvelle catégorie se substitue à des catégories d'actions ayant un régime juridique particulier. Néanmoins, l'ordonnance précise qu'il « convient de laisser perdurer les émissions décidées antérieurement à l'entrée en vigueur de l'ordonnance afin de protéger les émissions en cours et les porteurs de valeurs mobilières donnant droit à l'attribution de ces titres ». Parmi les actions à régime particulier, on peut citer les actions de

1. Euroclear en France.
2. Consulter le chapitre 3 pour ces derniers.
3. *Source* : Ordonnance n° 2004-604 du 24 juin 2004.

priorité, les actions à dividende prioritaire sans droit de vote, les certificats de droits de vote et d'investissement ainsi que les actions reflets.

2.2.1.1. Les actions de priorité ou privilégiées

Les actions de priorité sont des actions qui bénéficient généralement d'un avantage pécuniaire en contrepartie d'une absence partielle ou totale du droit de vote. Elles sont créées à la suite d'une augmentation de capital lors d'une assemblée générale extraordinaire. L'avantage pécuniaire peut provenir soit d'un dividende versé prioritairement aux détenteurs d'actions privilégiées, soit d'un dividende cumulatif, i.e. en cas de bénéfice insuffisant, le montant non distribué sera exigé sur les bénéfices ultérieurs, soit d'un dividende majoré.

2.2.1.2. Les actions à dividendes prioritaires sans droit de vote

Ces actions ont été créées par la loi Monory du 13 juillet 1978 et sont réglementées par les articles L. 228-12 et suivants du Code de commerce. Les Actions à Dividende Prioritaire (ADP) sont émises amputées du droit de vote en principe inhérent aux actions. Néanmoins, les actionnaires peuvent se réunir au sein d'une assemblée spéciale qui peut émettre un avis avant toute décision de l'assemblée générale.

En contrepartie, les ADP assurent à leurs détenteurs une rémunération supérieure à celle des actions ordinaires, y compris à celle des actions de priorité. Le dividende ne peut être inférieur au premier dividende versé aux actionnaires et doit être au moins égal à 7,5 % du nominal de l'action. Par exemple si le nominal de l'action est de 50 euros, le dividende doit au moins être de 7,5 % × 50 soit 3,75 euros. Les ADP offrent un dividende cumulatif et préciputaire. Si ce dividende n'est pas versé une année, le montant de ce qui aurait dû être versé sera reporté l'année suivante. Il y a donc cumul des dividendes. De plus, le dividende sera versé en priorité par rapport aux dividendes des actions ordinaires.

Si la société ne verse aucun dividende pendant trois exercices, l'ADP retrouve son droit de vote et devient une action ordinaire.

Les actions sans droit de vote pouvaient être créées soit par augmentation de capital soit par conversion d'actions ordinaires à la suite d'au moins deux exercices bénéficiaires. Le montant des ADP ne pouvait représenter plus de 25 % du capital social. Ces actions sont souvent émises par des sociétés plutôt familiales ou contrôlées par un groupe qui souhaitent un apport de capitaux mais sans remise en cause de leur pouvoir. Elle permet aux actionnaires majoritaires actuels de financer la croissance de leurs entreprises sans toutefois en perdre le contrôle. C'est donc une bonne arme anti-OPA. Ces actions sont souvent cotées sur un marché qui surévalue le droit de vote, ce qui peut renchérir la valeur de l'action dans l'éventualité d'une OPA. Elles sont appréciées des investisseurs institutionnels qui cherchent avant tout un rendement et non un droit de vote.

2.2.1.3. Les certificats d'investissement et certificats de droit de vote

Cette distinction a été rendue possible par la loi du 3 janvier 1983. Ces titres sont aujourd'hui réglementés par les articles L. 228-30 et suivants du Code de commerce.

Un certificat d'investissement est une valeur mobilière représentant une fraction du capital social d'une entreprise. C'est donc un titre de propriété qui s'apparente à une action avec toutefois une restriction au niveau des droits qui lui sont rattachés. Les certificats d'investissement résultent du démembrement d'une action en deux éléments : le certificat d'investissement qui donne droit au même montant de dividende qu'une action ordinaire et le certificat de droit de vote qui présente les autres droits d'une action. Les certificats d'investissement sont en principe négociables tandis que les certificats de droit de vote sont inaliénables.

Les certificats sont de plus en plus rares. À l'origine, ils étaient émis par des entreprises nationalisées pour permettre à l'État de garder le contrôle de la stratégie. Ils ont quasiment disparu depuis les opérations de privatisation.

2.2.1.4. Les actions reflets ou *tracking stocks*

Les sources de financement des entreprises sont devenues de plus en plus complexes. De nombreux produits hybrides ont ainsi vu le jour. Parmi eux, les *tracking stocks* ou actions reflets. Les *tracking stocks* sont apparues aux États-Unis en 1984 et sont nées en France en 2000 lors de l'introduction en bourse de la division *Optronics* du groupe Alcatel.

Elles représentent une nouvelle catégorie d'actions émises par les entreprises exerçant plusieurs activités. Leur rémunération est indexée sur l'activité et la performance économique d'une division ou d'une filiale particulière de la société mère qui peut ainsi profiter des valorisations élevées de cette activité. Ces actions sont relativement complexes sur le plan juridique. Elles n'offrent pas de droit de vote sur les décisions de la filiale. Néanmoins en cas de cessions de la division, le détenteur est en droit d'obtenir un quart de la plus-value réalisée par la société mère.

Dans le cas d'Alcatel, ces actions dites « de catégorie 0 » ont été émises dans le but de refléter l'activité et la performance économique de la division *Optronics*, c'est-à-dire de mettre en valeur cette division et d'accroître la flexibilité d'Alcatel en matière d'acquisition, sans remettre en cause le plein contrôle de cette activité et, enfin, de créer de la valeur pour tous les actionnaires d'Alcatel. Cette première tentative n'a pas été un succès puisque la société Alcatel a racheté deux ans plus tard les actions reflets à un prix dérisoire.

2.2.2. Les actions à droit de vote double

Les actions à droit de vote double, instituées par l'article 269 de la loi du 24 juillet 1966, confèrent à leur titulaire des avantages particuliers par rapport à des actions ordinaires.

Un droit de vote double de celui conféré aux actions ordinaires, eu égard à la quotité de capital social qu'elles représentent, peut être attribué par les statuts ou une assemblée générale extraordinaire (AGE) ultérieure. Il doit être justifié d'une inscription nominative, depuis au moins deux ans au nom du même actionnaire.

En cas d'augmentation de capital par incorporation de réserves, bénéfices ou primes d'émission, le droit de vote double peut être conféré dès leur émission aux actions nominatives attribuées gratuitement à un actionnaire, proportionnellement aux actions anciennes pour lesquelles il bénéficie de ce droit. Ce droit de vote double est perdu en cas de transfert de propriété à un tiers ou en cas de conversion en actions au porteur. Toutefois, le transfert de propriété des actions par voie de succession n'ôte pas à celles-ci le droit de vote double. En cas de fusion ou de scission, ces actions conservent leur droit de vote double qui peut être exercé dans le cadre de la société bénéficiaire de la fusion ou de la scission, à condition que ses statuts le permettent.

2.2.3. Les actions à bons de souscription d'actions (ABSA)

Il s'agit d'actions ordinaires assorties d'un bon de souscription [1]. Une fois ces actions émises, les bons de souscription sont détachés et font l'objet d'une cotation séparée.

L'émission de telles actions permet d'obtenir un prix d'émission supérieur à une action classique compte tenu de l'option réservée aux souscripteurs d'acheter de nouvelles actions ultérieurement à un prix fixé lors de la création des ABSA. En effet, lors de l'introduction en bourse ou lors d'une augmentation de capital, i.e. la création de nouvelles actions, le cours proposé est bien souvent inférieur à la valorisation du marché pour se prémunir d'une baisse inattendue des cours de bourse et pour pallier l'asymétrie d'information qui pourrait exister.

Par ailleurs, cela permet à l'entreprise de réaliser une augmentation de capital différée à moindre frais auquel le détenteur du bon de souscription peut souscrire.

2.3. Les certificats représentatifs d'actions

Un certificat représentatif d'actions, plus connu sous le nom de *Depositary Receipt*, se définit comme un titre « incorporant la titularité de droits spécifiques attachés à un titre sous-jacent émis par une entité autre que l'émetteur du titre sous-jacent ». En d'autres termes, un *Depositary Receipt* est un certificat nominatif négociable détenu par les banques locales qui représente la propriété d'une ou de plusieurs actions d'une société étrangère souhaitant être cotée sur un marché réglementé. Ils sont émis par des établissements financiers en contrepartie de titres étrangers déposés hors du pays d'établissement.

1. Voir le chapitre 5.

Il existe plusieurs formes de certificats de dépôt tels que l'*American Depositary Receipt* (ADR), le *Continental Depositary Receipt* (CDR), l'*European Depositary Receipt* (EDR), le *Fiduciary Depositary Receipt* (FDR), le *Global Depositary Receipt* (GDR) et l'*International Depositary Receipt* (IDR). La forme la plus usuelle est l'*American Depositary Receipt.*

Les ADR représentent le principal moyen par lequel les actions [1] des émetteurs étrangers (sauf canadiens) sont traitées sur le marché boursier des États-Unis pour simplifier les transactions. À l'origine, les ADR ont été créés à la demande des investisseurs américains. Ces derniers souhaitaient détenir des actions étrangères tout en limitant les risques liés aux investissements réalisés à l'étranger. Les banques américaines se sont alors positionnées en tant qu'intermédiaires en se portant acquéreurs de titres financiers étrangers et ont émis en contrepartie des ADR sur le marché américain. Le premier ADR a été créé en 1927 par la banque d'investissement *J.P. Morgan* pour la société britannique *Selfridges Stores* et la première cotation a eu lieu en 1928, sur l'AMEX, pour la société *British American Tobacco.* Les ADR respectent strictement les normes boursières américaines. Les détenteurs d'ADR ont les mêmes droits que les actionnaires ordinaires. Les ADR sont cotés en dollars, les dividendes sont payés en dollars mais le titre est libellé dans sa monnaie d'origine. Il existe plusieurs types d'ADR. Les ADR de niveau 1 sont négociés uniquement sur des marchés non organisés de gré à gré. Les ADR de niveaux 2 et 3 sont cotés sur les marchés organisés. Le niveau 2 autorise seulement une cotation tandis que le niveau 3 permet à l'entreprise de lever des fonds sur les marchés organisés. De tels niveaux entraînent l'obligation pour l'entreprise à diffuser certaines informations aux normes en vigueur.

Après avoir connu un important succès dû au désir d'émetteurs étrangers d'être cotés de manière indirecte sur le marché américain, on assiste depuis quelques années à une réduction du nombre d'ADR listés. En effet, le coût de l'introduction en bourse et les charges financières liées aux exigences des autorités boursières américaines dissuadent de plus en plus de sociétés. En Europe, en revanche, le succès des EDR ne se dément pas ; les marchés européens, principalement anglais, accueillent régulièrement des sociétés russes et asiatiques.

3. Principes d'évaluation

Théoriquement le cours boursier d'une action reflète l'analyse que fait globalement le marché de l'état économique et financier de l'entreprise en question. L'évaluation d'un titre est sans doute l'une des étapes les plus cruciales dans la décision d'investissement. Estimer la valeur d'un titre permet d'en déduire un prix d'achat satisfaisant, mais aussi de fixer à

1. Un ADR peut également correspondre à une obligation étrangère.

l'avance des objectifs de vente. Cette évaluation peut se fonder sur des éléments dits fondamentaux tels que le chiffre d'affaires, le résultat net ou la croissance de la rentabilité. C'est ce que l'on appelle couramment l'analyse fondamentale.

Il existe trois grandes familles de méthodes d'évaluation : les méthodes patrimoniales, les méthodes comparatives ou des multiples et les méthodes d'actualisation. Cette dernière famille de méthodes est bien souvent privilégiée par les analystes. Néanmoins les notes de ces derniers adoptent en général une approche multicritères et testent l'ensemble des méthodes.

Préalablement à la présentation des méthodes d'évaluation, il convient de rappeler qu'il ne faut pas confondre la valeur d'une action et la valeur nominale. Le montant nominal correspond à la valeur de l'apport entrant dans la composition du capital social. À l'occasion d'une augmentation de capital, la valeur diffère généralement de la valeur d'émission. Ainsi si le montant nominal d'un titre est égal à 10 euros et que la valeur d'émission s'élève à 25 euros, le souscripteur paie une prime d'émission de 15 euros.

3.1. Les méthodes patrimoniales

Dans le cadre de cette famille de méthodes, on suppose que la capitalisation boursière d'une société correspond à peu près à son patrimoine réel. L'entreprise vaut ce qu'elle possède.

Cette approche consiste à déterminer l'actif net comptable (ANC) de l'entreprise qui peut se définir comme étant le total du bilan de l'entreprise auquel on soustrait les dettes et les provisions. Plus généralement on retiendra l'actif net réévalué ou corrigé. Dans ce cas, on procède à la réévaluation des postes du bilan. Par exemple, on réévalue la valorisation des actifs corporels (valeurs de marché des biens immobiliers, participations financières…), des actifs incorporels (fonds de commerce, brevets, licences…), de différents postes du passif (provisions, dettes financières, hors bilan…) et on élimine certains éléments jugés comme des non-valeurs (frais d'établissement…). Cette méthode peut être complétée par l'analyse d'éventuelles survaleurs ou *goodwill.*

Une fois estimé l'actif net corrigé, il suffit de le diviser par le nombre d'actions composant la société. On obtient ainsi le prix d'une part de la société, c'est-à-dire la valeur d'une action de cette société.

Les méthodes patrimoniales présentent l'avantage d'être relativement faciles à mettre en œuvre dans la mesure où l'information comptable est facile d'accès. Néanmoins elles présentent plusieurs limites. Ce sont des méthodes statiques qui évaluent le passé et délivrent bien souvent une valeur basse de l'entreprise car elles ne prennent pas en compte les résultats futurs. Ce sont des méthodes adaptées pour des sociétés foncières ou immobilières, des sociétés de portefeuilles ou des holdings industrielles. Elles ne peuvent en aucun cas être retenues pour évaluer des entreprises à fort potentiel de croissance.

Exemple

Soit le bilan simplifié de la société Souplet. On indique les informations complémentaires suivantes : on estime à 120 000 euros la sous-estimation de la valeur des immobilisations corporelles. La valeur nominale des actions s'élève à 90 euros.

Actif	K€	Passif	K€
Immobilisations corporelles	600	Capital social	900
Immobilisations financières	150		
Frais d'établissement	20	Dettes	470
Actif circulant	600		
Total	**1 370**	**Total**	**1 370**

L'actif net comptable est égal à la différence entre le montant du bilan et le montant des dettes :

$$ANC = 1\,370\,000 - 470\,000 = 900\,000$$

Au sein du bilan, on constate la présence de frais d'établissement qui peuvent être assimilés à des non-valeurs. L'actif net réévalué (ANR) est donc égal au montant de l'actif comptable augmenté de la revalorisation des immobilisations et déduit du montant des frais d'établissements :

$$ANR = 900\,000 + 120\,000 - 20\,000 = 1\,000\,000$$

La valeur nominale des actions étant de 90 euros, on en déduit qu'il y a 10 000 actions. Par conséquent la valeur de l'action s'élève à :

$$1\,000\,000/10\,000 = 100\text{ €}$$

3.2. Les méthodes des comparables

Cette famille de méthodes consiste à évaluer une société par comparaison avec d'autres sociétés cotées issues du même secteur d'activité et qui présentent si possible des caractéristiques de structures financières proches.

Les méthodes des comparables comprennent les méthodes dites des transactions et les méthodes des multiples. Dans le premier cas, on identifie les transactions qui ont été réalisées sur des entreprises similaires afin de déterminer des coefficients de valorisation [1]. Le rachat de la société O2 par Telefonica a provoqué la révision à la hausse des estimations des cours des titres Bouygues et Vivendi car les divisions de téléphonie mobile de ces deux sociétés étaient valorisées à un coefficient nettement moins élevé que celui retenu pour le prix d'acquisition de la société O2.

1. Il faut tenir compte de l'existence d'une prime de contrôle.

Dans le second cas, on observe le rapport entre le niveau de la capitalisation boursière ou de la valeur d'entreprise [1] et certaines caractéristiques de la société comme le niveau du chiffre d'affaires, le montant de l'Excédent Brut d'Exploitation ou le résultat net. Les documents d'introduction en bourse y font très souvent référence afin de justifier le prix d'introduction proposé aux investisseurs.

3.2.1. Les limites des méthodes comparatives

Les méthodes comparatives sont utilisées de manière systématique par les analystes financiers en raison de leur très grande simplicité : elles sont simples à calculer et simples à expliquer. L'adoption généralisée des normes comptables IFRS renforce cette approche en raison de l'homogénéité des pratiques comptables, ce qui délivre un caractère plus rigoureux aux comparaisons internationales. Néanmoins, de telles méthodes ne sont pas exemptes de reproches. Tout d'abord, il est difficile de déterminer un échantillon réellement représentatif. Prenons l'exemple de la société *Sporever* qui s'est introduite au milieu de l'année 2005 à la bourse de Paris. Cette société a trois activités : une activité Internet, une activité services mobiles et une activité presse traditionnelle. Lors de son introduction de bourse, la société a justifié son prix d'introduction sur la base de différents multiples de sociétés ayant un métier, soit dans l'activité Internet, soit dans l'activité services mobiles, soit dans l'activité presse traditionnelle, mais aucune société présente dans les trois activités de *Sporever*. De plus les sociétés auxquelles était comparée la société *Sporever* ne présentaient pas de niveau de capitalisation réellement similaire.

L'autre limite concerne l'aspect statique de cette famille de méthodes. Les paramètres clefs de la valeur d'une entreprise sont oubliés : la croissance des bénéfices, la rentabilité des capitaux engagés, ainsi que différents risques tels que le risque opérationnel ou le risque financier.

Enfin, comme le souligne Rérolle [2] (2005), le multiple ne préexiste pas à la valeur : il est le résultat fait par le marché. C'est la valeur de marché qui délivre le multiple et non le contraire. Un multiple identique peut être le résultat de caractéristiques différentes. Il convient de comprendre les hypothèses qui ont conduit à la valorisation de la société.

3.2.2. L'exemple du Price Earning Ratio

Le comparable le plus répandu est le *Price Earning Ratio*. Cet indicateur s'obtient en divisant le cours de l'action par le bénéfice par action ou le montant de sa capitalisation boursière par le résultat net de la société.

$$\text{PER} = \frac{P}{\text{BNPA}}$$

1. La valeur d'entreprise correspond ici à la somme de la capitalisation boursière et des dettes financières.

2. « Les multiples : méthode d'évaluation ou de décryptage », *Les Échos – L'art du Management,* n° 6, 2005.

Si une action cote par exemple 40 euros et que son bénéfice par action est de 4 euros, on dira que son PER est égal à 10 : à l'achat de l'action, on paie 10 euros par euro de bénéfice. On peut également interpréter le PER comme étant le nombre d'années de bénéfices nécessaire pour récupérer sa mise. Dans l'exemple cité, il faudra attendre dix années pour récupérer sa mise.

Comment utiliser le PER afin d'estimer le cours d'une action ? Si le PER est élevé, l'action est surcotée ; il faut donc vendre. Si le PER est faible, l'action est sous-cotée ; il faut donc acheter. Pour comprendre cette logique, il suffit d'inverser le PER. Ce nouveau rapport correspond au « rendement » de l'action [1]. Un PER élevé correspond donc à un rendement faible tandis qu'un PER faible va correspondre à un rendement élevé. On estime également qu'un PER sera d'autant plus élevé que les anticipations de croissance sont optimistes : on signale parfois que le PER traduit également la confiance qu'ont les investisseurs dans le titre. Cette perspective de croissance explique les différents niveaux de PER observés suivant les secteurs étudiés. Un secteur cyclique présente un PER beaucoup plus faible qu'un secteur dit en croissance.

Une entreprise est correctement valorisée si son cours se situe aux alentours du produit du PER du secteur auquel appartient la société et du bénéfice par action prévisionnel. Si l'action Fabre affiche un bénéfice net par action de 6 euros et que le PER de son secteur d'activité est égal à 15, on peut estimer qu'un cours avoisinant les 90 euros apparaîtrait correct.

Certaines sociétés présentent des PER extrêmement élevés, c'est-à-dire un cours de bourse très haut pour un bénéfice attendu faible. Ceci est courant pour les valeurs appartenant au secteur des nouvelles technologies qui espèrent une très forte croissance de leurs bénéfices dans les années à venir. Il devient alors difficile de comparer ces sociétés uniquement à l'aide du PER. On retrouve la limite des méthodes des multiples : les anticipations des bénéfices futurs sont difficilement prises en compte. Plusieurs extensions ont été proposées afin de tenir compte de la croissance de la société et rejoignent quelque peu les méthodes d'actualisation des flux futurs. On peut citer le modèle de Bates et le modèle de Holt.

Exemple

Considérons la société Larzul, cotée 100 euros, dont le domaine d'activité est la production de terrines. Ce secteur présente un niveau de PER de 16. Le tableau 4.1 rapporte le niveau du PER suivant le bénéfice net par action.

Tableau 4.1. – *Détermination du PER et du rendement*

BNPA	**2**	**6**	**10**
PER	100/2 = 50	17	10
Rendement	2/100 = 2 %	6 %	10 %
Analyse	*Surcotée*	*À son prix*	*Sous-cotée*

1. Le terme « rendement » est en général utilisé pour le ratio dividende/cours.

3.3. Les méthodes d'actualisation

Cette famille de méthodes constitue une adaptation des méthodes actuarielles retenues pour l'évaluation d'un titre obligataire. Le cours d'une action correspond à la valeur actuelle des revenus futurs.

$$P_0 = \sum_{t=1}^{T} \frac{CF_t}{(1+r)^t} + \frac{P_T}{(1+r)^T}$$

où P correspond au cours de l'action, r désigne le taux d'actualisation, i.e. le taux de rentabilité exigé par le marché, CF_t dénote le montant du revenu futur à la date t, et P_T désigne une valeur de revente à la date T.

Le taux d'actualisation le plus régulièrement retenu est le coût moyen pondéré du capital. Celui-ci représente le coût d'opportunité supporté par les différents apporteurs de capitaux – les actionnaires et les créanciers. L'estimation de ce coût s'obtient en réalisant la moyenne pondérée par leurs parts respectives des différents taux de rentabilité exigés par les pourvoyeurs de fonds. On l'obtient à partir de la formule suivante :

$$k = k_{CP} \times \frac{V_{CP}}{V_{CP} + V_D} + k_D \times (1 - T_{IS}) \times \frac{V_D}{V_{CP} + V_D}$$

où k_{CP} et k_D correspondent respectivement à la rentabilité des capitaux propres et au coût de la dette avant impôt, V_{CP} et V_D désignent respectivement le montant des capitaux propres et des dettes, et T_{IS} dénote le taux d'imposition.

Exemple

Considérons une entreprise financée à hauteur de 2/3 par capitaux propres et 1/3 d'endettement financier. Si le coût des capitaux propres s'établit à 12 % et si le coût de la dette après impôt s'élève à 6 % alors le coût moyen pondéré du capital est égal à 10 %.

3.3.1. Les limites des méthodes d'actualisation

Ces méthodes soulèvent plusieurs difficultés. La première concerne l'identification des revenus futurs. La réponse la plus classique consiste à considérer les dividendes (*Dividend Discount Models*) qui constituent le revenu perçu par le détenteur de l'action. Le choix du dividende n'est pas sans poser problème car la politique de dividende a un caractère discrétionnaire de la part des entreprises. L'observation des marchés permet de s'apercevoir que la distribution des dividendes connaît des cycles. Depuis l'éclatement de la bulle Internet, les entreprises se remettent à distribuer une partie de leurs bénéfices alors que la fin des années quatre-vingt-dix était marquée par un taux de distribution sur le déclin. Dès lors, certains analystes préfèrent de plus en plus retenir non pas le dividende mais le flux de trésorerie disponible ou *Free Cash Flow*. Ces flux de trésorerie disponibles correspondent aux flux de trésorerie générés par l'actif économique. Ils permettent de rémunérer les actionnaires et les créanciers. Les actionnaires ne sont pas rémunérés uniquement par le dividende. En effet, le bénéfice réalisé par la société peut également lui permettre de procéder à un rachat d'actions, ce qui aura une incidence positive sur le cours de bourse et donc sur le revenu de l'actionnaire. Par ailleurs, les bénéfices non distribués peuvent contribuer à la croissance future de l'entreprise et donc accroître les prochains dividendes versés aux actionnaires. On estime que ces flux de trésorerie correspondent approximativement à l'Excédent Brut d'Exploitation auquel on soustrait l'impôt sur les sociétés, la variation du besoin en fonds de roulement et le montant des investissements nets des cessions.

Une autre difficulté relève de l'estimation des perspectives de croissance de ces revenus et de l'horizon considéré. Ceci entraîne des hypothèses qui peuvent parfois être jugées contraignantes, et donne lieu ainsi à l'élaboration de plusieurs modèles.

Enfin, une source d'incertitude provient du choix du taux d'actualisation. Ce taux dépend du risque associé à l'entreprise évaluée. L'appréciation du risque diffère selon les analystes, ce qui est souvent à l'origine des différents objectifs de cours qu'ils proposent.

3.3.2. L'exemple des Dividend Discount Models

Le modèle général des *Dividend Discount Models* prend en considération les dividendes futurs D_t, un taux d'actualisation k et un prix de revente P_T. Le taux d'actualisation retenu correspond au coût des capitaux propres. Ceci s'explique par le fait que les revenus considérés – ici les dividendes – reviennent uniquement aux actionnaires.

$$P_0 = \sum_{t=1}^{T} \frac{D_t}{(1+k)^t} + \frac{P_T}{(1+k)^T}$$

La principale inconnue de cette équation concerne la valeur des dividendes futurs. Il convient d'effectuer des hypothèses relatives au taux de croissance de ces dividendes. L'hypothèse la plus simple consiste à considérer un taux de croissance constant g. Cette hypothèse est retenue par le modèle de Gordon-Shapiro (GS) qui considère la valeur d'une action comme étant l'actualisation d'un flux infini de dividendes.

La formule initiale peut s'écrire ainsi : $P_0 = \sum_{t=1}^{\infty} \frac{D_1(1+g)^{t-1}}{(1+k)^t}$.

Le membre de droite de cette équation représente la somme des éléments d'une progression géométrique dont le premier terme est $\frac{D_1}{1+k}$ et de raison $\frac{1+g}{1+k}$.

Comme k et g sont positifs, cette suite sera convergente à la condition que $k > g$. S'il n'en était pas ainsi, la valeur de l'action serait infinie.

On obtient donc la formule d'évaluation suivante :

$$P_0 = \frac{D_1}{(1+k)} \times \frac{1}{1 - \frac{1+g}{1+k}}$$

Au final, on peut écrire que $P_0 = \frac{D_1}{k-g}$.

Remarque

L'hypothèse assez réaliste $k > g$ signifie néanmoins que le modèle de Gordon-Shapiro n'est pas valable pour des sociétés à forte croissance dans un contexte de taux faibles.

Exemple

Soit une action présentant les caractéristiques suivantes :

BNPA	**Taux de distribution**	**Taux de croissance des dividendes**
10 €	50 %	10 %

Sachant que le taux d'actualisation s'élève à 14 %, compte tenu du risque associé à l'action, le cours du titre s'obtient de la manière suivante :

$$\frac{10 \times 50\ \%}{(14\ \% - 10\ \%)} = 125\ €$$

Le modèle de Gordon-Shapiro repose sur une très forte hypothèse : la constance de la croissance des bénéfices. Dans la pratique, il paraît opportun d'envisager plusieurs phases de croissance.

On peut considérer le cas d'une entreprise et envisager le cas de trois phases : une phase de forte croissance, une phase intermédiaire et une phase de maturité et de croissance constante. Pour la première phase, l'analyste retiendra des prévisions qui doivent être relativement précises et fiables. Pour la deuxième phase, on peut considérer un taux de croissance sectoriel ou un taux de croissance déclinant pour aboutir à la troisième phase où le taux de croissance retenu sera constant et en ligne avec le reste du marché.

Dans le cas d'une croissance à trois phases, le cours de la société pourrait être estimé de la manière suivante :

$$P_0 = \sum_{t=1}^{\infty} \frac{D_t}{(1+k)^t} = \frac{D_1}{1+k} + \frac{D_1(1+g)}{(1+k)^2} + \frac{D_1(1+g)^2}{(1+k)^3}$$
$$+ \frac{D_1 \cdot (1+g)^2\ (1+g')}{(1+k)^4} + \frac{D_1 \cdot (1+g)^2\ (1+g')^2}{(1+k)^5} + \frac{P_5}{(1+k)^5}$$

où g est le taux de croissance de la première période courant jusqu'à l'année 3, g' est le taux de croissance sectoriel retenu courant de la période 4 à 5 et enfin P_5 est le prix obtenu par la formule de Gordon-Shapiro en retenant un taux de croissance constant.

Exemple

Un analyste financier en charge de l'évaluation d'un titre anticipe les bénéfices et dividendes par action sur les six prochaines années. Il estime qu'à compter de l'année 6 le taux de croissance des dividendes versés sera égal à 5 %. Le taux de rentabilité exigé par les investisseurs est égal à 10 %.

Années	1	2	3	4	5	6
Dividendes	8	12	16	20	23	25

Pour estimer le cours de l'action, il faut théoriquement déterminer le prix de revente en année 6 qui pourra être estimé à l'aide du modèle de Gordon-Shapiro :

$$P_6 = \frac{25 \times (1 + 5\ \%)}{(10\ \% - 5\ \%)} = 525$$

Pour déterminer le cours de l'action aujourd'hui, il faut actualiser l'ensemble des flux au taux de 10 %, soit :

$$P = \frac{8}{(1 + 10\ \%)} + \frac{12}{(1 + 10\ \%)^2} + \ldots + \frac{25}{(1 + 10\ \%)^6} + \frac{525}{(1 + 10\ \%)^6}$$

On en déduit un cours de 449 euros.

3.4. Les méthodes mixtes

Cette famille de méthodes consiste à combiner différentes méthodes, bien souvent une méthode statique et une méthode dynamique. À titre d'exemple, on peut évoquer les méthodes du *goodwill* et de la moyenne pondérée.

3.4.1. Les méthodes du goodwill

Ces méthodes considèrent que l'entreprise a une valeur patrimoniale qui repose sur les bénéfices accumulés par le passé et une valeur dynamique qui projette la rentabilité future de l'entreprise. De plus, elles mettent en relief le fait que les méthodes patrimoniales ignorent bien souvent la valeur du capital immatériel (les actifs incorporels, le capital humain...). La notion de *goodwill* ou survaleur exprime la différence entre la valeur par les flux et la valeur de l'actif net corrigé [1]. Plusieurs méthodes d'estimations sont proposées.

1. Lorsque cette différence est négative, on évoque la notion de *badwill*. Ceci intervient lorsque l'entreprise est en proie à des difficultés et que par conséquent des mesures de restructurations coûteuses vont devoir être mises en œuvre.

La méthode indirecte consiste à signifier que la valeur de l'entreprise est une simple moyenne arithmétique de la valeur patrimoniale et de la valeur actualisée :

$$P_0 = \frac{V_{ANC} + V_{act}}{2}$$

où V_{ANC} désigne la valeur de l'actif net corrigé et V_{act} correspond à la valeur actualisée par les flux.

Le *goodwill* correspond à la différence entre la valeur de l'entreprise obtenue et l'actif net corrigé.

$$GW = P_0 - V_{ANC} = \frac{V_{act} - V_{ANC}}{2}$$

Les méthodes directes considèrent pour leur part que le *goodwill* doit être évalué sur la base des flux supplémentaires que sont censés produire les éléments immatériels. Le *goodwill* correspond à la valeur actualisée des surprofits futurs, censée représentée la rente.

$$\text{rente} = BNC - r \times V_{ANC}$$

où r désigne le rendement normal des fonds propres et BNC est le résultat courant après impôt.

La méthode directe anglo-saxonne considère que la rente du *goodwill* a une durée de vie infinie :

$$GW = \frac{\text{rente}}{r^*}$$

où r^* est le taux d'actualisation de la rente. Il est égal au taux des obligations d'État majoré d'une prime de risque.

La méthode directe des experts-comptables se base sur l'actualisation sur un nombre fini du superprofit que représente le *goodwill* au taux r^* :

$$GW = \frac{\left(1 - \left(1 + r^*\right)^{-n}\right)}{r^*} \times \text{rente}$$

3.4.2. Les méthodes de la moyenne pondérée

La plupart des notes de recommandations réalisées par des analystes financiers font état de différentes estimations. L'objectif de cours, ou *fair value*, diffusé correspond généralement à une moyenne pondérée de ces estimations. On peut écrire :

$$FV = \sum_{j=1}^{J} a_j \times P_j \quad \text{avec} \quad \sum_{j=1}^{J} a_j = 100\ \%$$

où FV désigne la *fair value*, a_j est le coefficient de pondération et P_j est le prix obtenu par la méthode j.

Exemple

Les analystes de la société NexResearch valorisaient le titre ITS Group en mars 2007 à 7,96 euros sur la base de trois méthodes.

Méthodes	Poids	Fair Value
DCF	50 %	8,35 €
VE/EBIT	25 %	6,96 €
PER	25 %	8,19 €
Moyenne pondérée	100 %	7,96 €

Source : NexResearch (2007).

Chapitre 5

Les produits dérivés

Les produits dérivés sont des instruments financiers dont le prix dépend de l'évolution du cours d'un autre actif financier appelé sous-jacent. Les produits dérivés sont employés principalement en tant qu'instrument d'assurance ou en tant qu'instrument spéculatif dans le sens où ils peuvent présenter un effet de levier très important.

1. Les options

Une option est un contrat transférable qui confère à son détenteur le droit, et non l'obligation, d'acheter ou de vendre une quantité donnée d'un actif spécifique, à un prix déterminé d'avance, à la date d'échéance du contrat ou en tout temps jusqu'à cette date. Il existe deux types d'options : l'option d'achat (ou *call* de son appellation anglaise) et l'option de vente (ou *put* de son appellation anglaise).

Le détenteur de l'option d'achat paye une prime au signataire de l'option pour acquérir ce droit d'acheter. En échange de la prime, le vendeur de l'option d'achat consent à vendre au détenteur l'actif spécifié dans le contrat au prix convenu, si le détenteur lève son option dans les délais impartis.

Le détenteur de l'option de vente doit payer une prime au signataire de l'option pour acquérir ce droit de vendre. En recevant cette prime, le signataire de l'option de vente consent à acheter au détenteur l'actif spécifié dans le contrat, au prix fixé, si le détenteur décide de lever son option avant la date d'échéance.

1.1. Les caractéristiques d'un contrat d'options

Les principaux marchés d'options sont le *Chicago Board Options Exchange*, le *Chicago Mercantile Exchange Group*, Eurex-ISE et Euronext.Liffe. Quel que soit le marché considéré, les termes d'un contrat d'options doivent spécifier un certain nombre de caractéristiques afin de pouvoir en faire une évaluation correcte.

1.1.1. Le type de l'option

Le contrat doit nécessairement spécifier s'il s'agit d'options d'achat ou d'options de vente afin que les droits de l'acheteur et les obligations du vendeur soient clairs. Il existe donc deux types d'option : le *call* ou le *put*.

Les *calls* et les *puts* couvrant le même actif sous-jacent appartiennent à une même classe d'options. Les options de même type, couvrant le même sous-jacent, ayant le même prix d'exercice et la même date d'échéance appartiennent à la même série.

1.1.2. La date d'échéance

La date d'échéance est la date limite du droit donné par l'option, i.e. la durée de validité du droit que confère l'option. Elle est choisie par l'investisseur dans la gamme des maturités ou échéances fixée par l'autorité de marché. Si elle n'a pas été exercée au plus tard à sa date d'échéance, l'option devient sans valeur et le détenteur de l'option perd son droit.

Sur les marchés organisés, les dates d'échéance sont standardisées. Par exemple à Paris, les options sur actions peuvent être négociées ou exercées jusqu'à l'avant-dernier jour de bourse du mois d'échéance à 17 h 00.

Dans un souci d'harmonisation, il existe une codification internationale pour définir l'échéance.

Tableau 5.1. – *Codification internationale des échéances*

Janvier : F	Février : G	Mars : H	Avril : J
Mai : K	Juin : M	Juillet : N	Août : Q
Septembre : U	Octobre : V	Novembre : X	Décembre : Z

Ainsi une option sur actions ayant une échéance U7 sera exerçable jusqu'à l'avant-dernier jour de bourse du mois de septembre 2017.

1.1.3. Le sous-jacent

Le sous-jacent d'une option correspond à l'actif spécifié dans le contrat que l'on peut acheter ou vendre. Il peut s'agir d'une action, d'un indice boursier, d'un panier d'actions, de devises, de matières premières...

Théoriquement tout actif financier coté sur un marché réglementé pourrait être support d'une option.

1.1.4. Le style

L'option est qualifiée d'américaine lorsque son détenteur peut exercer son droit à n'importe quel moment avant la date d'échéance. Si l'option est de style européen, son détenteur ne peut exercer son droit qu'à la date d'échéance. Ces deux styles d'options se traitent partout dans le monde [1]. Il est également évoqué le terme d'option longue, respectivement courte, pour qualifier les options européennes, respectivement américaines. La majorité des options traitées en bourse sont de style américain.

On peut également rencontrer des options de style « bermudien ». De telles options peuvent être exercées à des dates prédéterminées avant la date d'échéance du contrat.

1.1.5. Le prix d'exercice

Le prix d'exercice ou *strike* correspond au prix auquel l'actif sous-jacent sera échangé si le détenteur de l'option décide d'exercer son droit, c'est-à-dire de lever son option. Il est choisi par l'investisseur dans la gamme des prix d'exercice fixée par l'autorité de marché.

Par exemple, un CALL FTE M7 20 € correspond au droit d'acheter l'action FTE au cours de 20 euros avant juin 2017.

1.1.6. La parité

La parité représente le nombre d'options qu'il est nécessaire d'acheter pour pouvoir exercer son droit sur un sous-jacent. Par exemple, un PUT FTE M7 22 € parité 5/1 signifie qu'il faut disposer de 5 puts pour pouvoir prétendre vendre une action FTE au prix de 22 euros. L'existence de la parité permet de réduire le cours de l'option et d'accroître l'effet de levier, ce qui semble être au goût des investisseurs.

1.1.7. La quotité

La quotité représente le nombre minimal d'options sur lequel doit porter une transaction. Pour être valable, un ordre devra porter sur un multiple de cette quotité.

1.1.8. La prime

La prime est le prix de l'option résultant d'une confrontation des ordres sur le marché. C'est ce montant qui est versé immédiatement par l'acheteur au vendeur le jour de l'achat de l'option. Son prix est (très) inférieur au prix de l'actif support. C'est d'ailleurs l'un des intérêts de l'option.

1. Il ne faut donc pas qualifier d'américaines les options négociées sur les bourses américaines et d'européennes les options négociées sur les bourses en Europe.

Remarque : la distinction warrants/options

Les warrants sont des options. Il existe des warrants *call* et des warrants *put*. Les warrants sont émis directement par les grands groupes bancaires ou indirectement au travers des filiales spécialisées de ces groupes. Seuls les établissements de crédit ou les entreprises d'investissement peuvent émettre des warrants.

Lors de l'émission d'un warrant, un émetteur fixe notamment les caractéristiques importantes qui viennent d'être détaillées. L'émetteur s'engage par ailleurs vis-à-vis des autorités de marché à faire de l'animation de marché sur les produits qu'il émet, c'est-à-dire qu'il s'engage à proposer en permanence une contrepartie aux investisseurs souhaitant acheter ou vendre les warrants.

Au-delà de son échéance, un warrant ne peut plus être exercé et n'a plus de valeur. La date limite de revente se situe 6 jours de bourse avant la maturité du warrant. Contrairement aux options, il n'est pas possible de vendre à découvert des warrants.

Enfin il convient de bien faire attention à la notion de parité car elle est très variable selon les contrats d'options négociées et peut différer pour un même sous-jacent.

1.2. Le prix d'une option

La prime d'une option se détermine en fonction de l'offre et de la demande sur le marché. Ceci étant, le niveau de valorisation d'une option repose sur des principes fondamentaux. En effet, on peut décomposer le prix d'une option en deux composantes : la valeur intrinsèque (ou théorique) de l'option et la valeur temps de l'option.

1.2.1. La valeur intrinsèque

La valeur intrinsèque est égale à la valeur réelle de l'option, c'est-à-dire qu'elle représente le profit qui serait obtenu immédiatement si l'on décide d'exercer l'option. On peut également dire que la valeur intrinsèque d'une option correspond à son prix au moment de son échéance.

L'acheteur d'une option d'achat ne décide d'exercer (acheter les titres) que si le cours de l'actif sous-jacent est supérieur à son prix d'exercice : la valeur intrinsèque représente dans ce cas la différence entre le cours du sous-jacent et le prix d'exercice.

De même, l'acheteur d'une option de vente ne décide d'exercer (vendre les titres) que si le cours de l'actif sous-jacent est inférieur à son prix d'exercice : la valeur intrinsèque représente dans ce cas la différence entre le prix d'exercice et le cours du sous-jacent.

Dans tous les cas, la valeur intrinsèque d'une option ne peut jamais être négative puisque l'exercice de l'option est un droit et non une obligation. Tout agent rationnel refusera d'acheter, respectivement de vendre, un titre à un prix supérieur, respectivement inférieur, au cours du marché.

Soient S le cours du sous-jacent et K le prix d'exercice. La valeur intrinsèque d'une option d'achat est donc la suivante :

$$VI_{CALL} = MAX[S - K ; 0]$$

La valeur intrinsèque d'un put s'obtiendra par la formule qui suit :

$$VI_{PUT} = MAX[K - S ; 0]$$

Les graphiques 5.1 et 5.2 illustrent la valeur intrinsèque des options d'achat et de vente.

Lorsque la valeur intrinsèque est strictement positive, on dit que l'option est dans la monnaie (*in the money*). L'option est dite à la monnaie (*at the money*) lorsque le prix d'exercice est égal au cours du sous-jacent. Enfin, une option d'achat est dite hors de la monnaie (*out of the money*) lorsque le prix d'exercice est supérieur au cours du sous-jacent, tandis qu'une option de vente sera en dehors de la monnaie si le prix d'exercice est inférieur au cours du sous-jacent.

Graphique 5.1. – *Valeur intrinsèque d'un* call *de prix d'exercice 100*

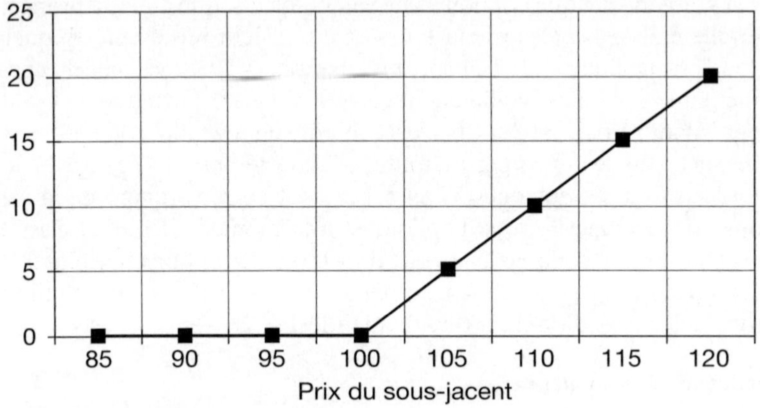

Graphique 5.2. – *Valeur intrinsèque d'un* put *de prix d'exercice 100*

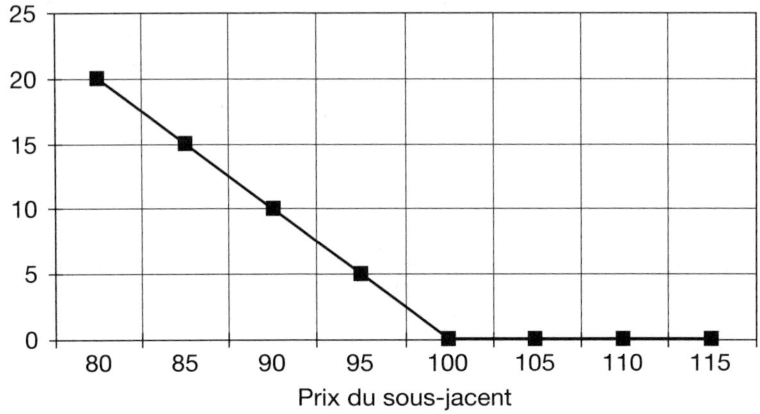

Tableau 5.2. – *Positionnement des options selon la valeur du sous-jacent*

	Call	***Put***
$K > S$	*Out of the money*	*In the money*
$K = S$	*At the money*	*At the money*
$K < S$	*In the money*	*Out of the money*

1.2.2. La valeur temps

La prime d'une option vaut toujours plus que sa valeur intrinsèque tout simplement parce qu'il y a toujours une possibilité pour que, d'ici l'échéance de l'option, l'évolution des cours du sous-jacent accroisse la valeur intrinsèque de l'option. La valeur temps mesure cette probabilité. En d'autres termes, c'est la valeur d'espoir de l'option. Il s'agit de la différence entre le prix coté de l'option et sa valeur intrinsèque. Cette valeur se déprécie avec le temps [1] car au fur et à mesure que l'échéance de l'option approche, l'incertitude sur le prix du sous-jacent disparaît, donc l'espoir disparaît.

Ainsi, même lorsque l'option a une valeur intrinsèque nulle, la prime n'est pas nulle mais égale à sa valeur temps. Cette valeur représente en quelque sorte la probabilité de réaliser son anticipation. À l'inverse, à l'échéance, la prime d'une option est uniquement égale à sa valeur intrinsèque ; la valeur temps valant zéro. Il est donc parfois conseillé de revendre son option avant l'échéance afin de ne pas perdre toute la valeur temps.

La lecture des graphiques 5.3 et 5.4 permet de remarquer que la valeur temps est maximale lorsque l'option est à la monnaie. En effet c'est à ce niveau que l'incertitude sur la réussite de la levée de l'option est la plus élevée.

La valeur temps est influencée par plusieurs facteurs : la volatilité, la maturité, les taux d'intérêt et les dividendes.

Graphique 5.3. – *Valeur d'une option d'achat*

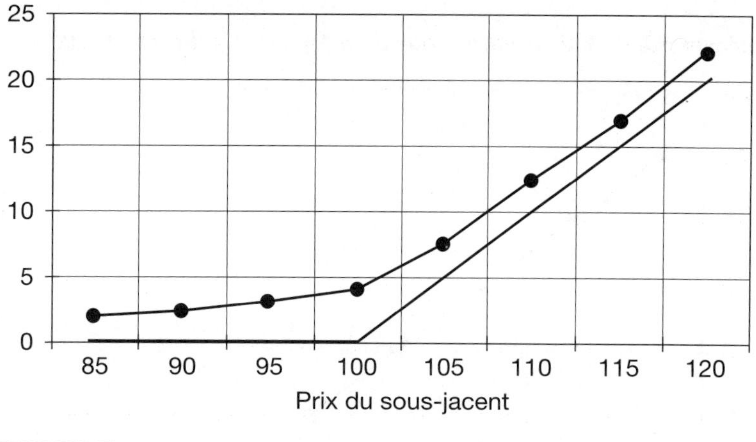

1. L'option est un *wasting asset*.

Graphique 5.4. – *Valeur d'une option de vente*

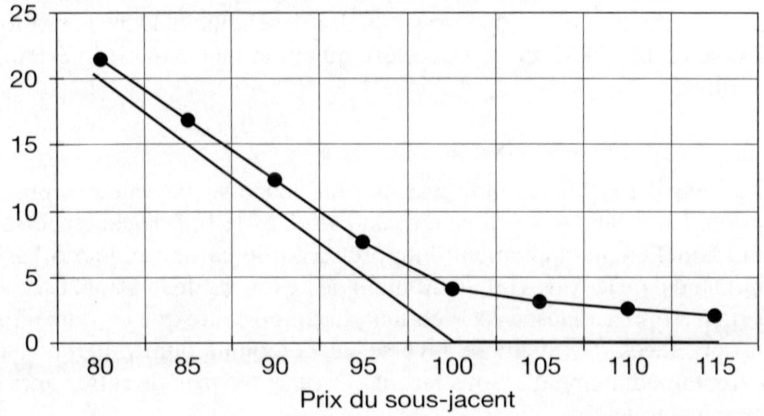

1.2.2.1. La volatilité du sous-jacent

La volatilité est une mesure d'amplitude et de fréquence des variations de cours d'un sous-jacent [1]. Plus la volatilité du sous-jacent est élevée, plus la probabilité d'une variation, aussi bien à la hausse qu'à la baisse, du cours du sous-jacent est élevée. Par conséquent, plus la volatilité est importante et plus chère est l'option.

La volatilité est variable dans le temps, ce qui signifie qu'à paramètre égal, le prix de l'option peut être modifié du seul fait de la volatilité.

Remarque

Il n'y a pas qu'une seule volatilité. On distingue la volatilité historique de la volatilité implicite. La première est calculée sur la base de cours historique tandis que la seconde reflète les anticipations des intervenants sur l'évolution future de l'actif. La volatilité implicite est propre à chaque option même si les options ont le même sous-jacent [2].

1.2.2.2. La durée de vie de l'option

Plus l'échéance est lointaine, plus la valeur temps est élevée et plus la prime de l'option est importante. De ce fait, une option à long terme est plus chère qu'une option à court terme.

Si l'on compare deux options aux caractéristiques identiques mais de durées résiduelles différentes, l'une à un an et l'autre à trois mois, il est clair que l'option à un an permet de jouer des anticipations sur le support sur une période quatre fois plus longue. Cette option est donc plus chère que l'option à échéance trois mois.

1. L'estimation de la volatilité sera étudiée au chapitre 10.
2. Le calcul de la volatilité implicite s'obtient à partir des cours de l'option et du sous-jacent.

Chaque jour qui passe réduit la possibilité de générer un gain à l'échéance. C'est pourquoi la valeur temps baisse car elle prend en compte la probabilité de réussite du pari sur la durée résiduelle. Dans la pratique, la baisse de la valeur temps s'accélère quand la maturité est inférieure à trois mois.

1.2.2.3. Le niveau des taux d'intérêt

Le niveau des taux d'intérêt a une influence sur la valeur temps de l'option. En effet, celui qui achète un *call* dans le but d'acheter le sous-jacent bénéficie implicitement d'un prêt accordé par le vendeur à l'acheteur qui ne paie les titres qu'au moment de l'exercice de l'option. L'économie de trésorerie réalisée est d'autant plus importante que les taux d'intérêt sont élevés. De manière inverse, le détenteur d'un *put* renonce à vendre immédiatement le sous-jacent et à placer le fruit de cette vente sur le marché monétaire.

La valeur temps d'une option d'achat (de vente) est donc une fonction positive (négative) des taux d'intérêt à court terme.

1.2.2.4. Les dividendes

Quand une société procède à une distribution de dividendes, le cours de l'action diminue. Étant donné que les contrats d'options ne sont pas ajustés à la suite d'une distribution de dividendes, cette opération profitera au vendeur de l'option d'achat et à l'acheteur de l'option de vente.

Le prix de l'option tient compte de l'éventualité du paiement d'un dividende. Une distribution attendue exerce donc un effet négatif sur la valeur d'une option d'achat et une influence positive sur la valeur d'une option de vente.

Le tableau 5.3 résume l'influence des différents facteurs explicatifs de la valeur des primes d'option.

Tableau 5.3. – *Influence des facteurs sur le prix des options*

Facteurs	***Call***	***Put***
Prix d'exercice	↘	↗
Cours du sous-jacent	↗	↘
Volatilité implicite	↗	↗
Maturité	↗	↗
Taux d'intérêt	↗	↘
Taux de dividende	↘	↗

Afin d'estimer la valeur temps, plusieurs modèles d'évaluation sont utilisés par les investisseurs. À titre d'exemple, on peut citer le modèle en temps continu de Black et Scholes et le modèle en temps discret de Cox, Ross et Rubinstein.

1.3. Les stratégies

On présente tout d'abord des stratégies élémentaires qui consistent en l'achat ou la vente sec d'options. Par la suite, des stratégies dites combinées compléteront la présentation.

1.3.1. Les stratégies élémentaires

Il existe quatre stratégies élémentaires : il s'agit de l'achat et de la vente à découvert d'options d'achat ou de vente.

1.3.1.1. L'achat d'options d'achat

L'acheteur d'une option d'achat a la possibilité d'acheter une quantité de sous-jacents donnée à un prix fixé au moment de l'achat de l'option. L'acheteur d'un *call* anticipe une hausse des cours du sous-jacent puisque les cours de l'option d'achat augmentent lorsque la valeur du sous-jacent augmente.

Le graphique 5.5 montre que les gains potentiels du détenteur d'un *call* sont illimités tandis que la perte est limitée à la prime, ce qui représente néanmoins une perte de 100 %.

Exemple

Un investisseur achète le 5 juin une option d'achat à la monnaie sur l'action Guillemin à échéance fin décembre, dont le prix d'exercice est de 100 € et la prime de 8 €. Ceci signifie que la valeur intrinsèque est nulle tandis que la valeur temps est égale à 8 €.

Si le cours de l'action Guillemin progresse au-delà du point mort (somme du prix d'exercice et de la prime soit 108 €), l'acheteur pourra réaliser un gain proportionnel à la hausse des cours. À l'inverse, si le cours à l'échéance est inférieur à ce point mort, l'acheteur du *call* enregistrera une perte limitée à la prime de 8 €. La perte sera maximale si le cours de l'action est inférieur au prix d'exercice, c'est-à-dire à un cours qui ne permet pas l'exercice de l'option. Le tableau 5.4 répertorie la situation de l'acheteur selon le cours du sous-jacent à l'échéance. Sa lecture permet de comprendre pourquoi les options présentent un effet de levier. En effet, si le cours de l'action, noté S, progresse de 20 %, l'acheteur du *call* réalise un gain de 150 %. Inversement si le cours de l'action a baissé de 5 %, la perte est égale à 100 % du capital investi.

1.3.1.2. L'achat d'options de vente

L'acheteur d'une option de vente a la possibilité de vendre une quantité donnée de sous-jacents à un prix fixé au moment de l'achat de l'option. L'acheteur d'un *put* anticipe une baisse des cours du sous-jacent puisque les cours de l'option de vente augmentent lorsque la valeur du sous-jacent baisse.

On peut s'apercevoir que les gains potentiels du détenteur d'un *put* sont quasi illimités tandis que la perte est limitée à la prime.

Tableau 5.4. – *Profil de gain de l'acheteur d'un* call

S	Δ*S*	Call	Profit	Δ*P*
90	– 10 %	0	– 8	– 100 %
95	– 5 %	0	– 8	– 100 %
100	0 %	0	– 8	– 100 %
105	5 %	5	– 3	– 38 %
108	8 %	8	0	0 %
110	10 %	10	2	25 %
115	15 %	15	7	88 %
120	20 %	20	12	150 %
125	25 %	25	17	213 %
130	30 %	30	22	275 %

Graphique 5.5. – *Profil de gain de l'acheteur d'un* call

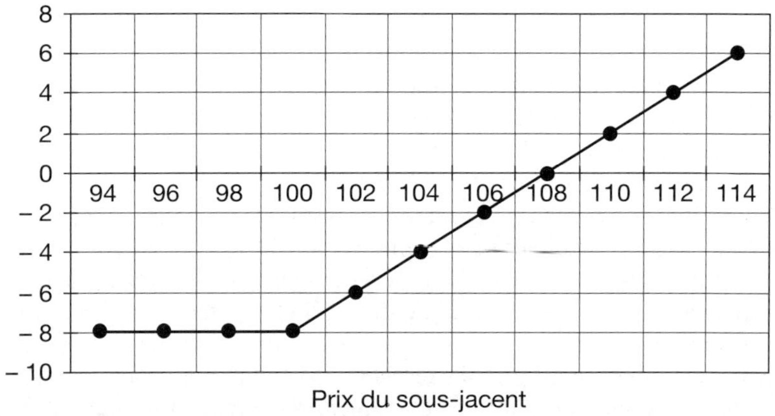

Exemple

Un investisseur achète le 5 juin une option de vente à la monnaie sur l'action Guillemin à échéance fin décembre, dont le prix d'exercice est de 100 € et la prime de 8 €. Ceci signifie que la valeur intrinsèque est nulle tandis que la valeur temps est égale à 8 €.

Si le cours de l'action Guillemin baisse en deçà du point mort (le prix d'exercice soustrait de la prime versée soit 92 €), l'acheteur pourra réaliser un gain proportionnel à la baisse des cours. À l'inverse, si le cours à l'échéance est supérieur à ce point mort, l'acheteur du *put* enregistrera une perte limitée à la prime de 8 €. La perte sera maximale si le cours de l'action est supérieur au prix d'exercice, c'est-à-dire à un cours qui ne permet pas l'exercice de l'option.

Tableau 5.5. – *Profil de gain de l'acheteur d'un* put

S	Δ*S*	Put	Profit	Δ*P*
70	– 30 %	30	22	275 %
75	– 25 %	25	17	213 %
80	– 20 %	20	12	150 %
85	– 15 %	15	7	88 %
90	– 10 %	10	2	25 %
92	– 8 %	8	0	0 %
95	– 5 %	5	– 3	– 38 %
100	0 %	0	– 8	– 100 %
105	5 %	0	– 8	– 100 %
110	10 %	0	– 8	– 100 %

Graphique 5.6. – *Profil de gain de l'acheteur d'un* put

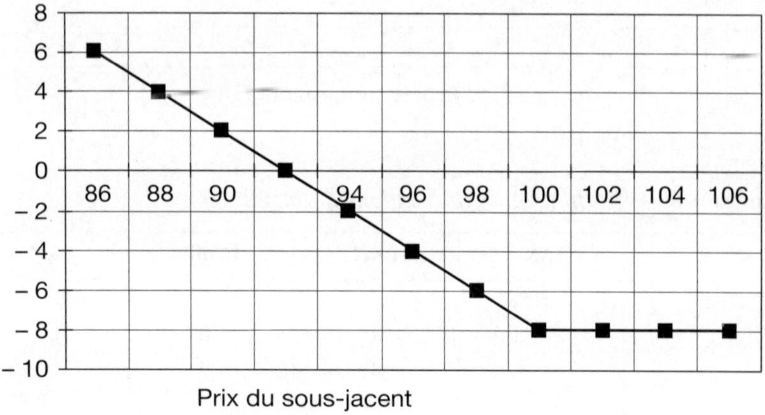

1.3.1.3. La vente d'options d'achat

Le vendeur d'une option d'achat est dans une situation inverse de celle de l'acheteur d'un *call*. Il reçoit immédiatement la prime de l'option en contrepartie de laquelle il s'engage à vendre l'actif sous-jacent si l'acheteur du *call* le désire. Le vendeur du *call* anticipe une stagnation ou une baisse des cours du sous-jacent comme le montre le graphique 5.7.

On peut s'apercevoir que les gains potentiels du vendeur d'un *call* sont limités à la prime reçue tandis que la perte est illimitée.

Exemple

Un investisseur vend le 5 juin une option d'achat à la monnaie sur l'action Guillemin à échéance fin décembre, dont le prix d'exercice est de 100 € et la prime de 8 €.

Le gain du vendeur de l'option d'achat est limité au montant de la prime reçue. Son gain sera maximum si le cours de l'action Guillemin est inférieur ou égal au prix d'exercice. Au-delà du point mort, le vendeur de l'option enregistre une perte qui sera d'autant plus élevée que le cours de l'action sous-jacente aura progressé.

Graphique 5.7. – *Profil de gain du vendeur d'un* call

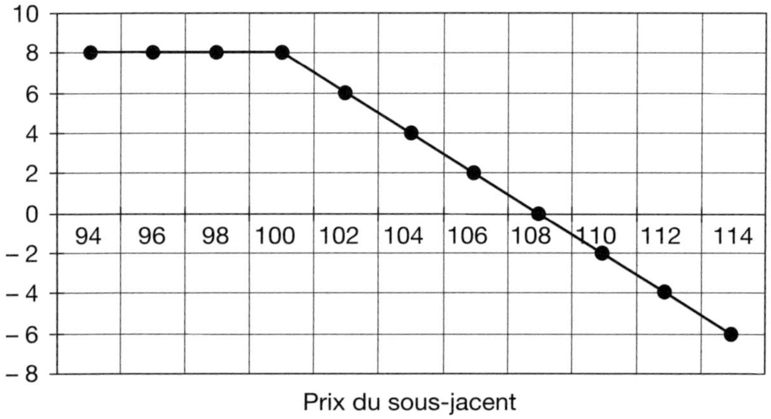

Tableau 5.6. – *Profil de gain du vendeur d'un* call

S	**Δ*S***	***Call***	**Profit**	**Δ*P***
90	– 10 %	0	8	100 %
95	– 5 %	0	8	100 %
100	0 %	0	8	100 %
105	5 %	5	3	38 %
108	8 %	8	0	0 %
110	10 %	10	– 2	– 25 %
115	15 %	15	– 7	– 88 %
120	20 %	20	– 12	– 150 %
125	25 %	25	– 17	– 213 %
130	30 %	30	– 22	– 275 %

1.3.1.4. La vente d'options de vente

Le vendeur d'une option de vente est dans une situation inverse de celle de l'acheteur d'un *put*. Il reçoit immédiatement la prime de l'option en contrepartie de laquelle il s'engage à acheter l'actif sous-jacent si l'acheteur du *put* le désire. Le vendeur du *put* anticipe une stagnation ou une hausse des cours du sous-jacent comme le montre le graphique 5.8.

On peut s'apercevoir que les gains potentiels du vendeur d'un *put* sont limités à la prime reçue tandis que la perte est illimitée.

Graphique 5.8. – *Profil de gain du vendeur d'un* put

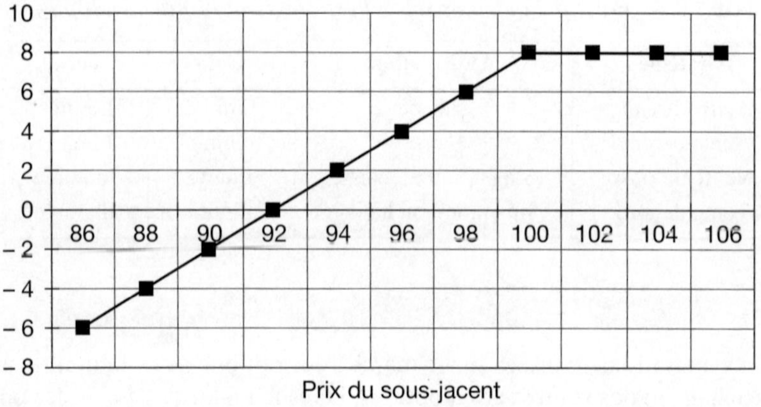

Exemple

Un investisseur vend le 5 juin une option de vente à la monnaie sur l'action Guillemin à échéance fin décembre, dont le prix d'exercice est de 100 € et la prime de 8 €.

Le gain du vendeur de l'option de vente est limité au montant de la prime reçue. Son gain sera maximum si le cours de l'action Guillemin est supérieur ou égal au prix d'exercice. En deçà du point mort, le vendeur de l'option enregistre une perte qui sera d'autant plus élevée que le cours de l'action sous-jacente aura baissé.

Tableau 5.7. – *Profil de gain du vendeur d'un* put

S	**Δ*S***	***Put***	**Profit**	**Δ*P***
70	– 30 %	30	– 22	– 275 %
75	– 25 %	25	– 17	– 213 %
80	– 20 %	20	– 12	– 150 %
85	– 15 %	15	– 7	– 88 %
90	– 10 %	10	– 2	– 25 %
92	– 8 %	8	0	0 %
95	– 5 %	5	3	38 %
100	0 %	0	8	100 %
105	5 %	0	8	100 %
110	10 %	0	8	100 %

Le potentiel des gains/pertes peut être résumé dans le tableau 5.8. Les différents exemples laissent un autre enseignement : les marchés d'options ne créent pas de valeur. Les pertes enregistrées par un vendeur correspondent exactement aux gains obtenus par la contrepartie acheteuse et inversement.

Tableau 5.8. – *Potentiel de gains selon la stratégie optionnelle adoptée*

Stratégie	Anticipation	Gain	Perte
Achat de *calls*	Hausse	Illimité	Limitée
Achat de *puts*	Baisse	Illimité	Limitée
Vente de *calls*	Stagnation ou baisse	Limité	Illimitée
Vente de *puts*	Stagnation ou hausse	Limité	Illimitée

1.3.2. Les stratégies combinées

Les opérations réalisées sur le marché des options ne se limitent pas à des achats ou des ventes secs d'options. Dans la majorité des cas, les opérations consistent à combiner différentes options. Ces opérations ont pour but de bénéficier de variations des cours ou du niveau de la volatilité, ou tout simplement d'assurer un portefeuille d'actifs.

À titre d'exemple, deux stratégies combinées sont présentées : la création d'un tunnel haussier et la réalisation d'un écart papillon.

1.3.2.1. Le tunnel haussier

Le tunnel haussier est une stratégie simple à mettre en place mais qui peut s'avérer très risquée. Elle se traduit sur une même échéance par l'achat d'un *call* et la vente d'un *put* en dehors de la monnaie. Le prix du sous-jacent se situe donc entre les deux prix d'exercice. Le coût de cette stratégie est très faible puisque la vente du *put* permet de financer l'achat du *call*.

Si le cours progresse au-delà du prix d'exercice du *call*, l'investisseur est gagnant sur le *call* qu'il peut revendre plus cher et sur le *put* qu'il peut racheter moins cher. Si le cours reste à l'intérieur des deux bornes, la position sera quasi nulle : elle sera bénéficiaire ou déficitaire selon que la différence entre les primes reçues et versées est positive ou non. Si le cours descend en dessous du prix d'exercice du *put*, la stratégie est perdante et le risque de perte est illimité. La valeur de revente du *call* est quasi nulle et la valeur du *put* qu'il doit racheter aura augmenté.

Exemple

Un investisseur procède à l'achat d'un *call* Lebot 150 J8 au prix de 8 euros et procède à la vente d'un *put* Lebot 130 J8 au prix de 7 euros. Au moment de l'investissement, l'action Lebot est cotée 140 euros. Le coût de cette stratégie est très faible puisqu'il s'élève à 1 euro.

Tableau 5.9. – *Profil de gain d'un acheteur de tunnel haussier (150-130)*

S	*Call*	*Put*	**Stratégie**
110	– 8	– 13	– 21
115	– 8	– 8	– 16
120	– 8	– 3	– 11
125	– 8	2	– 6
130	– 8	7	– 1
135	– 8	7	– 1
140	– 8	7	– 1
145	– 8	7	– 1
150	– 8	7	– 1
155	– 3	7	4
160	2	7	9
165	7	7	14
170	12	7	19

Graphique 5.9. – *Profil de gain d'un acheteur de tunnel haussier (150-130)*

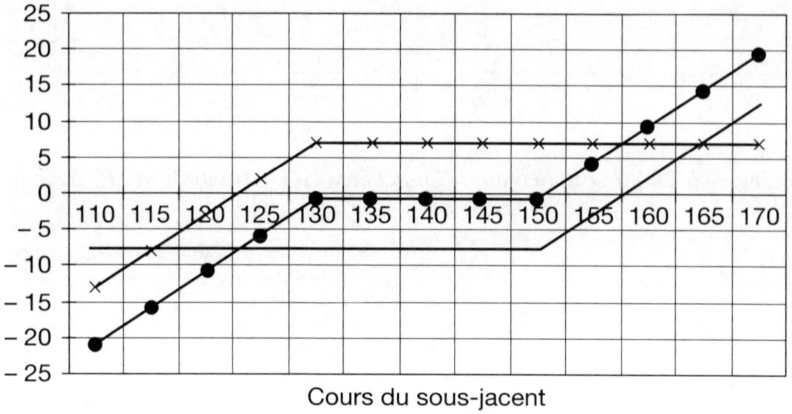

1.3.2.2. Les écarts papillons

Cette stratégie consiste à acheter une option dans la monnaie et une option en dehors de la monnaie et à financer en partie ces achats par la vente de deux options à la monnaie. En cas de forte variation du titre de base, les pertes des uns sont compensées par les profits des autres. Les plus fortes rentabilités apparaissent pour des variations limitées du cours du sous-jacent.

Exemple

Un investisseur procède à l'achat d'un *call* Costa 20 M7 et d'un *call* Costa 26 M7 aux prix respectifs de 4,8 euros et 0,4 euro et procède à la vente de deux *calls* Costa 23 M7 au prix de 2 euros. Au moment de l'investissement, l'action Costa est cotée 22,5 euros. Le tableau 5.10 résume la situation de l'investisseur à l'échéance des contrats d'options. Le nom d'une telle stratégie provient de l'impression visuelle donnée par la représentation du graphique. Les moins romantiques l'appelleront un écart sandwich.

Tableau 5.10. – *Profil de gain d'un acheteur d'écart papillon (20-26-23)*

S	*Call* 20	*Call* 26	*Call* 23	Stratégie
18	– 4,8	– 0,4	4	– 1,2
19	– 4,8	– 0,4	4	– 1,2
20	– 4,8	– 0,4	4	– 1,2
21	– 3,8	– 0,4	4	– 0,2
22	– 2,8	– 0,4	4	0,8
23	– 1,8	– 0,4	4	1,8
24	– 0,8	– 0,4	2	0,8
25	0,2	– 0,4	0	– 0,2
26	1,2	– 0,4	– 2	– 1,2
27	2,2	0,6	– 4	– 1,2

Graphique 5.10. – *Profil de gain d'un acheteur d'écart papillon (20-26-23)*

2. Les contrats à terme

Les contrats à terme sont des contrats qui concernent deux parties : un acheteur et un vendeur. L'acheteur propose d'acheter au vendeur un sous-jacent à un prix déterminé et à une date déterminée. Cette offre est ferme et définitive. Contrairement aux options, l'acheteur est obligé d'acheter le bien à la date d'échéance. Il en est de même pour le vendeur qui a l'obligation de vendre le sous-jacent quel que soit son cours au jour de l'échéance. Le règlement et la livraison interviennent à l'échéance.

Il existe deux types de contrats à terme : le contrat *forward* et le contrat *futures*. Ces deux contrats divergent par leurs modalités d'exécution mais demeurent identiques dans le principe. Le contrat forward est négocié de gré à gré tandis que le contrat *futures* est échangé sur les marchés organisés tels que le *CME Group* [1], Eurex-ISE et Euronext.Liffe.

Les sous-jacents des contrats à terme sont très variés : tout actif cotable peut être l'objet d'un contrat à terme. À l'origine, les contrats à terme étaient basés exclusivement sur les matières premières. Les premiers contrats à terme portaient sur le riz afin de garantir aux agriculteurs un revenu régulier et afin d'éviter aux commerçants une hausse brutale des cours due à une sécheresse par exemple. Mais aujourd'hui, les contrats à terme ne se basent plus exclusivement sur les matières premières. Si elles conservent une part importante des transactions, l'essentiel des volumes se porte désormais sur les indices boursiers et les taux. On peut ainsi couvrir un portefeuille d'actions comme on couvre une production de légumes.

En règle générale les livraisons ne sont pas réalisées. On observe à l'échéance le règlement de la différence de prix entre le prix fixé dans le contrat à terme et le prix observé sur le marché. L'autre possibilité pour l'investisseur consiste à dénouer sa position sur le marché avant l'échéance du contrat : l'acheteur revend son contrat et le vendeur rachète son contrat. Cette absence de livraison s'explique par la standardisation des sous-jacents. Si on considère le cas d'une entreprise agricole qui souhaite couvrir sa production de riz sur les marchés à terme, il est possible que le riz qu'elle produit ne soit pas le sous-jacent d'un contrat à terme. L'entreprise va donc se reporter sur un sous-jacent voisin de sa production. Les prix de ces deux types de riz devraient connaître des variations sensiblement similaires. Si le prix du grain de riz de 2 centimètres baisse de 10 %, il devrait en être autant pour le grain long de 1,5 centimètre.

2.1. *Les caractéristiques d'un contrat à terme*

Sur les marchés de contrats à terme organisés, les contrats sont standardisés en termes d'actifs sous-jacents de taille et d'échéance.

---

1. L'absorption du *Chicago Board of Trade*, plus ancien marché à terme organisé créé en 1848 par le *Chicago Mercantile Exchange*, créé en 1919, a été approuvée par leurs actionnaires le 9 juillet 2007. Cette fusion donne naissance au *CME Group*, première Bourse mondiale par la taille de sa capitalisation boursière.

Le sous-jacent d'un contrat à terme correspond aussi bien à un taux d'intérêt, une devise, un indice boursier ou une matière première. Dans ce dernier cas, la qualité de la matière première doit être spécifiée. Il existe par exemple différents types de grains de café. Lorsque certains contrats sont souscrits en vue d'une livraison effective, il peut y avoir des ajustements de prix pour tenir compte des différences existant entre le sous-jacent et la matière première livrée.

La taille du contrat désigne la quantité d'actifs sous-jacents livrables pour un contrat. Le choix de la taille est très important. En effet, bien souvent la taille standardisée ne correspond pas exactement aux besoins de l'investisseur en particulier dans le cadre d'une couverture. La différence entre les souhaits de l'investisseur et la taille proposée par les autorités ne permet pas une couverture exacte. Une taille très faible constitue une solution mais elle génère des coûts de transaction qui peuvent s'avérer prohibitifs.

Comme pour les options, les échéances sont standardisées. Par exemple, le contrat à terme sur l'indice FTSEurofirst 80 coté sur Euronext.Liffe est négociable jusqu'au troisième vendredi du mois d'échéance à 17 h 00. Les échéances pour ces contrats sont mars, juin, septembre et décembre. Concernant la livraison de certains contrats à terme, notamment ceux portant sur des matières premières, il est laissé une marge de manœuvre au vendeur des contrats qui peut retenir une date à l'intérieur d'une période spécifiée. Les lieux de livraison sont déterminés par les autorités de marché. Le choix est important dans la mesure où il peut engendrer des coûts de transport élevés.

2.2. Le prix d'un contrat à terme

Afin d'évaluer le prix d'un contrat à terme, il faut procéder à un raisonnement par arbitrage entre l'achat au comptant ou l'achat à terme. Considérons un contrat à terme sur un baril de pétrole à six mois et négligeons les frais de transaction et de stockage. Le taux sans risque est égal à 5 %. Supposons que le prix du baril est coté 60 USD au comptant et 62 USD à terme.

L'investisseur emprunte 60 USD au taux sans risque, achète le baril de pétrole 60 USD et vend un contrat à terme 62 USD (somme qu'il percevra à la livraison). Au bout de 6 mois, il rembourse son emprunt :

$$60 \times \left(1 + 5\ \% \times \frac{6}{12}\right) = 61{,}5 \text{ USD}$$

L'investisseur livre le baril de pétrole et reçoit 62 USD. En suivant cette stratégie, il a obtenu un profit sans risque de 0,5 USD en six mois.

Devant l'existence d'un profit sans risque, les investisseurs vont tous acheter le baril de pétrole au comptant et le vendre à terme provoquant une hausse du cours au comptant et une baisse du cours à terme jusqu'à ce qu'il ne soit plus possible de réaliser un tel arbitrage sans risque.

De cet exemple, on peut en déduire que les cours au comptant et à terme sont liés par le taux d'intérêt :

$$F = S \times (1 + r \times t)$$

où F est le cours à terme, S désigne le cours au comptant et $r \times t$ est le coût d'intérêt sur la période considérée *prorata temporis*.

La différence entre le prix à terme et le prix au comptant est appelée la base. Celle-ci tend vers 0 au fur et à mesure que l'on se rapproche de l'échéance. En effet, à l'échéance le cours au comptant est égal au cours à terme. La base est donc nulle. Si tel n'était pas le cas, il serait possible de réaliser un arbitrage entre les deux contrats : on vendrait le contrat le plus cher et on achèterait simultanément le contrat le moins cher.

Graphique 5.11. – *Évolution de la base*

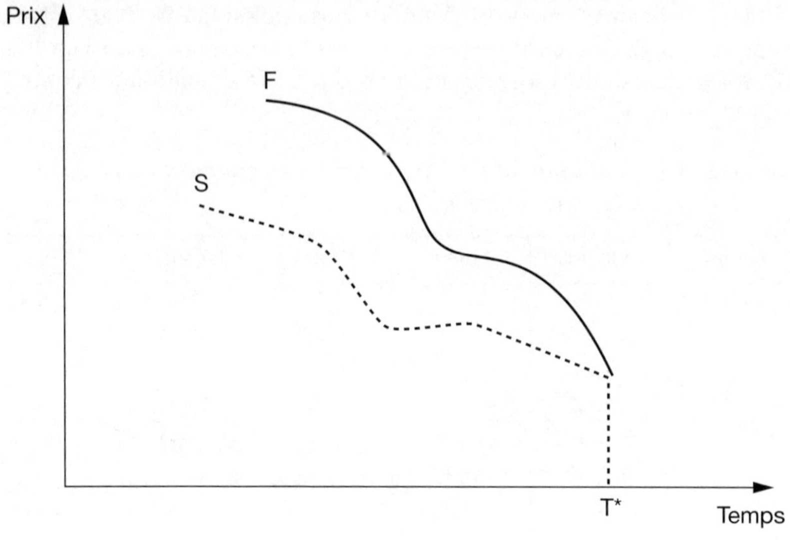

2.3. La négociation d'un contrat à terme

Comme il l'a été signalé, le règlement intervient en même temps que la livraison : à l'échéance. Sur les marchés organisés, l'investisseur doit néanmoins déposer un *déposit* auprès d'une autorité appelée « chambre de compensation ». Ce deposit correspond en quelque sorte à un dépôt de garantie afin d'assurer le marché que l'on soit en position de régler le contrat. La position d'un contrat à terme est valorisée au jour le jour (*marked to market*) pour réduire le risque de contrepartie. Cela signifie qu'en cas de moins-value, l'investisseur peut faire l'objet d'un appel de marge, c'est-à-dire que la chambre de compensation le contacte et lui demande de remettre à niveau son dépôt de garantie.

Ces appels de marge n'interviennent pas systématiquement. En effet, la demande de remise à niveau n'intervient que lorsque le dépôt de garantie franchit à la baisse un seuil de sécurité. S'il n'est pas en mesure de répondre à l'appel de marge, sa position est soldée.

Le niveau du *déposit* n'est pas fixe. Il dépend du niveau de la volatilité des prix de l'actif sous-jacent. En cas de forte volatilité, le dépôt de garantie est revu à la hausse afin de réduire le risque de défaut de l'investisseur. Par ailleurs, le niveau de dépôt de garantie requis dépend également de la nature de l'intervenant. Si celui-ci possède le sous-jacent, il présente moins de risque qu'un spéculateur qui anticipe une baisse des cours. Le déposit peut être constitué aussi bien en numéraire qu'en titres monétaires sans risque.

Exemple

Considérons l'acheteur d'un contrat à terme de 1 000 barils de pétrole à 60 USD échéance 3 mois. Le dépôt de garantie est fixé à 5 000 USD tandis que la marge de sécurité est fixée à 2 200 euros. Le tableau 5.11 indique les mouvements de trésorerie observés durant la détention du contrat à terme.

Tableau 5.11. – *Évolution du niveau du dépôt de garantie d'un acheteur de contrat à terme*

Cours	Valeur	Gains	Pertes	Déposit	Flux
60	60 000			5 000	– 5 000
59	59 000		1 000	4 000	
58	58 000		1 000	3 000	
57	57 000		1 000	5 000	– 3 000
58	58 000	1 000		5 000	1 000
60	60 000	2 000		5 000	2 000
63	63 000	3 000		0	8 000

Tant que le niveau du dépôt de garantie n'a pas franchi la marge de sécurité, l'investisseur ne subit aucun appel de marge. Lorsque le cours du baril atteint 57 dollars, le déposit ne vaut plus que 2 000 dollars, ce qui est inférieur au seuil de sécurité de 2 200 dollars. L'investisseur est amené à remettre à son niveau initial le dépôt de garantie. À la suite de cet appel de marge auquel a répondu le détenteur du contrat à terme, les cours du pétrole remontent, ce qui augmente le niveau du dépôt de garantie. L'acheteur du contrat reçoit le montant des plus-values latentes de sorte que son dépôt de garantie est plafonné à 5 000 dollars. Enfin, lorsqu'il dénoue son contrat à terme, l'investisseur récupère son dépôt de garantie.

Cet exemple permet également de mettre en avant le caractère spéculatif des contrats à terme. En effet, l'investisseur qui aurait acheté au comptant les 1 000 barils de pétrole aurait dû investir 60 000 dollars et aurait réalisé un bénéfice de 3 000 dollars, soit un retour sur investissement de 5 %. En revanche l'acheteur de contrat n'a eu à investir que 5 000 dollars pour un bénéfice de 3 000 dollars et réalise ainsi, si on fait abstraction des flux de trésorerie intermédiaires, un retour un investissement de 60 %.

2.4. Les différences entre futures et forwards

Le tableau 5.12 reprend les principales différences entre les contrats à terme non standardisés négociés de gré à gré et les contrats à terme standardisés négociés sur les marchés réglementés. La différence la plus souvent mise en avant est le risque de contrepartie élevé pour les *forwards*. En effet, une fois le dépôt de garantie effectué, aucun appel de marge n'a lieu durant la vie du contrat.

Tableau 5.12. – *Comparaison entre forwards et futures*

Forwards	Futures
Contrat adapté à la demande du client. Contrat privé entre 2 parties.	Contrat standardisé entre la contrepartie et la chambre de compensation.
Marché secondaire quasi inexistant.	Marché secondaire liquide.
Plus ou moins-values constatées à l'échéance.	Appels de marge.
Risque de contrepartie.	Garantie de la chambre de compensation.
Livraison effective à l'échéance.	Dénouement de la position.

3. Les certificats

Les certificats sont des valeurs mobilières de type obligataire sans garantie de capital. Ces produits financiers sont en plein développement depuis quelques années. Ils ont été proposés en France pour la première fois en 1998 mais le marché n'est devenu réellement significatif que depuis 2003. Les volumes de transactions demeurent néanmoins relativement faibles au regard de ce qui se déroule sur d'autres marchés européens en particulier en Allemagne. Cet essor est la conséquence d'un développement important de la gamme offerte aux investisseurs. Les premiers certificats répondaient à une demande en matière d'anticipation de la variation des cours : hausses et baisses plus ou moins modérées. Les récents certificats répondent désormais à différents niveaux de risque donnés afin de satisfaire un plus grand nombre d'investisseurs. La plupart des profils de gains présentés par les certificats sont le fruit de combinaisons d'options, de contrats à terme, d'actifs sous-jacents, d'actifs obligataires et parfois de swaps.

Sur le plan des négociations, ces instruments financiers sont cotés en continu. Le cours des certificats, à l'instar des options, est indexé sur celui d'un sous-jacent qui peut être des actions, des indices boursiers ou encore des matières premières. Plusieurs raisons permettent de justifier l'achat de certificats :

– la diversification : les sous-jacents des certificats sont le plus souvent diversifiés (indices ou paniers d'actions) ;

– la liquidité : l'émetteur est teneur de marché sur son produit ; cela signifie que pendant la séance, il propose en permanence une contrepartie à l'achat et à la vente ;

– l'investissement sur un thème : les certificats peuvent porter sur des secteurs d'activité ou des zones géographiques.

Il existe aujourd'hui de nombreux types de certificats dont la dénomination appartient à leurs émetteurs. Il serait bon de les regrouper sous des dénominations communes afin d'offrir une meilleure visibilité.

NYSE Euronext propose une classification à trois niveaux. Le premier niveau correspond au niveau d'investissement. Il existe deux catégories : les produits d'investissement qui connaissent, à la baisse, un pourcentage de perte équivalent à celui du sous-jacent, et les produits à levier où l'investisseur peut perdre l'intégralité de son investissement. Le deuxième niveau classe les produits selon leurs comportements tandis que les noms des produits constituent le troisième niveau.

Tableau 5.13. – *Structuration de la gamme des certificats sur Euronext*

Produits d'investissement	
Indexation pure	Le certificat réplique la performance du sous-jacent.
Protection du capital	Investissement pour lequel tout ou partie du capital est protégé. Suivant le risque, le certificat participera pour tout ou partie des mouvements haussiers du sous-jacent.
Amélioration du rendement	Certificat qui, sous certaines conditions de marché prédéterminées, offre une performance supérieure à celle du sous-jacent.
Produits à levier	
Spread	Combinaison d'achat et de vente de *calls* ou combinaison d'achat et de vente de *puts*.
Binaire à barrière	Produit qui est valorisé à l'échéance à un prix prédéterminé entre les deux bornes prédéterminées. Les bornes, si elles sont atteintes par le sous-jacent pendant la durée de vie du produit, désactivent le produit qui est valorisé à 0.
Produits à levier à barrière	Produit valorisé tout au long de sa vie comme la différence entre le cours du sous-jacent et son *strike* (ou l'inverse dans le cas d'un *put*). Si le sous-jacent touche la barrière désactivante, la valorisation est nulle.
Indexation inverse	Le certificat offre l'inverse de la performance du sous-jacent. Une barrière désactivante existe.

Pour notre part, nous avons défini quatre catégories qui se différencient par le comportement du certificat retenu. Il s'agit des certificats traçants, multiplicateurs, bornés. La dernière catégorie rassemble les produits ne répondant pas aux caractéristiques précédentes.

3.1. Les certificats traçants

Cette gamme de certificats a pour objet de reproduire à l'identique ou à l'opposé l'évolution d'un sous-jacent sans aucun effet de levier. Selon la nature du certificat, la reproduction peut être en pourcentage, par exemple 2 %, ou en euros, par exemple 50 euros pour une hausse de 50 points d'un indice boursier. Dans le cas d'un certificat inversant la tendance, il progressera de 1 % ou de 20 euros si le sous-jacent baisse de 1 % ou de 20 euros.

L'intérêt de ces certificats peut paraître réduit compte tenu de l'existence sur le marché des *trackers* qui feront l'objet d'une présentation lors de la section suivante. Ces valeurs mobilières sont néanmoins susceptibles d'attirer des investisseurs pour plusieurs motifs. Grâce aux certificats, il est possible d'investir dans des sous-jacents originaux. On peut citer des indices étrangers ou des matières premières qui jusqu'à présent faisaient rarement l'objet d'une cotation sur le marché français. Certains certificats présentent des seuils de sécurité qui se déclenchent en cas de mouvements très défavorables du sous-jacent : le détenteur bénéficie ainsi d'une valeur de remboursement. Enfin certains certificats sont dits *quanto*. Cette caractéristique signale que la performance n'est pas soumise au risque de change. Par exemple, le détenteur d'un certificat quanto sur le cours du pétrole, proposé par la SGAM, n'est pas soumis aux variations du dollar (devise de cotation du baril de pétrole) par rapport à l'euro (devise du certificat).

3.2. Les certificats multiplicateurs

Cette gamme de certificats multiplie les variations du sous-jacent suivant un levier connu. La parité du certificat et le cours de référence délivrent une indication sur le coefficient qui va être appliqué. Par exemple, la valeur d'un certificat baissier est égale à :

$$\frac{(\text{Réf.} - S)}{\text{parité}}$$

Considérons un investisseur possédant un portefeuille de 10 certificats baissiers et observons l'évolution de son portefeuille selon les caractéristiques des certificats achetés.

Tableau 5.14. – *Valeur des certificats si l'indice cote 5 000 points*

Parité	4/1	5/1
Réf. = 6 500	$\frac{(6\,500 - 5\,000)}{4} = 375$ €	$\frac{(6\,500 - 5\,000)}{5} = 300$ €
Réf. = 6 000	$\frac{(6\,000 - 5\,000)}{4} = 250$ €	$\frac{(6\,000 - 5\,000)}{5} = 200$ €

Tableau 5.15. – *Valeur des certificats si l'indice cote 4 800 points (baisse de 200 points)*

Parité	4/1	5/1
Réf. = 6 500	$\frac{(6\,500 - 4\,800)}{4} = 425$ €	$\frac{(6\,500 - 4\,800)}{5} = 340$ €
Réf. = 6 000	$\frac{(6\,000 - 4\,800)}{4} = 300$ €	$\frac{(6\,000 - 4\,800)}{5} = 240$ €

Tableau 5.16. – *Variation du portefeuille de 10 certificats baissiers*

Parité	4/1	5/1
Réf. = 6 500	500 €	400 €
Réf. = 6 000	500 €	400 €

Dans le cas d'une parité de 4, le détenteur de 10 certificats a un portefeuille multiplicateur égal à – 2,5 tandis que si la parité est égale à 5, le détenteur a un portefeuille multiplicateur égal à – 2.

Ces résultats sont néanmoins trompeurs. En effet, exprimés en termes relatifs, les multiplicateurs vont différer selon le cours de référence donné quelle que soit la parité retenue comme l'indique le tableau 5.17.

Tableau 5.17. – *Variation relative du portefeuille de 10 certificats baissiers*

Parité	4/1	5/1
Réf. = 6 500	13,33 %	13,33 %
Réf. = 6 000	20,00 %	20,00 %

Les coefficients multiplicateurs s'élèvent désormais à – 3,33, respectivement – 5, pour le cours de référence de 6 500 points et un écart initial de 1 500 points, respectivement 6 000 points et un écart initial de 1 000 points. Il convient donc d'être très méfiant devant les brochures publicitaires de certaines institutions sur le coefficient multiplicateur affiché.

Si on met entre parenthèses ce problème lié à la détermination du coefficient multiplicateur, il convient de mettre en avant un avantage de ces certificats par rapport à des options : ces certificats ne sont pas soumis, ou très faiblement, à la perte de la valeur temps. Par conséquent si un investisseur anticipe une variation de cours d'un sous-jacent mais qu'il n'est pas en mesure de déterminer le délai nécessaire à voir se profiler cette variation, il peut être préférable pour lui d'acheter des certificats plutôt que des options.

Remarque

Les certificats sont émis exclusivement dans la monnaie. Lorsque le cours de référence est franchi, i.e. le certificat est hors de la monnaie, le certificat perd sa valeur.

3.3. Les certificats bornés

Cette gamme de certificats fait intervenir deux cours de références : une borne basse et une borne haute. Il s'agit des certificats planchers (*floors*) et plafonnés (*caps*). Ces certificats présentent le profil de gain d'un *call spread* ou *put spread* qui correspondent à l'achat et la vente simultanée d'un *call* ou d'un *put*. Un certificat plafond, respectivement plancher, répond aux attentes d'un investisseur anticipant une hausse (baisse).

À l'échéance, la valeur de remboursement d'un certificat plafond est égale à :

– l'écart entre les deux bornes si le cours à l'échéance est supérieur à la borne haute ;

– la différence entre le cours à l'échéance et la borne basse si le cours du sous-jacent à l'échéance est compris entre les deux bornes ;

– zéro pour le cas où le cours du sous-jacent est inférieur à la borne basse.

À l'échéance, la valeur de remboursement d'un certificat plancher est égale à :

– l'écart entre les deux bornes si le cours à l'échéance est inférieur à la borne basse ;

– la différence entre la borne haute et le cours à l'échéance si le cours du sous-jacent à l'échéance est compris entre les deux bornes ;

– zéro pour le cas où le cours du sous-jacent est supérieur à la borne haute.

Remarque

Cette gamme de certificats connaît de nombreux développements. Certaines institutions proposent un remboursement maximal (écart entre les deux bornes) si le cours du sous-jacent ne franchit pas la borne basse (borne haute) pendant la durée de vie du certificat plafond (plancher), ce qui améliore le potentiel de gain. D'autres certificats considèrent la borne basse (haute) comme désactivante, ce qui signifie que le certificat plafond (plancher) perd sa valeur en cas de franchissement de cette limite. Cette contrainte est rémunérée puisque ces certificats sont moins chers que les certificats bornés traditionnels.

Exemple

Soit le certificat Plafond 100/120 sur l'action Darvor d'échéance 12 mois. L'action Darvor cote 122 euros au moment de l'acquisition du certificat au prix de 15 euros. À l'échéance, 3 cas vont se présenter :

– l'action Darvor termine au-dessus des 120 euros ; l'investisseur perçoit la différence entre les deux bornes soit 20 euros ;

– l'action Darvor cote 118 euros ; l'investisseur perçoit la différence entre ce cours (118 €) et la borne basse (100 €) soit 18 euros ; il réalise un bénéfice de 3 euros alors que le cours du sous-jacent a baissé ;

– le cours de l'action Darvor a chuté et ne vaut plus que 95 euros ; ce cours est inférieur à la borne basse ; l'investisseur a perdu sa mise soit 15 euros.

3.4. Les autres certificats

Dans cette dernière catégorie, on retrouve des certificats qui proposent des performances améliorées selon le parcours suivi par le sous-jacent durant la vie du certificat.

Certains certificats répliquent le cours d'un sous-jacent et proposent une valeur minimale de remboursement si le cours du sous-jacent n'a pas franchi une barrière désactivante. Si la barrière est touchée, la valeur de remboursement sera égale à la valeur du sous-jacent. Si la barrière n'est pas touchée, la valeur de remboursement est égale au maximum entre un cours de référence et la valeur du sous-jacent à l'échéance.

D'autres certificats plafonnent la valeur de remboursement du sous-jacent, c'est-à-dire qu'à l'échéance le certificat est égal au minimum entre un cours de référence et la valeur du sous-jacent. L'intérêt pour le souscripteur est que le certificat en cours de vie est coté moins cher que le sous-jacent.

D'autres profils de gains sont ou vont être proposés. Ces certificats consistent bien souvent à proposer à un public moins averti des instruments financiers proches des options exotiques qui malheureusement s'apparentent parfois plus à des jeux de casino.

4. Les CFD

Un CFD signifie « Contrat Financier pour Différence » ou « *Financial Contract for Difference* ». C'est un produit financier récent qui appartient à la catégorie des produits dérivés dans la mesure où le prix d'un CFD dépend de l'évolution d'un cours sous-jacent. Il a été reconnu par la directive européenne 2004/39/CE (directive MIF). Les premières négociations sont intervenues quelques mois après la date de mise en application de la directive, soit au cours de l'année 2008.

Les CFD ne constituent pas une innovation financière. Ce sont des transactions sur marge ; il s'agit en quelque sorte de contrats à terme destinés aux particuliers qui ne peuvent intervenir sur les marchés dérivés officiels compte tenu des tailles standards élevées. Moyennant une marge initiale qui doit être maintenue (les positions sont *marked to market*), à l'instar des *futures*, l'investisseur aspire à gagner une somme équivalente à la différence entre les cours intial et final du sous-jacent. L'effet de levier sera d'autant plus élevé que le rapport entre la marge investie et le cours du sous-jacent sera faible. À la différence des contrats à terme, il n'y a pas d'échéance et donc pas de livraison. Le comportement de ces nouveaux produits financiers est donc assimilable à ceux des warrants et de certains certificats à la différence de ne pas être soumis à une perte de valeur temps.

La lecture de différents documents commerciaux laisse à penser que le recours aux CFD permet d'obtenir quelques avantages au regard des autres offres en matière d'instruments dérivés proposés aux investisseurs :

– une possibilité de négociation en dehors des heures traditionnelles de bourse (suivant les courtiers) ;

– une fourchette de prix (différence entre les meilleurs prix vendeur et acheteur) réduite ;

– un effet de levier très important (les offres actuelles permettent un multiplicateur de 20) ;

– une absence de liquidation mensuelle (absence de date d'expiration) ;

– une gamme de sous-jacents très étoffée : une banque danoise propose plus de 9 000 CFD sur 23 places boursières. Les sous-jacents peuvent être des actions, des matières premières ou des indices.

Devant la forte promotion de ces produits financiers, l'Autorité des Marchés Financiers et le Comité des établissements de crédit et des entreprises d'investissement (CECEI) ont tenu à mettre en garde les investisseurs en rappelant les principes des produits dérivés, en particulier les risques de pertes qui peuvent être supérieures au capital investi mais également en signalant quelques spécificités juridiques qu'il convient de ne pas oublier. Il faut savoir que les CFD ne sont pas un « produit d'épargne » agréé par l'AMF ou un autre régulateur européen (à la différence d'un OPCVM), les CFD ne disposent pas non plus de prospectus visé par l'AMF ou un autre régulateur européen (à la différence d'une action, d'un certificat ou d'un warrant) et les CFD ne disposent pas d'un mécanisme de compensation permettant de garantir l'exécution du contrat en cas de défaillance du prestataire. Ce sont des instruments financiers échangés de gré à gré.

Par ailleurs, il convient de signaler que les courtiers en ligne ne sont dans la plupart des cas que des intermédiaires. L'investisseur doit donc s'assurer

CENTRE D'ETUDES UNIVERSITAIRE
DE BOURG ET DE L'AIN
UNIVERSITÉ JEAN MOULIN
LYON 3
3, rue des Casernes
01000 BOURG EN BRESSE
Tél. 74 23 62 30

de la qualité des émetteurs des CFD qui leur sont proposés. Comme le souligne l'AMF, « Connaître la répartition des responsabilités entre chaque intervenant ainsi que le droit applicable au(x) contrat(s) signé(s) est important pour effectuer une réclamation en cas de survenance d'un problème ».

Exemple

Si le cours de la société Carolange est de 650 euros et si la marge exigible est de 5 % (levier de 20), l'investisseur doit investir la somme de 32,50 euros. Après avoir investi à hauteur de 10 CFD soit la somme de 325 euros (équivalent à 6 500 euros d'actions), l'investisseur peut être confronté à des scénarios plus ou moins optimistes.

En cas d'évolution positive de l'action Carolange qui serait passée de 650 à 700 euros, le gain pour l'investisseur serait égal à 500 euros (50 euros de gain par action multiplié par 10 CFD). En revanche, si l'action venait à perdre 40 euros, l'investisseur serait tenu de remettre à niveau sa marge jusqu'au solde de sa position ou des jours meilleurs. Pour un investissement initial de 325 euros, sa perte se serait élevée à 400 euros.

5. Les « dérivés » émis par les sociétés cotées

Les entreprises émettent également des instruments financiers dont le cours dépend de la valeur du cours d'une action. Ces titres financiers sont le plus souvent émis lors d'opérations différées sur le capital.

5.1. Les bons de souscription d'actions

Un bon de souscription est une valeur mobilière émise par une société qui donne le droit mais non l'obligation d'acheter une quantité d'actions, à un prix fixé par la société au moment de l'émission et jusqu'à une échéance déterminée. Souvent utilisé lors des augmentations de capital, on parle alors d'Actions à Bons de Souscription d'Actions (ABSA)

La relation entre la valeur d'un bon de souscription et la valeur de l'action sous-jacente peut être décrite de manière sensiblement similaire à celle de la valeur d'une option d'achat et de la valeur de son sous-jacent. Une réserve d'importance doit être précisée. L'exercice des bons de souscription accroît le nombre de titres en circulation et par conséquent entraîne une dilution. En effet, le bénéfice doit être réparti sur un plus grand nombre d'actions. Dans le cadre d'un *call*, il n'y a pas de création de titres. Le capital de la société n'est pas modifié.

5.2. Les droits d'attribution

Au fil des années, les entreprises ont généralement accumulé des bénéfices affectés en réserves. Lorsque ces réserves atteignent un certain niveau, les sociétés peuvent décider de les incorporer au capital social pour maintenir une proportion adéquate entre le capital et le bilan. Dans ce cas, la société peut soit élever la valeur nominale des actions déjà existantes, soit créer des actions nouvelles qui seront distribuées gratuitement aux actionnaires actuels en fonction du nombre de titres qu'ils détiennent.

Le droit d'attribution correspond au droit attaché à chaque action ancienne et permettant de participer à une distribution gratuite d'actions. Dès son détachement, ce droit est coté sur le marché [1].

La principale caractéristique de ce genre d'opérations est qu'elles n'apportent aucune ressource nouvelle à l'entreprise. Elles ne constituent donc pas, comme l'augmentation de capital en numéraire, un moyen de financement. Les effets attendus sont d'abord comptables. Les postes de réserves et report à nouveau sont réduits et le poste « capital social » est augmenté d'un montant équivalent.

La technique dite de « distribution d'actions gratuites » peut conduire à des perceptions erronées de la part de certains investisseurs. En réalité, elles n'ont rien de gratuit : la contrepartie à l'augmentation du nombre de titres est la baisse mathématique de leur valeur. Supposons qu'une entreprise dont le cours de l'action est de 90 euros décide de distribuer une action nouvelle pour 5 anciennes. Un portefeuille de 5 titres vaut au départ 450 euros. Après l'opération, il est composé de 6 titres. Comme rien n'a modifié la valeur de l'entreprise, il n'y a aucune raison pour que la valorisation dépasse les 450 euros. Le cours de l'action va donc baisser de 15 euros. Le cours théorique est donné par la formule suivante :

$$C' = \frac{C \times N}{N + n}$$

où C désigne le cours de l'action, N le nombre de titres existants et n le nombre d'actions distribuées.

La valeur du droit peut être quant à elle estimée de la manière qui suit :

$$d' = C - C'$$

Dans la mesure où ces opérations sont sans effet sur la richesse des actionnaires, on peut s'interroger sur leur rationalité. Il semble que leur valeur est surtout informative. Elles sont souvent interprétées comme un signal de confiance de la part des dirigeants dans le futur de l'entreprise. Par ailleurs, la liquidité des actions s'en trouve améliorée.

5.3. Les droits de souscription

Une société peut faire un appel public à l'épargne pour réaliser une augmentation de capital, c'est-à-dire qu'elle va émettre des actions qui pourront être acquises par de nouveaux actionnaires. Dans ce cas, la société pourra alors faire appel à ses actionnaires existants pour leur permettre,

1. Lorsque les investisseurs ne possèdent pas un nombre d'actions correspondant exactement à la proportion d'actions nouvelles distribuées gratuitement, ils doivent acheter ou vendre ce qu'on appelle des « rompus ».

s'ils le désirent, de souscrire à l'opération. Un droit de souscription est alors détaché. Ce droit négociable sur le marché permet un maintien du pourcentage de participation des actionnaires existants et une compensation financière. En effet, les nouvelles actions émises ont un prix d'émission inférieur ou égal au cours de bourse des actions avant l'opération afin de susciter l'intérêt des investisseurs. Par ailleurs, on se prémunit contre une éventuelle baisse du cours entre l'annonce de l'augmentation de capital et sa réalisation effective. En effet, personne n'achèterait une action à un cours plus élevé que sur le marché. De plus, si la taille de l'augmentation de capital est importante et que le prix d'émission des actions nouvelles est très inférieur au cours de bourse avant l'opération, mécaniquement, la valeur de l'action après l'opération diminuera. Le droit de souscription permet alors aux actionnaires ne souhaitant pas souscrire à l'opération de percevoir une compensation financière pour cette baisse du cours.

Le droit de souscription, comme le droit d'attribution, permet à l'actionnaire de souscrire à des actions nouvelles au prorata des actions qu'il détient. L'actionnaire qui ne souhaite pas souscrire peut vendre ses droits sur le marché durant la durée de l'augmentation de capital, durée fixée par l'assemblée générale ou le conseil d'administration ou le directoire (légalement le délai ne peut être inférieur à 10 jours de bourse). Au-delà de cette période, les droits n'ont plus aucune valeur. Si l'actionnaire n'a pas un nombre suffisant de droits (rompus) ou s'il veut renforcer sa position, il peut en acheter sur le marché.

Un calcul théorique du prix du droit de souscription peut être effectué : il s'agit de la différence entre le cours de l'action avant et après l'opération. Toutefois, comme pour le droit d'attribution, celui-ci étant coté, son cours peut évoluer en fonction des anticipations du marché sur le cours de l'action. Sa valeur théorique peut être estimée de la manière suivante :

$$d = \frac{(C - K) \times N'}{N + N'}$$

où C est le cours coté de l'action avant le détachement du droit, K est le prix d'émission, N est le nombre d'actions anciennes existantes et N' est le nombre d'actions nouvelles créées.

À l'issue de l'opération, le cours de l'action est, toutes choses égales par ailleurs, le suivant :

$$C' = \frac{C \times N + K \times N'}{N + N'}$$

5.4. Les certificats de valeur garantie

Les certificats de valeur garantie sont des titres créés au moment d'une offre d'achat par un initiateur et attribués aux actionnaires de la cible. Il existe deux types de certificats de valeur garantie : les CVG dissuasifs et incitatifs [1].

1. Terminologie proposée par Vernimmen (2005).

Les CVG dissuasifs parfois appelés bons de cession de valeur garantie (BCVG) matérialisent le droit pour leurs détenteurs de céder dans des conditions prédéfinies leurs actions. Ces valeurs mobilières sont créées par des sociétés initiant une offre publique d'achat (OPA) sur une autre société. La société initiatrice peut souhaiter ne prendre que le contrôle de la société cible et, pour des raisons de coût, elle ne souhaite pas acquérir l'intégralité des actions de la société cible. Les actionnaires de la société cible se voient proposer gratuitement des CVG qui leur permettent de conserver leurs titres. Ces CVG donnent le droit de percevoir en numéraire lors de leur échéance la différence entre un prix maximum – bien souvent le prix d'acquisition indexé sur le taux d'intérêt du marché monétaire – et un cours de référence qui correspond en général à une moyenne des cours de la société cible sur une période prédéfinie. L'attribution de CVG permet aux actionnaires de profiter de la hausse du cours de la société cible après la prise de contrôle tout en étant protégé d'une baisse grâce aux CVG dont le cours présente un profil ressemblant à celui d'une option de vente.

Les CVG incitatifs sont utilisés dans le cadre d'une Offre publique d'Échange [1] (OPE). L'actionnaire qui se voit livrer des titres en échange des actions qu'il détenait peut être préoccupé par le cours futur de l'action de la société initiatrice. Celle-ci pourra alors garantir, pour une durée fixée à l'avance, le paiement de la différence en numéraire entre le cours de son action à cette date et un niveau prédéterminé. La baisse du cours de la société acquéreuse sera compensée par une hausse de la valeur du CVG.

1. À la différence d'une OPA, le prix d'achat n'est pas fixé en espèces mais en titres de la société initiatrice de l'opération.

Chapitre 6

La gestion collective

Un OPCVM, ou Organisme de Placement Collectif en Valeurs Mobilières, est une entité qui gère un portefeuille dont les fonds investis sont placés en valeurs mobilières, c'est-à-dire en actions et en obligations mais également en titres de créances négociables à court et moyen terme, ou encore en produits dérivés. Ces OPCVM donnent le même droit que des actions à leurs possesseurs, c'est-à-dire que ces derniers détiennent des parts du capital de la société émettrice.

Les OPCVM sont le plus souvent créés par des banques ou des organismes financiers. L'établissement financier fixe, au moment de leur création, des objectifs pour chaque OPCVM. Par exemple, il décide de créer un portefeuille investi uniquement sur une zone géographique, un secteur d'activité, un profil de société comme le niveau de capitalisation ou suivant un certain mode de gestion. Ainsi on peut placer ses fonds dans un OPCVM dédié aux grosses capitalisations cotées sur les marchés asiatiques. Les investisseurs ont par conséquent une connaissance du potentiel de gain et du risque encouru.

Historiquement, c'est aux Écossais que l'on doit la création des OPCVM. Au XIXe siècle, ceux-ci ont créé des structures afin de gérer les pensions de veuves des soldats britanniques. En France, les OPCVM ont vu le jour en 1964, soit une vingtaine d'années après la réglementation des *mutual funds*, version contemporaine des fonds écossais, aux États-Unis.

Plusieurs raisons peuvent justifier l'investissement dans un OPCVM plutôt que d'envisager un investissement en direct sur les valeurs mobilières : le professionnalisme des gérants, la diversification du portefeuille et la liquidité de l'investissement. En investissant dans un OPCVM, le portefeuille est suivi tous les jours par un professionnel qui a accès aux informations financières et qui est en relation avec des analystes financiers. Parmi les règles de base de l'investisseur avisé, on trouve au premier plan la constitution d'un portefeuille équilibré. En effet, il ne faut jamais mettre tous ses « œufs dans le même panier ». Néanmoins, il n'est pas évident de pouvoir se constituer un portefeuille équilibré en risques souvent par manque de moyens. En effet, cela implique qu'il faut un nombre de lignes de titres très important, ce qui correspond à un investissement tout aussi important, ainsi qu'à des frais de courtage qui s'accumulent. Enfin, la liquidité des investissements de l'épargnant est assurée. En effet, il est possible de sortir assez facilement d'un OPCVM en revendant ses parts ou ses actions auprès de la société de gestion gérante.

1. Les OPCVM généraux

Chaque investisseur peut trouver un OPCVM qui répond à son attente en termes d'objectifs de rentabilité et de niveau de risque. L'Autorité des Marchés Financiers (AMF) répartit les OPCVM en six familles[1] : les OPCVM monétaires, les OPCVM obligataires, les OPCVM actions, les OPCVM diversifiés, les OPCVM à fonds alternatifs et, enfin, les OPCVM de fonds à formule. Au 31 décembre 2009, l'encours des OPCVM de droit français à vocation générale a atteint 1 253,4 milliards d'euros. Le nombre d'OPCVM en activité s'établissait à 7 982 qui se décomposait en 7 258 FCP et 724 SICAV.

Tableau 6.1. – *Encours des OPCVM (milliards d'euros)*

Classification	Nombre	Encours
Actions	2 186	255,6
Actions françaises	236	33,6
Actions des pays de la CE	388	38,5
Actions de pays de la zone Euro	516	79
Actions internationales	1 046	104,5
Obligataires	1 195	176,5
Obligations et/ou titres de créance libellés en euros	920	133,7
Obligations et/ou titres de créance internationaux	275	42,8
Monétaires	566	481,2
Monétaire euro	553	480,3
Monétaire à vocation internationale	13	0,9
OPCVM de fonds alternatifs	322	16,6
Fonds à formules	753	67,2
Diversifié	2 960	256,3
TOTAL	7 982	1 253,4

Source : AMF (2010).

1. Les descriptions qui suivent ont pour origine les documents de présentation des OPCVM diffusés par l'Autorité des Marchés Financiers.

Parmi ces familles d'OPCVM, il peut être distingué deux catégories suivant le mode d'affectation des résultats : les OPCVM de capitalisation et les OPCVM de distribution. L'OPCVM de capitalisation ne distribue pas ses bénéfices, il les réinvestit dans la valeur de la part. Cet élément d'information apparaît clairement sur la notice d'information de l'OPCVM. L'OPCVM de distribution verse à ses actionnaires les bénéfices qu'il a réalisés en cours d'année. Le rythme de distribution de ces OPCVM est le plus souvent annuel, mais peut être également semestriel ou trimestriel.

Lorsqu'un investisseur veut obtenir des revenus réguliers, il opte pour un OPCVM de distribution. Si, en revanche, il souhaite que la valeur de ses parts augmente sans percevoir de revenus, il choisit un OPCVM de capitalisation. Des motifs de fiscalité peuvent être à l'origine du choix entre la capitalisation et la distribution.

1.1. Les OPCVM monétaires

Les OPCVM monétaires, appelés également OPCVM de trésorerie, permettent d'obtenir des rémunérations à court terme proches de celles que procure le marché monétaire. Ils sont classés par l'Autorité des Marchés Financiers selon les objectifs de leurs gestionnaires en monétaire euro ou monétaire à vocation internationale.

Les OPCVM monétaires sont investis dans des titres de créances à court ou moyen terme. Leur risque est très limité (la fourchette de sensibilité doit être comprise entre 0 et 0,5), mais la contrepartie est une rentabilité souvent faible. L'OPCVM monétaire est un produit idéal pour rémunérer une trésorerie. Les frais sont le plus régulièrement inexistants. Enfin, ce sont des produits liquides et donc cessibles immédiatement.

Les détenteurs d'OPCVM de trésorerie ont figuré parmi les victimes de la crise financière. Les autorités de régulation ont été saisies afin d'imposer des règles applicables à tous les pays européens destinées à mieux identifier les titres détenus en portefeuille. Le comité européen des régulateurs de valeurs mobilières (CESR) a proposé de considérer, à compter de juillet 2011, deux catégories d'OPCVM de trésorerie : les « OPCVM monétaires » et les « OPCVM monétaires à court terme ». Les fonds les plus courts termes devront détenir des instruments dont la maturité résiduelle de chacun sera de 397 jours au maximum, la maturité moyenne d'au plus 60 jours et la vie moyenne d'au plus 120 jours, contre respectivement deux ans, six mois et douze mois dans les simples fonds monétaires. En outre, ces deux types de fonds ne pourront plus avoir recours qu'à des instruments financiers bénéficiant de l'une des deux plus fortes notes décernées par les agences de notation.

1.2. Les OPCVM obligataires

Les OPCVM obligataires sont investis dans les obligations domestiques, européennes ou/et américaines. À l'instar des OPCVM monétaires, il est également fait une distinction réglementaire entre les titres de créances européens et internationaux.

Ces OPCVM permettent d'investir sur des obligations d'émetteurs différents, avec de multiples zones géographiques, avec des durées de vie variées. Leurs performances sont corrélées aux objectifs de gestion et à la sensibilité (mesure de la prise de risque) propres à chaque OPCVM obligataire. Par exemple, une sensibilité de + 3 signifie que sa valeur progressera de 3 % si les taux d'intérêt baissent de 1 %.

Les risques traditionnels attachés à un OPCVM obligataire sont le risque obligataire (sensibilité aux variations de taux), le risque d'insolvabilité de l'émetteur (le non-remboursement du capital) et le risque d'illiquidité. Ces trois risques sont beaucoup plus limités avec un OPCVM obligataire, et sont donc autant d'avantages pour les souscripteurs, puisque le gérant va diversifier ses investissements pour limiter le risque de défaut de l'émetteur, gérer le risque de taux en utilisant les techniques de gestion qui lui sont offertes sur les marchés dérivés, et sélectionner les obligations les plus liquides sur le marché. Par ailleurs, l'accès en direct au marché obligataire est assez difficile pour les particuliers ; l'OPCVM obligataire constitue donc une bonne alternative.

1.3. Les OPCVM actions

Les portefeuilles des OPCVM actions peuvent être structurés de différentes manières, mais ces types de portefeuilles sont avant tout alloués de façon sectorielle : valeurs de la distribution, de la santé ou des nouvelles technologies... La composition du portefeuille peut également se faire géographiquement. Le portefeuille est alors composé d'actions anglaises, américaines ou européennes appartenant la plupart du temps à des indices boursiers reconnus.

Quelle que soit la stratégie employée par le gérant de fonds, l'OPCVM actions doit présenter une exposition d'au minimum 60 % sur le marché des actions. Par ailleurs, il existe quatre classes d'OPCVM actions : « Actions françaises », « Actions des pays de la zone Euro », « Actions des pays de l'Union Européenne », « Actions internationales ».

Pourquoi souscrire à un OPCVM actions au lieu d'acheter des actions en bourse pour se constituer un portefeuille ? D'une part parce que la gestion de portefeuille est assurée par un professionnel. D'autre part, les investissements sont plus diversifiés et plus liquides, ce qui est essentiel pour des placements en actions. Le risque lié à ces OPCVM est fonction de l'évolution du marché des actions, il est donc plus important que pour un portefeuille monétaire ou obligataire.

Remarque

Même s'il n'existe pas de terminologie officielle, on peut rencontrer des fonds qui peuvent être classés en fonction de leurs degrés d'exposition sur le marché des actions. Ceci conduit à trois types de profils diversifiés : prudent, équilibré et dynamique. Les portefeuilles prudents ont une exposition aux actions de 0 à 30 % ; ils sont investis majoritairement en obligations. Les portefeuilles équilibrés ont une exposition aux actions de 30 à 70 % ; ils sont répartis entre actions et obligations. Enfin, les portefeuilles dynamiques ont une exposition aux actions de plus de 70 %.

Ces fonds, également appelés fonds profilés, permettent aux souscripteurs de retenir le profil du fonds en fonction de leur aversion au risque mais également laisse toute latitude au gérant de modifier la pondération des actions en fonction de l'analyse de l'évolution des marchés.

1.4. Les OPCVM de fonds alternatifs

Les OPCVM de fonds alternatifs sont des OPCVM investis à plus de 10 % dans d'autres fonds mettant en œuvre des stratégies dites « alternatives », c'est-à-dire une gestion décorrélée des marchés [1]. Bien qu'existant en France depuis de nombreuses années, ce n'est qu'après la publication de l'instruction COB de novembre 2003 relative au prospectus complet des OPCVM, et un long travail de clarification avec la profession que les OPCVM de fonds alternatifs ont été définis par une classification particulière.

1.5. Les OPCVM de fonds à formule

Les OPCVM à formule, appelés également fonds à promesse ou fonds structurés, sont des fonds dont l'objectif est d'offrir une performance conditionnelle définie en fonction de l'évolution des marchés. Pour cela l'OPCVM s'engage à atteindre, à une date déterminée, un montant obtenu par l'application mécanique d'une formule de calcul prédéfinie, reposant sur des indicateurs de marchés financiers ou d'instruments financiers. Ces fonds connaissent actuellement un développement très important, utilisant des techniques d'ingénierie financière de plus en plus sophistiquées. Les concepteurs de ces produits rencontrent un très large succès auprès des épargnants.

Le swap est l'outil privilégié pour la structuration de ces OPCVM. Le fonds est le plus souvent investi en produits de taux ou en titres éligibles au Plan d'Épargne en Actions [2] et échange la performance de son actif contre celle décrite dans la promesse avec une contrepartie, celle-ci devant se couvrir pour gérer son propre risque.

Remarque

L'AMF a supprimé la famille OPCVM « garantis » ou « à capital protégé ». Ces fonds proposaient soit de garantir à l'investisseur tout ou partie de son capital, soit de lui garantir une performance sur un indice ou

---

1. Voir le chapitre 12.
2. Le PEA est une enveloppe fiscale qui sera présentée dans la troisième partie de cet ouvrage.

benchmark, soit les deux. La sémantique pouvant parfois prêter à confusion, cette appellation n'existe plus. Ces fonds continuent d'exister mais ils doivent mentionner la catégorie à laquelle ils appartiennent. Leur encours a baissé au profit des OPCVM de fonds à formule.

1.6. Les OPCVM diversifiés

Comme leur appellation l'indique, les OPCVM diversifiés sont exposés sur différents marchés. Ils ne relèvent d'aucune des familles qui viennent d'être présentées. Ils sont gérés de manière discrétionnaire sur les marchés français et étrangers. Il doit être mentionné l'existence d'un éventuel risque de change ainsi que la gestion mise en œuvre.

2. Les OPCVM à régimes particuliers

Au nom de la répartition des risques, les OPCVM sont soumis à des contraintes réglementaires [1]. Ces règles s'appliquent à chacun des compartiments composant l'organisme de placement. Par exemple, un organisme de placement ne peut placer plus de 10 % de ses actifs dans des valeurs mobilières d'un même émetteur [2]. Par ailleurs, les placements en valeurs mobilières d'un même émetteur, qui représentent plus de 5 % de la valeur des actifs de l'organisme de placement, ne peuvent excéder globalement 40 % de la valeur des actifs de l'organisme de placement.

Certains OPCVM peuvent ne pas être soumis aux règles de fonctionnement édictées notamment par la directive européenne UCITS 3 et ses transpositions au niveau national. La loi de sécurité financière du 1er août 2003 a créé deux nouveaux produits : les OPCVM ARIA et les OPCVM contractuels. Les stratégies de gestion de ces OPCVM relèvent le plus fréquemment de la gestion alternative. Ces OPCVM sont réservés à des investisseurs habilités par les règles de l'AMF. Bien qu'il n'existe pas de seuil d'investissement minimum, le ticket d'entrée est relativement élevé.

L'encours de ces OPCVM a connu une croissance significative au cours de ces dernières années. Fin 2009, l'AMF recensait 238 OPCVM ARIA et 386 OPCVM contractuels pour un encours total de 41 milliards d'euros.

2.1. Les OPCVM à règles d'investissement allégées (ARIA)

Les OPCVM ARIA se divisent en trois sous-catégories : les OPCVM ARIA simples, à effet de levier et de fonds alternatifs. La liquidité de ce type d'OPCVM est parfois réduite. Les valeurs liquidatives sont diffusées

1. Pour de plus amples détails, se reporter aux décrets n° 89-623 du 6 septembre 1989, n° 2001-703 2001-704 du 31 juillet 2001 et l'article L. 214 du Code monétaire et financier.

2. La limite de 10 % peut être portée à un niveau supérieur (35 %) en fonction de la qualité de l'émetteur, notamment lorsqu'il s'agit d'un État solvable. Par ailleurs, la limite est fixée à 20 % lorsqu'il s'agit des titres d'un même groupe.

au maximum tous les mois ; de plus, le souscripteur désirant revendre ses parts doit le signaler dans un délai qui ne peut excéder 35 jours.

Les OPCVM ARIA simples bénéficient de règles de répartition des risques très souples permettant de limiter le nombre de lignes de titres investis. Leur effet de levier est limité à 2, ce qui signifie que l'OPCVM peut investir jusqu'à deux fois la valeur de son actif. En matière de dispersion des risques, l'OPCVM ARIA simple peut investir en actions (limite de 35 % d'un même émetteur), obligations (limite de 35 % d'un même émetteur), OPCVM (limite de 50 % d'un même émetteur), obligations émises par un émetteur ou un État garanti (limite de 3 émissions et de 50 % d'un même émetteur) et autres valeurs (limite de 50 % de l'encours).

Les OPCVM ARIA à effet de levier (ARIAEL) répondent aux mêmes obligations que les OPCVM ARIA simples en matière de division des risques. La principale différence relève de l'effet de levier : celui-ci est limité à 4 (3 fois l'actif en hors-bilan).

Les OPCVM ARIA de fonds alternatifs investissent dans des fonds qui mettent en œuvre des stratégies alternatives. L'effet de levier est limité à deux. Les instruments financiers éligibles à l'actif sont les actions cotées, les OPCVM, les fonds communs de créances, les titres de créances, des valeurs non cotées, des fonds d'investissement étrangers, et des liquidités à titre accessoire. Concernant la dispersion des risques, la règle des 5/10/40 s'applique aux fonds alternatifs sous-jacents.

2.2. Les OPCVM contractuels

Les règles d'investissement et de gestion de ces fonds sont totalement libres : l'investissement peut porter sur des instruments financiers cotés ou non, français ou étranger avec un effet de levier illimité. Ces règles sont bien entendu portées à la connaissance des souscripteurs qualifiés. Les OPCVM contractuels ne sont pas agréés mais déclarés à l'Autorité des Marchés Financiers.

La liquidité de ce type d'OPCVM est parfois réduite. Les valeurs liquidatives sont diffusées au maximum tous les trois mois ; de plus, le souscripteur désirant revendre ses parts doit le signaler dans un délai également de trois mois.

Remarque

Afin de commercialiser un OPCVM, il est nécessaire de diffuser un prospectus d'information visé par les autorités en vigueur. La lecture laisse apparaître certaines terminologies telles que les OPCVM à compartiments ou les OPCVM Maîtres et Nourriciers.

Les OPCVM à compartiments sont composés de plusieurs supports d'investissement au sein d'une même entité juridique, bien souvent de droit luxembourgeois. Chaque compartiment émet des titres qui représentent les actifs alloués au compartiment et bénéficie d'une comptabilité propre.

Les OPCVM nourriciers ont leur actif totalement investi dans un autre OPCVM appelé OPCVM Maître [1]. Cette technique permet de concentrer au niveau du maître la gestion des actifs, ce qui permet d'améliorer l'efficacité de la gestion et de réduire les coûts par le biais d'économies d'échelle.

3. Les SICAV et les FCP

Derrière le terme OPCVM se cachent deux grandes familles de produits : les SICAV (Sociétés d'Investissement à Capital Variable) et les FCP (Fonds Communs de Placement). Ces deux types d'OPCVM sont très proches. Ils diffèrent essentiellement par leur nature juridique. Quelle que soit la nature de l'OPCVM, la plupart d'entre eux doivent être conformes aux normes européennes en vigueur.

3.1. Les SICAV

Une SICAV est une société anonyme qui gère un portefeuille de valeurs mobilières. La société fait des achats et des ventes de titres composant le portefeuille géré. Ces achats et ces ventes sont exécutés à la demande des actionnaires. La SICAV est fondée par un promoteur et un dépositaire. Le promoteur correspond à l'établissement qui prend l'initiative de la commercialisation de l'OPCVM tandis que le dépositaire assume le contrôle de la régularité des décisions de gestion prises pour le compte de l'OPCVM. Le capital minimum requis pour créer une SICAV s'élève à 8 millions d'euros.

Une SICAV fonctionne de la manière suivante. Lorsqu'un investisseur achète une part de SICAV, la SICAV augmente son capital d'une part, d'où le nom de société à capital variable. Une SICAV n'est pas cotée en bourse, elle diffuse une valeur liquidative [2] quotidienne qui correspond à la valeur du portefeuille de valeurs mobilières majorée des frais de gestion et des commissions. La liquidité est correcte mais peut paraître insuffisante dans une période où les marchés connaissent des fluctuations rapides.

Lorsque l'actif de la SICAV devient inférieur à 4 millions d'euros, il n'est plus possible d'effectuer de rachat de parts. Si le niveau de l'actif se maintient en deçà de ce seuil pendant une période supérieure à 30 jours, la SICAV doit être liquidée, fusionnée, scindée ou absorbée.

1. L'OPCVM Maître peut regrouper plusieurs nourriciers.

2. La valeur liquidative d'un OPCVM correspond à la valeur de la part de capital. Cette valeur s'obtient en divisant le montant global du portefeuille de valeurs mobilières et des autres avoirs détenus par l'OPCVM, valorisé à la valeur de marché et diminué des dettes, par le nombre de parts ou d'actions émises. La valeur liquidative tient compte des dividendes et des coupons courus. Lorsque l'actif de l'OPCVM dépasse 80 millions d'euros, la fréquence de publication de la valeur liquidative devient quotidienne.

3.2. Les FCP

Contrairement à la SICAV, le FCP est une copropriété de valeurs mobilières. Il est le pendant des *mutual funds* américains. Les porteurs détiennent des parts de la copropriété qui sont elles-mêmes des valeurs mobilières. Un FCP est créé par un dépositaire et une société de gestion de portefeuille qui est chargée de la gestion administrative, comptable et financière de l'OPCVM.

En détenant des parts de FCP, l'investisseur est donc responsable des dettes de la copropriété à concurrence de l'actif du fonds et proportionnellement à son investissement. C'est le même principe que pour une SARL, à savoir une responsabilité limitée. Le capital minimum requis pour créer un FCP est de 400 000 euros.

La liquidité des FCP peut parfois être réduite. Cela s'explique par l'existence de beaucoup de fonds à formule qui nécessite une certaine durée de détention. Les sorties peuvent être réalisées prématurément mais entraînent des pénalités financières.

4. Les trackers

Les *trackers* ou ETF (*Exchange Traded Funds*) sont des OPCVM indiciels cotés. Ces produits sont nés aux États-Unis au début des années 90. Après des débuts quelque peu difficiles, les *trackers* se sont considérablement développés à la fin des années 90 sur les marchés américains. En France, de tels fonds ont été proposés en janvier 2001.

Ces fonds ont pour objet de répliquer la performance d'un indice boursier. NYSE Euronext propose de classer les *trackers* en cinq catégories :

– les *trackers* sur indices actions ; comme son appellation le laisse supposer, il s'agit de *trackers* ayant pour objet la réplication d'indices composés d'actions. Cela peut être des indices géographiques ou sectoriels mais également des indices stratégiques ou thématiques [1] ;

– les *trackers* sur indices obligataires ; ces trackers reproduisent l'évolution d'indices représentant la performance de différentes catégories d'obligations comme les obligations souveraines, les obligations *corporates* ou les obligations indexées sur l'inflation.

– les *trackers* sur indices de matières premières qui sont des *trackers* sur des indices de paniers de matières premières et basés sur des prix de contrats à terme ;

– les *trackers* sur indices de stratégie ; il s'agit de *trackers* sur des indices intégrant deux types de stratégies d'investissement : soit des indices de style (valeur de rendement, de croissance, petites capitalisations…), soit les indices intégrant des effets de levier, des indices répliquant l'inverse des performances… ;

1. Voir le chapitre 9.

– les *trackers* actifs qui correspondent à des fonds gérés activement. Ils ne reproduisent pas uniquement l'évolution de leur indice de référence. Le niveau d'exposition à son indice de référence est variable et évolutif selon l'évolution du marché et en fonction d'anticipations de tendance et de volatilité. On retrouve entre autres des fonds à effet de levier, à capital protégé, et des fonds affichant une performance inverse de l'indice.

Les *trackers* sont émis par des sociétés de gestion mais ils conservent un caractère neutre en termes de pondération. La composition du portefeuille d'un *tracker* reflète théoriquement la composition et la pondération des titres constituant l'indice qu'il réplique. Ils ne sont pas soumis à la règle de division des risques, ce qui est pratique car certaines actions ont des pondérations supérieures à 10 % dans certains indices boursiers.

Les trackers présentent une grande souplesse d'utilisation. La principale différence avec les fonds d'investissement indiciels traditionnels réside dans leur caractère négociable en bourse. La composition du fonds et la valeur liquidative sont diffusées quotidiennement et la valeur liquidative indicative de chaque *tracker* est diffusée en continu, alors qu'une seule valeur liquidative quotidienne est calculée pour une Sicav indicielle. Comme pour les actions, le prix du marché d'un *tracker* résulte de la confrontation centralisée des ordres d'achat et de vente des investisseurs sur le marché. Néanmoins le prix ne peut s'écarter de plus de 1,5 % pour les indices européens et de 3 % pour les indices extra-européens de la valeur liquidative.

Ainsi, tout comme pour une action, on a la possibilité d'acheter ou de vendre aux conditions instantanées du marché tout au long de la journée de cotation, d'accéder instantanément à la performance d'un portefeuille diversifié, aux actions paneuropéennes et internationales avec des frais de courtage équivalents à ceux des actions. Par ailleurs la liquidité est assurée par des teneurs de marché tenus de proposer une fourchette de prix à l'achat et à la vente, et de se porter contrepartie pour des quantités déterminées. De plus, les *trackers* présentent l'avantage de comporter des frais de courtage ainsi que des frais de gestion annuels très compétitifs par rapport aux SICAV tentant de répliquer les indices. Il n'y a pas de droit d'entrée. Les frais de gestion annuels sont directement imputés à la valeur liquidative du *tracker*. Enfin il ne faut pas oublier la transparence des *trackers*. Le prix est connu de l'investisseur puisque le cours du *tracker* correspond à une fraction de l'indice répliqué. Par exemple, si l'indice CAC 40 vaut 4 500 points, le *tracker* le répliquant sera coté 45 euros.

Devant les nombreux avantages procurés par les *trackers* vis-à-vis des OPCVM traditionnels, on devrait assister à un transfert d'encours durant les prochaines années. La principale raison de la stabilité actuelle des encours des SICAV et FCP traditionnels tient dans le fait que ces produits financiers sont proposés par les banques aux particuliers qui ne connaissent pas forcément l'existence des *trackers*. Par ailleurs, les *trackers* commencent à se transformer en véritables fonds structurés puisque certains ETF proposent aujourd'hui un effet de levier ou une protection du capital.

Remarque

Aux côtés des trackers/ETF, il est possible de rencontrer des instruments financiers ayant un objectif semblable, à savoir la réplication de sous-jacents. Il s'agit des *Exchange-Traded Notes* (ETN), *Exchange-Traded Commodities* (ETC) et des *Exchange-Traded Vehicles* (ETV) qui répliquent essentiellement les matières premières. Les différences entre ces instruments ont trait principalement à leur nature juridique. Les ETV ou ETC ont une structure de type zéro coupon garantie à durée indéterminée, alors que les ETF ont une structure de fonds indiciel. En ce qui concerne les ETN, il s'agit d'une dette sénior non subordonnée. Afin d'apporter une garantie à l'investisseur contre un risque de contrepartie, l'émetteur propose un mécanisme de collatéralisation qui protège la valeur des titres émis.

5. Les autres véhicules d'investissement collectif

Les OPCVM cités précédemment ne sont pas les seuls instruments de diversification et de gestion collective. On peut citer les fonds de capital investissement, les placements immobiliers ou les fonds communs de créances.

5.1. Les fonds de capital investissement

Ces fonds sont des produits de gestion collective possédant un profil de risque élevé en raison de la nature des actifs dans lesquels ils sont investis. Ces fonds offrent des avantages fiscaux lorsqu'ils sont détenus au moins 5 ans. Dans cette catégorie, on retrouve les Fonds Communs de Placement à Risque (FCPR), les Fonds Communs de Placement dans l'Innovation (FCPI) et les Fonds d'Investissement de Proximité.

Les FCPR sont des fonds dont l'actif est constitué d'au minimum 50 % de valeurs mobilières non cotées ou de parts de SARL. Ces fonds peuvent bénéficier d'une procédure d'agrément allégée.

Les FCPI sont des fonds dont l'actif est composé d'au minimum 60 % de valeurs mobilières émises par des sociétés à caractère innovant ayant moins de 2 000 salariés et n'étant pas détenues majoritairement par une ou plusieurs personnes morales. L'encours restant peut être placé dans des instruments financiers autorisés par la réglementation.

Les sociétés éligibles peuvent être cotées dans l'espace économique européen à condition que leurs capitalisations boursières n'excèdent pas 150 millions d'euros. Dans ce dernier cas, l'encours est limité à 20 % des 60 % de l'actif à risque. Le caractère innovant est apprécié par l'agence OSEO Anvar.

Les FIP sont des fonds ayant vocation à favoriser le développement des PME régionales. L'actif de ces fonds doit comporter un minimum de 60 % de titres émis par des entreprises à caractère régional. Parmi ces entreprises, 10 % d'entre elles doivent avoir été créées depuis moins de cinq années.

5.2. Les placements immobiliers

Les sociétés civiles de placement immobilier (SCPI), parfois dénommées la « pierre papier », ont pour objet exclusif l'acquisition et la gestion d'un patrimoine immobilier locatif. Pour les besoins de cette gestion, elles peuvent procéder à des travaux d'amélioration et, à titre accessoire, à des travaux d'agrandissement et de reconstruction ; elles peuvent acquérir des équipements ou installations nécessaires à l'utilisation des immeubles. Elles peuvent, en outre, céder des éléments du patrimoine immobilier dès lors qu'elles ne les ont pas achetés en vue de les revendre et que de telles cessions ne présentent pas un caractère habituel [1]. À la différence des sociétés d'investissement immobilier cotées, les SCPI ne sont pas cotées en bourse. Par conséquent, leur valorisation n'est pas soumise aux fluctuations des marchés financiers.

Les SCPI collectent des capitaux par appel public à l'épargne et redistribuent les loyers ainsi que les avantages fiscaux à ses porteurs de parts. Il existe deux formes de SCPI : les SCPI à capital fixe et les SCPI à capital variable. Dans le premier cas, pour atteindre un capital plafond fixé par les statuts, les SCPI sont amenées à effectuer des augmentations de capital successives. Dans le second cas, les SCPI peuvent émettre ou racheter de nouvelles parts selon qu'un associé veut sortir ou qu'il y a de nouveaux souscripteurs [2].

À l'instar des OPCVM, on distingue les SCPI de rendement dont l'objet est de distribuer régulièrement aux associés des revenus et les SCPI de valorisation dont l'objectif est de donner aux associés, à terme, lors de la liquidation du patrimoine, la valorisation du capital (la plus élevée possible) qu'ils ont investi à l'origine.

Les SCPI souffrent d'un problème de liquidité. C'est pourquoi il a été décidé de la création [3] des Organismes de Placement Collectif en Immobilier (OPCI) en remplacement des SCPI. Alors que les SCPI doivent investir au moins 95 % de leurs actifs en immobilier, ce ratio a été abaissé à 60 % pour les OPCI. De plus, pour leur conférer plus de liquidité, l'actif de l'OPCI devra être composé, à concurrence d'au moins 10 %, de liquidités ou placements monétaires. Les OPCI sont soumis à un ratio d'endettement de 40 % de la valeur des actifs immobiliers. En limitant l'effet de levier, on souhaite sécuriser l'épargne des détenteurs de titres.

Sous le terme d'OPCI, l'ordonnance prévoit deux formes juridiques de fonds : les fonds de placement immobilier (FPI) et les sociétés de placement à prépondérance immobilière à capital variable (SPPICV). Les FPI sont principalement investis en immeubles physiques et de parts de sociétés non cotées ayant une majorité d'actifs immobiliers. Dans les SPPICV,

1. Art. L 214-50 du Code monétaire et financier.
2. Consulter le site http://www.scpi.fr
3. L'ordonnance définissant le régime juridique des OPCI a été adoptée par le Conseil des ministres du 12 octobre et publiée au Journal officiel du 14 octobre 2005.

la part de l'immobilier non coté peut être complétée, à concurrence de 9 % de l'actif total, par des parts de sociétés foncières cotées. Par ailleurs, les gérants d'OPCI ont la possibilité de détenir, dans une proportion pouvant aller jusqu'à 30 %, des valeurs mobilières (obligations, actions, OPCVM...). Les OPCI sont tenus de distribuer [1] au minimum 85 % du revenu distribuable auxquels s'ajoutent, le cas échéant, 85 % des plus-values distribuables pour les FPI et 50 % des plus-values nettes réalisées au cours d'un exercice pour les SPPICV.

Les SCPI continuent à exister sous leur forme actuelle jusqu'au terme de leur vie statutaire. La conversion en OPCI n'est pas obligatoire mais devrait certainement être soumise au vote de l'assemblée générale. À compter du 1er janvier 2010, il ne devait plus être possible de créer de nouvelles SCPI. Néanmoins, dans le cadre du projet de loi pour le développement de la participation et de l'actionnariat salarié, le Sénat a adopté un amendement supprimant la date butoir du 31 décembre 2009.

5.3. Les Fonds Communs de Créances

Créé en France par la loi du 23 décembre 1988 [2], un Fonds Commun de Créances (FCC) est une copropriété dépourvue de la personnalité morale. Le Fonds Commun de Créances constitue le véhicule juridique français [3] permettant la technique de titrisation, opération consistant à financer l'achat de créances par l'émission de titres négociables sur un marché financier. La titrisation permet aux établissements financiers de réduire leur niveau de fonds propres soumis à des ratios et de transférer une partie de leur risque. Cela peut également constituer une solution pour des émetteurs puisque le Fonds Commun de Créances constitue une nouvelle entité aux yeux des investisseurs institutionnels soumis à des règles de diversification.

Les Fonds Communs de Créances sont composés de créances initialement détenues par des établissements de crédit (prêts immobiliers, prêts à la consommation...). Ces derniers vendent leurs créances au fonds commun de créances qui émet des parts négociables : les intérêts sont remboursés grâce au paiement des créances. Le schéma 6.1 expose le principe de la titrisation dans le cadre de la création d'un Fonds Commun de Créances.

1. Sur le plan de la fiscalité, les revenus des FPI et SPPICV sont soumis respectivement au régime des revenus fonciers et au régime de fiscalité des valeurs mobilières. Les plus-values sont imposées selon le régime des plus-values immobilières dans le premier cas, et au régime des plus-values mobilières dans le second cas (voir le chapitre 13).

2. Art. L 214-43 à L214-49 du Code monétaire et financier. La titrisation est apparue aux États-Unis au cours des années 1970 à la suite des difficultés rencontrées par les caisses d'épargne à refinancer des prêts hypothécaires.

3. Il s'agit d'un équivalent français des *Special Purpose Vehicles.*

Schéma 6.1. – *Principes de la titrisation*

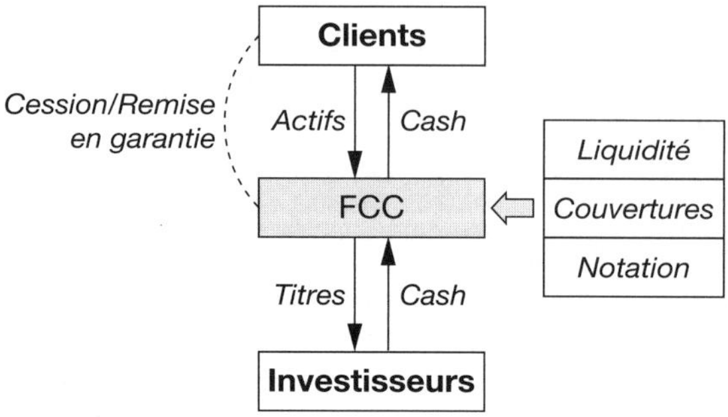

5.4. Les fonds communs d'interventions sur les marchés à terme

Les fonds communs d'interventions sur les marchés à terme (FCIMT), parfois dénommés « fonds de futures », ont pour objet d'investir sur les marchés d'instruments financiers à terme et de matières premières en ayant recours ou non à un effet de levier. Au titre de la dispersion des risques, le fonds est tenu de disposer d'un montant minimum de 40 % en liquidités ou valeurs assimilées. Il peut détenir au maximum 10 % de titres d'un même émetteur. Cette limite ne s'applique pas au cas des titres émis ou garantis pour un État membre de l'OCDE. Fin 2009, on dénombrait 20 fonds pour un encours total avoisinant les 325 millions d'euros. Ce faible montant s'explique en partie par l'interdiction aux promoteurs d'effectuer toute démarche publicitaire ou commerciale. Par ailleurs, le montant minimum de souscription est suffisamment élevé pour en faire un fonds destiné principalement à des investisseurs professionnels.

Applications de la première partie

Les corrigés sont disponibles sur le site www.lesaoutfinance.com

Exercice 1

Erwin effectue un placement à court terme de 12 000 euros. Quel est le montant des intérêts perçus suivant la durée et le niveau du taux d'intérêt simple ?

	6 mois	**9 mois**	**12 mois**
3,50 %			
4,50 %			
5,25 %			

Exercice 2

La valeur finale d'un capital placé par Gwen s'élève à 14 350 euros. Quelle est la valeur du capital initial déposé sur ce livret à taux d'intérêt simple suivant le taux et la durée ?

	3 mois	**6 mois**	**9 mois**
2,75 %			
3,25 %			
3,75 %			

Exercice 3

Le père Noël a été généreux avec Goulven puisqu'il a reçu la somme de 450 euros. Quelques semaines après avoir placé cette somme sur son livret d'épargne à 6 %, il retire la somme de 460 euros. Quelle est la durée exacte du placement ?

Exercice 4

À la lecture de son relevé de compte, Yannick s'aperçoit que les 4 200 euros placés sur son livret lui ont déjà rapporté 90 euros en l'espace de 210 jours. Quel est le taux d'intérêt simple de son livret ?

Exercice 5

Un organisme financier propose à Katell les deux placements à 9 mois suivants :

– placement A : intérêts simples postcomptés au taux annuel de 4 % ;
– placement B : intérêts simples précomptés au taux annuel de 3,85 %.

Quel placement doit choisir Katell ?

Exercice 6

Au 1er janvier 2007, le livret rémunéré de Solenn affiche un solde de 4 250 euros. Elle effectue au cours de l'année deux dépôts de 600 et 300 euros les 5 juin et 23 septembre. Le taux d'intérêt simple s'élève à 2,75 %.

De quelle somme disposera Solenn le 1er janvier 2008 sachant que les intérêts sont calculés par quinzaine ? Quel serait le montant si on abandonnait le régime des quinzaines ?

Exercice 7

Louarn emprunte à sa banque la somme de 5 000 euros au taux d'intérêt simple de 4,85 %. La somme doit être remboursée en deux versements de montant identique au terme des sixième et douzième mois.

À combien s'élève chaque remboursement ?

Exercice 8

Ewen souhaite doubler son capital. Déterminer le taux d'intérêt composé nécessaire suivant la durée de placement retenue.

	8 ans	**10 ans**	**12 ans**
Taux			

Exercice 9

Afin de préparer sa retraite, Corentin souhaite placer la somme de 20 000 euros sur un contrat à intérêts composés. Indiquer la somme perçue selon le taux d'intérêt retenu et le délai qui sépare Corentin de la retraite.

	27 ans	**32 ans**	**45 ans**
3,50 %			
4,50 %			
5,25 %			

Exercice 10

Tudal a le choix entre deux placements à intérêts composés. Un premier de 7 500 euros à 4 % et un second de 6 500 euros à 5 %. À compter de combien de temps. Le second placement est-il préférable ?

Exercice 11

Elouan emprunte 140 000 euros auprès de sa banque. Déterminer le montant des annuités constantes suivant la durée et le taux de l'emprunt.

	6 ans	**8 ans**	**10 ans**
3,25 %			
3,85 %			
4,50 %			

Exercice 12

Edern décide de placer tous les mois une somme constante au taux de 4,50 %. Après avoir calculé le taux mensuel, indiquer le montant de la somme capitalisée suivant le montant de la mensualité et le nombre de versements.

	36	**48**	**72**
120 €			
175 €			
250 €			

Exercice 13

Candidate au Tacotac TV, Lenaig est assurée de gagner au minimum 500 euros pendant 5 ans. Au gré des chemins empruntés, elle peut gagner plus d'argent pendant une durée plus longue. Déterminer le chemin parmi les suivants que Lenaig doit privilégier sachant que le taux d'intérêt prévalant est égal à 5 %. Le choix est-il modifié si le taux d'actualisation retenu s'élève à 2 % ?

Chemin	**Case 1**	**Case 2**	**Case 3**
1	+ 1 an	+ 2 ans	+ 3 ans
2	+ 1 an	+ 2 ans	+ 300 €
3	+ 1an	+ 200 €	+ 3 ans
4	+ 1 an	+ 200 €	+ 300 €
5	+ 100 €	+ 200 €	+ 300 €
6	+ 100 €	+ 2 ans	+ 3 ans
7	+ 100 €	+ 2 ans	+ 300 €

Exercice 14

Au terme de 24 trimestrialités de 280 euros, Morvan constate que la valeur acquise s'élève à 7 780 euros. Quels sont les taux trimestriels et annuels de capitalisation ?

Exercice 15

Loïc effectue huit virements de 5 000 € tous les deux ans sur un plan à intérêts annuels de 4,75 % ? Quelle est la valeur acquise de ses placements ?

Exercice 16

Servan va percevoir dans un an une rente trimestrielle de 800 euros. Cette rente est supposée donner lieu à 80 versements. En utilisant un taux trimestriel de 1,40 %, quelle est la valeur de rachat de la rente aujourd'hui et lors du premier versement ?

Exercice 17

La fondation Sarzeau décide de créer un concours dont la dotation annuelle s'élève à 2 000 euros. La première cérémonie se déroulera dans un an.

– La fondation compte distribuer le prix pendant 10 ans. Quel capital doit-elle placer à 3,80 % ?

– La fondation place la somme de 15 000 euros sur un compte à intérêts composés de 4 %. Pendant combien d'années peut-elle distribuer le prix ?

Exercice 18

Judikael verse tous les 5 juin la somme de 900 € pendant 7 ans sur un compte rémunéré à 5,50 %. Trois ans après son dernier dépôt, elle décide de faire des retraits annuels.

Quel est le montant des retraits pour qu'à l'issue du huitième retrait le solde du compte soit nul ?

Exercice 19

La société Carantec émet un TCN à intérêts postcomptés d'échéance 180 jours d'une valeur nominale égale à 200 000 euros au taux facial de 3,80 %.

– Quel est le prix d'émission ?

– Quelle est la valeur de ce TCN 45 jours plus tard ?

Exercice 20

La société Hennebont émet un TCN à 150 jours d'un nominal de 250 000 euros, à intérêts précomptés, sur la base d'un taux *in fine* de 4,25 %.

– Déterminer le prix d'émission et en déduire le montant des intérêts.

Exercice 21

L'entreprise Brennilis émet un billet de trésorerie de valeur nominale 500 000 euros dont l'échéance est de 60 jours à un taux de 3,50 % avec intérêts précomptés.

– Quel est le prix d'émission ?

– Le billet est revendu 30 jours plus tard. Quel est le prix de revente si le taux d'intérêt a augmenté de 0,15 % ?

Exercice 22

Déterminer le prix d'achat des obligations d'une valeur nominale de 500 € dont les caractéristiques sont représentées ci-après.

Valeurs	Cotation	C/C en %	Valeur
8,60 % mars 2009	103,1	3,689	
6,75 % juillet 2010	112,7	0,406	
8,25 % novembre 2011	108,9	5,899	

Exercice 23

La société Penmarch émet une obligation remboursable au pair au taux facial de 4,75 %. Compte tenu de l'évolution des taux d'intérêt et de la maturité, indiquer la valeur de marché de ces obligations. Que conclure sur l'influence de la maturité ?

	3,90 %	4,50 %	5,00 %
4 ans			
6 ans			
7 ans			

Exercice 24

Compléter le tableau pour ces obligations remboursables *in fine* versant des coupons annuels et une prime de remboursement.

Cours	Coupon	Taux actuariel	Maturité	Prime
	4,00 %	6,00 %	5	2 %
95,51 %		4,50 %	8	3 %
104,65 %	3,00 %		5	4 %
108,39 %	4,50 %	3,50 %		2 %
95,97 %	4,50 %	5,50 %	10	

Exercice 25

Gaédig possède un portefeuille composé d'obligations d'État. Déterminer le montant des coupons qu'elle va percevoir sachant qu'elle détient :

– 5 000 OAT 3,50 % échéance 25 avril 2015.

– 4 000 obligations indexées sur l'inflation à 3,00 % échéance 25 juillet 2011. On précise que le coefficient d'indexation s'établit à 1,08577.

– 8 000 OAT TEC10 échéance 25 janvier 2010 versant des coupons trimestriels. Le taux de référence s'établit à 3,85 % et la marge nominale est fixée à 0,25 %.

Exercice 26

Malo possède 5 000 BTAN à 3,50 % qu'il souhaite revendre sur le marché à 85 jours de leur échéance. Sachant que le BTAN est coté 101,50 %, quel montant Malo va-t-il recevoir à la suite de sa cession ?

Exercice 27

À partir des informations suivantes, établir la valeur au 1er janvier 2008 de l'action de la société Plouescat dont le capital est composé de 10 000 actions.

Part des dettes	**Part des CP**	**Coût de la dette**	**Coût des CP**
20 %	80 %	10 %	4 %

	2008	**2009**	**2010**	**2011**	**2012**
Cash flow	2 957	3 029	3 446	3 689	3 907
VR	–	–	–	–	80 000

Exercice 28

La société Combrit prévoit de distribuer l'an prochain un dividende de 1,25 euro par action. Déterminer le cours de l'action selon les hypothèses relatives au taux de croissance infini des bénéfices et du coût des capitaux propres.

		Taux de croissance		
		1,50 %	2,25 %	3,00 %
Coût des capitaux propres	10 %			
	11 %			
	12 %			

Exercice 29

Nolwenn valorise les entreprises en pondérant les estimations réalisées à partir de deux méthodes : la méthode d'actualisation (50 %) et le PER (50 %). À partir des informations ci-après, indiquer l'objectif de cours de bourse de la société Plozévet que proposera Nolwenn.

PER sectoriel	12	BNPA	2,5
Coût de la dette	6,5 %	Distribution	50 %
Coût des CP	8,5 %	Croissance BNPA	3,5 %

Exercice 30

– Le PER estimé de l'action Camaret s'élève à 19 alors que le cours de l'action est de 380 euros.

– Déterminer le BNPA estimé et en déduire le taux requis par le marché.

– La société Crozon qui évolue sur le même secteur d'activité affiche un PER de 24. Sur la base de cette seule information, quelle action achèteriez-vous ?

Exercice 31

– La société Begmeil doit être introduite en bourse. Le PER observé des sociétés Bénodet et Fouesnant qui appartiennent au même secteur d'activité est de l'ordre de 14. On dispose par ailleurs des informations suivantes sur la société Begmeil.

Nombre d'actions	10 000	BNPA futur	6
Coût du capital	9 %	Distribution	40 %
Croissance	6 %	Flux de trésorerie	120 000

– Déterminer la valeur de l'action Begmeil à partir du PER.

– Déterminer le cours de l'action Begmeil à partir du modèle de Gordon Shapiro.

– Quelle est l'incidence d'un abaissement du taux de distribution à 30 % ?

– Déterminer le cours de l'action Begmeil à partir de l'actualisation des flux de trésorerie supposés constants sur 10 ans.

Exercice 32

La veille du détachement de son dividende égal à 3,25 €, l'action Cléder est cotée 85 €. Le taux de croissance infini anticipé des dividendes s'élève à 4,50 %. Quelle est la rentabilité exigée par les actionnaires ?

Le jour du détachement de son coupon, la société Cléder diffuse un communiqué à ses actionnaires les informant que la croissance devrait être meilleure que prévue pour les deux prochains exercices. Elle devrait s'établir à 6,50 %. À terme, la croissance de 4,50 % est maintenue. À quel prix devrait être cotée l'action ?

Exercice 33

Compléter le tableau

Type	Cours	Strike	Prime	VI	VT
Call	53	50	5,20		
Put	81	80			1,2
	40	45	1,40		
Call		76	8,60		2,60
Call	55		4,20	3	
Put		42	4,80		0,80

Exercice 34

Un investisseur décide d'acheter et de vendre simultanément des *calls* de prix d'exercice respectifs de 50 et 60 euros. Les primes cotées sur le marché s'élevaient au moment de l'opération à 12 et 3 euros.

– Quel est le profil de gain à l'échéance ?

Un autre investisseur décide d'acheter simultanément un *call* et un *put* de prix d'exercice respectifs de 54 et 50 euros. Les primes cotées sur le marché s'élevaient au moment de l'opération à 5 et 3 euros.

– Quel est le profil de gain à l'échéance ?

Une troisième stratégie est proposée à l'investisseur. Elle consiste à acheter simultanément deux *calls* de *strike* 40 et 46 euros et à vendre deux *calls* de *strike* 42 et 44 euros. Les primes s'élèvent respectivement à 8,1, 5, et 3 euros.

– Quel est le profil de gain à l'échéance ?

Exercice 35

Le 14 mai 2007, l'action TREGASTEL cote 65 euros. Solenn achète 1 000 puts échéance 15/09/2007 de strike 68, parité de 2/1, à 2,90 euros, quotité 250.

– Quelle est la valeur intrinsèque de l'option achetée ?

– Quel est le point mort d'une telle position ?

– Combien d'actions TREGASTEL Solenn peut-elle vendre au prix de 68 euros ?

– Le 27/09/2007, l'action TREGASTEL cote 64 euros. Quel est en euros le montant de sa +/– value ?

– De quel style doit être l'option pour qu'elle puisse être exercée avant son échéance ?

Exercice 36

La société Cesson a un capital de 60 000 actions de nominal 15 euros. Elle émet 20 000 actions nouvelles par incorporation de réserves. Le cours de l'action avant l'augmentation de capital était de 200 euros.

– Quel est le prix d'émission de ces nouvelles actions ?

– Déterminer le cours théorique de l'action après l'augmentation de capital.

– Déterminer le montant du droit d'attribution et le nombre de droits pour avoir une action.

Exercice 37

En prévision de futurs investissements, la société Locquirec décide de réaliser une augmentation de capital par émission de 500 000 actions nouvelles au prix d'émission de 68 euros. Le cours actuel de l'action Locquirec s'élève à 85 euros. Le nombre actuel d'actions s'élève à 4 millions.

– Quel est le montant du droit de souscription ?

– Quelle est la valeur théorique de l'action après l'augmentation de capital ?

Quiz

1. Un billet de trésorerie est émis par :

❑ une entreprise ❑ une banque ❑ un État

2. Une obligation est une :

❑ part de dette ❑ part de capital

3. Qu'est-ce qu'un rating ?

❑ un intérêt ❑ un écart de prix ❑ autre

4. Quelle est la valeur nominale d'une OAT ?

❑ 1 euro ❑ 100 euros ❑ 1 000 euros

5. Comment est cotée une obligation convertible en France ?

❑ en euros ❑ en % de nominal ❑ autre

6. Dans quel délai suivant la clôture de l'exercice, les dividendes doivent-ils être versés ?

❑ 6 mois ❑ 9 mois ❑ 12 mois

7. La distribution d'actions gratuites donne lieu à la distribution d'un :

❑ droit d'attribution ❑ droit de souscription

8. Lors de l'attribution gratuite d'actions, on ajuste les options en modifiant :

❑ la parité ❑ le *strike* ❑ les deux

9. Quand les premiers marchés dérivés sont-ils apparus ?

❑ années 70 ❑ années 80 ❑ années 90

10. Quelle(s) stratégie(s) retenir contre la baisse du marché ?

❑ achat Call ❑ achat Put ❑ vente Put

11. Acheter un warrant bid only, c'est :

❏ à éviter ❏ à privilégier

12. Quel instrument n'est pas un OPCVM ?

❏ SCPI ❏ FCP ❏ SICAV

13. Un droit d'attribution est un droit sur :

❏ l'actif de la société ❏ le dividende

14. Quel acronyme désigne un OPCVM à destination des salariés d'une société ?

❏ FCPR ❏ FCPE ❏ PEEP

15. À caractéristiques identiques, une obligation zéro-coupon est plus chère qu'une obligation classique.

❏ vrai ❏ faux

16. L'évaluation d'un BTAN est identique à celle d'une obligation.

❏ vrai ❏ faux

17. Une action nominative vaut plus qu'une action au porteur.

❏ vrai ❏ faux

18. À l'occasion du versement d'un dividende, le prix d'exercice d'une option est ajusté.

❏ vrai ❏ faux

19. Une option à la monnaie contient autant de valeur intrinsèque que de valeur temps

❏ vrai ❏ faux

20. Le *déposit* est un acompte sur le paiement du contrat à terme.

❏ vrai ❏ faux

21. Le *déposit* est obligatoirement un flux monétaire.

❏ vrai ❏ faux

22. Un certificat quanto est indexé sur deux sous-jacents.

❏ vrai ❏ faux

23. Un certificat ayant l'indice Nasdaq comme sous-jacent est soumis au risque de change.

❏ vrai ❏ faux

24. Un FCP est une société à capital fixe.

❏ vrai ❏ faux

25. Une option et un bon de souscription de caractéristiques identiques ont le même prix.

❏ vrai ❏ faux

DEUXIÈME PARTIE

Éléments de microstructure des marchés financiers

La microstructure des marchés financiers peut se définir comme l'étude du processus de formation des prix. Cette deuxième partie s'articule autour de trois chapitres. Un premier chapitre présente les principaux aspects de l'organisation des marchés financiers. Ceci permet d'améliorer la compréhension de l'assimilation des informations dans les cours. Cette analyse est illustrée, dans un deuxième chapitre, par une description détaillée de l'organisation des échanges à la Bourse de Paris. Enfin un troisième chapitre est consacré aux indices boursiers dont l'importance ne cesse de croître en raison de la mondialisation des économies et de l'importance de la gestion indicielle.

Chapitre 7

Les marchés financiers

Un marché peut se définir comme un lieu où se rencontrent différents intervenants afin d'y échanger des marchandises dont le prix est débattu. Sur un marché financier, les marchandises correspondent à des instruments financiers. De nos jours, la plupart des marchés financiers n'ont plus d'existence physique en raison de la dématérialisation des titres. Les marchés à la criée ont peu à peu cédé leur place aux marchés électroniques. Cette mutation des marchés financiers trouve son origine d'une part dans la saturation du traitement manuel des transactions et d'autre part dans la diversification internationale des portefeuilles. L'informatisation des bourses et les transactions transfrontalières ont conduit à une concurrence accrue entre les différentes bourses de valeurs mobilières. Ainsi, on assiste depuis les années quatre-vingt-dix à la création de plates-formes électroniques pour attirer les volumes de transactions. Cette concurrence conduit également à un mouvement de concentrations de différentes bourses de valeurs.

1. Les acteurs

Plusieurs intervenants agissent chaque jour sur les marchés financiers afin d'en assurer le fonctionnement, l'efficience, la sécurité et la transparence, dans un cadre réglementé et contrôlé par les autorités de marché.

1.1. Les investisseurs

Il s'agit de toutes personnes physiques ou morales qui souhaitent acheter ou vendre des instruments financiers. On retrouve les trois catégories suivantes : les particuliers, les entreprises et les investisseurs institutionnels.

Les particuliers sont des personnes physiques. Elles peuvent agir seules ou par l'intermédiaire des clubs d'investissement. Le nombre d'actionnaires individuels en France approche les 8 millions. Ce chiffre en progression peut s'expliquer par la hausse des marchés financiers ainsi que par les importantes privatisations. On peut également mentionner le développement de l'actionnariat salarié. L'actionnaire salarié possède des actions de sa société soit en direct, soit par l'intermédiaire d'un plan d'épargne entreprise.

Les entreprises concernent les sociétés désirant progressivement prendre tout ou partie du contrôle d'une autre entreprise ou tout simplement les sociétés en quête de placements.

Les investisseurs institutionnels, surnommés « zinzins », regroupent les banques, les compagnies d'assurance, les caisses de retraite qui placent une partie de leurs ressources en valeurs mobilières afin de faire face à leurs engagements vis-à-vis de leurs clients, les fonds de pension ou les Organismes de Placement Collectif en Valeurs Mobilières (OPCVM). Ce sont les principaux intervenants en terme de volume traité.

Il convient de signaler l'importante présence des investisseurs non-résidents sur certains marchés. Par exemple, en France, on estime que la capitalisation boursière est détenue à plus de 40 % par ces investisseurs. C'est un élément à considérer à l'heure où les fonds peuvent se déplacer très rapidement d'un marché à l'autre.

1.2. Les émetteurs

Comme il l'a été mentionné au cours des chapitres relatifs aux actions et aux obligations, les principaux émetteurs sont l'État, les collectivités locales ainsi que les entreprises publiques et privées. Ces émetteurs sont des demandeurs de capitaux qui font appel aux épargnants pour obtenir des fonds. Ils sont soumis à des règles strictes en matière d'information des investisseurs, d'animation de leurs titres ou de procédures.

1.3. Les intermédiaires

Les investisseurs et les émetteurs ont recours à des services de professionnels afin d'intervenir en bourse. Différentes entités jouent le rôle d'intermédiaires prestataires de services d'investissement [1]. C'est le cas des établissements de crédit et des entreprises d'investissement (sociétés de bourse, sociétés de gestion de portefeuilles). Ceux-ci peuvent exercer les activités qui suivent :

– la collecte et la transmission d'ordres : les intermédiaires centralisent les ordres des intervenants sur le marché et les transmettent au passeur d'ordres ;

– l'exécution des ordres : les intermédiaires ont un accès au système informatique du marché et transmettent à ce système les ordres des investisseurs ;

---

1. Consulter la loi de modernisation des activités financières du 2 juillet 1996 qui établit la liste des services d'investissement.

– la compensation : les établissements sont chargés des opérations de règlement-livraison afin que les différentes contreparties soient livrées et payées dans les délais imposés par la réglementation une fois les ordres exécutés ;

– la gestion de portefeuille qui consiste à collecter les fonds des investisseurs. Les sociétés de gestion de portefeuilles investissent pour le compte de clients dans des titres en fonction de règles prédéterminées répondant au profit du client.

1.4. Les analystes financiers

Les analystes financiers sont chargés d'analyser les sociétés afin d'établir des recommandations sur les titres cotés. Afin de mener à bien leur travail, ils analysent les facteurs tels que les bénéfices, les perspectives de croissance, la situation financière, la valeur estimée des actifs, mais également les méthodes de gestion, les stratégies de développement, ainsi que la rentabilité des secteurs d'activité concernés. On distingue deux grandes familles d'analystes financiers : les analystes *sell-side* et les analystes *buy-side*. Les premiers sont au service de vendeurs (banques, *brokers*, sociétés de bourse...). Leur rôle consiste à émettre des recommandations en vue de susciter des transactions de la part d'investisseurs qui exercent leurs ordres via les employeurs de l'analyste. Les analystes *buy-side*, pour leur part, travaillent au sein d'une société de gestion. Leur travail d'analyse est à destination de leurs employeurs.

1.5. Les instances de régulation et d'organisation

La bourse est un marché réglementé, organisé et contrôlé par des autorités de tutelle. Il existe plusieurs instances propres à chaque marché qui ont pour objet de veiller au bon déroulement des échanges comme la gestion des systèmes informatiques ou l'admission des valeurs sans oublier la protection des investisseurs. À titre d'exemple, on peut citer l'Autorité des Marchés Financiers (France), la Commission Bancaire et Financière (Belgique), la *Securites and Exchange Commission* (États-Unis), la *Securities and Exchange Surveillance Commission* (Japon) et la *Financial Services Authority* (Royaume-Uni).

2. La typologie des marchés

La mise en place de systèmes électroniques au milieu des années quatre-vingts a favorisé le développement des marchés. Désormais les titres sont dématérialisés. Les bourses quant à elles n'ont, pour la plupart, plus de réelle existence physique.

2.1. Du marché primaire au marché secondaire

Le marché boursier recouvre deux sous-ensembles : le marché primaire et le marché secondaire.

2.1.1. *Le marché primaire*

Le marché primaire correspond au marché du neuf, c'est-à-dire qu'il concerne les titres lors de leur émission. Il est capable de procurer des fonds aux entités émettrices. Il n'y a pas ici de problème de cotation puisqu'il n'y a pas de possibilité de négociation : le titre est vendu à son prix de souscription. Afin de mettre en vente ses titres sur le marché primaire, l'émetteur dispose de trois possibilités :

– le placement peut être réalisé sous forme d'introduction en bourse ;

– l'émetteur peut souhaiter augmenter son capital en attribuant ou non des droits aux anciens actionnaires qui peuvent souscrire à de nouvelles actions ;

– l'émetteur peut s'orienter vers un placement privé ; dans ce cas-là, il choisit ses actionnaires ; cela a été parfois le cas lors des privatisations en France.

2.1.2. *Le marché secondaire*

Le marché secondaire correspond au marché de l'occasion. Le marché secondaire n'apporte pas de ressources aux entreprises mais permet de rendre liquides les titres émis sur le marché primaire et permet ainsi aux actionnaires de céder leurs titres quand ils le souhaitent. Les transactions n'engagent pas l'émetteur. Le règlement des opérations peut se faire soit au comptant, c'est-à-dire avec livraison et règlement simultanés immédiat [1], soit à terme. Dans ce dernier cas, il existe deux possibilités : le terme ferme avec exécution impérative ou le terme conditionnel. Sur les marchés à terme, le paiement et la livraison sont repoussés à une échéance fixée par les parties. Sur les marchés conditionnels se négocient des options : le règlement et la livraison sont conditionnels à l'exercice des droits d'achat et de vente.

2.1.3. *Le marché gris*

Le marché gris est une sorte de trait d'union entre le marché primaire et le marché secondaire. Il apparaît en même temps que le marché primaire et est obligatoirement terminé dès qu'ouvre le marché secondaire, c'est-à-dire dès que les premières cotations officielles en bourse sont effectives. Il peut se définir comme une sorte de marché secondaire, uniquement de gré à gré, entre professionnels et pour de gros montants, durant

1. En principe du moins, car il y a encore un délai pour le traitement de l'opération, en général de un à trois jours.

la période du marché primaire. Il ne fonctionne donc que pendant quelques jours.

Le marché gris permet aux professionnels d'échanger entre eux des titres en cours d'émission, soit en cédant ceux qu'ils n'arrivent pas à placer auprès de leurs clients, soit en achetant ceux dont ils ont besoin pour répondre à leur demande. Par ailleurs, ce marché temporaire permet de disposer d'une cotation informelle avant les cotations officielles.

2.2. Les marchés réglementés et de gré à gré

Selon le code monétaire et financier, un marché réglementé d'instruments financiers est un système multilatéral qui assure ou facilite la rencontre, en son sein et selon des règles non discrétionnaires, de multiples intérêts acheteurs et vendeurs exprimés par des tiers sur des instruments financiers, d'une manière qui aboutisse à la conclusion de contrats portant sur les instruments financiers admis à la négociation dans le cadre des règles et systèmes de ce marché, et qui fonctionne régulièrement conformément aux dispositions qui lui sont applicables. Dans le cas français, un marché réglementé est géré par une entreprise de marché. Celle-ci a la forme d'une société commerciale. Lorsque l'entreprise de marché gère un marché réglementé régi par les dispositions du code monétaire et financier, son siège social et sa direction effective sont établis sur le territoire de la France métropolitaine ou des départements d'outre-mer. L'entreprise de marché doit satisfaire à tout moment aux dispositions législatives et réglementaires qui lui sont applicables. L'entreprise de marché effectue les actes afférents à l'organisation et l'exploitation de chaque marché réglementé qu'elle gère. Elle veille à ce que chaque marché réglementé qu'elle gère remplisse en permanence les exigences qui lui sont applicables.

De manière plus générale, les marchés réglementés sont des marchés sur lesquels se négocient, selon les règles fixées par une autorité et agréées par les régulateurs, des instruments financiers standardisés. En fait, il n'y a pas réellement de négociations entre les investisseurs puisque ceux-ci ne sont pas directement en contact les uns avec les autres en raison de la présence d'une chambre de compensation. Cet organisme assure la surveillance des positions, l'appel des marges et, le cas échéant, la liquidation d'office des positions. Les marchés réglementés bénéficient d'une reconnaissance officielle et sont encadrés juridiquement. Sur un tel marché, l'établissement financier est un intermédiaire agissant pour le compte de son client. Leurs intérêts sont alignés.

Contrairement aux marchés réglementés, les règles de fonctionnement des marchés de gré à gré, ou *Over The Counter* (OTC), sont librement fixées par les parties à la suite de relations bilatérales. Les opérations sont faites sur mesure pour le client. Les produits échangés sont le plus souvent non standardisés. Les négociations sont réalisées par téléphone ou par ordinateur. En pareille situation, l'établissement financier est la contrepartie directe d'un intervenant. Leurs intérêts sont donc opposés. Les transactions réalisées de gré à gré peuvent apparaître comme plus dangereuses que les négociations effectuées sur les marchés réglementés, en particulier les marchés dérivés, dans la mesure où, compte tenu de l'absence de chambre de compensation et de réglementation, le risque de contrepartie est bien plus élevé. Il existe néanmoins des organisations qui essaient d'imposer des règles engageant les différents intervenants. On peut citer à titre d'exemple l'*International Swaps and Derivatives Association*. Cette association est notamment à l'origine de conventions-cadres qui énoncent les conditions générales organisant les relations entre parties. Elles indiquent notamment les modes de conclusion et de confirmation des transactions, le traitement fiscal des opérations, le cas de défaut ou de défaillance, les règles de résiliation et de compensation. À un niveau national, il peut être évoqué les conventions-cadres de la fédération des banques françaises.

2.3. Les modes de cotation

Les règles de négociation et le système de transactions utilisé par un marché définissent son organisation. La structure de marché détermine qui peut échanger, ce qu'on peut négocier, où et quand ces négociations peuvent avoir lieu. Elle détermine également l'information mise à la disposition des intervenants. On comprend dès lors l'importance de la structure de marché puisque celle-ci détermine qui peut participer au marché et comment. La structure de marché permet aussi de comparer les origines de la liquidité du marché, l'efficience des cours boursiers [1] et la variabilité des cours.

On peut distinguer trois principaux modes d'organisation : les marchés en continu dirigés par les ordres et par les prix ainsi que les marchés de fixages.

2.3.1. Les marchés continus

Sur un marché continu, les cotations et transactions peuvent s'effectuer à tout instant. Les transactions sont bilatérales : un ordre est exécuté lorsqu'il existe une contrepartie. Toute transaction est associée à un nouveau cours. Dans le cadre d'un marché continu, le prix de marché correspond au cours proposé par la contrepartie. Il existe ainsi deux prix : un prix acheteur et un prix vendeur.

La cotation en continu offre l'avantage d'obtenir un reflet plus rapide des modifications des offres et des demandes, et donc par voie de conséquence permet d'avoir une meilleure vision du prix d'équilibre. Un marché continu peut aussi bien être dirigé par les ordres que par les prix. En règle générale, les règles de priorité d'exécution sont la priorité de prix et la priorité temporelle (premier arrivé, premier servi).

1. Consulter le chapitre 12.

2.3.1.1. Le marché d'agence : un marché gouverné par les ordres

Dans un marché continu avec carnet d'ordres centralisé, les ordres d'achats et de ventes des investisseurs sont confrontés afin d'établir le prix d'échange : un ordre à cours limité est enregistré dans le carnet d'ordres puis exécuté si un ordre de sens contraire assorti d'un prix identique ou meilleur est transmis au marché. Sur un marché gouverné par les ordres, le flux d'ordres est réparti sur l'ensemble de la séance.

Les règles de priorité encouragent la concurrence entre donneurs d'ordres à cours limité, ce qui provoque la réduction de la fourchette de prix acheteur/vendeur. Mais il n'y a pas de « repas gratuit » dans un marché d'agence en continu : les ordres à cours limité doivent être rémunérés pour fournir de la liquidité. Sur le marché, il y a donc deux types d'agents : les impatients qui placent des ordres à prix de marché (exécution immédiate), et les patients qui placent des ordres à cours limité rémunérés dans le carnet d'ordres. L'offreur de liquidité ne reçoit pas cette rémunération seulement pour ce service rendu. Le gain obtenu permet aussi de se couvrir contre différents risques tels que la non garantie d'exécution, le risque de sélection adverse et la malédiction du vainqueur.

2.3.1.2. Le marché de contrepartie : un marché gouverné par les prix

Dans un marché gouverné par les prix, les investisseurs doivent obligatoirement adresser leurs ordres d'achat et de vente à un intermédiaire appelé « teneur de marché » qui affiche en continu une fourchette de prix acheteur/vendeur. La fonction classique du teneur de marché est d'assurer l'immédiateté des échanges. Un investisseur obtient ainsi l'assurance d'être exécuté dans les plus brefs délais sans risque de subir une variation de prix. Contrairement aux marchés d'agence sur lesquels il peut se produire des déséquilibres temporaires entre l'offre et la demande, le marché gouverné par les prix reste en équilibre puisque les teneurs de marché ont l'obligation de réguler les flux d'ordres en s'appuyant sur les stocks d'actions dont ils disposent.

Théoriquement, la fourchette est considérée comme la rémunération principale du teneur de marché, et ils sont supposés concourir entre eux, ce qui aurait pour effet de réduire le *spread*. Dans la pratique, cela diffère quelque peu dans la mesure où les teneurs de marché connaissent leurs clients et donc tissent des liens avec eux. Ceci leur permet d'attirer certains ordres même s'ils n'offrent pas les meilleurs prix, ce qui est une source de problème si le teneur de marché refuse de prendre en compte le client qui suit (ordre chronologique) : les priorités de prix et de temps ne sont plus alors respectées. En outre, il se peut qu'un ordre soit exécuté à l'intérieur de la fourchette en fonction des relations existant entre les clients et les teneurs de marché. On peut donc s'apercevoir que ce type d'organisation ne se caractérise pas par la plus grande des transparences.

2.3.2. *Les marchés de fixing*

Dans un marché de fixage, la cotation et l'exécution des ordres ont lieu à des moments pré-spécifiés durant la séance. Le *fixing* est un point du temps qui permet aux participants de trouver une contrepartie facilement.

Un marché de *fixing* périodique est une agrégation intertemporelle des flux d'ordres ; les ordres des participants informés sont regroupés avec ceux des acteurs motivés par la liquidité des deux côtés du marché. Regrouper les ordres réduit les coûts que les agents plaçant des ordres à cours limité peuvent subir de la part des agents informés. Ceci constitue la différence fondamentale qui existe entre le marché de fixage et le marché continu car le prix de *fixing* est le prix de marché et non celui de l'ordre. Le fait de regrouper les ordres réduit directement la volatilité de court terme attribuée à un manque de liquidité temporaire. Le coût de participation dans un marché de fixage est le coût d'attente jusqu'au prochain *fixing*.

Chaque *fixing* commence par une période d'accumulation durant laquelle les ordres sont enregistrés sans donner lieu à des transactions. Durant cette période, on peut entrer de nouveaux ordres ainsi que modifier ou annuler les ordres déjà présents. Un cours théorique indicatif, lequel représente le prix auquel l'algorithme du système parviendrait compte tenu de la situation du moment du carnet d'ordres, est diffusé continûment, en étant mis à jour au fur et à mesure de l'évolution de l'état du carnet d'ordres central. Le cours d'équilibre correspond au cours qui maximise le volume échangé sur la base du carnet à l'issue d'une période

Graphique 7.1. – *Détermination d'un prix d'équilibre*

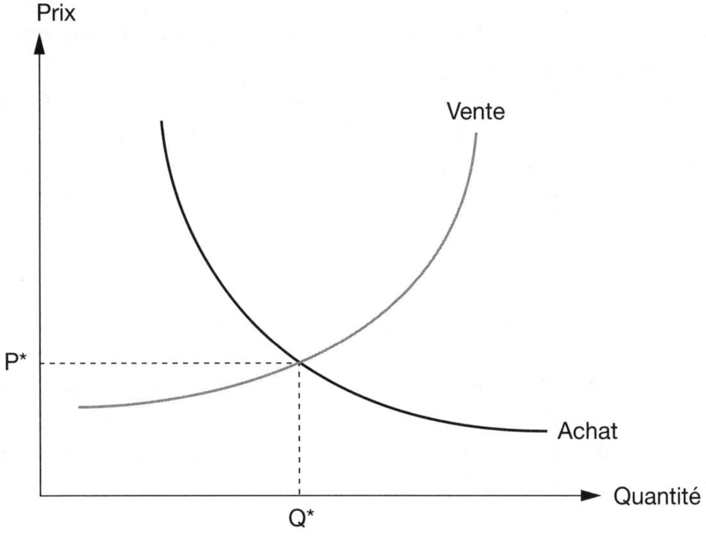

d'accumulation. Si plusieurs cours conduisent à un même volume maximum, le cours est déterminé en recherchant d'abord à minimiser le volume non exécuté, puis en tenant compte du sens des ordres non exécutés, et enfin d'un cours de référence, en général le dernier cours traité sur le système électronique.

Exemple

Considérons un carnet d'ordres représenté dans le tableau 7.1. Les ordres « sans limite » sont des ordres d'achat et de vente qui doivent être exécutés à n'importe quel prix. Les colonnes aux extrémités correspondent au cumul des volumes proposés à l'achat et à la vente. Par exemple pour un prix d'achat de 105, les acheteurs sans limite, au prix de 106 et au prix de 105, accepteront de négocier. En effet, un investisseur acceptant d'acheter 106 euros le titre acceptera de le payer moins cher. Considérons le cas d'un prix de vente de 105, tous les investisseurs proposant un prix de vente inférieur à 105 accepteront de vendre à un prix plus élevé. Ainsi à l'achat 950 titres peuvent être achetés au cours de 105 tandis que 5 150 titres peuvent être vendus.

Tableau 7.1. – *Détermination du prix d'équilibre*

Achat			Vente		
C	**Q**	**P**	**P**	**Q**	**C**
500	500			500	500
700	200	106	100	250	750
950	250	105	101	400	1 150
1 500	550	104	102	450	1 600
2 350	850	103	103	600	2 200
3 350	1 000	102	104	1 250	3 450
6 350	3 000	101	105	1 700	5 150

Le prix d'équilibre peut être obtenu par tâtonnement. Il correspond au prix qui permet de maximiser le volume d'échange. Reprenons l'exemple du cours de 105 euros. Il y a 950 titres à l'achat et 5 150 à la vente, d'où un nombre de 950 titres susceptibles d'être échangés. Considérons à présent un cours de 104 euros, nous avons un cumul de 1 500 et de 3 450 titres à l'achat et à la vente, ce qui revient à échanger 1 500 titres. Suivant le même raisonnement, nous obtenons un volume échangeable de 2 200 et de 1 600 titres pour les prix respectifs de 103 et 102 euros.

Le prix d'équilibre de ce fixing est donc égal à 103 euros car c'est ce cours qui permet de maximiser les volumes échangés.

2.4. La segmentation des marchés

Par opposition à la « consolidation » du flux d'ordres, la « segmentation » qualifie le fait qu'un actif financier puisse être échangé sur plusieurs marchés. Il est aussi fait référence au terme de « fragmentation » lorsqu'il existe une multicotation de l'actif. On différencie ces deux appellations par le fait que la fragmentation suppose un cloisonnement de l'information concernant les échanges. En revanche, si l'information et les investisseurs peuvent circuler librement d'un marché à un autre, alors c'est le terme « segmentation » qu'il convient d'utiliser pour qualifier cette situation intermédiaire.

Le thème de la fragmentation des échanges est d'actualité, en raison de la prolifération des systèmes de négociation électronique, dénommés *Electronic Communication Networks* (ECN), aux États-Unis au cours des années 1990. Développés sur l'initiative de prestataires informatiques de réseau et d'importants intermédiaires, ces systèmes de négociation électronique permettent de négocier en marge des marchés réglementés. L'émergence de ces plates-formes a poussé à la modernisation des entreprises de marché traditionnelles et conduit à réduire les frais de transaction. Au niveau européen, la directive européenne des Marchés d'Instruments Financiers (MIF) met fin au monopole des transactions qui revenaient aux marchés réglementés favorisant ainsi la multicotation.

2.4.1. La directive MIF

La directive sur les marchés d'instruments financiers (MIF), ou 2004/39/CE, du Parlement européen et du Conseil a été adoptée le 21 avril 2004. Cette directive met en place un cadre réglementaire européen s'appliquant aux différents modes d'exécution des ordres, et non plus aux seuls marchés réglementés. Sa mise en application est effective depuis le 1er novembre 2007. Ce plan vient compléter la directive de 1993 sur les services d'investissement (DSI). La directive MIF vise à remplir cinq objectifs :

– établir un cadre réglementaire concurrentiel entre les divers lieux ou modes d'exécution des ordres d'achat ou de vente d'instruments financiers ;

– améliorer les conditions d'exercice du passeport européen en matière de services d'investissement ;

– renforcer la protection des investisseurs, en particulier au stade de la commercialisation des produits financiers ;

– garantir un fonctionnement transparent des marchés ;

– accroître les moyens de contrôle par les autorités compétentes, de l'activité des marchés réglementés, des plates-formes multilatérales de négociation et des entreprises d'investissement.

La directive MIF redessine la chaîne de valeur des négociations entre les acteurs de marché. Elle supprime la règle de concentration des ordres et reconnaît trois lieux d'exécution des ordres : les marchés réglementés, les plates-formes multilatérales (MTF : *Multilateral Trading Facilities*) et les systèmes internes de négociation.

Le marché réglementé se définit comme « un système multilatéral de négociation, exploité et/ou géré par un opérateur de marché qui assure ou facilite la rencontre en son sein même et selon des règles non discrétionnaires, de multiples intérêts acheteurs et vendeurs exprimés par des tiers sur des instruments financiers ». Le marché réglementé préserve son rôle d'admission des instruments financiers à la négociation.

Les plates-formes multilatérales de négociation sont des systèmes qui, à l'instar des marchés réglementés, organisent la confrontation multilatérale d'intérêts acheteurs et vendeurs. Ils peuvent être gérés par des Prestataires de Services d'Investissement (PSI) ou par des entreprises de marché. Au côté des MTF « simples », la réglementation française connaît une autre catégorie de MTF, ceux qualifiés d'organisés (MTFO). Les MTFO diffèrent du régime de base instauré par la directive MIF du fait de règles spécifiques notamment en matière de relations avec les émetteurs ou de conditions d'admission et de radiation des titres de la négociation. Ce régime facultatif devrait perdurer en France après la transposition de la directive MIF. Alternext est un exemple de MTFO.

La reconnaissance de l'internalisation systématique constitue une innovation de la directive MIF en matière d'organisation des marchés. Les internalisateurs systématiques sont des PSI, dont la directive cadre précise que, de façon organisée, fréquente et systématique, ils négocient en dehors d'un marché réglementé ou d'un MTF en se portant directement contrepartie des ordres qu'ils reçoivent de leurs clients. Trois critères sont pris en compte pour déterminer si un intermédiaire financier est un internalisateur systématique :

– l'activité du PSI a un rôle commercial important et obéit à des règles et procédures non discrétionnaires ;

– l'activité est menée en recourant à du personnel ou à un système technique affectés à cette activité ;

– l'activité est offerte aux clients de façon régulière ou continue.

2.4.2. *De nouvelles plates-formes*

Conséquence directe de la fin du monopole des bourses traditionnelles, on a assisté à un foisonnement de plates-formes de négociation alternatives. Selon le rapport Fleuriot (2010), on recensait au début de l'année 2010 pas moins de 90 marchés réglementés et 133 MTF en Europe dont 24 sur lesquels sont appariées des actions admises à la négociation sur des marchés réglementés. Certaines plates-formes ont disparu faute de rentabilité tandis que d'autres ont été absorbées par d'autres acteurs du marché. Voici un rapide tour d'horizon des plates-formes encore actives en Europe qui proposent, pour nombre d'entre elles, aux investisseurs de rester anonymes. En pareille situation, on évoque un système de *dark pool* ou de « pôle de liquidité ».

Chi-X est le premier MTF à être venu concurrencé les bourses traditionnelles. Il a été créé en mars 2007 par *Instinet* un broker électronique américain détenu par Reuters. Ce MTF est une petite structure qui s'est montrée très agressive sur la structure des coûts proposés aux investisseurs et qui, par la qualité de son architecture informatique, a su attirer rapidement de nouveaux clients et facilité le développement du *trading* algorithmique.

Turquoise est une plate-forme lancée en septembre 2008 sur l'initiative d'un consortium de sept grandes banques : Citigroup, Goldman Sachs, Merrill Lynch, Morgan Stanley, Crédit Suisse, UBS et Deutsche Bank. Le consortium a par la suite ouvert son capital à d'autres banques comme la BNP-Paribas et la Société Générale. Turquoise a été la première plate-forme à proposer à ses clients de rester anonymes. La majorité de son capital a été rachetée par la Bourse de Londres fin 2009. Au cours de l'année 2010, son offre s'est élargie à la négociation d'actions américaines.

Tradegate est une plate-forme dédiée aux investisseurs privés qui a profité de la directive MIF pour étendre son activité jusque-là réservée à l'Allemagne à toute l'Europe. Depuis 2008, cette plate-forme est accessible aux clients de courtiers en ligne français comme *Cortalconsors* et *Fortunéo*. *Tradegate* a vu son capital changer de mains en décembre 2009 et est devenue une filiale à 75 % de la *Deutsche Börse.*

Equiduct est une plate-forme créée par la Bourse de Berlin sur les cendres de l'*Easdaq*, éphémère *Nasdaq* à l'européenne. Depuis juillet 2009, le capital est détenu majoritairement par la société *Citadel Securities*. À la différence de nombreux MTF, *Equiduct* est géré par un opérateur de marché réglementé. Selon ses propriétaires, les atouts commerciaux de cette plate-forme sont la transparence et le carnet d'ordres électronique qui leur permet de « s'accommoder des algorithmes de *trading* grâce à une latence d'accès aux principaux marchés inférieure à 10 millisecondes depuis la réception de l'ordre jusqu'à son exécution avec une confirmation reçue dans un délai de 2-3 millisecondes lors de charges maximales ». *Equiduct* devrait bénéficier de la fermeture de la plate-forme *Neuro* jusque-là développée par *Nasdaq-OMX* pour accroître son activité.

BATS Europe est une filiale de *BATS Trading Inc* qui a obtenu sur le marché américain le statut de marché boursier en octobre 2008. La plate-forme européenne a été créée le 31 octobre 2008 et semble être la plate-forme qui connaît la meilleure dynamique avec une extension de ses activités aux marchés dérivés. De plus *BATS Europe* propose le routage des ordres vers d'autres plates-formes en cas d'absence de contrepartie sur son propre carnet. En décembre 2010, *BATS* est entrée en négociations exclusives avec *Chi-X* en vue de racheter cette dernière.

Nyse Arca Europe est un MTF proposé depuis mars 2009 par Nyse Euronext. Cette plate-forme permet aux différents opérateurs de négocier les valeurs listées sur les principales places européennes dont Euronext. En 2010, Nyse Euronext a annoncé qu'il serait désormais possible de négocier des valeurs américaines de l'indice S & P100 aux heures d'ouverture des marchés européens. Cette plate-forme complète une offre initiale dénommée *Smartpool* qui constitue un *dark pool* destiné aux investisseurs soucieux de négocier dans des conditions d'anonymat des blocs de transactions de taille importante. Cette plate-forme a été créée en février 2009 en partenariat avec BNP Paribas, HSBC et J.P. Morgan. D'autres banques ont rejoint par la suite les membres fondateurs. Le succès de cette plate-forme semble limité.

Le *Xetra International Market* est le dernier né des MTF (novembre 2009). Alors qu'on lui prêtait des intentions de rachats de MTF préexistants, la Bourse allemande a privilégié une solution de croissance interne moins coûteuse en étendant la plate-forme nationale à un environnement international. Le segment de négociation paneuropéenne permet aux clients de Xetra de traiter des grandes capitalisations européennes et d'effectuer la compensation des titres dans leur pays d'origine.

Le graphique 7.2 témoigne de l'importance prise par les MTF en Europe. Les bourses traditionnelles ont vu leurs parts de marché fondre.

Graphique 7.2. – *Parts de marché des plates-formes de négociation enEurope*

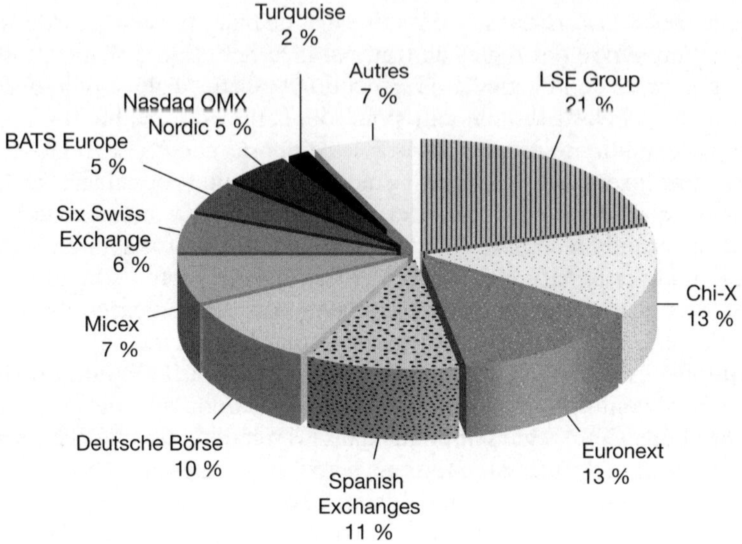

Source : Market Share Report 2010 - All European Equities - Thomson Reuters (2010).

2.4.3. *Les conséquences de la directive*

Cette reconnaissance de différents modes d'exécution des ordres peut laisser craindre une fragmentation de la liquidité. La recherche relative au thème de l'influence de la coexistence de plusieurs marchés sur la liquidité ne permet pas de conclure. La question est importante car la liquidité d'un marché contribue à son efficience. La directive MIF favorise la concurrence, ce qui a donné lieu à une baisse des coûts de transaction. D'après différentes études, la réduction de ces coûts a des effets bénéfiques sur les volumes d'échanges. En effet, beaucoup de transactions sont le fait d'investisseurs institutionnels qui développent des programmes de transactions automatiques. Par exemple, les volumes négociés sur Chi-X ne sont pas uniquement des transactions ayant fui les marchés réglementés. Ils correspondent aussi à des stratégies de *trading* automatisé qui n'auraient pu se développer en l'absence de baisse des frais de transaction. Or il faut savoir qu'aujourd'hui, près de la moitié des volumes de transaction sur les marchés américains sont générés par des opérations de *trading* à haute fréquence.

La directive MIF est porteuse de risques. La multiplication des lieux de cotation pourrait conduire à une détérioration du processus de formation des prix et une moins bonne accessibilité des investisseurs à l'information nécessaire à leurs décisions d'investissement. Elle met ainsi à mal les règles de priorité d'exécution par les prix et par le temps. Par ailleurs, l'investisseur ne pourra réellement apprécier la qualité d'exécution des ordres. Des risques de conflits d'intérêt au sein des entités qui exécuteront les ordres de leurs clients par voie d'internalisation peuvent également survenir. Face à ces risques, la directive met en place plusieurs garde-fous. Elle met en œuvre des règles de transparence pré et post négociation, et impose la règle de la « meilleure exécution ». Cette règle stipule que les entreprises d'investissement ont pour obligation d'exécuter les ordres dans les conditions les plus favorables pour le client. La règle de la « meilleure exécution » signifie « meilleur résultat possible » et non « meilleur prix possible » ; en effet, elle n'inclut pas seulement le cours coté ; elle prend en compte également la rapidité, la probabilité d'exécution, la taille et la nature de l'ordre et doit tenir compte de la nature du client, de l'instrument financier concerné et des lieux d'exécution possibles. Le rapport Fleuriot (2010) rappelle que le principe de « meilleure exécution » est une obligation de moyens, par laquelle le PSI doit réaliser son activité conformément à la politique d'exécution approuvée ex ante par son client. Cette règle s'applique dans les relations avec les clients professionnels et non professionnels, mais non avec les entités choisissant le statut de « contrepartie éligible », statut correspondant aux acteurs du marché financier. Pour les non-professionnels, le critère principal est celui du coût total de l'exécution (somme du prix du titre et des coûts liés à la transaction), tandis que pour les professionnels la politique d'exécution résulte de la pondération et de la hiérarchisation de plusieurs critères parmi lesquels figurent le prix, le temps d'exécution, les caractéristiques de l'ordre et la nature des lieux d'exécution retenus. Dans tous les cas, les PSI sont déchargés de leur obligation de meilleure exécution lorsque le client leur a donné des instructions spécifiques. Tout ceci complique considérablement le travail des autorités de régulation en matière de surveillance du marché mais également des intermédiaires qui doivent réaliser un important travail d'information auprès de leurs clients.

D'autres critiques émanent des émetteurs. La prolifération de plates-formes et de *dark pools* a conduit à créer de nombreuses zones d'ombres sur les négociations de titres. La fragmentation des marchés nuit à la transparence. À l'occasion des entretiens annuels de l'Autorité des Marchés Financiers, Martin Bouygues a fustigé la directive MIF. « Je ne sais pas ce qui se passe sur mes titres (...) Il se fait tous les jours des opérations sur nos titres dont on ne peut avoir de données claires » s'est-il inquiété devant des responsables de la régulation. Cette critique met en lumière l'absence de système de centralisation des ordres dénommé outre-Atlantique *consolidated tape*. Un tel système permet aux sociétés et aux régulateurs d'avoir connaissance des mouvements d'échange boursiers.

La directive MIF devrait subir un prochain toilettage qui ne résoudra certainement pas tous les problèmes évoqués mais devrait en corriger certains. Elle pourrait s'étendre à d'autres actifs comme les titres de créances au grand dam des opérateurs qui tiennent le marché.

3. La chaîne de traitement des titres

La chaîne de traitement des titres [1] recouvre l'ensemble des opérations qui garantissent la bonne fin des transactions menées par les différents intervenants sur un marché financier. Il peut s'agir aussi bien d'achats et de ventes fermes, de cessions temporaires ou de prêts-emprunts de titres. La chaîne de traitement comprend trois étapes comme l'illustre le schéma 7.1. Il s'agit de la négociation, de la compensation et du règlement-livraison. La négociation ne se limite pas à la seule confrontation des ordres de bourse et à la formation des cours de bourse. Elle comprend éga-

Schéma 7.1. – *La chaîne de traitement des titres*

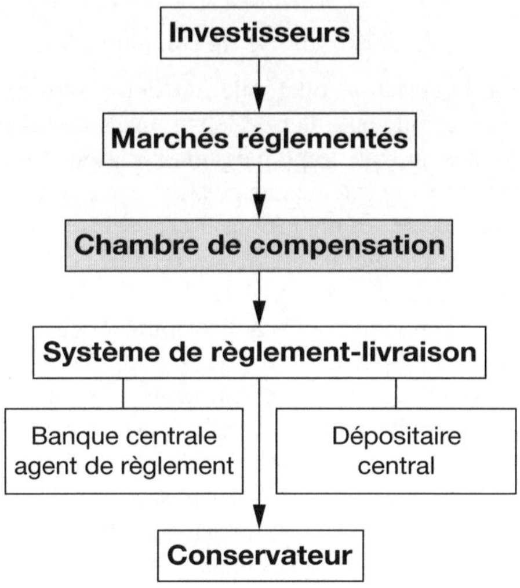

1. Les descriptions qui suivent ont pour origine différentes études de la Banque de France relatives aux infrastructures post-marché.

lement le routage de l'opération vers les systèmes de compensation ou de règlement et la confirmation des transactions aux services post-marchés. On développe ci-après les infrastructures post-marché qui assurent d'une part le paiement et d'autre part le transfert de propriété.

La compensation constitue la deuxième étape des opérations sur titres. Elle assure les opérations suivantes :

– la réception et l'enregistrement des opérations individuelles en provenance du système de négociation ;

– le calcul des positions nettes pour chaque opérateur membre de la chambre de compensation ;

– la gestion des dispositifs de maîtrise des risques ;

– la substitution par novation au vendeur et à l'acheteur en tant que contrepartie centrale garantissant la bonne fin des transactions ;

– le transfert des ordres nets vers les systèmes de règlement-livraison.

La compensation ne constitue pas un passage obligatoire pour le dénouement d'une transaction. En effet, elle peut directement être dénouée dans un système de règlement-livraison. C'est la principale différence entre les marchés réglementés et les marchés de gré à gré. Néanmoins cette différence est en voie de disparition depuis que l'activité des chambres de compensation s'étend aux marchés de gré à gré. Les systèmes de compensation présentent en effet le double avantage de diminuer les coûts de transaction et de réduire les risques de contrepartie.

Encadré 7.1

Le rôle des chambres de compensation

On distingue la compensation bilatérale, où deux contreparties s'accordent pour ne faire ressortir qu'un solde net de leurs engagements réciproques, de la compensation multilatérale, qui implique l'intervention d'un prestataire, une chambre de compensation, qui calcule une position nette pour chaque participant, en compensant l'ensemble de ses opérations toutes contreparties confondues. La compensation est dite par contrepartie centrale, lorsque la chambre de compensation, outre sa fonction technique de calcul des soldes nets, se substitue juridiquement (par novation) au vendeur et à l'acheteur initial et garantit la bonne fin des transactions. Certaines contreparties centrales ne remplissent pas la fonction technique de compensation, mais garantissent simplement la bonne fin des opérations et gèrent les dispositifs de maîtrise des risques associés. Pour assurer la sécurité de ce processus, la chambre de compensation doit disposer de mécanismes de gestion des risques qui incluent généralement la mise en place et la surveillance du respect de critères de participation, une évaluation au prix de marché sur une base au moins quotidienne des positions de leurs membres, l'appel de dépôts de garantie et de marges, la gestion de fonds mutuels de compensation. Eu égard à l'importance de leur fonction, elles font l'objet d'un traitement prudentiel particulier et peuvent être dotées du statut d'établissement de crédit.

Source : Duvivier et Hervo (2002).

La fonction de règlement-livraison constitue la dernière étape du processus de traitement du titre. Elle constitue un maillon essentiel dans le bon fonctionnement des marchés financiers. Les systèmes de règlement-livraison garantissent le dénouement des engagements réciproques des contreparties et la passation des écritures en compte assurant le caractère définitif des transactions, c'est-à-dire la livraison des titres et le versement des fonds.

La gestion de ces systèmes est effectuée par les dépositaires centraux. Ceux-ci doivent enregistrer l'ensemble des titres existants et les opérations effectuées sur ces titres. Ils veillent à ce que le montant des titres portés au compte de l'émetteur coïncident avec ceux présents sur les comptes des intermédiaires. Ils exercent également une activité de règlement de flux de transactions entre intermédiaires titulaires de comptes titres dans les livres du dépositaire central, agissant pour leur compte propre et celui de leurs clients.

Encadré 7.2

Les différents modes de règlement-livraison

On distingue traditionnellement trois modèles de règlement-livraison :

– modèle 1 : les flux titres et espèces sont réglés sur une base brute. Ce modèle peut être organisé sous forme de traitement continu opération par opération. Dans ce cas, le caractère définitif des transactions est acquis au fil de l'eau en temps réel. Le traitement peut être également organisé par lots. Dans ce cas, les opérations restent réglées sur un mode brut unitaire, mais à l'occasion de rendez-vous horaires précis dans la journée ;

– modèle 2 : le flux titres est réglé sur une base brute et le flux espèces sur une base nette ;

– modèle 3 : les flux titres et espèces sont réglés sur une base nette.

Concernant le règlement du flux espèces des transactions, il existe deux types de systèmes. Le premier, géré par les dépositaires centraux internationaux, fonctionne en monnaie commerciale tandis que le second, géré par les dépositaires centraux nationaux, retient la monnaie de banque centrale.

Sur un plan technique, il existe deux principaux modèles de règlement en monnaie de banque centrale :

– le modèle fonctionnant sur la base de comptes ouverts sur les livres de la banque centrale mais mouvementés par le système de règlement de titres, permettant un règlement du flux espèces directement dans le système de règlement-livraison ;

– le modèle établissant un lien entre le système de règlement de titres et le système de paiement RTGS (Règlement brut en temps réel) géré par la banque centrale. Le transfert définitif des titres intervient après confirmation par la banque centrale au dépositaire central de la bonne exécution du paiement.

Source : Hervo et Ros (2002).

4. Les principaux marchés d'actions

Fin 2010, la capitalisation boursière mondiale s'établissait à un peu moins de 55 000 milliards de dollars. Ce montant difficilement imaginable est concentré sur quelques marchés financiers comme l'indique le tableau 7.2 : les douze principales bourses représentent à elles seules les trois quarts de la capitalisation mondiale. Ce classement des places financières ne demeure pas statique. On assiste depuis quelques années à la progression des cours d'indices nationaux concomitant à l'économie du pays. C'est ainsi que, parmi les douze premières places financières, on dénombre aujourd'hui deux bourses chinoises, deux bourses indiennes et une bourse brésilienne alors qu'elles ne figuraient pas dans ce classement il y a cinq ans. Cette montée en puissance s'explique par l'introduction de nouvelles sociétés, des bons résultats des entreprises et d'une meilleure valorisation des titres en bourse comme le souligne le tableau 7.3 qui récapitule les performances des marchés ces dernières années. On peut néanmoins craindre la formation de bulles sur certains de ces marchés.

Tableau 7.2. – *Caractéristiques des principales places boursières*

Bourses	Nombre de titres cotés	Capitalisations boursières (M $)	Volumes mensuels échangés (M $)
NYSE Euronext (US)	2 305	12 826 262	1 511 399
NASDAQ OMX	2 798	3 653 048	1 092 625
London SE Group	2 972	3 597 618	233 068
Tokyo SE	2 295	3 469 040	314 621
NYSE Euronext (Europe)	1 146	2 988 977	171 584
Shanghai SE	888	2 803 493	340 969
Hong Kong Exchanges	1 385	2 679 388	120 164
TSX Group	3 694	1 963 167	110 329
Bombay SE	5 019	1 626 773	21 742
NSE India	1 530	1 588 091	65 599
BM & FBOVESPA	379	1 503 587	1 511 399
Deutsche Börse	762	1 392 728	140 066
NYSE Euronext (US)	2 305	12 826 262	1 511 399

Ces dernières années ont été marquées par un mouvement de consolidation sans précédent des marchés financiers : création d'Euronext, d'OMX et d'EUREX, fusions de NYSE avec Euronext, du CBOT avec le CME… Ceci s'explique notamment par l'existence d'économies d'échelle dans le fonctionnement des marchés financiers à différents niveaux. La liquidité d'un titre est *a priori* meilleure si toutes les transactions sont concentrées sur un marché que si elles sont fragmentées. Il existe aussi des économies d'échelle

Graphique 7.3. – *Performances des principales places boursières*

Bourses	2000	2005	2006	2007	2008	2009	2010
NYSE Euronext (US)	6 946	7 754	9 139	9 740	5 757	7 185	7 513
NASDAQ OMX	2 471	2 205	2 415	2 652	1 577	2 269	2 507
London SE Group	2 984	2 847	3 221	3 287	2 209	2 761	2 936
Tokyo SE	1 284	1 650	1 681	1 476	859	908	811
NYSE Euronext (Europe)	3 771	3 301	3 940	3 956	2 251	2 789	2 796
Shanghai SE	–	1 161	2 675	5 262	1 821	3 277	2 979
Hong Kong Exchanges	16 146	17 025	24 379	33 709	17 891	25 565	27 244
TSX Group	8 934	11 272	12 908	13 833	8 988	11 746	12 676
Bombay SE	–	3 796	5 271	8 592	3 597	6 842	8 037
NSE India	–	2 459	3 295	5 355	2 296	4 329	4 973
BM & FBOVESPA	15 259	33 455	44 473	63 886	37 550	68 588	70 673
Deutsche Börse	6 434	5 408	6 597	8 067	4 810	5 957	6 601

Source : *World Federation of Exchanges* (2010).

au niveau des opérations de règlement-livraison qui représentent, à l'heure actuelle, une composante non négligeable des coûts de transaction. Une réduction des coûts de la chaîne de traitement des ordres devrait donc permettre d'améliorer à nouveau la liquidité par l'apparition de nouveaux programmes de *trading* électronique et entraîner une baisse de la rentabilité exigée par les investisseurs, et donc du coût du capital pour les entreprises. La consolidation des bourses pourrait également inciter les investisseurs à mieux diversifier internationalement leurs portefeuilles.

4.1. NYSE Euronext : une bourse sans frontière

NYSE Euronext est la société holding créée par le rapprochement de NYSE Group, Inc. et d'Euronext N.V. Il s'agit de l'ensemble boursier le plus grand et le plus liquide au monde qui offre la gamme de produits et de services financiers la plus diversifiée. NYSE Euronext, qui rassemble 6 marchés au comptant dans 5 pays et 6 marchés dérivés, est numéro un mondial pour la cotation de valeurs, la négociation de produits au comptant, de produits dérivés d'actions et de taux, d'obligations et la diffusion de données de marché.

Le siège de la nouvelle entité est situé à New York tandis que les sièges internationaux sont localisés à Paris et à Amsterdam, qui sont les centres opérationnels pour les activités internationales. Londres, pour sa part, est le centre des activités de dérivés.

4.1.1. Le NYSE

Créé en 1972, mais déjà existant sous une autre forme depuis le milieu du XIXe siècle, le NYSE [1] (*New York Stock Exchange*) est le premier marché boursier du monde. Celui-ci a pendant très longtemps fonctionné sur le mode de la criée sur un parquet (*floor*) où les ordres des clients étaient répertoriés par un teneur de marché nommé *specialist*. Le rachat de la plateforme électronique *Archipelago* en 2005 a permis de faire cohabiter son système à la criée avec un système de transactions électronique et ainsi de freiner la tendance baissière de sa part de marché observée au cours de ces dernières années. La faiblesse du *NYSE* au niveau des produits dérivés et la baisse du nombre d'introductions en bourse au profit de la *London Stock Exchange* à la suite de la loi Sarbanes-Oxley ont conduit les dirigeants de cette société à but lucratif [2] à se rapprocher d'Euronext.

4.1.2. Euronext : l'union des bourses européennes

L'entreprise de marché Euronext est le fruit de la fusion le 22 septembre 2000 des bourses d'Amsterdam, de Bruxelles et de Paris. La société holding Euronext NV est ainsi devenue la première bourse paneuropéenne dont le capital était initialement contrôlé par les anciens actionnaires d'*Amsterdam Exchanges*, de *Brussels Exchanges* et de ParisBourseSBF SA. Ces trois bourses ont été rejointes par la bourse de Lisbonne en janvier 2002.

Par ailleurs, Euronext a étendu son activité en matière de produits dérivés grâce à l'acquisition du LIFFE (*London International Financial Futures and Options Exchange*) en octobre 2001. Pour des raisons réglementaires mais également dans un souci de meilleure intégration, les entreprises de marchés domestiques subsistent [3]. Elles ont été rebaptisées Euronext Amsterdam NV, Euronext Brussels N.V./SA, Euronext Lisbon SA, Euronext Paris SA et Euronext.LIFFE.

En matière d'organisation de sa filière titres, Euronext propose une structure mélangeant intégrations verticale et horizontale. Grâce à la mise en place d'une interconnexion avec d'autres entités, il est possible de passer par des opérateurs qui n'entretiennent pas de relation privilégiée avec Euronext tel LCH.Clearnet, mais avec lesquels les intervenants de marché ont l'habitude de travailler.

1. L'appellation NYSE a été créée en 1863.
2. Préalablement à la fusion, le NYSE avait changé de statut juridique et abandonné celui de coopérative à but non lucratif.
3. Elles sont filiales à 100 % d'Euronext NV.

4.1.3. La fusion NYSE Euronext : une étape dans la consolidation des marchés financiers

Le 4 avril 2007, les actions NYSE Euronext ont été négociées pour la première fois en bourse. Cette première cotation fait suite à la réussite de l'offre publique d'échange du NYSE sur Euronext. Cette offre avait été déposée à la suite de son approbation par les actionnaires d'Euronext et du NYSE les 19 et 20 décembre 2006.

Cette union s'inscrit dans un mouvement de concentration des marchés financiers observé depuis quelques années. Le nouveau groupe NYSE Euronext ne devrait pas en rester là. Le 17 janvier 2008, le nouveau groupe a ainsi annoncé le rachat de l'*American Stock Exchange* (Amex). Cette opération doit lui permettre de se renforcer sur le marché américain des valeurs moyennes et des options. Des accords de coopération avec d'autres bourses pourraient conduire à de nouvelles opérations de croissance externe. Le 14 mars 2008, NYSE Euronext a annoncé le rachat de *CBOT Metals Complex* au *CME Group*. On évoque aussi des rapprochements possibles avec des bourses européennes notamment celles d'Athènes et de Varsovie. On peut citer les accords de coopération entre Euronext et les bourses du Luxembourg et de Taiwan. Par ailleurs, il a été conclu une alliance avec la Bourse de Tokyo et le groupe s'est invité au capital de la Bourse indienne et de la Bourse de Doha.

NYSE Euronext est à l'heure actuelle une bourse transatlantique mais pourrait rapidement se muer en une bourse mondiale.

4.2. Les marchés américains

Aux côtés du NYSE, l'autre principale bourse américaine est le Nasdaq (*Association of Securities Dealers Automated Quotation*) qui a été créé en 1971. Il s'agit du premier marché électronique d'instruments financiers au monde. Le Nasdaq accueille l'ensemble des entreprises de haute technologie. À l'instar du NYSE qui a fusionné avec Archipelago, le Nasdaq a racheté la plate-forme de transactions électroniques *Instinet* en 2005. Souhaitant s'implanter en Europe, la bourse électronique a lancé une OPA sur le London Stock Exchange en 2007 qui n'a pas abouti. Dès lors, au terme d'âpres négociations avec la *Borse Dubaï* et la *Qatar Investment Authority*, le Nasdaq a racheté la plate-forme scandinave OMX en mai 2007. Par ailleurs, le Nasdaq a procédé à d'autres opérations de croissance externe sur le continent américain en rachetant le Boston Stock Exchange et le Philadelphia Stock Exchange. Cette dernière acquisition permet au Nasdaq d'occuper le troisième rang du marché des options aux États-unis.

On peut également évoquer le groupe TSX qui gère les bourses nationales du Canada. Il est situé au huitième rang mondial. La Bourse de Toronto fut la première au monde à élaborer un système informatisé pour négocier certains de ses titres au cours des années 1970. En 1997, elle opta pour un environnement de négociation sans parquet, c'est-à-dire la négociation électronique. En 1999, elle devint la seule bourse canadienne pour la négociation des actions privilégiées ou actions de capitaux propres. En mai 2001, elle acquit le *Canadian Venture Exchange* et fut rebaptisée TSX. Le Groupe TSX représente aujourd'hui plus de 75 % de la valeur monétaire de tous les titres négociés au Canada [1]. En décembre 2007, la Bourse de Toronto a annoncé le rachat de la Bourse de Montréal donnant naissance à une nouvelle entité baptisée Groupe TMX. Cette fusion permet de réunir en une même place la négociation des actions et celle des dérivés.

Nouvelle venue dans les places financières qui comptent, la Bourse brésilienne illustre la performance économique d'un pays figurant au sein du BRIC, acronyme désignant les 4 nations émergentes (Brésil, Russie, Inde, Chine) connaissant une évolution économique très favorable depuis le début du XXIe siècle. En 2008, la Bourse de Sao Paulo fusionne avec d'autres bourses régionales brésiliennes ainsi que la *Bolsa de Valores, Mercadorias e Futuros* pour donner naissance à la Bovespa ce qui lui permet d'obtenir un statut de leader des échanges en Amérique du Sud. Signe de la confiance dans les perspectives économiques brésiliennes, le groupe pétrolier brésilien Petrobras, négocié à la Bovespa, a annoncé en septembre 2010 la réussite une augmentation de capital record de près de 70 milliards de dollars avec une décote n'excédant pas les 2 %.

4.3. Les marchés européens

Plusieurs marchés européens figurent parmi les marchés les plus actifs. On peut tout d'abord évoquer le London Stock Exchange créé en 1760. La *city* telle qu'elle est surnommée a figuré pendant de très nombreuses années au premier rang des places financières en raison de son internationalisation puisque Londres accueille également le premier marché des changes et qu'elle a été à l'origine de la création des eurodevises. Après avoir vécu sur ses acquis pendant de nombreuses années, Londres a tourné une page importante de sa longue histoire en 1986 en supprimant les commissions fixes, en accueillant les banques à la bourse et en procédant à une informatisation généralisée des transactions. Aujourd'hui la place paraît plus forte que jamais et admet de nombreuses entreprises étrangères à la cotation. Ces nouvelles introductions doivent beaucoup à la loi Sarbanes-Oxley jugée par certains comme trop contraignante : les émetteurs privilégient le marché londonien aux marchés américains. Se sentant quelque peu isolée depuis la fusion entre le NYSE et Euronext, la Bourse de Londres a déposé une offre d'achat sur la Bourse de Milan qui a été acceptée par ses actionnaires au début de l'été 2007. La corbeille de la mariée était bien garnie puisque se traitent en Italie non seulement des actions mais aussi des produits dérivés et des emprunts d'État via la plate-forme MTS dont la *Borsa Italiana* a pris le contrôle total en exerçant une option d'achat sur les parts détenues par NYSE Euronext. L'année 2007 a égale-

1. *Source* : Ministère de l'Économie du Canada.

ment été marquée par jeu de chaises musicales au sein du capital de la Bourse de Londres qui avait jusque-là refusé toute proposition de mariage (Euronext, Nasdaq). Désormais 48 % du capital de la London Stock Exchange est détenu par la *Borse Dubaï* et la *Qatar Investment Authority*. L'arrivée de ces deux nouveaux actionnaires soulève quelques inquiétudes quant à l'avenir de la place londonnienne.

La Deutsche Börse désigne la bourse allemande, fruit de la réunion des différentes bourses régionales en 1993. La bourse est localisée à Francfort. La cotation repose sur un système électronique nommé XETRA. Le modèle d'organisation de la filière titres retenu par la bourse allemande est celle de l'organisation verticale des différentes fonctions (négociation, compensation, règlement-livraison). Cette organisation dite « en silo » est l'un des points de discorde qui a conduit à l'échec de la fusion avec Euronext désirée par certains. La bourse allemande s'est associée à la bourse suisse pour donner naissance à l'EUREX, l'un des principaux marchés à terme mondiaux.

À un niveau de moindre importance, on retrouve la *Bolsa y Mercados Espanoles* (BME SE) qui a consolidé les bourses de valeurs de Bilbao, Barcelone, Valence et Madrid. On peut évoquer également la bourse suisse, ou *Swiss Exchange* (SWX), située à Zurich. Celle-ci est née de la fusion des bourses de Bâle, Genève et Zurich en 1993. Particularité de ce marché, la capitalisation des entreprises étrangères cotées est supérieure à celle des entreprises domestiques. Enfin, la plate-forme Nasdaq OMX Nordic désigne la bourse nordique qui regroupe les marchés scandinaves et baltes. On retrouve les bourses de Copenhague, Stockholm, Helsinki, Tallinn, Riga, Vilnius et de Reykjavik. OMX détient également une part de la bourse d'Oslo.

4.4. Les marchés asiatiques

Le pays du Soleil Levant dispose de plusieurs bourses de valeurs dont les principales sont Tokyo et Osaka. Le *Tokyo Stock Exchange* (TSE), surnommé *Kabuto Cho*, est au deuxième rang mondial en termes de capitalisations boursières. Elle totalise près de 80 % des transactions au Japon. Le marché boursier japonais est né le 15 mai 1878 mais son fonctionnement n'est réglementé que depuis la loi sur les titres de 1948. Le *Kabuto Cho* fut la première place financière au cours des années quatre-vingts mais a reculé dans le sillage des valeurs japonaises qui ont perdu plus de la moitié de leur capitalisation en l'espace de dix ans.

Le *Hong Kong Stock Exchanges* (HKEX) est le résultat de la consolidation de différentes bourses de valeurs intervenue au cours des années quatre-vingts. Elle connaît un réel essor depuis le passage tardif à la cotation assistée par ordinateur en 1998. La modernisation de la bourse a permis d'attirer les investisseurs étrangers dont la part de marché s'élève aujourd'hui à plus de 40 %. La bourse de Hong Kong permet en effet un accès facilité aux sociétés chinoises que n'offre pas la principale bourse chinoise localisée à Shanghai. La capitalisation boursière de cette dernière connaît une croissance très importante. Alors que la place chinoise n'occupait que le vingtième rang en 2004 avec une capitalisation domestique qui dépassait à peine les 300 milliards de dollars, elle se situait en décembre 2007 au sixième rang mondial avec une capitalisation boursière atteignant plus de 3 500 milliards de dollars. Plusieurs motifs expliquent cette forte progression. Elle s'explique tout d'abord par le développement de la Chine dont la croissance économique à deux chiffres ne semble pas vouloir ralentir. Par ailleurs, une réforme initiée en 2006 permet désormais de mettre sur le marché les deux tiers du capital jusqu'à présent non échangeables. De plus, les introductions en bourse se sont multipliées. En 2007, les marchés d'actions chinois ont levé près de 115 milliards de dollars. Enfin, le nombre de comptes titres en Chine s'est considérablement accru. Ainsi au cours du premier semestre 2007, plus de 90 000 comptes de particuliers étaient ouverts chaque jour contre 2 700 ouvertures de comptes à pareille époque en 2006. Les niveaux de valorisation des sociétés chinoises sont devenus extrêmement élevés. Le PER 2007 moyen s'établit à 42 alors que les bénéfices des actions composant l'indice MSCI Asia Pacific ne se paient que 18 fois. L'année 2008 marque néanmoins la fin de ce cycle de hausse. En l'espace de quelques mois, l'indice composite de la Bourse de Shanghaï a en effet reculé de près de 50 % depuis ses niveaux record atteints en octobre 2007. Les craintes de resserrement de la politique monétaire chinoise et l'arrivée à échéance des conventions de blocage (interdiction de revente des titres dans un délai de 6 à 18 mois suivant l'introduction en bourse) ont eu raison de la bulle spéculative en dépit de la réduction significative des taxes sur les transactions décidée par les autorités du pays.

À l'instar des autres marchés mondiaux, la bourse chinoise est repartie de l'avant en milieu d'année 2009 dans des proportions plus importantes que ses consœurs mais le cycle de hausse semble plus court que le précédent car la fin de l'année 2010 était marquée par des craintes inflationnistes et par voie de conséquence de relèvements de taux d'intérêt jetant le doute sur les perspectives de croissance des entreprises nationales.

Chapitre 8

Organisation de la Bourse de Paris

La gestion technique des échanges de titres, i.e. la négociation, la compensation et le règlement/livraison, doit être assurée par une institution financière spécialisée. En France, cette gestion était exclusivement assurée par Euronext jusqu'à la mise en application de la directive sur les marchés d'instruments financiers. Le graphique 8.1 illustre la fin de ce monopole. Nyse Euronext a vu décliner sa part de marché au détriment de la plate-forme Chi-X. L'objet de ce chapitre consiste à expliquer les modalités d'organisation et la réglementation des échanges sur Euronext Paris.

Graphique 8.1. – *Parts de marché des plates-formes sur les actions listées à Paris*

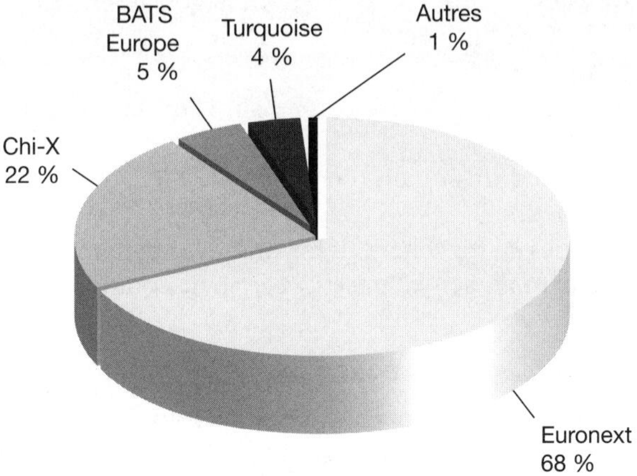

Source : Bats Europe – séance du 1er décembre 2010.

1. Euronext Paris

Le marché financier français tel qu'on le connaît aujourd'hui est relativement jeune : la réforme du marché a en effet débuté le 22 janvier 1988 avec comme objectif de mettre le marché français aux normes internationales afin d'assurer son ouverture et son développement. La dernière réforme d'importance résulte de l'application de la loi du 2 juillet 1996, dite « loi de modernisation des activités financières », qui a sensiblement modifié l'organisation générale du marché, ainsi que les statuts des différents intermédiaires. Par la suite, la Bourse de Paris a rejoint d'autres bourses pour former Euronext.

La Bourse de Paris doit garantir l'égalité entre les intervenants par la transparence, la sécurité des négociations et faciliter la liquidité du marché. Pour cela, elle s'appuie sur un règlement qui évolue de manière à mieux satisfaire aussi bien les investisseurs que les émetteurs.

Au cours de l'année 2009, les opérations de bourse sur les marchés français ont basculé sur la plate-forme de négociation *Universal Trading Platform* (UTP) abandonnant ainsi la plate-forme NSC qui contribua au succès de la Bourse de Paris. Cette nouvelle plate-forme est désormais commune à l'ensemble des marchés Euronext et permet à la fois la négociation des différents marchés cash et dérivés. Selon ses développeurs, la migration sur UTP [1] a permis de réduire le temps de latence de 90 % ; le temps de traitement d'une transaction a ainsi été abaissé de 1,5 milliseconde à 150-400 microsecondes. Par ailleurs, UTP offre de nouvelles fonctionnalités aux utilisateurs comme de nouveaux types d'ordres.

L'architecture générale du marché demeure constituée :

– des systèmes de routage qui relient les clients aux collecteurs d'ordres et aux négociateurs et les négociateurs au système central ; en effet, la saisie d'un ordre peut se faire au niveau d'un négociateur ou d'un collecteur d'ordres ou du client lui-même qui passe alors ses ordres à son intermédiaire *via* Internet ;

– du système central de cotation qui assure l'exécution automatique des ordres ;

– du système de diffusion en temps réel de l'information alimenté par le système de cotation ;

– et des systèmes de règlement/livraison *via* la chambre de compensation Clearnet, également alimentée par le système de cotation.

1.1. Les compartiments actions

Il existe trois compartiments actions à la Bourse de Paris : un marché réglementé et deux marchés non réglementés au sens de la directive européenne sur les services en investissement.

1. Il est à noter que Nyse Euronext a la volonté de vendre son système de négociation à d'autres bourses. La Bourse du Luxembourg et le *Qatar Exchange* en ont déjà fait l'acquisition.

1.1.1. Un marché réglementé unique : Euronext

Le 21 février 2005, Euronext a procédé à la fusion des marchés réglementés existants (Premier Marché, Second Marché et Nouveau Marché). Dans un souci de simplification et de lisibilité de la cote, il n'existe désormais plus qu'un seul marché réglementé. Les valeurs françaises sont ainsi classées par ordre alphabétique au sein d'une liste unique : Euronext – anciennement dénommé Eurolist. La cote du marché réglementé distingue par ailleurs les valeurs de la zone euro et les valeurs internationales.

Le regroupement de toutes les valeurs sur une même liste n'entraîne pas forcément une amélioration de la lisibilité. C'est pourquoi il a été créé un nouveau critère d'identification des valeurs au sein de cette liste : le compartiment de capitalisation. Les compartiments A, B et C permettent d'identifier respectivement les valeurs ayant une capitalisation boursière supérieure à 1 milliard d'euros, celles dont la capitalisation est comprise entre 150 millions d'euros et 1 milliard d'euros, et les sociétés affichant une capitalisation inférieure à 150 millions d'euros. En réalité, il existe un quatrième compartiment, dit compartiment spécial. Celui-ci concerne les sociétés qui ne remplissent pas leurs engagements en matière d'information financière ou en procédure de redressement judiciaire, ou affichant une capitalisation boursière inférieure à 4 millions d'euros.

Le critère de capitalisation s'ajoute aux critères d'identification traditionnels qu'utilisent les investisseurs, à savoir le mode de cotation qui renseigne sur la liquidité des titres et la nomenclature sectorielle *Industry Classification Benchmark* (ICB) qui indique le secteur d'activité des entreprises.

Toutes les entreprises cotées sur le marché réglementé sont ainsi soumises à des conditions unifiées d'accès à la cote (un flottant de 25 % et trois années de comptes certifiés) et à des obligations identiques en matière d'information financière définies par le régulateur, l'Autorité des Marchés Financiers (AMF). Les nouvelles entreprises introduites en bourse obéiront à des conditions d'admission identiques.

1.1.2. Alternext : un nouveau marché

À peine le marché unique créé qu'Euronext crée un nouveau marché ! En effet, le 17 mai 2005, a vu le jour Alternext, un marché destiné à accueillir des PME. Ce marché non réglementé au sens juridique [1] a été créé dans le cadre d'application de la Directive européenne sur les marchés d'instruments financiers.

Alternext est un système multilatéral de négociation organisé (SMNO ou MTFO). Il s'agit d'un marché à mi-chemin entre un marché réglementé comme Euronext et un marché non réglementé avec des obligations d'information renforcées par rapport à ce dernier.

1. Au sens de la directive européenne sur les services en investissement.

Alternext a été créé pour offrir une alternative de cotation aux petites et moyennes entreprises souhaitant lever des capitaux dans la zone Euro. Certaines d'entre elles étaient désireuses d'accéder au marché financier mais elles ne disposaient pas nécessairement des moyens humains et financiers adaptés aux obligations d'accès au marché réglementé. L'un des objectifs de la création d'Alternext est de proposer un trait d'union entre le marché réglementé et le capital investissement. Le besoin est d'autant plus grand que les nouvelles directives européennes sur la transparence relèvent la marche d'accès pour une introduction sur le marché réglementé. Sa création répond également à la demande des fonds d'investissement qui souhaitaient bénéficier d'un marché organisé afin de faciliter la sortie de certains actifs.

Alternext regroupe aujourd'hui des PME issues d'une vingtaine de secteurs d'activité différents. En l'espace de 5 années, près de 2,5 milliards d'euros ont été levés sur Alternext ; 153 titres étaient cotés fin 2010 pour un niveau de capitalisation boursière dépassant les 4 milliards d'euros.

Les sociétés candidates à l'introduction doivent disposer d'un historique de deux années de comptes et peuvent adopter le référentiel comptable de leur choix. Elles ne sont ainsi pas obligées de répondre aux normes IFRS. Les sociétés peuvent accéder au marché avec ou sans offre au public. En cas d'offre au public, il est requis un flottant d'au minimum 2,5 millions d'euros. En cas d'admission directe, un placement privé doit avoir été réalisé auprès d'investisseurs qualifiés dans les deux ans précédant l'admission pour un montant minimal de 5 millions d'euros répartis entre au moins cinq investisseurs.

En matière de communication financière, la société doit communiquer sur tout élément susceptible d'avoir un impact sur le cours de bourse, diffuser les rapports semestriels non audités et les comptes annuels audités, signaler le franchissement de seuils de participation (50 % et 95 % du capital) et diffuser les déclarations des transactions des dirigeants sur les titres de leur société.

Remarques

Un nouvel intervenant proche de l'expert en valeur moyenne a également vu le jour avec la création d'Alternext. Il s'agit du *Listing Sponsor*. Cet animateur de marché agréé par Euronext s'engage pour une durée de deux ans au minimum diffuser une expertise des sociétés cotées. Cet intermédiaire a principalement deux fonctions. D'une part, il doit aider et conseiller la société candidate à une introduction sur Alternext et, d'autre part, il doit veiller à ce que l'entreprise respecte ses obligations d'information conformément à la réglementation établie par Euronext.

Un avantage fiscal est offert aux investisseurs qui souscrivent à l'augmentation de capital des sociétés cotées sur Alternext : 25 % de réduction d'impôt si les titres sont conservés pendant cinq années dans la limite de 40 000 euros pour un couple et 20 000 euros pour un célibataire.

1.1.3. Le Marché Libre

Le Marché Libre est un marché organisé par Euronext Paris SA. C'est un marché non réglementé au sens de l'article L. 421-1 du Code monétaire et Financier, c'est-à-dire qu'il n'est pas soumis au même contrôle qu'Eurolist ou qu'Alternext. En conséquence, les émetteurs des instruments financiers dont la négociation est possible sur le Marché Libre ne sont pas tenus des obligations découlant de l'admission aux négociations sur un marché réglementé : les niveaux de liquidité, de sécurité et d'information offerts aux investisseurs ne sont pas les mêmes. Ainsi, les obligations comptables sont celles que leur impose leur forme sociale. De plus, il ne leur est pas imposé de pourcentage minimal de diffusion des titres dans le public. Par ailleurs, Euronext Paris n'est pas destinataire d'une information particulière concernant les événements susceptibles d'affecter le patrimoine ou la situation juridique de l'entreprise et ne peut en conséquence les porter en toutes circonstances à la connaissance des utilisateurs.

Remarque

Les sociétés qui veulent être cotées sur le Marché Libre doivent fournir à Euronext les comptes des deux derniers exercices ainsi qu'une lettre d'intention de l'intermédiaire chargé de la mise sur le marché des titres. Cette lettre doit mentionner le nombre de titres cédés et le prix d'offre justifié.

Les émetteurs ayant fait appel public à l'épargne sont toutefois notamment soumis aux dispositions correspondantes du règlement général de l'Autorité des Marchés Financiers relatifs à l'information permanente.

1.2. Les autres compartiments

Il existe d'autres compartiments sur Euronext Paris sur lesquels sont négociés des actions ainsi que d'autres instruments financiers tels que les obligations, les options, les contrats à terme ou les warrants.

1.2.1. Les valeurs radiées

Le compartiment des valeurs radiées de Paris est destiné à permettre des négociations sur les titres après leur radiation des marchés réglementés. Au plus tard six mois après leur radiation, les titres sont retirés du compartiment et ne peuvent plus faire l'objet de négociations sur Euronext. Les titres de capital ou les titres donnant accès au capital des émetteurs radiés du marché réglementé géré par Euronext Paris peuvent être transférés sur ce compartiment à la demande de l'émetteur ou à l'appréciation d'Euronext Paris dans le cadre de ses décisions de radiation. Par ailleurs, les rompus peuvent y être inscrits à la demande de l'émetteur. Sont considérés comme des rompus tous les instruments financiers ayant pour référence un autre instrument financier admis aux négociations sur le marché réglementé : les bons de souscription, les droits de souscription, les droits d'attribution, les certificats de droit de vote, les certificats d'investissement, les instruments financiers à échanger, les obligations convertibles, les actions à dividende prioritaire, les actions nouvelles, et autres instruments financiers assimilés.

1.2.2. Le marché des obligations

Plus de 3 500 emprunts sont inscrits à la cote d'Euronext Paris. La plupart sont inscrits sur les Premiers Marchés (emprunts d'État des pays concernés, emprunts des collectivités publiques et des plus grands émetteurs privés) auxquels s'ajoutent des emprunts émis par des sociétés privées inscrites sur Euronext.

Euronext Paris répartit les obligations en 6 groupes de cotation :

- Groupe n° 40 – Obligations du secteur public cotées en continu
- Groupe n° 41 – Obligations d'État cotées en continu
- Groupe n° 42 – Obligations du secteur privé cotées en continu
- Groupe n° 43 – Obligations d'État cotées en fixing double
- Groupe n° 44 – Obligations cotées à la pièce en fixing double
- Groupe n° 45 – Obligations OAT aux particuliers.

L'accès au marché des obligations est relativement complexe pour les particuliers. Ceux-ci ne peuvent négocier les obligations aussi facilement que les actions. Cette situation devrait néanmoins s'améliorer. Depuis le 2 janvier 2006, un marché secondaire des OAT à destination des particuliers a été mis en place : il s'agit du groupe n° 45. Les OAT aux particuliers, cotées en pourcentage du nominal au pied de coupon, sont négociables en continu et sur électronique de 9 h 00 à 17 h 25 avec une période de préouverture à 7 h 15 et un fixing de clôture à 17 h 30. Sont cotées sur ce marché, des OAT nominales, des OAT indexées sur l'inflation et des OAT de capitalisation. Ce compartiment est animé par huit spécialistes en valeur du Trésor et deux teneurs de marché.

La négociation des OAT n'est qu'une étape vers un élargissement plus important. Les obligations du secteur privé vont très rapidement bénéficier des mêmes conditions de négociation.

Remarque

Au cours de l'année 2009, Nyse Euronext a étendu son offre en donnant la possibilité aux émetteurs d'admettre à la cote leurs émissions de *sukuk* sur le marché principal et sur le segment professionnel (compartiment réservé aux admissions sans offre préalable au public) de son marché réglementé à Paris. Ces instruments financiers peuvent être assimilés à des obligations islamiques liées à un actif sous-jacent à travers différents types de structures. On distingue deux principales catégories : d'une part, les *sukuk* dont la rémunération et le remboursement reposent principalement sur des actifs sous-jacents et qui s'apparentent donc à de la titrisation et, d'autre part, les *sukuk* dont la rémunération et le remboursement sont fondés sur des actifs sous-jacents, mais dans lesquels les investisseurs se reposent principalement sur l'engagement d'une ou de plusieurs entités pour tout ou partie des paiements dus au titre des *sukuk*. Cette décision de

Nyse Euronext s'inscrit dans une politique de développement du marché obligataire réglementé que l'entreprise de marché souhaite mener.

1.2.3. Les titres de créances négociables

Depuis le 15 octobre 2008, Nyse Euronext propose la cotation d'une nouvelle classe d'actifs à savoir les titres de créances négociables (certificats de dépôt et billets de trésorerie) traditionnellement négociés de gré à gré. Cette décision s'explique par le besoin qu'avaient les établissements bancaires à faire coter leurs TCN sur un marché réglementé. En effet, il s'agit de l'une des conditions nécessaires pour que ces émissions soient éligibles aux opérations de refinancement à court terme de l'Eurosystème. Le marché des TCN sur Euronext Paris est ouvert de 7 h 00 à 19 h 00 pour des opérations de blocs d'un montant minimal de 150 000 euros. Ces transactions sont enregistrées par Euronext Paris et sont rediffusées au marché le jour de bourse suivant avec indication du premier et du dernier cours coté, du plus haut et du plus bas, et des capitaux négociés. Le dénouement des opérations se réalise entre les agents domiciliataires ou dépositaires des membres du marché concernés. Fin 2010, 32 émetteurs faisaient coter leurs TCN sur le marché réglementé parisien. Suivant la même logique, Nyse Euronext offre la possibilité de lister les ECP labellisés Step qui est une condition nécessaire pour qu'ils soient éligibles au collatéral à la Banque Centrale Européenne.

1.2.4. Les marchés dérivés

L'ensemble des marchés dérivés d'Euronext regroupés aujourd'hui sous l'appellation d'Euronext.LIFFE se situe au deuxième rang mondial en nombre de contrats négociés. Chacun de ces marchés bénéficie du label de marché réglementé : le LIFFE relève de la *Financial Services Authority* en Grande-Bretagne, tandis que les marchés dérivés d'Amsterdam, de Bruxelles, de Lisbonne et de Paris relèvent des autorités compétentes dans chaque pays.

Tous ensemble, ils offrent aux investisseurs une gamme complète d'instruments financiers. En France, la plupart des options étaient cotées sur le MONEP (Marché des Options Négociables de Paris) tandis que les contrats à terme étaient cotés sur le MATIF (Marché à Terme International de France). Les cotations sur ce compartiment ont lieu entre 9 h 00 à 17 h 30 pour les options et de 8 h 00 à 20 h 00 pour les contrats à terme sur indice.

1.2.5. Le marché des trackers : NextTrack

Le compartiment NextTrack est dédié à la cotation des fonds indiciels. Ses modalités d'organisation sont semblables à celle du compartiment réglementé actions d'Euronext Paris. Des transactions peuvent être exécutées en dehors des horaires de négociation au cours de la dernière valeur liquidative indicative diffusée. Sur ce marché secondaire, on peut distinguer trois types d'acteurs : les membres du marché – intermédiaires financiers – qui ont un accès direct aux trackers négociés, les intermédiaires financiers non membres et les investisseurs – individuels et professionnels, et les apporteurs de liquidité qui assurent en permanence une fourchette de prix et une liquidité suffisante. Sauf dérogation, il y a au minimum deux teneurs de marché par *tracker*. Fin 2010, près de 400 trackers/ETF étaient listés sur Euronext Paris. Les flux de transaction proviennent autant des investisseurs particuliers que des professionnels.

1.2.6. Le compartiment NextWarrants

NextWarrants correspond au segment destiné à accueillir les *warrants*, les certificats ainsi que les *Exchange Traded Vehicles* inscrits sur Nyse Euronext. Les cotations se déroulent entre 9 h 05 et 17 h 30. Fin 2010, près de 12 000 produits étaient recensés sur ce segment. En termes de volume d'échange, il est intéressant de noter que près des trois quarts des négociations sont le fait d'investisseurs particuliers. Les ordres à la meilleure limite ne sont pas admis et les ordres à déclenchement se déclenchent sur la base des « indications d'intérêt » de l'apporteur de liquidité sur le sens opposé. En effet, la négociation de ces instruments financiers diffère de l'organisation traditionnelle des autres segments continus d'Euronext. Pour certains *warrants* et certificats sur lesquels l'intervention d'un apporteur de liquidité est requise par Nyse Euronext, les ordres en carnet du teneur de marché ont d'abord le statut de cours indicatifs, dénommés « indications d'intérêt » en phase de négociation continue. Toutefois, les ordres produits par cet apporteur de liquidité qui seraient immédiatement exécutables à leur saisie dans le carnet d'ordres central sont exécutés comme des ordres fermes, leur solde éventuel étant positionné comme « indications d'intérêt ». Les négociations doivent avoir lieu dans la fourchette acheteur/vendeur formée par lesdites indications d'intérêt, bornes incluses. Corollairement, la négociation est suspendue lorsque l'apporteur de liquidité n'a pas produit les indications d'intérêt prévues par ses obligations de présence, étant précisé que lesdites obligations peuvent se résumer en une simple présence à la demande ou bien à l'offre en fonction des circonstances. Si un apporteur de liquidité a vendu l'intégralité de ses titres, il le signale et limite les cours qu'il envoie à des cours acheteurs uniquement. Un cours vendeur théorique est calculé par le système de négociation à partir du cours acheteur de l'apporteur de liquidité, il s'agit du cours maximum autorisé pour l'exécution des ordres. Si le prix d'un instrument est si bas que l'apporteur de liquidité ne peut proposer un cours acheteur, il le signale et limite les cours qu'il envoie à des cours vendeurs uniquement. Pendant cette période, un cours théorique minimum est introduit, il est fixé à l'échelon minimum de cotation de l'instrument. La négociation peut se poursuivre. Les clients peuvent échanger les titres entre eux dans les limites qui complètent la cotation de l'apporteur de liquidité.

En cas d'absence d'indications d'intérêt, l'apporteur de liquidité reçoit un message d'Euronext lui réclamant des prix. Afin d'informer les investisseurs sur le suivi des *warrants* et certificats par les teneurs de marché, des informations qualitatives sur le taux de présence de l'apporteur de liquidité et sa fourchette moyenne de prix sont diffusées sur le site Internet de Nyse Euronext. Enfin, il convient de signaler qu'en l'absence de transaction lors des fixings d'ouverture et de clôture, Euronext diffuse un cours de valorisation à la condition qu'un apporteur de liquidité soit présent. Le prix de valorisation correspond au milieu de la fourchette constituée des meilleures limites du carnet d'ordres central.

2. La négociation des actions

Pour intervenir sur un marché, il faut être titulaire d'un compte chez un intermédiaire habilité et naturellement transmettre des ordres caractérisant l'état de sa demande. Les ordres de bourse sont entrés par l'intermédiaire financier dans le système informatique qui assure la confrontation de tous les ordres d'achat et de vente.

2.1. *Le déroulement de la séance*

La négociation des actions diffère selon leur liquidité. Les actions liquides sont cotées en continu. Les titres considérés comme suffisamment liquides sont des titres cotés sur Euronext ou Alternext appartenant à un indice ou qui font l'objet d'au moins 2 500 transactions par an.

Pour les valeurs mobilières d'Euronext présentant un faible niveau de liquidité, il est procédé à deux fixages durant la séance. Le premier fixing a lieu à 11 h 30 tandis que le second a lieu à 16 h 30. Les valeurs peu liquides d'Alternext ne font l'objet que d'un seul fixage à 15 h 30 tandis que les titres du Marché Libre sont cotés à 15 h 00.

Les transactions se font par application de deux règles de priorité. La priorité par le prix : tout ordre d'achat (de vente) ayant une limite supérieure (inférieure) est servi avant tous les autres ordres de même sens libellés à des limites inférieures (supérieures). La seconde priorité est temporelle : à limite égale, l'ordre le premier arrivé est le premier servi.

Tout ordre produit dans le carnet d'ordres central peut être modifié ou annulé tant qu'il n'a pas été exécuté. Une modification de la quantité ou de la limite de prix entraîne la perte de la priorité temporelle.

Les règlements et livraisons se font par défaut au comptant. Il existe une alternative pour reporter à la fin du mois le règlement et la livraison : le Service de Règlement Différé (SRD).

2.1.1. La cotation des valeurs cotées en continu

La séance de bourse se déroule en 6 phases.

– La préouverture, de 7 h 15 à 9 h 00 : les ordres s'accumulent sans qu'aucune transaction n'intervienne. Durant cette phase, les ordres peuvent être modifiés ou annulés. Le cours théorique d'ouverture (CTO) est calculé à chaque arrivée d'ordres.

– L'ouverture à 9 h 00 : le système calcule, en fonction des ordres présents sur le marché, un prix d'équilibre qui permet d'échanger le maximum d'actions.

– La séance de 9 h 00 à 17 h 30 : le marché fonctionne en continu. L'introduction d'un nouvel ordre provoque instantanément une (ou plusieurs) transaction(s) dès lors qu'il existe une contrepartie dans le carnet.

– La pré-clôture de 17 h 30 à 17 h 35 : de la même manière que lors de la phase de préouverture, les ordres s'accumulent sans qu'une transaction ne puisse intervenir.

– La clôture à 17 h 35 : un fixing intervient afin de déterminer le dernier cours de la séance. La mise en place de ce fixing de clôture le 2 juin 1998 a permis de répondre à un comportement anormal des cours détecté sur le marché [1].

– Le *trading at last* de 17 h 35 à 17 h 40 : l'objet d'une telle phase est de négocier au dernier cours coté, c'est-à-dire au cours issu du fixing de clôture. Durant cette phase, les opérateurs peuvent rentrer des ordres limités au dernier cours qui seront exécutés dès lors qu'il existe une contrepartie en attente à ce même cours. Il convient de signaler que des transactions peuvent être exécutées en dehors des horaires de négociation à un prix compris dans un intervalle de 1 % de part et d'autre du cours de clôture.

2.1.2. La cotation des valeurs Euronext cotées en fixing

En ce qui concerne les titres cotés en double fixing, la séance de bourse se déroule elle aussi en six phases :

– la préouverture de 7 h 15 à 11 h 30 : ouverture du carnet d'ordres centralisé et accumulation des ordres ;

– le fixing d'ouverture à 11 h 30 : le système calcule un prix d'équilibre d'ouverture permettant de négocier un maximum d'actions ;

– le *trading at last* de 11 h 30 à 12 h 00 : négociation au cours issu du fixing d'ouverture en fonction des contreparties existantes ;

– la pré-clôture de 12 h 00 à 16 h 30 : accumulation des ordres en vue de participer au fixing de clôture ;

– la clôture à 16 h 30 : le système calcule un prix d'équilibre de clôture permettant de négocier un maximum d'actions ;

– le *trading at last* de 16 h 30 à 17 h 00 : négociation au cours issu du fixing de clôture en fonction des contreparties existantes.

2.2. Le libellé d'un ordre

L'achat ou la vente de titres ne peut s'effectuer que par la transmission d'un ordre à un organisme accrédité par les autorités boursières. De

---

1. Le dernier cours coté correspondait très souvent au cours vendeur. Il semblerait que certains gérants de fonds transmettaient à la dernière seconde des ordres d'achats pour obtenir une meilleure valeur liquidative de leurs fonds.

manière à ce que l'exécution de l'ordre se réalise dans des conditions satisfaisantes, celui-ci doit comporter un certain nombre d'informations indispensables.

Il convient tout d'abord d'indiquer si la transaction que l'investisseur souhaite réaliser est un achat ou une vente. L'ordre doit préciser le nom du titre ou plus précisément son code mnémonique ou encore son code ISIN. Ce dernier correspond en quelque sorte au code génétique du titre : il est unique. Il est composé de 12 caractères (2 lettres + 10 chiffres). Les deux premières lettres identifient la nationalité de l'émetteur. Ainsi un code ISIN commençant par FR signale que l'émetteur est français. Enfin il doit être précisé le nombre de titres que l'on souhaite négocier. La quantité de titres est à la libre appréciation de l'investisseur. Dans un passé récent, il existait une quotité différente de l'unité, ce qui augmentait considérablement les coûts de transaction. Cette quotité existe encore pour certains instruments financiers tels que les warrants.

Les ordres de bourse restent en carnet jusqu'à leur exécution, leur annulation ou la fin de validité de l'ordre. Il existe cinq validités d'ordres.

– L'ordre « au *fixing* » est valable pour le prochain *fixing*. En cas de réservation, il est reconduit au fixing reprogrammé le cas échéant.

– L'ordre à « validité période » (non rémanent) est valable pour une période spécifique de la journée de négociation ou jusqu'à une certaine heure dans la journée de négociation.

– L'ordre « jour » ou « *good-for-day* » correspond à un ordre valable durant la séance où l'ordre a été émis. En cas de non-exécution, l'ordre sera retiré à l'issue de la séance. L'ordre jour correspond à l'ordre par défaut.

– L'ordre « à une date déterminée » ou « *good-till-date* » est un ordre qui reste valable jusqu'à une date indiquée qui ne doit pas dépasser 365 jours.

– L'ordre « à révocation » ou « *good-till-cancelled* » correspond à un ordre valable pendant 365 jours.

Les cours cotés sont des variables discrètes. En effet, afin de faciliter les appariements, on impose une variation minimale appelée échelon de cotation ou *tick*. En France, la cotation officielle est réalisée en euros depuis le 1er janvier 1999. La taille de l'échelon de cotation est un feuilleton en plusieurs épisodes. Initialement, la taille différait selon le niveau de cours de bourse afin de garantir un écart relatif minimal. Dans un souci d'harmonisation avec les autres places financières, il a été décidé en 2007 le passage à la décimalisation : quel que soit le cours de bourse, le *tick* s'établit à un centime d'euro. Cette modification a eu pour conséquence de réduire la taille relative de la fourchette de prix acheteur-vendeur mais celle-ci s'est accompagnée d'une baisse des volumes associés aux ordres. La recherche académique explique ce phénomène par le fait que l'on peut brûler la priorité temporelle à moindre coût. La directive MIF a entraîné la mise en place d'un nouveau système d'échelons de cotation avec un basculement progressif vers une cotation à trois décimales pour les valeurs les plus liquides comme l'indique le tableau 8.1. Les titres les moins liquides préservent la décimalisation. En quoi la directive MIF a-t-elle pu avoir une telle influence ? Les nouvelles plates-formes multilatérales de négociation ont concurrencé les marchés réglementés sur la structure des coûts qui inclut la fourchette de prix minimale. Ils proposent ainsi sur les plus grandes valeurs européennes des cotations à trois voire à quatre décimales, ce qui leur a permis de capter des flux d'ordres en raison notamment du développement des algorithmes de *trading* à haute fréquence qui ont pour objet de tirer bénéfice de très faibles variations de prix.

Tableau 8.1. – *Détermination de l'échelon de cotation des titres liquides*

Plages en euros	Ticks en euros
E =] 0 ; 10 [	0,001
E = [10 ; 50 [	0,005
E = [50 ; 100 [	0,01
E = [100 ; +∞ [	0,05

Il est à signaler que cette multiplication des prix possibles entraîne inéluctablement une détérioration de la connaissance de la profondeur du carnet d'ordres. Pour pallier cette déficience, ce ne sont plus les cinq mais les dix meilleures limites du carnet d'ordres qui sont désormais diffusées.

2.3. Les différents ordres à la Bourse de Paris

Euronext met à la disposition des investisseurs une large palette d'ordres. Afin de représenter les caractéristiques des différents types d'ordres de bourse proposés par Euronext, nous allons observer l'évolution du carnet d'ordres à partir de la feuille de marché initiale suivante.

Tableau 8.2. – *État du carnet d'ordre initial*

Achat		Vente		Derniers échanges		
Q	P	P	Q	Heure	Q	P
50	125	126	100	12 h 12	50	126
100	124	127	25	12 h 10	75	125
50	123	129	50	12 h 05	110	124
150	122	130	100	12 h 01	150	125
200	120	131	200	11 h 59	50	125

Préalablement à cette présentation, il convient de signaler que, lors du détachement d'un dividende, les ordres non exécutés en carnet voient leur limite abaisser du montant du dividende net, et qu'en cas de détachement d'un droit d'attribution ou de souscription les ordres non exécutés sont automatiquement retirés du carnet et doivent être renouvelés.

2.3.1. L'ordre à cours limité

Un ordre à cours limité est un ordre assorti d'une limite de prix. Elle correspond au prix maximal (minimal) auquel l'investisseur est prêt à acheter (vendre) le titre considéré.

Supposons qu'un ordre d'achat de 200 actions à un cours limité de 129 euros soit transmis au marché à 12 h 15. Le carnet d'ordre est alors représenté par le tableau 8.3. Nous pouvons nous apercevoir que l'ordre n'a pas été entièrement exécuté. 100 actions ont été exécutées à 126 euros, 25 à 127 euros et 50 à 129 euros. Le prix moyen de l'action revient à 127 euros. La partie non exécutée se situe alors sur la meilleure limite à l'achat. L'ordre sera exécuté entièrement si une contrepartie vendeuse à un prix adéquat apparaît sur le marché.

L'ordre à cours limité permet de maîtriser le cours d'exécution et donc de se prémunir contre les fluctuations du marché mais n'offre aucune garantie en matière d'exécution.

Tableau 8.3. – *État du carnet après l'émission d'un ordre d'achat de 200 actions à 129 €*

Achat		**Vente**		**Derniers échanges**		
Q	**P**	**P**	**Q**	**Heure**	**Q**	**P**
25	129	130	100	12 h 15	50	129
50	125	131	200	12 h 15	25	127
100	124	132	100	12 h 15	100	126
50	123	133	100	12 h 12	50	126
150	122	135	450	12 h 10	75	125

2.3.2. L'ordre « au marché »

Un ordre « au marché » est un ordre prioritaire sur tous les autres ordres existants. Il remplace l'ordre autrefois appelé « ordre à tout prix ». Il est exécuté en totalité s'il existe une contrepartie suffisante dans le carnet d'ordres. Cet ordre consiste à vendre ou à acheter sans limite de prix. Pour le cas où la contrepartie serait insuffisante – cas extrêmement rare – la partie non exécutée reste en carnet en attente de l'arrivée d'une contrepartie.

Supposons qu'un ordre d'achat de 200 actions « au marché » soit transmis au marché à 12 h 15, le carnet d'ordres est alors représenté par le tableau 8.4. Nous pouvons nous apercevoir que l'ordre a été entièrement exécuté. 100 actions ont été exécutées à 126 euros, 25 à 127 euros, 50 à 129 euros et 25 à 130 euros. Le prix moyen de l'action revient à 127,38 euros.

L'ordre « au marché » évite l'exécution partielle ou fractionnée sauf dans le cas extrême où la contrepartie est insuffisante. L'investisseur est assuré d'une exécution totale et immédiate dès qu'il y a cotation de la valeur. En revanche, il n'a aucune maîtrise du prix de cette exécution : l'ordre peut servir autant de limites que nécessaires. Il convient donc d'être vigilant avec les valeurs peu liquides. Enfin, il faut noter que si l'exécution intégrale est impossible, l'action est réservée.

Tableau 8.4. – *État du carnet après l'émission d'un ordre d'achat de 200 actions AM*

Achat		Vente		Derniers échanges		
Q	**P**	**P**	**Q**	**Heure**	**Q**	**P**
50	125	130	75	12 h 15	25	130
100	124	131	200	12 h 15	50	129
50	123	132	100	12 h 15	25	127
150	122	133	100	12 h 15	100	126
200	120	135	450	12 h 12	50	126

2.3.3. L'ordre à la meilleure limite

L'ordre à la meilleure limite, à l'instar de l'ordre « au marché », est un ordre sans limite de prix spécifiée. Contrairement à l'ordre « au marché », il évite de peser sur les cours car il ne vient se servir que sur la meilleure limite disponible lors de son arrivée sur le marché, mais il présente des risques importants d'exécution fractionnée d'autant plus que la valeur est peu liquide. La partie non exécutée se transforme en ordre à cours limité au cours coté.

Supposons qu'un ordre d'achat de 200 actions à la meilleure limite soit transmis au marché à 12 h 15, la feuille de marché est alors représentée par le tableau 8.5. Nous pouvons nous apercevoir que l'ordre n'a pas été entièrement exécuté. Seulement 100 actions ont été exécutées à 126 euros tandis que les 100 actions restantes figurent sur la meilleure limite à l'achat au cours coté. Le prix moyen de l'action est donc de 126 euros.

Tableau 8.5. – *État du carnet après l'émission d'un ordre d'achat de 200 actions AML*

Achat		Vente		Derniers échanges		
Q	**P**	**P**	**Q**	**Heure**	**Q**	**P**
100	126	127	25	12 h 15	100	126
50	125	129	50	12 h 12	50	126
100	124	130	100	12 h 10	75	125
50	123	131	200	12 h 05	110	124
150	122	132	100	12 h 01	150	125

L'ordre à la meilleure limite se situe donc en quelque sorte à mi-chemin entre l'ordre à cours limité et l'ordre au marché.

2.3.4. *Les ordres à déclenchement*

Autrefois dénommés « ordres stop », les ordres à déclenchements sont des ordres qui se révèlent particulièrement efficaces pour se prémunir de certains renversements de tendance parfois inattendus mais aussi pour les adeptes de l'analyse technique [1].

Les ordres à déclenchement n'apparaissent pas dans le carnet d'ordres lors de leur saisie dans le système. Pour entrer dans le carnet, il est nécessaire qu'une transaction intervienne une fois l'ordre enregistré à un cours égal ou supérieur (inférieur) pour les ordres d'achat (de vente) à la limite de déclenchement fixée.

Il convient de distinguer deux types d'ordres : l'ordre à seuil de déclenchement et l'ordre à plage de déclenchement.

2.3.4.1. L'ordre à seuil de déclenchement

Le principe de l'ordre à seuil de déclenchement est le suivant : il comporte un cours limite à partir duquel l'ordre entre dans le carnet et se transforme en ordre « au marché ».

Considérons le placement d'un ordre à seuil de déclenchement (ASD) à 127 euros à 12 h 15. La feuille de marché n'est pas modifiée. À 12 h 20, un ordre d'achat de 150 titres au marché est introduit dans le système. Il est immédiatement exécuté (100 titres 126, 25 à 127 et 25 à 129) et franchit la limite de l'ordre ASD. L'ordre ASD se transforme en ordre d'achat de 200 titres « au marché ».

Nous constatons une exécution totale de l'ordre qui se décompose ainsi : 25 actions à 129 euros, 100 à 130 euros et 75 à 131 euros. Soit un prix moyen par action de 130,25 euros.

Tableau 8.6. – *État du carnet après l'émission d'un ordre d'achat de 150 actions AM (présence d'un ordre d'achat de 200 actions ASD 128 €)*

Achat		**Vente**		**Derniers échanges**		
Q	**P**	**P**	**Q**	**Heure**	**Q**	**P**
50	125	131	125	12 h 20	75	131
100	124	132	100	12 h 20	100	130
50	123	133	100	12 h 20	25	129
150	122	135	450	12 h 20	25	129
200	120	136	200	12 h 20	25	127
				12 h 20	100	126

1. Voir le chapitre 12.

2.3.4.2. L'ordre à plage de déclenchement

L'ordre à plage de déclenchement se distingue de l'ordre à seuil de déclenchement par la fixation d'une seconde limite. Ainsi, une fois le seuil déclenché, l'ordre se transforme en ordre à cours limité, i.e. la seconde limite libellée. Cette seconde limite est obligatoirement supérieure (inférieure) à la première limite lorsqu'il s'agit d'un ordre d'achat (de vente).

Considérons l'exemple d'un ordre d'achat à plage de déclenchement de 200 actions placé à 12 h 15. Le seuil de déclenchement[1] est fixé à 127 euros. La seconde limite est fixée à 129 euros. Tant qu'aucune transaction n'est intervenue à un cours supérieur ou égal à 127 euros, l'ordre ne figurera pas sur la feuille de marché. Supposons maintenant qu'un ordre d'achat « au marché » de 150 actions soit transmis au marché à 12 h 20, le déclenchement de l'ordre s'opère. L'état du carnet d'ordres est alors tel que l'indique le tableau 8.7. Nous pouvons constater que notre ordre s'est

Tableau 8.7. - *État du carnet après l'émission d'un ordre d'achat de 150 actions AM (présence d'un ordre d'achat de 200 actions APD 127/129 euros)*

Achat		**Vente**		**Derniers échanges**		
Q	**P**	**P**	**Q**	**Heure**	**Q**	**P**
175	129	130	100	12 h 20	25	129
50	125	131	200	12 h 20	25	129
100	124	132	100	12 h 20	25	127
50	123	133	100	12 h 20	100	126
150	122	135	450	12 h 12	50	126

transformé en un ordre à cours limité à 129 euros. Il a été partiellement exécuté (25 titres à 129 euros). La partie non exécutée est située sur la contrepartie acheteuse en attente de l'existence d'une contrepartie.

2.3.4.3. Les ordres *stop on quote*

Ces nouveaux ordres sont des ordres utilisables uniquement sur le compartiment NextWarrants. À la différence des ordres à déclenchement évoqués précédemment, ceux-ci s'exécutent sur la base des cours cotés par le *market maker* appelés « indications d'intérêt » et non le cours négocié. Ces ordres peuvent être extrêmement utiles en raison de la faiblesse des cotations sur certains titres négociés sur le compartiment. On distingue l'ordre « *stop on quote* au marché » assimilable à un ordre à seuil de déclenchement et l'ordre « *stop on quote* à cours limité » qui se comporte comme un ordre à plage de déclenchement.

1. Le dernier cours coté doit être inférieur (supérieur) au seuil des ordres d'achat (de vente).

2.3.5. *L'ordre indexé (peg)*

Un ordre indexé est un ordre d'achat ou de vente d'une certaine quantité de titres qui s'affiche sur le carnet d'ordres au meilleur cours limité disponible. Ce meilleur cours limité peut varier à tout moment suivant l'arrivée de nouveaux ordres. L'ordre indexé s'ajuste alors automatiquement. L'ordre indexé peut également être lui-même assorti d'un cours limité. Si ce cours est franchi, l'indexation de l'ordre est alors suspendue tant que le prix de référence du marché lui demeure supérieur (pour un ordre d'achat) ou inférieur (pour un ordre de vente). L'indexation reprend lorsque la meilleure offre (ou la meilleure demande) redevient inférieure (pour un ordre d'achat) ou supérieure (pour un ordre de vente) que le cours limité lié à l'ordre indexé. Lorsque le cours associé à l'ordre indexé est modifié, celui-ci perd sa priorité temporelle.

À l'heure actuelle, l'utilité d'un tel ordre n'apparaît pas évidente. Néanmoins à terme, en cas de reroutage possible des ordres vers d'autres plates-formes, cela garantira à l'opérateur d'être exécuté à la meilleure limite de prix.

2.3.6. *Les ordres à conditions particulières*

Certains types d'ordres peuvent être exprimés avec des conditions spécifiques d'exécution, suivant un tableau de compatibilité avec les types d'ordres établis par avis.

2.3.6.1. Les ordres cachés ou ordres « iceberg »

Un ordre caché est un ordre à cours limité qui possède des volumes associés visibles et cachés. Il est nécessaire que la quantité de titres dévoilée soit supérieure à 10 titres. La quantité cachée perd la priorité temporelle : les ordres dévoilés au même cours sont exécutés auparavant. Cette catégorie d'ordres permet aux donneurs d'ordres de négocier des quantités importantes d'actions sans révéler leurs intentions à l'ensemble du marché et d'éviter d'éventuels décalages de cours. Le principe de fonctionnement est le suivant : dès que la partie dévoilée de l'ordre est exécutée totalement, une nouvelle part apparaît au sein du carnet. Le recours aux ordres cachés autorise ainsi une exécution fractionnée automatisée.

Considérons à nouveau l'exemple d'un ordre d'achat « au marché » de 200 actions mais supposons à présent qu'il existe une contrepartie cachée de 50 titres à 126 euros et 75 titres (3 parts de 25 titres) à 127 euros. L'exécution de l'ordre « au marché » va engendrer le carnet d'ordres représenté par le tableau 8.8. Nous pouvons constater que l'ordre « au marché » a généré 4 lignes de transaction : les 100 actions visibles à 126 euros, les 50 actions cachées à 126 euros, les 25 actions visibles à 127 euros et une part cachée de 25 actions à 127 euros. La meilleure limite à la vente devient donc 127 euros avec une part visible de 25 actions et une part cachée de 25 actions aussi.

Tableau 8.8. – *État du carnet après l'émission d'un ordre d'achat de 200 actions AM (présence d'ordres de vente cachés : 50 actions à 126 € et 3 × 25 actions à 127 €)*

Achat		**Vente**		**Derniers échanges**		
Q	**P**	**P**	**Q**	**Heure**	**Q**	**P**
50	125	127	25	12 h 15	25	127
100	124	129	50	12 h 15	25	127
50	123	130	100	12 h 15	50	126
150	122	131	200	12 h 15	100	126
200	120	132	100	12 h 12	50	126

2.3.6.2. Les ordres « exécutés et éliminés » ou « *fill and kill* »

Les ordres « exécutés et éliminés » sont à exécuter pour le maximum possible, soit dès leur entrée en mode continu, soit à la confrontation générale des ordres en mode fixing. Leur solde s'annule immédiatement après.

2.3.6.3. Les ordres exécutés ou éliminés

Les ordres « à quantité minimale » ne peuvent être introduits que sur le segment continu durant la séance de cotation. L'ordre détermine le nombre de titres minimum devant être négociés immédiatement au moment de l'introduction de l'ordre. Si cette quantité minimum est effectivement disponible sur le marché, le lot minimum est négocié immédiatement. Les titres restants de l'ordre sont placés sur le marché sous la forme d'un ordre limité. La limite de l'ordre est le prix auquel ce lot minimum a déjà été négocié. À défaut d'exécution immédiate dudit minimum, l'ordre est intégralement annulé.

En pratique, le donneur d'ordre ne stipule pas de limite. S'il s'agit d'un ordre sans limite et si le nombre minimum de titres à exécution immédiate existe réellement sur le marché, cette partie est négociée au meilleur prix disponible sur le marché au moment de l'introduction. S'il s'agit d'un ordre à cours limité, celui-ci est exécuté à la limite précisée mais la probabilité d'exécution immédiate est réduite. Si la quantité minimale est égale à la quantité totale de l'ordre, celui-ci est considéré comme un ordre « exécuté ou bien éliminé ».

Le tableau 8.9. résume les combinaisons possibles entre les ordres à conditions particulières et les ordres traditionnels.

Tableau 8.9. – *Ordres associés à des conditions particulières d'exécution*

Types d'ordres	Exécuté et éliminé	Quantité minimale	Quantité cachée
Au marché	OUI	NON	NON
AML	OUI	OUI	NON
AML (ouverture)	OUI	NON	NON
À cours limité	OUI	OUI	OUI
ASD	OUI	NON	NON
APD	OUI	NON	OUI
Indexé	NON	NON	NON

2.3.7. Les ordres non réglementés

D'autres types d'ordres existent mais ils ne sont pas réglementés. Ces ordres nouveaux, très utilisés sur les plates-formes électroniques de marchés des changes, sont désormais proposés par certains courtiers à leurs clients, bien souvent adeptes de l'analyse technique [1].

2.3.7.1. Les ordres alternatifs

Un ordre alternatif est composé de deux ordres. L'exécution d'un des deux ordres entraîne l'annulation automatique de l'autre ordre. Bien souvent, l'un des ordres est un ordre à seuil de déclenchement.

Exemple

Une analyse technique indique que le titre France Télécom évolue dans un canal 18-22 euros. Un détenteur d'actions place un ordre alternatif composé d'un ordre de vente à seuil de déclenchement 19,50 euros pour limiter sa perte et un ordre à cours limité à 22 euros pour engranger ses gains.

2.3.7.2. Les ordres séquentiels

L'ordre séquentiel est un ordre à deux jambes dans lequel l'exécution de la deuxième jambe peut se produire seulement après que les conditions de la première jambe ont été satisfaites. La première jambe, uniquement un ordre à cours limité, est créée dans un état actif et la seconde, qui peut être aussi bien un ordre à cours limité qu'un ordre à seuil de déclenchement, est créée dans un état dormant. Quand le prix désiré est atteint pour la première jambe, il est exécuté et la deuxième jambe est alors activée.

Exemple

Compte tenu des perspectives sur le titre France Télécom, un investisseur transmet un ordre séquentiel composé d'un ordre d'achat à cours limité à 18,20 euros et d'un ordre de vente à cours limité à 21,80 euros pour matérialiser sa plus-value.

---

1. Voir le chapitre 12.

2.3.7.3. Les ordres en boucle

Un ordre en boucle est un ordre perpétuel passé en prévision d'un mouvement cyclique sur le marché entre un support et une résistance. C'est une paire d'ordres liés où la première jambe est en activité et la deuxième dormante. Quand le prix désiré est atteint pour l'ordre actif, il est exécuté, l'ordre dormant devient actif, et un nouvel ordre (présentant les caractéristiques de l'ordre qui vient d'être exécuté) est créé dans un état dormant. Ce processus va se répéter jusqu'à son annulation. En règle générale, les deux jambes d'un ordre de boucle sont des ordres à cours limité et les volumes associés sont toujours identiques.

2.3.7.4. L'ordre stop suiveur

Un ordre stop suiveur est un ordre à seuil de déclenchement dont le niveau est automatiquement ajusté par rapport au cours coté par la plateforme en fonction de l'évolution du marché. Cet ordre permet une bonne protection des profits en cas de retournement rapide du marché.

Exemple

Un ordre de vente stop suiveur 2 % sur le titre France Télécom est réajusté suivant une périodicité définie par l'intermédiaire. Sur la base d'un cours de 20 euros, le niveau de déclenchement s'établit à 19,60 euros. Si le cours progresse jusqu'à 21 euros, le niveau est réévalué à 20,58 euros. Si le cours régresse, le niveau de déclenchement reste fixe. En cas de franchissement à la baisse des 20,58 euros, l'ordre est exécuté.

2.4. Le service de règlement différé

Toutes les valeurs inscrites sur les bourses d'Euronext sont négociées au comptant (règlement/livraison à J+3). Les investisseurs ont néanmoins la possibilité de différer leurs opérations de règlement-livraison. Cette particularité parisienne est un héritage de l'ancien modèle d'organisation. Avant la fusion des bourses européennes pour former Euronext, le Premier Marché de la Bourse de Paris était un marché à Règlement Mensuel. Devant l'insistance de certains lobbies, Euronext Paris a proposé le mécanisme de service de règlement différé (SRD) pour compenser la disparition de la possibilité de négocier à crédit. Ce service de règlement différé consiste à proposer à l'investisseur de retarder le règlement/livraison de sa transaction à la fin du mois civil. Moyennant des frais de courtage supplémentaires, ce service permet de vendre à découvert des actions ou d'acheter à crédit et donc de bénéficier d'un effet de levier.

Pour permettre aux négociateurs de réduire leur risque pendant la période de portage de la position de leur client, un marché de prêt-emprunt titres a été créé. Ce marché électronique fonctionne avec un fixing quotidien. Il est garanti et compensé par une chambre de compensation. En cas de positions longues, l'intermédiaire financier octroie un financement. Pour ce qui est des positions courtes, l'intermédiaire réalise un emprunt de titres. Le SRD n'est donc pas un ordre mais un service rémunéré proposé par les courtiers.

Les opérations réalisées en SRD doivent intervenir avant la quatrième séance précédant la dernière séance du mois civil. Cette séance est appelée le jour de la liquidation. Ce jour-là, l'investisseur a trois possibilités :

– il peut boucler sa position, c'est-à-dire racheter sa position vendeuse ou revendre sa position acheteuse ;

– il peut reporter sa position jusqu'à la prochaine liquidation, c'est-à-dire qu'il décide de différer le paiement de ses achats de titres sur la liquidation suivante ou bien il décide de différer la vente sur le mois suivant. En pareille situation, il paiera un coût de prorogation à son intermédiaire. Dans la pratique, l'opération de report consiste en une double opération virtuelle de vente et d'achat. Le jour de liquidation, la position est clôturée et rouverte aussitôt au cours de clôture également appelé cours de compensation ;

– il ne donne aucune instruction. Dans ce cas, il paiera ou livrera ses titres lors de la dernière séance du mois civil.

Le SRD n'est applicable qu'aux valeurs remplissant des critères de taille et de liquidité. Pour être éligible au SRD, une valeur doit : soit appartenir à l'indice SBF 120, soit représenter au moins 1 milliard d'euros de capitalisation boursière et un volume de transactions quotidien d'au moins 1 million d'euros. À tout moment, une valeur peut devenir éligible au SRD dès lors qu'elle remplit les critères requis (avec un délai de 4 semaines). En revanche le retrait de valeurs ne se fait qu'une seule fois par an, avec une annonce suffisamment en amont du retrait pour permettre aux investisseurs de prendre, le cas échéant, les dispositions nécessaires pour déboucler leurs positions sur les valeurs retirées. Depuis le 26 mai 2010, un segment « SRD long only » a été créé pour les actions cotées en continu et dont le volume quotidien des capitaux échangés s'élève au moins à 100 000 euros. À la différence du segment initial, les valeurs cotées ne sont pas négociables sur le marché centralisé de prêt emprunt de titres.

L'investisseur utilisant le SRD doit disposer à son compte d'une couverture dont le taux minimum et la nature sont déterminés par l'Autorité des Marchés Financiers : 20 % en liquidités, bons du Trésor ou OPCVM monétaires, ou 25 % en obligations cotées, titres de créances négociables ou OPCVM obligataires, ou 40 % en actions cotées ou OPCVM actions. Cette couverture doit être ajustée si le cours des positions détenues évolue de manière défavorable. Les leviers peuvent être réduits en cas d'accroissement de la volatilité sur les marchés.

Exemple

Soit le calendrier ci-après. La séance de liquidation du mois en cours est le mercredi 25, soit la cinquième séance avant la fin du mois civil.

Ve	Lu	Ma				Je	Ve	Lu	Ma	Me	Je	Ve	Lu	Ma	Me	Je	Ve
29	02	03				19	20	23	24	25	26	27	30	31	01	02	03

Un investisseur décide de vendre à découvert 80 actions Germain lors de la séance du mardi 3 au cours de 56 euros. Il rachète sa position le lundi 23 du même mois, soit avant la séance de liquidation, au cours de 49 euros. Il percevra le mardi 31, dernier jour ouvré du mois civil, le solde de sa position soit dans le cas présent un montant de 560 euros.

2.5. Détermination du prix de fixing

La procédure de fixing est identique que ce soit à l'ouverture, à la clôture ou à la reprise des cotations après une réservation. Tous les ordres participent à la découverte de prix d'équilibre. Néanmoins il est bon de connaître certaines particularités des ordres.

Les ordres « au marché » sont prioritaires sur l'ensemble des autres ordres. Ce sont des ordres sans limite de prix qui participent au calcul du prix d'équilibre et ils sont exécutés en totalité à ce cours. En ce qui concerne les ordres à cours limité, tous les ordres d'achat (de vente) limités à des prix supérieurs (inférieurs) sont exécutés en totalité sans fractionnement au cours issu du fixage. Les ordres limités au cours de fixage sont dits « à cours touché » ; ils sont exécutés en fonction des soldes disponibles selon la règle de priorité temporelle.

La contribution des ordres à la meilleure limite à la découverte du prix d'équilibre est un peu plus délicate. L'ordre à la meilleure limite est systématiquement affiché à une limite de cours égale au cours théorique d'équilibre. Cela signifie que si le cours d'équilibre varie durant la période d'accumulation, il en est de même pour le cours associé à l'ordre à la meilleure limite. Son exécution se réalise en fonction des soldes disponibles, une fois les ordres « au marché » servis et après les ordres d'achat (de vente) à cours limité supérieur (inférieur) au cours du fixage. Les ordres à la meilleure limite ont priorité sur les ordres à cours limité exprimés à une limite se trouvant égale au cours du fixing. S'ils ne sont pas exécutés totalement au fixage, les ordres restent dans le carnet d'ordres comme un ordre à cours limité au cours du fixage quelle que soit ensuite l'évolution du marché.

Durant les périodes d'accumulation des ordres, les ordres à seuil et à plage de déclenchement ne participent pas à la formation du cours d'équilibre même s'ils sont déclenchables. En revanche, ils sont pris en compte lors de la seconde phase dont l'objet est de générer des négociations supplémentaires au cours d'ouverture sur la base des soldes restants.

Remarque

Sur Euronext, si plusieurs prix conduisent à un même volume maximum, le prix est déterminé en tenant compte du dernier cours traité sur le système électronique, ajusté des éventuelles opérations sur titres survenues depuis lors. Si un tel cours n'est pas disponible, un autre prix de référence, déterminé par Avis, est utilisé. Contrairement à d'autres places, il n'est donc pas fait référence aux volumes non servis.

Exemple

À partir du carnet d'ordres suivant, nous pouvons établir que le cours d'équilibre s'établit à 103 euros.

Tableau 8.10. – *Carnet d'ordres en phase de préouverture*

Achat			**Vente**		
C	**Q**	**P**	**P**	**Q**	**C**
300	300	AM	AM	250	250
500	200	AML	AML	250	500
700	200	106	100	250	750
950	250	105	101	400	1 150
1 500	550	104	102	450	1 600
2 350	850	103	103	600	2 200
3 350	1 000	102	104	1 250	3 450
6 350	3 000	101	105	1 700	5 150

La feuille de marché diffusée correspond au carnet d'ordres. Avant l'adoption de la plate-forme UTP par Nyse Euronext, la feuille diffusée était la suivante. Nous préservons cet exemple dans la mesure où de nombreuses bourses continuent de gérer les phases d'ouverture de marché de cette manière.

Tableau 8.11. – *Feuille de marché en phase de préouverture*

Achat		**Vente**	
Q	**P**	**P**	**Q**
300			250
200	OUV	OUV	250
1 850	103	103	1 700
1 000	102	104	1 250
3 000	101	105	1 700

La première ligne correspond au nombre de titres négociables « au marché », la deuxième ligne indique le nombre de titres négociables « à la meilleure limite », c'est-à-dire au cours d'équilibre comme tous les ordres exécutés. La troisième ligne correspond au cours théorique d'équilibre avec comme volume associé le cumul des ordres d'achat (de vente) présentant une limite de prix supérieure (inférieure) ou égale au cours d'équilibre. La quantité de 1 850 à l'achat correspond ainsi aux 850 titres à 103 €, aux 550 titres à 104 €, aux 250 titres à 105 € et aux 200 titres à 106 €.

2.6. L'avis d'opéré

Dès qu'une transaction est réalisée, le système informatique adresse les avis d'exécution aux négociateurs agréés ayant introduit les ordres, lesquels peuvent alors établir l'avis d'opéré à adresser au donneur de l'ordre.

Ce document adressé par l'intermédiaire récapitule les conditions d'exécution de l'ordre, à savoir :

– la date et le nom de l'intermédiaire ;

– le sens de l'opération, la quantité de titres concerné, le libellé de valeur, le marché de cotation, le cours négocié ;

– le montant brut (cours multiplié par la quantité de titres) ;

– les frais de transactions (frais de courtage, TVA, éventuellement impôt de bourse) ;

– le montant net (crédit ou débit du compte).

3. Les réservations et suspensions de cotation

Les transactions sur une valeur peuvent être interrompues dans le cadre d'une suspension de cotation ou dans le cadre d'une réservation.

3.1. Les réservations

Euronext a le pouvoir de réserver la cotation d'un titre de capital dès lors qu'elle constate que l'état des demandes et des offres enregistrées dans le carnet d'ordres central peut conduire à la cotation d'un cours franchissant un seuil, appelé seuil de réservation, établi par rapport à un cours de référence.

L'objet des réservations consiste à fluidifier le marché d'une part, en évitant que de brusques variations de cours empêchent les négociations et, d'autre part, en essayant de se prémunir contre les erreurs de saisie.

On distingue deux types de réservation : la réservation statique qui détecte les fluctuations importantes sur une période relativement longue et la réservation dynamique qui encadre les variations de cours entre deux transactions.

3.1.1. La réservation statique

Le mécanisme de réservation statique s'applique à toutes les valeurs. Les seuils statiques de réservation sont de ± 10 % par rapport à un cours de référence. À l'ouverture, le cours de référence correspond au cours de clôture de la séance précédente. Par la suite, le cours de référence correspond au cours d'ouverture ou au cours du seuil de réservation atteint. Toutes choses égales par ailleurs, il ne peut y avoir plus de deux réservations statiques de même sens durant la séance, soit trois en prenant en compte une éventuelle réservation à l'ouverture. Ce nombre de réservations peut être porté à 5 pour les actions ayant un cours inférieur à 5 euros.

La durée d'interruption des cotations est de cinq minutes : une minute de gel et quatre minutes de réservation pendant lesquelles les ordres s'accumulent avant la réouverture de la cotation par un fixing. Lors d'une réservation à l'ouverture, le fixing d'ouverture est reprogrammé à 9 h 10.

Exemple

Considérons l'exemple d'une réservation à la hausse d'une action cotée en continu à la Bourse de Paris. Cette action a clôturé au cours de 100 euros. Ceci signifie que le cours d'ouverture doit être situé dans un intervalle de prix 100 € ± 10 % soit [90 € ; 110 €]. Admettons que le premier cours coté soit égal à 105 euros. Ce cours devient le cours de référence. Les cours qui suivent doivent appartenir désormais à l'intervalle 105 € ± 10 % soit [94,50 € ; 115,50 €]. Si, au cours de la séance, l'un des seuils venait à être touché, par exemple la borne haute, la valeur serait réservée à la hausse. Il se produit un gel des transactions et des ordres pendant une minute puis on assiste à une phase de réouverture de 4 minutes pendant lesquelles les ordres vont s'accumuler dans le carnet d'ordres afin de déterminer un cours d'équilibre qui doit désormais appartenir à l'intervalle de prix 115,5 € ± 10 %, soit [103,95 € ; 127,05 €].

Graphique 8.2. – *Cinématique d'une réservation statique*

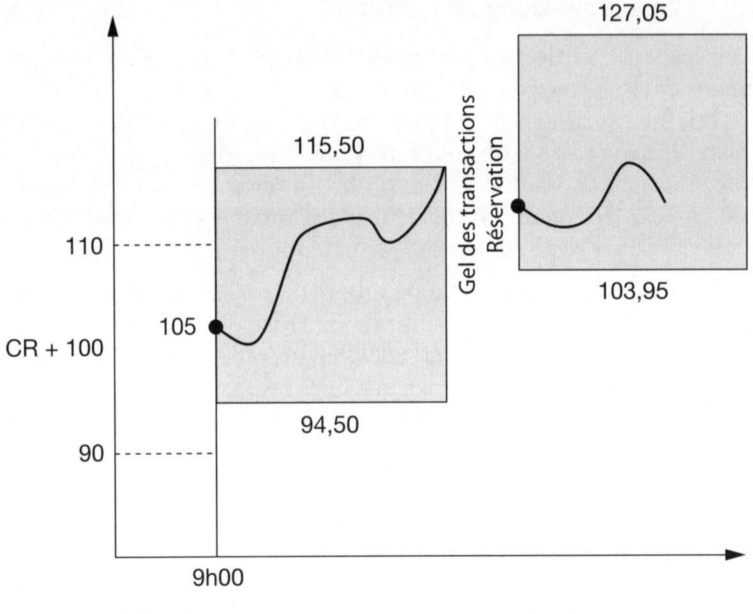

Remarque

L'arrêt des cotations n'est pas totalement automatique, il est laissé à la libre appréciation des autorités boursières qui peuvent décider de passer outre les règles de variations maximales autorisées et d'augmenter le nombre de réservations. Un exemple concret est la cotation de l'action Alcatel lors de la séance historique du 17 septembre 1998, où devant l'afflux d'ordres de vente les autorités boursières ont laissé plonger le titre de 38,4 % en une seule séance (avec un plus bas à – 45 %). Une telle procédure s'appelle le *Fast Market*.

3.1.2. La réservation dynamique

Une procédure de réservation dynamique vient compléter le mécanisme de réservation statique. Elle consiste à réserver un titre lorsque ce dernier aura varié de ± 2 % par rapport à son dernier cours coté, et ce tout au long de la séance. Ces seuils de réservation visent à encadrer la volatilité de très court terme. Ceci peut s'avérer particulièrement utile pour les valeurs peu liquides du compartiment C. Chaque transaction entraîne un nouveau cours de référence dynamique pour déterminer les seuils maximum et minimum à ne pas dépasser pour le cours suivant.

La durée d'interruption des cotations est de cinq minutes : une minute de gel et quatre minutes de réservation pendant lesquelles les ordres s'accumulent avant la réouverture de la cotation par un fixing.

Ainsi un dernier cours coté de 100 € détermine un intervalle de cours dynamique [98 € ; 102 €].

3.2. Les suspensions de cotation

Les suspensions de cotation résultent d'une décision d'Euronext qui diffuse un avis. Cet avis doit indiquer les trois éléments qui suivent :

– l'origine : la suspension peut intervenir à la demande des régulateurs de marché, de la société ou à l'initiative d'Euronext ;

– les raisons : dépôt d'un projet d'offre, attente d'un communiqué ;

– la date et les conditions de reprise des cotations ; à défaut, l'avis précise que la valeur reste suspendue jusqu'à nouvel avis.

La suspension peut permettre de lutter contre les délits d'initiés, lorsque l'imminence d'un événement important de la vie d'une entreprise n'est pas connue de tous ou d'éviter d'éventuelles tentatives de manipulations de cours. La suspension peut durer aussi bien quelques heures que plusieurs semaines.

Les ordres en attente d'exécution sont annulés dans le carnet d'ordres en cas d'annonce ou de survenance d'événements, identifiés par avis, affectant l'émetteur concerné et qui sont de nature à avoir une influence notable sur le cours du titre. Par conséquent, la suspension de cotation d'une valeur entraîne l'élimination des ordres non exécutés sur cette valeur. Les membres des marchés de titres doivent convenir avec leurs clients d'un renouvellement des ordres ou si les membres des marchés de titres sont autorisés à ressaisir les ordres après les éventuels ajustements de prix ou de quantité nécessaires.

4. Un complément de liquidité

Euronext a mis en place deux dispositions [1] afin de favoriser la liquidité des marchés. La première disposition concerne la création d'un marché des blocs, la seconde concerne l'existence de contrats de liquidité.

4.1. Le marché des blocs

Sur de nombreux marchés financiers coexistent deux mécanismes permettant de négocier de grandes quantités de titres : un marché central dit *downstairs* et un marché de blocs dit *upstairs*. La Bourse de Paris ne déroge pas à la règle. En effet, les autorités de la place parisienne étaient confrontées durant les années quatre-vingts à une fuite des transactions de grande taille vers le marché international de Londres car le marché central ne permettait pas d'assurer un niveau de liquidité suffisant pour absorber de tels volumes de titres. Afin de réduire la fuite des ordres vers la bourse de Londres, la bourse de Paris a créé un marché de blocs qui a mis fin à l'obligation de désintéressement du marché central pour les ordres.

Un bloc représente un nombre important de titres qu'un investisseur souhaite céder ou acquérir sur le marché. D'après les règles de marché d'Euronext, une négociation de bloc de titres s'entend comme une transaction supérieure ou égale à l'un des seuils suivants dénommés « Montant normal de Bloc » (MNB) :

– pour les actions, les seuils de « taille élevée par rapport à la taille normale du marché » visés au règlement européen 1287/2006 en fonction du « volume d'échanges quotidien moyen » tel que calculé par l'autorité compétente du marché le plus pertinent et publié par le CESR en application dudit règlement ;

– 1 500 000 euros pour les ETF, ETN ou ETV ;

– 100 000 euros pour les autres titres négociés en mode continu ;

– 50 000 euros pour les titres négociés en mode fixing.

– 250 000 euros pour des obligations ou titres assimilés négociés en continu ;

– 100 000 euros pour des obligations ou titres assimilés négociés en mode fixing.

Avant la mise en place de la directive MIF, les transactions de blocs devaient répondre à un certain nombre d'obligations en termes de transparence post-négociations et de prix. Le cours de négociation dépendait de la nature du bloc. Il pouvait s'agir de blocs courants ou de blocs structurants (blocs de contrôle). Concernant les blocs courants d'actions, la transaction devait être réalisée à l'intérieur d'une fourchette moyenne pondérée [2] pour un bloc courant de montant inférieur à 5 fois le MNB concerné,

1. Les descriptions de ces mesures proviennent du livre I des Règles de marché d'Euronext.

2. La fourchette moyenne pondérée s'entend du prix à l'achat et à la vente, pondéré par les quantités affichées dans le carnet d'ordres central, qui résulterait de l'exécution du nombre de titres de capital correspondant à un MNB.

sous réserve des plafonds suivants : 5 % par rapport à la meilleure limite à l'offre et à la demande, et 5 % de part et d'autre du dernier cours traité. Si la transaction porte sur un montant supérieur à 5 fois la MNB, les bornes de la fourchette de prix s'établissent à 5 % de part et d'autre du dernier cours traité. Pour ce qui est des autres titres de capital, la fourchette s'établit à 1 % de part et d'autre du dernier cours traité en deçà de 2 fois le MNB concerné. Au-delà, un pourcentage de part et d'autre du dernier cours traité est augmenté d'un point supplémentaire par tranche de MNB, dans la limite de 5 %. S'agissant des blocs structurants, les négociations de blocs d'un montant supérieur à 7,5 millions d'euros pour les titres de capital ou assimilés ou 5 % de la capitalisation boursière pour les titres de capital uniquement peuvent être effectuées à un cours compris dans un intervalle de 10 % de part et d'autre du dernier cours traité, bornes incluses.

Remarque

Il ne faut pas confondre la négociation d'un bloc avec une application. Une application consiste en la production et l'exécution simultanées au même cours par un seul membre de marché d'Euronext de deux ordres client de sens opposés pour la même quantité d'un titre donné. Les appli-

Encadré 8.1

Méthodes d'appariements des blocs en *upstairs*

La constitution d'un carnet de demande (*accelerated book building*) : l'intermédiaire agit en tant que mandataire de l'investisseur et se rémunère par commission. Il constitue un livre d'ordres de contreparties potentielles et détermine un prix sur la base de ce carnet. L'opération est plus risquée pour l'investisseur qui doit subir une incertitude en termes de prix définitif mais moins pour l'intermédiaire qui n'expose pas son bilan à un risque excessif.

L'opération de prise ferme (*bought-deal*) : l'intermédiaire agit ici comme principal. Il accepte d'acquérir/de se défaire des titres auprès de son client. Il procède, généralement immédiatement après la transaction, à un repositionnement i.e. une opération symétrique auprès d'autres contreparties. Le client obtient ainsi la garantie de la finalisation de la transaction ainsi qu'une meilleure visibilité sur le prix d'exécution de son bloc, bien que celui-ci subisse souvent une décote comparativement à une opération d'*accelerated book building*. En contrepartie, l'intermédiaire supporte un risque de position élevé, mais peut trouver un intérêt à l'opération en effectuant une plus-value lors du dénouement de sa position.

Les opérations hybrides (*back-stopped deal*) : elles combinent les deux opérations précédentes. Les intermédiaires constituent un carnet de demande mais se portent garants d'une bonne fin de placement et d'une limite de prix. Cette obligation de moyens et de résultats contraint ainsi l'intermédiaire à se porter contrepartie de dernier ressort dans le cas où la transaction ne peut être dénouée dans les conditions initialement prévues.

Source : Oriol (2008).

cations peuvent être effectuées au sein du carnet d'ordres ou non. Dans le carnet d'ordres central, les applications sont réalisables uniquement pour les titres négociés en continu, à un prix strictement compris entre les deux meilleures limites acheteur et vendeur du moment, ou, par dérogation au principe de priorité temporelle, à un prix égal à l'une de ces deux limites si l'opération excède la quantité affichée dans le carnet d'ordres central à cette limite. La diffusion d'une telle opération est immédiate.

L'existence d'un marché de blocs met fin à l'unicité de prix à la bourse de Paris. Néanmoins dans le cas de la Bourse de Paris, les segments n'étaient pas totalement désolidarisés dans la mesure où la fourchette moyenne pondérée était calculée à partir des ordres visibles dans le carnet d'ordres [1]. En instaurant la concurrence, la directive MIF a entraîné la levée des contraintes sur les prix puisqu'il est désormais possible d'aller négocier sur des pôles de liquidité qui offrent l'anonymat des transactions. Hormis pour les transactions de taille inférieure à 500 000 euros, où le prix de la transaction doit être inclus dans la fourchette moyenne pondérée, il n'y a plus de contrôle de prix sur le marché *upstairs* de la place parisienne.

En ce qui concerne la publication de l'échange d'un bloc, l'information diffusée sur ces opérations diffère suivant la nature des titres et la taille de l'opération. En ce qui concerne les actions et les titres assimilés, les régimes suivants s'appliquent :

– les négociations de blocs pour lesquelles un membre des marchés de titres d'Euronext ne s'est pas porté contrepartie sont publiées dès leur déclaration ;

– les négociations de bloc pour lesquelles un membre des marchés de titres d'Euronext s'est porté contrepartie de son client sont publiées dans les délais suivants :

- pour les actions, dans les délais fixés par le règlement européen 1287/2006 ;
- pour les autres titres assimilés, 60 minutes après leur déclaration pour une négociation de bloc inférieure à 5 fois le seuil concerné ;
- pour les autres titres assimilés, 120 minutes après leur déclaration pour une négociation de bloc supérieure ou égale à 5 fois le seuil concerné.

Exemple de calcul de fourchette moyenne pondérée

À partir du carnet d'ordres qui suit, on va calculer la fourchette moyenne pondérée du titre coté. On estime que le montant normal de bloc pour ce titre correspond à un nombre, appelé taille normale de bloc, de 2 000 titres. La détermination de chaque borne de la fourchette moyenne pondérée s'obtient en calculant le cours moyen pondéré des 2 000 premiers titres visibles dans le carnet.

1. Les ordres cachés ne participent pas à l'estimation de la fourchette, ce qui explique pourquoi les blocs de faible taille transitaient généralement par le marché central.

Achat		Vente	
quantité	**limite**	**limite**	**quantité**
250	125	126	500
750	124	127	500
500	123	129	1 000
900	122	130	1 500
1 200	120	131	1 200

La borne acheteuse de la FMP est égale à :

$$\frac{250 \times 125 + 750 \times 124 + 500 \times 123 + 500 \times 122}{2\ 000} = 123{,}375\ €$$

La borne vendeuse de la FMP est égale à :

$$\frac{500 \times 126 + 500 \times 127 + 1\ 000 \times 129}{2\ 000} = 127{,}75\ €$$

L'échange de bloc courant s'effectuera à l'intérieur de la FMP calculée.

4.2. Les contrats de liquidité

Il existe deux types de contrat de liquidité : un premier qui est mis en place à la suite d'un accord passé entre Euronext et une société de gestion et un second qui va mettre en relation l'émetteur et une société de gestion.

4.2.1. Le contrat d'apporteur de liquidité (animateur)

Le contrat d'apporteur de liquidité s'est substitué à l'ancien contrat d'animateur de marché de la Bourse de Paris créé en 1993. Son rôle est de permettre d'amortir les variations de volatilité sur le marché et de garantir des transactions à tout moment, voire d'en accroître le volume.

Sauf décision contraire d'Euronext, les titres figurant dans l'indice Euronext 100 ne peuvent avoir d'apporteur de liquidité. Si un titre bénéficiant d'un apporteur de liquidité intègre l'indice Euronext 100, le contrat sera maintenu pendant trois mois. Pour les titres répondant aux critères ci-après, le recours à un apporteur de liquidité est possible, sur une base optionnelle sauf s'il s'agit d'une condition d'admission à la cotation :

– les titres de capital appartenant à l'indice Next 150 ;

– les titres de capital appartenant aux indices SBF 120 qui ne sont pas déjà inclus dans l'Euronext 100 ;

– les titres pour lesquels le nombre annuel de transactions est supérieur ou égal à 2 500 (achat ou vente) ;

– les titres nouvellement admis à la cotation dont le flottant permet d'anticiper une liquidité suffisante.

L'apporteur de liquidité doit posséder la qualité de membre d'Euronext ainsi que le passeport européen. Seuls les membres négociateurs pour compte propre peuvent agir comme apporteurs de liquidité. L'apporteur de liquidité, signataire d'un contrat commercial avec Euronext, s'engage à maintenir une fourchette de prix maximale et à positionner une quantité minimale de titres à l'achat et à la vente.

Il existe différents types d'apporteurs de liquidité.

– L'apporteur de liquidité permanent (PLP – *Permanent Liquidity Provider*) : il s'engage à maintenir en permanence une fourchette de prix égale au maximum à 5 %, et à positionner un ordre d'achat et un ordre de vente, pour une quantité définie, équivalente à 5 000 euros. Sa présence est requise dès 8 h 45 en phase de préouverture ainsi que durant toute la séance de cotation jusqu'à la clôture, y compris pendant les périodes de réservations.

– L'apporteur de liquidité de fixing (ALP – *Auction Liquidity Permanent*) : il positionne des ordres fermes d'achat et de vente dans le quart d'heure précédant les fixings programmés à heures fixes. La fourchette de prix maximale autorisée est de 5 % tandis que les quantités minimales requises à l'achat et à la vente s'élèvent à 3 000 euros. Sont concernées par ce service d'animation les actions cotées en simple ou double fixing.

Des engagements différenciés et spécifiques peuvent apparaître en fonction des groupes de cotation.

– Le « PLP NEXT 150 » : il intervient exclusivement sur les valeurs composant l'indice de capitalisation Next 150. Cet apporteur de liquidité diffère du PLP par des engagements plus importants : la fourchette de prix maximale autorisée est de 4 % tandis que les quantités minimales requises à l'achat et à la vente s'élèvent à 10 000 euros.

– L'apporteur de liquidité sur valeurs à faible cours (titres n'appartenant pas à l'indice Next 150 et dont le cours est inférieur à 5 euros) : il peut être apporteur de liquidité permanent ou de fixing en fonction de la catégorie de cotation de la valeur concernée. Il diffère des deux types principaux (PLP et ALP) par des engagements adaptés : l'engagement sur les quantités est allégé et la fourchette affichée est exprimée en euros. La fourchette maximale s'élève ainsi à 0,25 euro tandis qu'il est requis un volume de 1 000 titres pour les actions cotées en continu et de 600 titres pour celles cotées au fixing.

4.2.2. Le contrat de liquidité (animation)

La société émettrice peut également améliorer la liquidité de ses titres en concluant un contrat de liquidité qui la lie à un prestataire de services d'investissement.

Le contrat de liquidité définit les conditions dans lesquelles le prestataire de services d'investissement intervient pour le compte de l'émetteur à l'achat ou à la vente, pour favoriser la liquidité des transactions et la régularité des cotations des titres de l'émetteur ou éviter des décalages de cours non justifiés par la tendance du marché.

Le contrat de liquidité doit respecter les principes énoncés dans la charte de déontologie visée par l'AFEI [1]. Ainsi, les opérations réalisées dans le cadre du contrat de liquidité ne doivent pas entraver le fonctionnement régulier du marché ou induire autrui en erreur. Par ailleurs, le prestataire de services d'investissement signataire du contrat est seul juge de l'opportunité des interventions effectuées au regard, tant de l'objet du contrat de liquidité, que du souci d'assurer sa continuité. La société émettrice ne doit donner aucune instruction à l'animateur en vue d'orienter ses interventions.

Par souci de transparence, l'émetteur doit communiquer régulièrement avec le marché. Il doit préciser notamment l'identité du prestataire de services d'investissement et les moyens affectés au contrat. La société émettrice diffuse chaque semestre et lors de la fin du contrat un communiqué. Celui-ci doit indiquer les moyens en titres et en espèces disponibles à la date du bilan et à la signature du contrat.

5. Les fonctions des autorités de régulation

Afin de veiller au bon fonctionnement des échanges et à l'application de la loi, plusieurs organismes font autorité aux côtés de l'entreprise de marché qu'est Euronext Paris.

5.1. Euronext Paris

En tant qu'entreprise de marché, Euronext doit organiser et assurer l'accès au marché ainsi que son fonctionnement. À ce titre, Euronext remplit différentes missions. Elle établit les règles du marché qui sont communes et soumises à l'approbation des régulateurs de chacun des pays. Elle prononce l'admission des valeurs et des instruments financiers sur le marché. Elle décide de l'adhésion de ses membres. Elle gère les systèmes informatiques de cotation. Elle assure la publicité des négociations et la diffusion des cours. Elle enregistre les négociations entre les membres du marché au travers d'une chambre de compensation, Clearnet, qui agit comme contrepartie centrale et garantit ainsi le paiement des titres vendus et la livraison des titres achetés. Enfin, elle offre aux émetteurs les services du marché pour la cotation de leurs titres et la réalisation de leurs opérations financières.

5.2. L'Autorité des Marchés Financiers

Créée par la loi de sécurité financière du 1er août 2003, l'Autorité des Marchés Financiers (AMF) est issue de la fusion de la Commission des Opérations de Bourse (COB), du Conseil des Marchés Financiers (CMF) et du Conseil de Discipline de la Gestion Financière (CDGF). Cette autorité indépendante, au service de la protection de l'épargne, réglemente et contrôle les marchés financiers en France.

1. L'Association Française des Entreprises d'Investissement.

L'Autorité des marchés financiers comprend un collège de 16 membres, une commission des sanctions de 12 membres, des commissions spécialisées et des commissions consultatives. Le ministre de l'Économie, des Finances et de l'Industrie désigne le commissaire du Gouvernement qui siège auprès de toutes les formations, sans voix délibérative. Le président de l'Autorité des Marchés Financiers est nommé par décret du président de la République pour un mandat de cinq ans non renouvelable.

Les compétences de l'Autorité des Marchés Financiers portent sur :

– Les opérations et l'information financières : l'Autorité des Marchés Financiers réglemente et contrôle l'ensemble des opérations financières portant sur des sociétés cotées : introductions en bourse, augmentations de capital, offres publiques, fusions... et veille au bon déroulement des offres publiques boursières. Elle vérifie que les sociétés publient, en temps et en heure, une information complète et de qualité, délivrée de manière équitable à l'ensemble des acteurs.

– Les produits d'épargne collective : l'Autorité des Marchés Financiers autorise la création de SICAV et de FCP. Elle vérifie notamment l'information figurant dans le prospectus simplifié de chaque produit qui doit être remis au client avant d'investir. S'agissant des produits complexes (fonds à formule, etc.), l'Autorité veille à ce que les spécificités des produits et leurs conséquences soient clairement présentées aux épargnants.

– Les marchés et leurs infrastructures : l'Autorité des Marchés Financiers définit les principes d'organisation et de fonctionnement des entreprises de marchés et des systèmes de règlement-livraison. Elle approuve les règles des chambres de compensation et détermine les conditions d'exercice de leurs adhérents. Elle surveille les marchés et les transactions qui s'y déroulent.

Les professionnels (établissements de crédit autorisés à fournir des services d'investissement, entreprises d'investissement, sociétés de gestion, conseillers en investissement financier...). L'Autorité des Marchés Financiers détermine les règles de bonne conduite et les obligations que doivent respecter les professionnels autorisés à fournir des services d'investissement ou des conseils en investissement. Elle agrée les sociétés de gestion lors de leur création, apprécie la compétence et l'honorabilité des dirigeants ainsi que l'adaptation des moyens dont elles disposent. Elle détermine également les conditions d'exercice des activités de conservation ou d'administration des instruments financiers.

5.3. Le Comité des établissements de crédit et des entreprises d'investissement

Le Comité des établissements de crédit et des entreprises d'investissement (CECEI) est chargé de prendre les décisions ou d'accorder les autorisations ou dérogations individuelles prévues par les dispositions législatives et réglementaires applicables aux établissements de crédit et aux entreprises d'investissement, à l'exception de celles relevant de la commission bancaire. Le comité des établissements de crédit et des entreprises d'investissement établit et tient à jour la liste des établissements de crédit ainsi que la liste des prestataires de services d'investissement exerçant en France et dans les autres États membres de la Communauté européenne en libre établissement ou en libre prestation de services aux autorités compétentes de chacun de ces autres États.

Le comité des établissements de crédit et des entreprises d'investissement est présidé par le gouverneur de la Banque de France, président de la commission bancaire, ou son représentant à cette commission. Il comprend, en outre, le directeur du Trésor ou son représentant, le ou les présidents des autorités qui ont approuvé le programme d'activité de la personne dont le comité examine la demande d'agrément ou leur représentant, le président du directoire du fonds de garantie, ou un membre du directoire le représentant, ainsi que six membres ou leurs suppléants, nommés par arrêté du ministre chargé de l'économie pour une durée de trois ans, à savoir : un conseiller d'État, un dirigeant d'établissement de crédit et un dirigeant d'entreprise d'investissement, représentant l'Association française des établissements de crédit et des entreprises d'investissement, un représentant des organisations syndicales représentatives du personnel des entreprises ou établissements soumis à l'agrément du comité et deux personnalités choisies en raison de leur compétence. Les membres titulaires sont choisis au sein du conseil national du crédit et du titre.

5.4. Le Comité consultatif de la législation et de la réglementation financière

Le Comité Consultatif de la Législation et de la Réglementation Financière (CCLRF) remplace le Comité de la Réglementation Bancaire et Financière (CRBF) et la Commission de la Réglementation du Conseil national des assurances (CNA). Le comité est saisi pour avis par le ministre chargé de l'économie de tout projet de loi ou d'ordonnance et de toute proposition de règlement ou de directive communautaires avant son examen par le Conseil des Communautés européennes, traitant de questions relatives au secteur de l'assurance, au secteur bancaire et aux entreprises d'investissement, à l'exception des textes portant sur l'Autorité des marchés financiers ou entrant dans les compétences de celle-ci.

La composition du comité, les conditions de désignation de ses 14 membres ainsi que ses règles d'organisation et de fonctionnement sont fixées par décret. Le comité présidé par le ministre de l'Économie et des Finances comprend les membres suivants : un député désigné par l'Assemblée nationale, un sénateur désigné par le Sénat, un membre du Conseil d'État, le gouverneur de la Banque de France, le président de la Commission bancaire ou son représentant, le président de la Commission de contrôle des assurances, des mutuelles et des institutions de prévoyance ou son représentant, le directeur des affaires civiles et du sceau au ministère de la Justice ou son représentant, deux représentants des établissements de crédit et des entreprises d'investissement, deux représentants des sociétés d'assurance régies par le code des assurances, un représentant des organisations syndicales représentatives au plan national du personnel des secteurs bancaire et de l'assurance et des entreprises d'investissement, un représentant des clientèles des établissements de crédit, des entreprises d'assurance et des entreprises d'investissement, deux personnalités choisies en raison de leur compétence.

5.5. La Commission bancaire

La Commission bancaire est chargée de contrôler le respect par les établissements de crédit et par les entreprises d'investissement (hors sociétés de gestion de portefeuille) des dispositions législatives et réglementaires qui leur sont applicables et de sanctionner les manquements constatés [1]. Elle veille également à la qualité de leur situation financière et au respect des règles de bonne conduite de la profession.

La mission de la Commission bancaire est principalement de veiller à la sécurité des dépôts du public et plus généralement à celle des banques ; pour que celle-ci soit assurée, il est essentiel que le système bancaire et financier français soit géré de manière rentable et prudente. La Commission bancaire est aussi chargée de veiller au respect, par ses assujettis, de la réglementation relative à la lutte contre le blanchiment des capitaux et le financement du terrorisme. La Commission bancaire participe en outre activement, en France et au niveau international, à la préparation des règles prudentielles ainsi qu'aux réflexions et travaux relatifs à la stabilité financière. Les règles prudentielles, destinées à encadrer l'activité et la situation financière des établissements, ont été instituées au fil du temps.

1. Article L613-1 du Code monétaire et financier.

Chapitre 9

Les indices boursiers

Un indice boursier représente l'évolution de la valeur d'un échantillon de titres cotés. L'indice n'est pas un actif financier et ne peut donc pas faire l'objet d'échange. Son importance est cependant loin d'être marginale.

La première fonction d'un indice est de refléter la performance du marché. Ainsi, pour illustrer la performance de la bourse française, les médias évoquent l'indice CAC 40 supposé représenter le marché dans sa globalité. Dès lors, les autorités ne peuvent être que vigilantes à la méthodologie de calcul retenue.

Les indices boursiers peuvent constituer des étalons de mesure de l'efficacité de la gestion d'un fonds de valeurs mobilières. Bien souvent la performance des produits proposés par les banques est comparée à celle d'un indice boursier. Sont également émis des OPCVM indiciels dont la performance doit suivre celle des indices. On verra par la suite que l'indice de marché est au cœur de l'évaluation à travers la présentation du modèle du MEDAF.

Les indices boursiers peuvent également servir de sous-jacents pour les produits dérivés. Il existe des contrats à terme et des contrats d'options sur indices. On peut également citer les *trackers* auxquels sont adossés les indices.

Enfin, les indices peuvent servir de référence à certaines mesures réglementaires. Ainsi aux États-Unis, en cas de variations trop fortes de l'indice, les cotations sont interrompues. Ce sont les fameux « coupe-circuits ». En octobre 1997, la bourse de New York a ainsi clôturé avec une heure d'avance. Les fortes variations peuvent également conduire à l'interdiction de certaines négociations sur le marché des dérivés.

1. Les méthodes de calcul

Après avoir exposé les principes généraux de calcul des indices de prix, différentes méthodes de calcul des indices boursiers sont présentées.

1.1. Principe général

Dans la pratique, trois formules d'indices synthétiques sont utilisées afin de résumer l'évolution des prix : les formules de Laspeyres, de Paasche et de Fisher.

L'indice de Laspeyres comporte une pondération fondée sur les éléments de la période de base. Cette base constitue la référence à laquelle est comparé l'indice pendant toute sa durée de vie. Un indice des prix de Laspeyres composé de n titres à la date t, noté $L(p)_{t/0}$, se calcule de la manière qui suit :

$$L(p)_{t/0} = \frac{\sum_{i=1}^{n} q_0^i \times p_t^i}{\sum_{i=1}^{n} q_0^i \times p_0^i} \quad \text{ou bien} \quad L(p)_{t/0} = \sum_{i=1}^{n} C_0^i \times \frac{p_t^i}{p_0^i}$$

où q_0^i correspond au nombre de titres i à la date 0 (on considère que cette quantité n'est pas modifiée au cours du temps ; dans le cas contraire, il est procédé à un ajustement), p_0^i et p_t^i représentent respectivement le prix du titre i aux dates 0 et t. C_0^i désigne la part de la capitalisation de l'année de référence du titre i dans l'indice. On peut écrire que :

$$C_0^i = \frac{q_0^i \times p_0^i}{\sum_{i=1}^{n} q_0^i \times p_0^i}$$

L'indice de Laspeyres est donc assimilable à une moyenne arithmétique où les quantités initiales sont figées. Seuls les prix varient à la date t.

L'indice de Paasche, quant à lui, est à rapprocher d'une moyenne harmonique pondérée par les quantités de la date courante. On peut calculer l'indice des prix de Paasche composé de n titres à la date t, noté $P(p)_{t/0}$ de la manière suivante :

$$P(p)_{t/0} = \frac{\sum_{i=1}^{n} q_t^i \times p_t^i}{\sum_{i=1}^{n} q_t^i \times p_0^i}$$

Les indices de Laspeyres et de Paasche aboutissent, sauf stabilité des quantités initiales, à des résultats différents. Il a été proposé l'indice de Fisher qui correspond à la moyenne géométrique des indices de Laspeyres et de Paasche. Ceci permet d'éviter d'éventuels biais d'estimation qui interviendraient lorsque les pondérations sont profondément modifiées. L'indice de Fischer, noté $F(p)_{t/0}$, peut être formulé de la façon ci-après :

$$F(p)_{t/0} = \sqrt{L(p)_{t/0} \times P(p)_{t/0}}$$

1.2. Les méthodes d'estimation des indices boursiers

De manière générale, le niveau d'un indice boursier correspond au rapport entre une valeur à la date *t* et une valeur initiale à la date d'origine de l'indice ajusté d'un coefficient pour obtenir une continuité de l'indice au moment d'éventuelles opérations sur un titre telles que l'attribution d'actions gratuites ou d'opérations sur le capital ou tout simplement une modification de l'échantillon permettant le calcul de l'indice.

La pondération des cours des valeurs peut être réalisée de différentes manières. On retrouve la pondération par les prix, l'équipondération, la pondération par la capitalisation boursière ou la pondération par le flottant. Le fait de recourir à telle ou telle autre méthodologie peut conduire à une appréciation différente de la performance.

1.2.1. La pondération par les prix

Un indice pondéré par les prix est obtenu en calculant la moyenne arithmétique des cours des actions qui composent l'indice boursier. Ceci signifie que plus le cours d'un titre est élevé plus son évolution aura des incidences sur le niveau de l'indice, quelle que soit sa capitalisation boursière.

On a ainsi :

$$I_t = I_0 \times \frac{\sum_{j=1}^{N} P_{j,t}}{K_t \times \sum_{j=1}^{N} P_{j,0}}$$

où I_0 est le niveau initial de l'indice, $P_{j,0}$ est le cours de l'actif *j* à la date initiale de son entrée dans l'indice, $P_{j,t}$ est le cours de l'actif *j* à la date *t*, et K_t est un coefficient d'ajustement pour corriger l'indice d'une opération sur le titre ou d'une modification de la composition de l'indice.

1.2.2. L'équipondération

Cette technique a pour objet de refléter l'évolution d'un portefeuille qui serait composé en permanence de titres pour des montants égaux. Ceci signifie que chaque valeur de l'échantillon constituant l'indice a un poids identique. En d'autres termes, une même rentabilité a la même influence sur l'évolution de l'indice. Cette méthode fait donc abstraction du poids de la société cotée.

Cette méthode est très rarement utilisée. On peut néanmoins citer la gamme d'indices *Value Line*.

1.2.3. La pondération par la capitalisation boursière

Il s'agissait de la principale méthodologie retenue par les organismes de diffusion pour calculer un indice boursier. En effet, beaucoup estiment que l'importance d'une société cotée sur le marché doit être conservée dans l'indice. Les sociétés figurant dans l'indice sont donc pondérées par leur capitalisation boursière. L'indice est calculé de la manière suivante :

$$I_t = I_0 \times \frac{\sum_{j=1}^{N} Q_{j,t} \times P_{j,t}}{K_t \times CB_0}$$

où I_0 indique le niveau initial de l'indice, $Q_{j,t}$ est le nombre de titres admis à la cote de l'actif j lors de la séance t, $P_{j,t}$ est le cours de l'actif j lors de la séance t, CB_0 correspond à la capitalisation boursière de l'indice à la date de référence, et K_t détermine un coefficient d'ajustement pour corriger la capitalisation boursière d'origine en cas d'une opération sur le titre ou d'une modification de la composition de l'indice.

1.2.4. La pondération par la capitalisation flottante

Depuis peu, la pondération par la capitalisation boursière totale a peu à peu cédé la place à la capitalisation flottante (MSCI, indices FTSE, indice CAC...). En effet, l'existence de blocs de contrôle est susceptible de réduire l'importance de la société sur le marché car une partie des titres ne peuvent participer aux négociations. Dès lors, compte tenu de la très grande pratique de la gestion indicielle, la réplication des indices peut conduire à des problèmes de liquidité comme ce fut le cas avec l'action France Télécom à la fin des années quatre-vingt-dix. La société était prise en compte à hauteur de 100 % de sa capitalisation boursière dans la composition du CAC 40 alors que son flottant n'excédait pas les 50 % compte tenu de la part importante détenue par l'État.

L'indice est ainsi calculé de la manière suivante :

$$I_t = I_0 \times \frac{\sum_{j=1}^{N} F_{j,t} \times P_{j,t}}{K_t \times Flot_0}$$

La capitalisation boursière est remplacée par le flottant, noté *Flot*, tandis que le nombre de titres au numérateur, $F_{j,t}$, correspond au nombre de titres réellement en circulation.

La capitalisation boursière flottante [1] prend en compte la totalité des actions admises à la cote diminuée des éléments suivants :

– l'autocontrôle : ce sont les actions de la société cotée détenues par des sociétés contrôlées au sens de l'article 233/3 du Code de commerce ; les actions auto-détenues (actions détenues en propre par la société cotée) ne sont pas comprises dans le calcul ;

– les actions détenues par des fondateurs : il s'agit des actions détenues directement ou indirectement par les fondateurs (personnes physiques ou

1. Définition du cas français (*Source* : Euronext).

groupes familiaux), lesdits fondateurs exerçant une influence sur la gestion ou le contrôle de la société (dirigeants, contrôle en droit de vote, influence notoire...) ;

– les participations détenues par l'État correspondent à des participations directes mais aussi à des participations *via* des collectivités publiques et à des participations détenues par des sociétés elles-mêmes contrôlées par l'État ;

– les actions liées par un pacte d'actionnaires désignent les actions comprises dans le champ d'un pacte d'actionnaires au sens de l'article 233/10 et 11 du Code de commerce en dehors des actions détenues par les fondateurs ou l'État ; pour les sociétés non-résidentes, les accords entre actionnaires mentionnés dans les rapports annuels ont été retenus ;

– les blocs structurants correspondent aux actions détenues par des personnes morales (hors fondateurs et État) qui exercent un contrôle au sens de l'article 233-3 du Code de commerce ;

– les participations supérieures à 5 % du total des droits de vote de l'émetteur sauf si ces participations sont détenues par un organisme de placement collectif ou un fonds de retraite.

1.2.5. La pondération plafonnée

Afin d'éviter des soucis de liquidité pour les gérants de fonds indiciels et de respecter les critères en termes de répartition des risques (la règle des 5/10/40 par exemple), de nombreux diffuseurs d'indices ont instauré un système de plafonnement qui consiste à limiter le poids d'une valeur au sein de l'indice. Ceci a également pour vertu d'éviter une surpondération d'une valeur et ainsi de garantir la qualité de la représentativité de l'échantillon.

La formule précédente peut donc être réécrite de la manière qui suit :

$$I_t = I_0 \times \frac{\sum_{j=1}^{N} F_{j,t} \times f_{j,t} \times P_{j,t}}{K_t \times Flot_0}$$

où $f_{j,t}$ est le facteur de plafonnement de la valeur j à la date t.

Considérons l'exemple d'un indice dont la capitalisation flottante s'établit à 120 milliards d'euros. Au sein de cet indice figure une société dont la capitalisation boursière flottante s'élève à 32 milliards d'euros (200 millions de titres au prix de 200 euros avec un facteur flottant de 80 %). Si le plafonnement des valeurs est limité à 20 %, il est nécessaire de réduire le nombre de titres disponibles de cette société dans le calcul de l'indice.

La capitalisation boursière des valeurs non soumises au plafonnement s'établit à 88 milliards et doit représenter 80 % de la capitalisation totale. Nous pouvons en déduire que la capitalisation flottante totale retenue s'élève à 110 milliards d'euros (88/80 %). La capitalisation flottante retenue pour la valeur plafonnée est donc égale à 22 milliards d'euros

(20 % × 110) soit 137,5 millions de titres. Enfin, le facteur de plafonnement retenu est égal au rapport entre la nouvelle capitalisation et l'ancienne capitalisation non plafonnée soit 68,75 %.

Remarque : la détermination du coefficient d'ajustement

Les opérations capitalistiques sur les valeurs composant un indice boursier entraînent des ruptures dans l'évolution des indices. Afin d'assurer la continuité de l'indice boursier, il est réalisé un calcul de la capitalisation de base ajustée au moyen d'un coefficient d'ajustement. La capitalisation de base ajustée est calculée le jour de l'opération sur titre avant la pré-ouverture du marché. Elle se détermine de la manière qui suit :

$$CBA_t = K_t \times CBA_0$$

où CBA_t est la capitalisation boursière ajustée à la date t et K_t désigne le coefficient d'ajustement global. Ce dernier est égal au produit des coefficients d'ajustement retenus à chaque opération capitalistique soit $K_T = \prod_{t=1}^{T} k_t$. Ce coefficient d'ajustement k_t se détermine comme étant le rapport entre la variation de la capitalisation boursière consécutive à l'opération capitalistique sur la capitalisation boursière précédente soit $k_t = 1 + \frac{\Delta CB}{CB_{t-1}}$.

Outre les entrées et sorties d'une valeur dans l'indice boursier, la capitalisation boursière de celui-ci est affectée par les opérations sur titres suivantes :

– réduction du capital par annulation de titres ;

– augmentation de capital par émission de droits d'attribution (ajustement lors du détachement du droit et lors de l'attribution des titres si ces opérations n'interviennent pas à la même date) ;

– augmentation de capital par émission de droits préférentiels de souscription (ajustement lors du détachement du droit et lors de la souscription des titres si ces opérations n'interviennent pas à la même date) ;

– augmentation de capital sans émission de droits préférentiels de souscription ;

– augmentation de capital à la suite d'une fusion-acquisition ;

– versement de dividendes si l'indice diffusé est calculé réinvesti. Dans le cas d'un indice nu, il n'y a pas d'ajustement.

1.3. Exemple

L'exemple suivant témoigne de l'incidence du choix de la méthodologie sur la performance des indices boursiers. Considérons un indice composé de trois actions présentant les caractéristiques ci-après cotant 100 lors de sa création.

	A	B	C
Nombre de titres	25 000	50 000	100 000
Flottant	90 %	80 %	75 %
Cours T_0	75	100	50
Cours T_1	80	108	40

– Indice équipondéré :

$$I = \frac{4 \times 80 + 3 \times 108 + 6 \times 40}{4 \times 75 + 3 \times 100 + 6 \times 50} \times 100 = 98{,}22$$

– Indice pondéré par les prix :

$$I = \frac{80 + 108 + 40}{75 + 100 + 50} \times 100 = 101{,}33$$

– Indice pondéré par les capitalisations :

$$I = \frac{25\ 000 \times 80 + 50\ 000 \times 108 + 100\ 000 \times 40}{25\ 000 \times 75 + 50\ 000 \times 100 + 100\ 000 \times 50} \times 100 = 96$$

– Indice pondéré par les capitalisations flottantes :

$$I = \frac{90\ \% \times 25\ 000 \times 80 + 80\ \% \times 50\ 000 \times 108 + 75\ \% \times 100\ 000 \times 40}{90\ \% \times 25\ 000 \times 75 + 80\ \% \times 50\ 000 \times 100 + 75\ \% \times 100\ 000 \times 50}$$
$$\times 100 = 96{,}64$$

2. Les principaux indices boursiers actions

La plupart des indices nationaux relèvent de la responsabilité des entreprises de marché. Ceux-ci ont besoin de diffuser une performance de leur marché et de développer leur compartiment de produits dérivés sur indices. D'autres acteurs proposent la production d'indices boursiers nationaux ou non parmi lesquels on peut citer des instituts économiques, des agences de notation, des banques, des diffuseurs d'informations financières (*Bloomberg, Datastream, Thomson Reuters*…), des organes de presse (*Dow Jones*, *Financial Times*…) et des organismes privés plus ou moins spécialisés (*Franck Russell*, *Morgan Stanley Capital Investment*, SAM…). Cet intérêt grandissant pour la création d'indices s'explique notamment par le besoin croissant des gestionnaires indiciels de sous-jacents. Moyennant le paiement d'une licence d'utilisation, les émetteurs de *trackers* et d'instruments dérivés peuvent proposer des produits auréolés du nom de l'indice boursier. Cela signifie également que les indices diffusés ne peuvent se limiter à une simple sélection de titres représentatifs d'une zone géographique, d'un secteur d'activité ou d'un style d'investissement. Les comités scientifiques doivent prendre en compte des critères tels que le flottant, le *turnover* et la liquidité.

2.1. Les indices géographiques

Les indices géographiques concernent principalement des indices pays diffusés par les autorités de marché nationales. Compte tenu de l'éclatement des frontières boursières, sont également diffusés des indices caractérisant la performance des zones couvertes par les marchés réglementés.

2.1.1. Les indices français

Euronext Paris diffuse différents indices de marché ainsi que des indices sectoriels. À l'occasion de la mise en place de l'Eurolist, une nouvelle série d'indices a vu le jour afin de rendre mieux compte de l'évolution des marchés.

Désormais, la gamme d'indices [1] est composée de six indices (CAC 40, CAC Next20, SBF 80, SBF 120, CAC Mid100 et CAC IT20) calculés en continu de 9 h 00 à 17 h 30, et de cinq indices (CAC AllShares, SBF 250, CAC Small90, CAC Mid&Small190 et CAC IT) calculés sur la base des cours d'ouverture et de clôture.

La gestion des indices de la cote parisienne d'Euronext est confiée à un conseil scientifique indépendant qui a pour mission de gérer les échantillons des indices et d'en contrôler la fiabilité et la représentativité. Les indices ont été adaptés au besoin des utilisateurs notamment en matière de capitalisation et de seuils de liquidité. Ainsi les valeurs de moins de 5 % de rotation annuelle sont éliminées.

2.1.1.1. Les indices historiques

Les trois principaux indices de marché de la Bourse de Paris sont le CAC 40, le SBF 120 et le SBF 250. Ces indices sont dits emboîtés. En effet, les valeurs qui composent le CAC 40 font également partie des valeurs du SBF 120, elles-mêmes incluses dans l'indice le plus large, le SBF 250.

Le CAC 40 est l'indice de référence de la place parisienne. Lancé le 31 décembre 1987 avec une base à 1 000 points, cet indice est composé de 40 valeurs qui font partie des plus importantes capitalisations du pays. Il est diffusé toutes les 15 secondes par Euronext. Il est calculé suivant la méthode de pondération par la capitalisation flottante avec un plafonnement du poids à 15 %. L'indice doit être représentatif du marché financier parisien aussi bien en termes de volumes de transactions qu'en représentativité des secteurs d'activité. Les titres composant l'indice CAC 40 sont retenus à l'issue de trois filtres. Tout d'abord il est retenu cent valeurs éligibles qui correspondent aux 100 premières capitalisations françaises et étrangères de la cote parisienne. Les valeurs « holding » et « penny » en sont exclues. Par la suite, il est établi une liste de 60 valeurs possibles. Celles-ci sont sélectionnées sur la base du critère de liquidité estimée par différents indicateurs tels que le flottant, le montant des capitaux échangés, le taux de rotation quotidien, la fourchette de prix et la volatilité de court

1. *Source* : Euronext.

terme. Enfin, sur la base d'autres critères, comme le secteur d'activité, le Conseil Scientifique détermine les 40 actions qui composent l'indice.

Le SBF 120 a été créé le 8 décembre 1993. Il est composé des 120 valeurs les plus actives de la cote (les 40 valeurs de l'indice CAC 40 auxquelles s'ajoutent les 80 valeurs parmi les plus liquides du marché). Il est diffusé et calculé en continu depuis le 18 avril 1994 et représente 90 % des transactions de Paris. Quatre critères sont pris en compte pour intégrer le SBF120 : le montant des capitaux échangés, le nombre de transactions quotidiennes, le taux de rotation quotidien et l'écart entre les meilleures offres et les meilleures demandes de la fourchette moyenne de négociation. Il donne une vision plus fidèle de l'état du marché français puisqu'il représente un échantillon plus large de sociétés. Il est régulièrement utilisé comme référence pour l'indexation des fonds investis en actions. Il est calculé suivant la méthode de pondération par la capitalisation flottante. Le SBF 80 a été lancé fin 1997 à la Bourse de Paris. Cet indice reprend les valeurs de l'indice SBF120 à l'exception de celles figurant dans l'indice CAC 40, avec une base 1 000 au 31 décembre 1990. Il recouvre donc de grandes valeurs de la cote cotées en continu, mais d'une taille plus modeste que celles du CAC 40. La particularité de l'indice SBF 80 est de permettre d'isoler la performance des valeurs de second rang alors que la proportion relative aux valeurs du CAC 40 peut sembler écrasante dans le SBF120. Il est calculé suivant la méthode de pondération par la capitalisation flottante.

Sur le même principe que le SBF 120, le SBF 250 est l'indice représentant l'évolution de l'ensemble du marché de Paris. Il constitue une mesure de référence à long terme pour la gestion des portefeuilles d'actions. Il s'appuie sur une nomenclature économique sectorielle (valeurs industrielles, services, sociétés financières). Son échantillon est composé des valeurs les plus représentatives de chaque secteur. Il est calculé suivant la méthode de pondération par la capitalisation flottante.

L'indice CAC IT est un indice reflétant la performance des valeurs technologiques cotées à Paris. Il a été créé le 29 mars 2000 au sommet de la bulle internet. L'indice représente les valeurs technologiques de l'indice SBF 250. Son échantillon est composé des valeurs des secteurs des logiciels et services informatiques, des équipements destinés aux technologies de l'information, des services de télécommunications, des médias et de la photographie ainsi que des équipements électroniques et électriques. L'indice est calculé suivant la méthode de pondération par la capitalisation flottante avec un coefficient de cappage de 15 %.

Aux côtés de ces indices globaux, Euronext Paris publie une liste d'indices sectoriels qui sont calculés suivant la méthode de la pondération par la capitalisation flottante. Les secteurs d'activités sont issus de la classification « *Industry Classification Benchmark* » (ICB).

2.1.1.2. Les nouveaux indices

La gamme d'indices français comprend six nouveaux indices (CAC Mid 100, CAC Small 90, CAC Mid&Small 190, CAC AllShares, CAC Next 20 et CAC IT 20) depuis le 3 janvier 2005. À l'exception du CAC AllShares qui est estimé par la méthode de pondération par la capitalisation boursière, les nouveaux indices sont calculés suivant la méthode de pondération par la capitalisation flottante.

Le CAC Next 20 représente les 20 valeurs les plus représentatives en termes de capitalisation flottante et de liquidité après les 40 valeurs de l'indice CAC 40 (sélection dans les 60 premières valeurs classées selon la capitalisation flottante et les capitaux échangés). Le poids des titres est plafonné à 15 %.

Le CAC Mid 100 est composé des 100 premières capitalisations qui suivent les 60 valeurs les plus importantes composant les indices CAC 40 et CAC Next 20. Cet indice est inclus dans l'indice SBF 250. Le CAC Small 90 est composé de 90 valeurs affichant les capitalisations les moins élevées au sein de l'indice SBF 250. Ces valeurs par construction suivent immédiatement l'indice CAC Mid 100. Le CAC Mid & Small 190 représente la réunion des indices CAC Mid 100 et CAC Small 90.

Le CAC IT 20 représente les 20 valeurs les plus représentatives en termes de taille et de volume de l'indice CAC IT lui-même composé des valeurs « technologiques » appartenant à l'indice SBF 250.

Le CAC Allshares est composé de toutes les valeurs cotées sur Euronext Paris ayant plus de 5 % de rotation annuelle. L'indice est composé d'au moins 500 valeurs.

Alternext *index* est un indice diffusé depuis le 4 septembre 2006 par Euronext. Il est destiné à devenir un instrument de gestion des portefeuilles spécialisés sur les petites et moyennes capitalisations et, pour les sociétés cotées sur Alternext, un vecteur de promotion supplémentaire auprès de la communauté financière. Ce nouvel indice est pondéré par la capitalisation boursière et calculé sur une base quotidienne [1].

2.1.2. Les indices mondiaux

Les indices mondiaux ici présentés sont classés suivant la zone géographique à laquelle ils se réfèrent.

2.1.2.1. Les indices américains

Certainement le plus connu de tous les indices boursiers mondiaux, le *Dow Jones Industrial Average* (DJIA) est né en 1896. C'est l'indice de référence du premier marché financier mondial : *Wall Street*, i.e. la bourse de New York. Cet indice se compose des 30 plus grosses capitalisations américaines. L'indice DJIA est calculé comme une moyenne pondérée des cours des valeurs qui le composent. En parallèle, d'autres indices Dow

1. *Source* : communiqué de presse d'Euronext du 14 juin 2006.

Jones ont été créés comme le DJTA (*Dow Jones Transportation Average*) qui est un indice des valeurs du transport ou le DJUA (*Dow Jones Utility Average*) représentatif du secteur de l'énergie. Aucun investisseur ne peut ignorer l'évolution du *Dow Jones*. Son évolution donne souvent le ton aux autres places financières : lorsque Wall Street éternue, ce sont les autres places financières mondiales qui s'enrhument.

Le S&P500 est constitué de 500 titres choisis pour leur taille, leur liquidité et la représentation de leur secteur dans l'économie américaine. Le S&P 500 est l'un des indices les plus usités comme référence aux performances des actions aux États-Unis. Il permet de prendre en compte les sociétés présentant de plus faibles capitalisations ne participant pas au calcul de l'indice Dow Jones. La méthodologie de calcul retenue est celle de la pondération par la capitalisation boursière.

Les indices Nasdaq sont des indices représentatifs des valeurs technologiques (biotechnologies, informatique, internet...) a été créé en janvier 1985. Ils sont cotés sur le *Nasdaq Stock Market*. Celui qui est largement diffusé en Europe est le *Nasdaq composite*, calculé à partir de toutes les valeurs américaines et étrangères cotées sur ce marché électronique (plus de 5 500 titres). Le Nasdaq 100, restreint à 100 actions, sert de sous-jacent aux produits dérivés.

2.1.2.2. Les indices asiatiques

Afin d'illustrer la performance de la bourse japonaise, il est fait référence au NIKKEI 225 composé comme son nom l'indique de 225 titres. La méthodologie de calcul employée est celle de la pondération par les cours. Il est diffusé par la société américaine Dow Jones. Compte tenu de sa méthodologie de calcul, on lui préfère l'indice TOPIX (*Tokyo Stock Price Index*) créé en 1969 et publié par le *Tokyo Stock Exchange*. Le TOPIX est un indice ouvert pondéré par les capitalisations boursières des 1 658 valeurs qui le composent. Il constitue un reflet plus fidèle de l'économie japonaise comme en témoigne la surpondération des valeurs du secteur de la consommation et de la finance et la très faible exposition à l'énergie.

En ce qui concerne les autres places asiatiques, on peut citer les indices KOSPI et Hang Seng représentatifs des titres cotés aux bourses de Corée et de Hong-Kong.

2.1.2.3. Les indices européens

On peut distinguer deux catégories d'indices. Les indices nationaux des pays européens et les indices transnationaux.

L'indice DAX, créé en 1988, est l'indice de référence de la Bourse de Francfort. Il est composé des 30 premières capitalisations de la place allemande. La méthodologie retenue est celle de la pondération par la capitalisation avec prise en compte du réinvestissement des coupons des actions qui le composent.

Le FTSE100 est l'indice de référence du marché londonien. Créé en 1984, cet indice est composé des 100 premières capitalisations anglaises. Son mode de calcul est similaire à celui du CAC 40. Tout comme à Paris, l'essentiel des échanges d'actions est réalisé sur les valeurs de cet indice. À Londres, 80 % des transactions opérées portent sur les valeurs du Footsie.

On peut également citer les indices ATX, BEL20, IBEX35, FTSE MIB, AEX et SMI qui sont les indices représentatifs des bourses autrichienne, belge, espagnole, italienne, néerlandaise et suisse. Ces indices sont pondérés par la capitalisation.

Afin de refléter l'évolution des actions européennes, plusieurs indices ont été créés récemment. Parmi ceux-ci, on peut citer la gamme STOXX. L'indice Dow Jones STOXX comprend 660 actions cotées dans les pays de l'Union Européenne. Le Dow Jones Euro STOXX est composé de 360 actions sélectionnées parmi les pays appartenant à la zone Euro. La sélection des indices restreints (50 titres) suit une approche croisant pays et secteurs. Les valeurs sont sélectionnées en fonction des critères de liquidité et de capitalisation en respectant au mieux la répartition sectorielle. Aux côtés des indices géographiques, il existe également des indices STOXX européens sectoriels au nombre de 19. Ces secteurs sont les suivants : assurance, automobile, autres biens de consommation cycliques, autres biens de consommation non cycliques, banque, biens d'équipement et services professionnels, chimie, conglomérats, construction, distribution, énergie, industries agro-alimentaires, matériaux de base, média, pharmacie, services collectifs, services financiers diversifiés, technologie, télécommunication.

On peut également citer les indices Eurofirst nés d'un partenariat entre FTSE et Euronext en avril 2003. Ces indices ont pour objet de concurrencer les indices de la gamme DJ Stoxx. Les deux indices restreints servant de sous-jacent aux produits dérivés sont l'Eurofirst 80 et l'Eurofirst 100. Les indices de cette gamme retiennent les plus importantes sociétés européennes suivant des critères de liquidité (flottant, rotation...) et de représentativité (zones géographiques, secteurs). Le premier indice cité comprend les 60 plus grandes capitalisations flottantes de la zone Euro et 20 autres titres retenus parmi les secteurs économiques moins représentés dans l'indice. Le second indice cité élargit sa zone géographique couverte au Royaume-Uni. Il retient les 60 premières capitalisations flottantes et 40 autres titres pour compléter la couverture sectorielle de l'indice.

2.2. Les indices sectoriels

La première vertu des indices sectoriels consiste à situer la performance boursière d'un secteur par rapport à l'ensemble de l'économie. Comme tous les autres indices, ils permettent également d'étalonner la performance des gérants qui proposent des fonds sectoriels, même si ces derniers, comme cela sera vu ultérieurement dans l'ouvrage, privilégie souvent la surpondération sectorielle à la gestion sectorielle pure.

Plusieurs organismes proposent une classification sectorielle. Les trois principales sont l'*Industry Classification Benchmark* (ICB), la classification *Global Industry Classification Standard* (GICS) et la nomenclature *Thomson Reuters Business Classification* (TRBC).

L'*Industry Classification Benchmark* est une norme née de l'association des sociétés *Dow Jones Index* et FTSE en 2006. Elle a pour vocation à être la référence mondiale en matière de classification sectorielle. Les principales bourses mondiales (Nyse Euronext, *Nasdaq*, *London Stock Exchange*...), les fournisseurs d'indices (Stoxx, *Franck Russell*...) et les médias financiers (*The Financial Times*, *Wall Street Journal*, CNBC...) l'ont déjà adoptée.

L'ICB fournit une structure complète sur 4 niveaux de classification dédiée à l'analyse des industries et des secteurs, ce qui facilite la comparaison des sociétés entre elles. Le système affecte les sociétés au sous-secteur dont la définition décrit le mieux la nature de ses activités. La nature des activités d'une société est déterminée par la source de son chiffre d'affaires ou de la majeure partie de son chiffre d'affaires. Ces 4 niveaux sont les suivants :

– les 10 industries aident les investisseurs à suivre les grandes tendances industrielles ;

– les 19 super-secteurs donnent la possibilité de cerner les conditions macroéconomiques propices aux investissements et aux transactions de marché ;

– les 41 secteurs fournissent un vaste univers de référence aux gestionnaires financiers ;

– les 114 sous-secteurs permettent des analyses qualitatives et quantitatives plus détaillées.

Fin 2010, la base de données de l'ICB contenait un peu plus de 65 000 valeurs provenant des systèmes Dow Jones Indexes et FTSE et couvrait 72 pays. Euronext Paris propose 37 indices sectoriels qui correspondent aux niveaux UCB 1 (10 indices) et UCB 3 (17 indices).

La classification *Global Industry Classification Standard* est une décomposition économique conçue et maintenue par *Morgan Stanley Capital International* (MSCI) et *Standard & Poor's* depuis 1999. Cette nomenclature se veut mondiale, précise, flexible et en constante évolution afin d'être la mieux représentative possible. Cette classification répartit ainsi les sociétés, à l'instar de la classification ICB, sur 4 échelons :

– 10 secteurs ;

– 24 groupes d'industries ;

– 68 industries ;

– 154 sous-industries.

Cette norme est retenue par différents indices en particulier par toute la gamme MSCI et S & P. En 2010, près de 40 000 compagnies (45 000 titres) étaient disponibles dans la base de données GICS.

Développé en 2003 et succédant à la *Reuters Business Sector Schema*, *Thomson Reuters Business Classification* est un système de classification axé sur le marché visant à détecter et afficher l'activité principale d'une société en utilisant les données de *Thomson Reuters*. La base couvre 71 500 entreprises dans plus de 130 pays différents. Cette nomenclature sert de référence aux 8 400 indices Thomson Reuters. À l'instar des autres classifications, elle repose également sur 4 niveaux hiérarchiques :
- 10 secteurs économiques ;
- 25 secteurs d'activité ;
- 52 groupes d'industries ;
- 124 industries.

Tableau 1.1. – *Niveau 1 des trois principales normes sectorielles*

ICB	GICS	TRBC
Pétrole et gaz	Énergie	Matériaux de base
Matériaux de base	Matériels	Consommation cyclique
Industries	Industries	Énergie
Biens de consommation	Consommation discrétionnaire	Finance
Santé	Biens de consommation de base	Santé
Services aux consommateurs	Santé	Industries
Télécommunications	Finance	Consommation non cyclique
Services aux collectivités	Technologies de l'information	Technologies
Sociétés financières	Télécommunications	Télécommunications
Technologies	Services aux collectivités	Services aux collectivités

2.3. Les indices thématiques et de stratégie

Cette dernière catégorie d'indices correspond à celle qui a connu d'importants développements au cours de ces dernières années. On y retrouve ainsi des indices de style parmi lesquels on peut citer des indices de rendement et de croissance. Ces indices retiennent, parmi un univers prédéfini, les titres affichant le meilleur taux de rendement ou le meilleur taux de croissance. Les indices de stratégie regroupent une gamme très large d'indices. On y rencontre notamment des indices de volatilité qui mesurent en temps réel la volatilité implicite calculée à partir des prix d'exercice des options d'achat et de vente sur indices du marché considéré. Certains organismes proposent des indices *Buy-Write*. Cette stratégie également connue sous le nom d'« option d'achat couverte » consiste pour le gérant d'indice à procéder à l'achat simultané de sous-jacents et à la vente d'options d'achat pour un nombre équivalent de sous-jacents. Les indices *Leverage* mesurent la performance d'une stratégie qui consiste à doubler l'exposition à l'indice sous-jacent par le biais d'un financement à court terme. Les indices Short correspondent à une stratégie qui consiste à inverser l'exposition à l'indice sous-jacent par le biais d'une combinaison d'une position vendeuse sur l'indice sous-jacent et une exposition sur un instrument monétaire sans risque. Les indices *XBear* mesurent la performance d'une stratégie semblable à celle des indices Short avec une exposition multipliée (souvent double) et inversée à la variation de l'indice de référence. Certains émetteurs proposent des instruments dérivés sur des indices quantitatifs qu'ils produisent eux-mêmes. On peut citer l'exemple de l'indice SGI WISE US *Long/Short* publié par la Société Générale. Cet indice a pour but de représenter la performance d'une combinaison de positions longues et courtes d'une sélection de titres américains selon un modèle quantitatif propriétaire développé par l'équipe de recherche quantitative de la Société Générale. Le portefeuille « *long* » correspond au décile de notes du modèle les plus élevées et le portefeuille « short » désigne le décile de notes du modèle les plus faibles.

Les indices thématiques portent sur des thèmes qui ne correspondent pas à des secteurs d'activité. Cela peut être aussi bien un indice dédié aux clubs de football européens cotés (*Stoxx Europe Football Index*) qu'un indice dédié aux sociétés émettant la plus faible intensité de dioxyde de carbone dans les secteurs ou les sous-secteurs auxquels elles appartiennent (indice *Low Carbon* 100 *Europe*). On peut également rencontrer des indices de gouvernance comme des indices d'actionnariat salariés qui retiennent les sociétés ayant une part significative d'actionnaires salariés de la société (Euronext FAS IAS) ou des indices de sociétés familiales... Enfin, on peut évoquer les indices socialement responsables qui sélectionnent les titres suivant des critères extra-financiers (*Domini 400 Social Index*, indice ASPI Eurozone...).

Applications de la deuxième partie

Les corrigés sont disponibles sur le site www.lesaoutfinance.com

Exercice 1

Soit le carnet d'ordres de la société Spézet à quelques minutes de l'ouverture de la séance.

Achat		**Vente**	
Q	**P**	**P**	**Q**
650	50,0	49,1	350
250	49,9	49,2	400
650	49,7	49,4	900
1 100	49,5	49,5	1 350
1 450	49,3	49,6	500
1 650	49,1	49,9	1 750
2 250	49,0	50,0	2 500

Indiquer le cours théorique d'ouverture et le volume de titres susceptibles d'être échangés à la suite des ordres entrés dans le système.

Ordres	**CTO**	**Volume**
Achat 150 titres AML		
Achat 750 titres AM		
Vente 1 000 titres à 49,2		
Vente 1 500 titres à 49,3		
Achat 800 titres à 49,4		
Achat 1 000 titres à 49,9		
Vente 1 500 titres à 49,1		
Achat 5 000 titres AM		

Exercice 2

– Soit le carnet d'ordres de la société Cancale.

Achat		**Vente**	
Q	**P**	**P**	**Q**
250	9,80	9,90	100
350	9,75	9,95	200
150	9,70	10,00	300
250	9,65	10,05	150
350	9,60	10,10	450

Indiquer les deux premières lignes du carnet d'ordres à l'arrivée des ordres sur le marché.

Ordre d'achat indexé de 100 titres			
Ordre d'achat de 150 titres à 9,85			
Ordre de vente de 200 titres à 9,70			

Exercice 3

À partir du carnet d'ordres de la société Binic, indiquer la feuille de marché diffusée auprès des investisseurs si les autorités décident d'écraser à nouveau les meilleures limites.

Achat		**Vente**	
Q	**P**	**P**	**Q**
300	AM	AM	400
200	AML	AML	100
450	115	109	500
700	114	110	600
750	113	111	800
800	112	112	1 000
1 200	111	113	1 200
2 500	110	114	2 000

Exercice 4

À 14 h 00, le carnet d'ordres du titre Pont-Aven est le suivant :

Achat		Vente	
Q	**P**	**P**	**Q**
100	42,40	42,50	200
200	42,30	42,60	400
250	42,10	42,80	600
400	42,00	42,90	800
500	41,90	43,00	500

Indiquer la fourchette de prix à la suite des introductions successives des ordres dans le système

Achat 150 titres AML			
Achat 200 titres AML			
Vente 300 titres AM			
Achat 250 titres à 42,60			
Achat 200 titres à 42,50			
Vente 300 titres AML			
Achat 400 titres AM			
Vente 200 titres à 42,25			

Exercice 5

À partir de la fourchette de prix diffusée par un teneur de marché, indiquer à quels cours les ordres initialement introduits ont été exécutés. On suppose que le teneur de marché provoque de lui-même des transactions simultanées sur ses limites lors de leur affichage.

Ordre de vente stop suiveur 3 %

Ordre d'achat stop suiveur 3 %

Ordre d'achat ASD 17,20

Ordre de vente ASD 16,70

Ordre d'achat APD 17 – 16,80

Ordre d'achat APD 17 – 17,20

Ordre de vente APD 16,90 – 16,80

Ordre séquentiel : achat 16,50 – vente 17,60

Ordre alternatif : vente ASD 16,50 – achat 17,20

Achat	Vente
16,40	16,45
16,30	16,40
16,35	16,45
16,40	16,50
16,50	16,55
16,70	16,80
16,90	17,00
16,80	16,90
17,00	17,10
17,10	17,20
17,30	17,40
17,20	17,30
17,00	17,10
16,80	16,90
17,00	17,10
17,20	17,30
17,40	17,50
17,30	17,40
17,20	17,30
17,10	17,20
16,90	17,00
16,70	16,80
16,50	16,60
16,40	16,50
16,60	16,70

Exercice 6

Indiquer les trois premières lignes du carnet d'ordres si un ordre d'achat au marché de 600 titres arrive sur le marché.

Achat		Vente	
Q	P	P	Q
200	133,70	133,50	200
200	133,40	134,00	250
750	133,20		

Exercice 7

Indiquer les deux premières lignes du carnet d'ordres si un ordre d'achat de 400 titres Au Marché est introduit dans le système, sachant que le dernier cours coté est égal à 133,70 euros. Quelles sont les transactions réalisées sur le marché ?

Achat		**Vente**	
Q	**P**	**P**	**Q**
		MO	200
		133,80	300
		134,00	350

Achat		**Vente**	
P	**Q**	**P**	**Q**
		MO	200
		133,60	300
		134,00	450

Exercice 8

À partir du carnet d'ordres de la société Guilvinec, indiquer la première ligne du carnet d'ordres à la suite de l'introduction des ordres suivants :

– ordre de vente de 200 titres à 119,20,
– ordre d'achat de 100 titres à la meilleure limite,
– ordre de vente de 400 titres au marché.

	Achat		**Vente**	
	Q	**P**	**P**	**Q**
Ouv. : 132,50	50	119,40	119,50	100
+ haut : 133,10	200	119,30	119,80	250
+ bas : 119,40	350	119,20	119,90	850
Dernier : 119,50	500	119,00	120,00	1 500
	400	118,90	120,20	1 200

Exercice 9

Calculer la fourchette moyenne pondérée du titre Lanmeur dont la taille normale de bloc est égale à 3 000 titres. Quel prix obtient un investisseur qui souhaite acheter 3 000 titres sur le marché central sachant qu'il existe 250 titres cachés sur chaque ligne ?

Achat		**Vente**	
Q	**P**	**P**	**Q**
450	195,50	195,70	350
850	195,30	195,90	550
950	195,20	196,00	825
850	195,00	196,20	675
1 050	194,80	196,50	950

Exercice 10

À partir des informations suivantes, déterminer le poids de chaque titre dans l'indice selon la méthode de calcul considérée.
- méthode 1 : pondération par la capitalisation boursière ;
- méthode 2 : pondération par la capitalisation flottante ;
- méthode 3 : pondération par la capitalisation flottante plafonnée à 20 %.

Nom	Nb titres	Flottant	Cours
Boquého	9 000	**80 %**	35
Pordic	6 000	**75 %**	32
Langueux	2 000	**70 %**	28
Trégueux	5 000	**75 %**	42
Trémuson	3 000	**100 %**	24
Plédran	8 000	**80 %**	14
Lantic	2 000	**75 %**	18
Trégomeur	4 000	**60 %**	26
Plouvara	6 000	**80 %**	35
Ploumagoar	3 000	**100 %**	15

Exercice 11

Déterminer l'évolution du niveau d'un indice composé de 3 titres, dont les caractéristiques sont précisées ci-après, en utilisant les méthodes de la pondération par les prix et par la capitalisation boursière.

Titres	Kergoat	Pacé	Edée
Nombre	50 000	80 000	100 000

Kergoat	Edée	Pacé	Prix	Capitalisation
50	40	24	100	100
50	40	25		
52	41	28		
54	40	31		
56	40	31		
54	42	29		

Quiz

1. Jusqu'à quelle heure peut-on négocier des actions cotées au fixing sur Eurolist ?

❑ 15 h 30 ❑ 16 h 00 ❑ 16 h 30

2. Quelle est la valeur de l'échelon de cotation lorsque le cours coté est égal à 155 €

❑ 0,01 € ❑ 0,05 € ❑ 0,10 €

3. Chasser l'intrus :

❑ Londres ❑ New York ❑ Bruxelles

4. Le fixing sur Alternext a lieu à :

❑ 15 h 00 ❑ 15 h 30 ❑ 16 h 00

5. À quel compartiment appartient une société présentant une capitalisation boursière de 750 millions d'euros ?

❑ A ❑ B ❑ C

6. Quand se déroule la séance de liquidation du mois de juin 2012 ?

❑ lundi 25/06 ❑ mardi 26/06 ❑ mercredi 27/06

7. Quels sont les niveaux des seuils de réservation statique ?

❑ +/– 5 % ❑ +/– 2 % ❑ +/– 10 %

8. L'action Pabu a clôturé à 40 €. À quel cours minimal peut-elle être cotée le lendemain à 9 h 00 ?

❑ 36 € ❑ 38 € ❑ 39,20 €

9. Le donneur d'ordres avec SRD doit disposer sur son compte d'une couverture en actions de :

❑ 20 % ❑ 25 % ❑ 40 %

10. Quelle est la valeur du MNB des titres appartenant au segment NextTrack ?

❑ 500 000 € ❑ 1 000 000 € ❑ 1 500 000 €

11. De combien de caractères est composé le code ISIN ?

❑ 10 ❑ 12 ❑ 14

12. La fourchette de prix maximale autorisée de l'apporteur de liquidité permanent est :

❑ 2 % ❑ 4 % ❑ 5 %

13. Une action achetée en J peut être revendue à partir de :

❑ J ❑ J + 1 ❑ J + 3

14. La cotation à la criée des valeurs françaises s'est déroulée jusqu'en :

❑ 1974 ❑ 1987 ❑ 1992

15. Comment s'appelle l'indice principal de la bourse de Milan ?
❑ Inter 40 ❑ FTSE MIB ❑ AC 15

16. Quel indice boursier réinvestit les dividendes ?
❑ FTSE 100 ❑ DAX 30 ❑ Nikkei 225

17. Le FTSE 100 est un indice :
❑ anglais ❑ américain ❑ canadien

18. Quel est le coefficient de cappage de l'indice CAC40 ?
❑ 5 % ❑ 10 % ❑ 15 %

19. Chasser l'intrus :
❑ Eurofirst 80 ❑ Euronext 100 ❑ Euro Stoxx 50

20. Quelle est la classification sectorielle retenue par Euronext ?
❑ ICB ❑ FTSE ❑ MSCI

21. À quel type d'ordres correspond l'abréviation MO ?
❑ AM ❑ AML ❑ ASD

22. Jusqu'à quelle heure peut-on négocier en séance les *trackers* ?
❑ 17 h 30 ❑ 17 h 35 ❑ 17 h 40

23. Combien de temps dure la période de *trading at last* pour les valeurs cotées en continu sur Eurolist ?
❑ 1 minute ❑ 5 minutes ❑ 10 minutes

24. Les ordres ASD peuvent se déclencher en pré-ouverture
❑ vrai ❑ faux

25. Un ETC est coté sur le compartiment NexTrack.
❑ vrai ❑ faux

26. Un bloc d'actions peut être acheté sur le marché central.
❑ vrai ❑ faux

27. Un ordre au marché peut être exécuté partiellement.
❑ vrai ❑ faux

28. Un titre acheté par le biais d'un ordre SRD est livré le jour de la liquidation.
❑ vrai ❑ faux

29. Au fixing, un ordre à la meilleure limite participe à la détermination du prix d'équilibre.
❑ vrai ❑ faux

30. Une entreprise peut se financer sur le marché gris.
❑ vrai ❑ faux

TROISIÈME PARTIE

Éléments de gestion de portefeuille

Cette troisième partie constitue une initiation à la gestion de portefeuille. Les deux premiers chapitres présentent les fondements de la théorie moderne de portefeuille et l'analyse de la rentabilité et du risque des actifs. Ceci nous permet d'introduire la notion de frontière efficiente et de présenter les premiers modèles d'évaluation. Un troisième chapitre présente les différents styles de gestion tels la gestion active, la gestion passive et l'investissement socialement responsable. Cette présentation est complétée par une analyse des informations nécessaires à une gestion de portefeuille efficace. Enfin, des éléments de fiscalité des valeurs mobilières font l'objet d'un dernier chapitre.

Chapitre 10

Rentabilité et risque des actifs

La rentabilité et le risque sont des facteurs essentiels dans les processus de décision d'un investissement. Ces deux notions sont étroitement liées. En effet, à tout niveau de rentabilité correspond un niveau de risque. Plus le placement est risqué, plus l'espérance de rentabilité est élevée. Moins le placement est risqué, plus l'espérance de rentabilité est faible. Ainsi, pour un placement sans risque, correspond un taux sans risque. À titre d'exemple, on peut citer les livrets d'épargne qui ne présentent aucun risque mais qui offrent une faible rentabilité. Le graphique 10.1 illustre ce propos en situant les principaux instruments financiers en fonction de leurs niveaux de risque et de rentabilité. Les valeurs mobilières offrant le moins d'espérance de rentabilité sont *a priori* les titres les moins risqués.

Graphique 10.1. – *Couples rentabilité-risque des principaux instruments financiers*

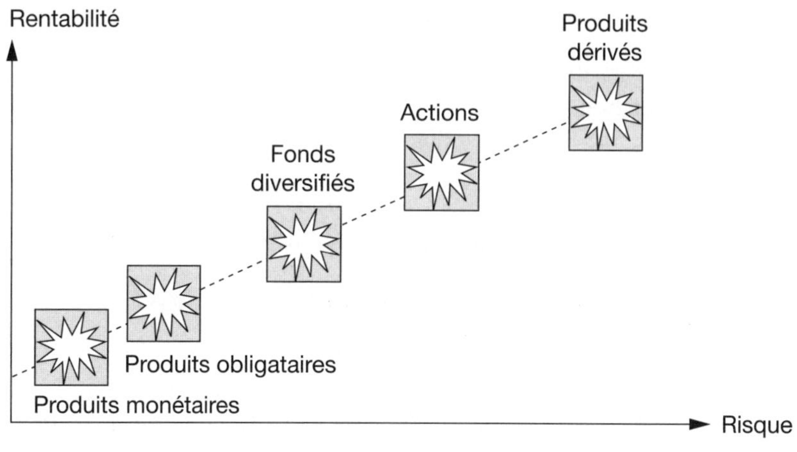

1. L'estimation de la rentabilité

La rentabilité tirée d'un investissement ou d'un placement correspond à l'accroissement de la richesse entre deux dates. La rentabilité représente donc la perte ou le profit dégagé de l'investissement. Elle se mesure par le taux de rentabilité.

La rentabilité provient de deux sources. Premièrement, il s'agit de la perception de rémunération qui est distribuée. Il peut s'agir de dividendes dans le cas des actions, de coupons dans le cas d'obligations ou de loyers dans le cadre d'un investissement locatif. La seconde source de rentabilité provient de la plus ou moins-value dégagée de l'investissement, c'est-à-dire la différence entre le prix d'ouverture de la position et le prix de clôture de la position.

1.1. Estimations du taux de rentabilité

Le taux de rentabilité se définit comme le rapport entre deux valeurs : la valeur du placement et la valeur investie. Ce taux de rentabilité peut être exprimé en temps discret ou en temps continu.

1.1.1. Le taux de rentabilité en temps discret

En temps discret, toutes choses égales par ailleurs, le taux de rentabilité se calcule de la manière suivante :

$$R_t^d = \frac{P_t - P_{t-1} + D_t}{P_{t-1}}$$

La rentabilité est le résultat d'une division. Elle s'obtient en divisant la différence entre les rémunérations perçues du titre et la mise de fonds initiale, par le montant initial.

On peut décomposer le taux de rentabilité en la somme de deux termes :

$$R_t^d = \frac{P_t - P_{t-1}}{P_{t-1}} + \frac{D_t}{P_{t-1}}$$

– Le premier est la plus ou moins-value qui sera effective lors de la clôture de la position.

– Le second est le taux de rendement qui correspond au revenu.

1.1.2. Le taux de rentabilité en temps continu

En temps continu, le taux de rentabilité peut être obtenu de la manière suivante :

$$R_t^c = \mathrm{Ln}\left(\frac{P_t + D_t}{P_{t-1}}\right)$$

Cette écriture repose sur la proposition selon laquelle le taux de rentabilité continu R^c est égal à $\mathrm{Ln}(1 + R^d)$. Dans une telle situation, on suppose que les intérêts sont générés continûment sur la période considérée. Ceci signifie que l'on considère qu'il y a une génération d'intérêt entre t et $t + \Delta t$, i.e. en un intervalle de temps infinitésimal [1].

Bien évidemment, comme pour le taux de rentabilité en temps discret, on peut décomposer en deux termes la rentabilité en temps continu.

$$R_t^c = \mathrm{Ln}\left(\frac{P_t}{P_{t-1}} + \frac{D_t}{P_{t-1}}\right)$$

1.1.3. Exemple

L'exemple ci-après présente l'estimation des taux de rentabilité en temps discret et en temps continu de la société Espern. On peut s'apercevoir que les résultats sont très proches au voisinage de 0.

Tableau 10.1. – *Calcul des rentabilités de l'action Espern*

Cours	Rentabilité	
	Discrète	**Continue**
10,81	–	–
11,40	5,46 %	5,31 %
12,50	9,65 %	9,21 %
11,90	– 4,80 %	– 4,92 %
12,75	7,14 %	6,90 %
12,89	1,10 %	1,09 %
12,72	– 1,32 %	– 1,33 %
12,53	– 1,49 %	– 1,50 %
12,25	– 2,23 %	– 2,26 %
12,18	– 0,57 %	– 0,57 %
11,78	– 3,28 %	– 3,34 %
11,38	– 3,40 %	– 3,45 %

1.2. Les ajustements du taux de rentabilité

À certaines occasions, il peut s'avérer nécessaire de corriger les cours et les montants des dividendes qui sont les éléments déterminant le taux de rentabilité. On peut citer l'ajustement de la rentabilité par le réinvestissement du dividende, à la suite d'une opération sur titre ou tout simplement à la suite d'une modification de la monnaie de transaction comme ce fut le cas lors du passage à l'euro.

Quelle que soit la nature de l'ajustement, on applique en général une correction en amont en multipliant par un coefficient correcteur les cours

1. Voir Hamon (2005) pour une démonstration.

et les dividendes antérieurs à la date de l'opération. Ce coefficient correcteur peut se calculer de la manière suivante :

$$\text{Coefficient correcteur} = \frac{\text{Cours théorique après opération}}{\text{Cours avant opération}}$$

On peut bien entendu multiplier par ce coefficient les cours et les dividendes en aval, mais cela demeure rare dans la mesure où il conviendrait de procéder aux corrections pour chaque nouveau cours. C'est pourquoi dans les bases de données boursières, les cours antérieurs sont ajustés.

1.2.1. Ajustement de la rentabilité par le réinvestissement du dividende

La formule générale d'estimation du taux de rentabilité, que ce soit en temps discret ou en temps continu, considère que la distribution du dividende intervient en fin de période, ce qui n'est pas forcément le cas. Le résultat du calcul est donc susceptible d'être biaisé. Pour apporter une correction, il convient d'employer la formule suivante [1] :

$$R_t = \frac{P_{xd} + D}{P_{t-1}} \times \frac{P_t}{P_{xd}} - 1$$

où P_{xd} est le premier cours coté après le détachement du dividende.

Exemple

La société Brenner cotait 100 euros le 1er juillet 2007. Au 31 juillet suivant, son cours s'élevait à 102 euros. La rentabilité s'élève donc à :

$$\frac{102 - 100}{100} = 2\ \%$$

La société a distribué un dividende le 15 janvier s'élevant à 2 euros et le cours après le détachement du dividende s'établissait à 101 euros. La formule initiale aboutit à une rentabilité de :

$$\frac{102 + 2 - 100}{100} = 4\ \%$$

Si on applique la formule prenant en compte le réinvestissement du dividende détaché, la rentabilité s'établit désormais à :

$$\frac{101 + 2}{100} \times \frac{102}{101} - 1 = 4{,}019\ \%$$

Le niveau de rentabilité peut s'obtenir également de la manière qui suit. Le dividende de 2 euros permet à l'investisseur d'acquérir 0,019 action au cours de 101 euros. Ainsi, au 31 janvier 2007, le capital de l'investisseur

1. On considère ici le cas discret. La correction réalisée est équivalente dans le cas du temps continu.

s'élève à $1{,}019 \times 102$ soit 104,019 euros. On retrouve une variation de 4,019 %.

1.2.2. Ajustement de la rentabilité à la suite d'une opération sur capital

Il se peut que la société ait procédé pendant la période de détention à une opération sur son capital : une augmentation de capital, une réduction du nominal, une attribution d'actions gratuites. Une telle opération n'est pas sans influence sur le niveau de cours. Il convient donc de réajuster les cours afin de calculer le taux de rentabilité.

Soient :

P_{t-1} : le cours de l'action ancienne à la fin de la période $t-1$ avant l'opération sur capital ;

P_t : le cours de l'action nouvelle à la fin de la période t après l'opération sur capital ;

Q_{t-1} : le nombre de titres possédés avant l'opération sur capital ;

Q_t : le nombre de titres possédés après l'opération sur capital ;

Le taux de rentabilité s'obtient par la formule qui suit :

$$R_t = \frac{Q_t \times P_t}{Q_{t-1} \times P_{t-1}} - 1$$

On peut également aboutir au même résultat en corrigeant les cours antérieurs à l'opération sur le capital par un coefficient correcteur.

1.3. Estimations de la moyenne des taux de rentabilité

L'agrégation des taux de rentabilité peut recourir à une moyenne géométrique ou à une moyenne arithmétique.

1.3.1. Moyenne arithmétique de taux de rentabilité

L'estimation de la moyenne des taux de rentabilité apparaît au premier abord assez aisée. La solution qui vient en premier à l'esprit est de calculer la moyenne arithmétique des rentabilités périodiques. Le tableau 10.2 décrit l'évolution des cours et des rentabilités discrètes et continues de l'action Amossé. On suppose que l'entreprise ne distribue pas de dividende durant les périodes analysées.

Tableau 10.2. – *Estimation des rentabilités de la société Amossé*

Période	Cours	Rentabilité discrète	Rentabilité continue
0	50	–	–
1	55	10,0 %	9,5 %
2	60,5	10,0 %	9,5 %
3	48,4	– 20,0 %	– 22,3 %

La moyenne arithmétique des rentabilités périodiques en temps discret se calcule de la manière suivante :

$$R_A = \frac{\sum_{t=1}^{T} R_t}{T}$$

Dans le cadre de l'exemple, on a ainsi :

$$R_A = \frac{10\ \% + 10\ \% - 20\ \%}{3} = 0\ \%$$

On obtient une rentabilité nulle alors que l'on a enregistré une perte en capital. Le recours à la moyenne arithmétique conduit donc à une estimation biaisée.

En revanche si on considère la moyenne arithmétique des rentabilités périodiques en temps continu, on obtient :

$$R_A = \frac{9{,}5\ \% + 9{,}5\ \% - 22{,}3\ \%}{3} = -\ 1{,}08\ \%$$

De cet exemple, il faut retenir que la moyenne arithmétique des taux de rentabilité élémentaires n'a de réel sens que si les taux de rentabilité retenus sont des taux composés en continu.

Soient P le cours ajusté des dividendes et T le nombre de sous-périodes prises en compte, la moyenne arithmétique s'obtient de la manière qui suit :

$$R_A = \frac{1}{T}\,\mathrm{Ln}\left(\frac{P_T}{P_0}\right) = \frac{1}{T}\,\mathrm{Ln}\left(\frac{P_1}{P_0} \times \frac{P_2}{P_1} \times \cdots \times \frac{P_T}{P_{T-1}}\right)$$

soit encore :

$$R_A = \frac{1}{T}\left[\mathrm{Ln}\left(\frac{P_1}{P_0}\right) + \mathrm{Ln}\left(\frac{P_2}{P_1}\right) + \cdots + \mathrm{Ln}\left(\frac{P_T}{P_{T-1}}\right)\right] = \frac{1}{T}\left[\sum_{t=1}^{T} \mathrm{Ln}\left(\frac{P_t}{P_{t-1}}\right)\right]$$

ou encore :

$$R_A = \frac{1}{T}\left[\sum_{t=1}^{T} R_t^c\right]$$

En présence de dividendes, il conviendra de s'interroger sur le réinvestissement du dividende et notamment sur le taux auquel il est réinvesti.

1.3.2. Moyenne géométrique de taux de rentabilité

Si on retient les taux de rentabilité en temps discret calculés sur trois périodes, on peut écrire que :

$$P_1 = P_0 \times (1 + R_1^d)\,, \quad P_2 = P_1 \times (1 + R_2^d) \quad \text{et} \quad P_3 = P_2 \times (1 + R_3^d)$$

Le regroupement de ces égalités conduit à cette nouvelle égalité :

$$P_3 = P_0 \times (1+R_1^d) \times (1+R_2^d) \times (1+R_3^d)$$

En reprenant les données de l'exemple précédent, on peut vérifier que 48,4 = 50 × (1 + 10 %) × (1 + 10 %) × (1 – 20 %).

Le taux moyen géométrique est le taux r_G qui s'obtient de la manière qui suit :

$$(1+R_G)^3 = (1+R_1^d) \times (1+R_2^d) \times (1+R_3^d)$$

On en déduit : $R_G = \sqrt[3]{(1+R_1^d) \times (1+R_2^d) \times (1+R_3^d)} - 1$

Appliqué à l'exemple précédent, on retrouve un taux géométrique égal à :

$$\sqrt[3]{(1+10\,\%) \times (1+10\,\%) \times (1-20\,\%)} - 1 = -1{,}08\,\%$$

La généralisation de ce résultat aboutit aux formules suivantes :

$$R_G = \sqrt[T]{\frac{P_T}{P_0}} - 1 \quad \text{ou} \quad (1+R_G)^T = \frac{P_T}{P_0}$$

On peut également écrire, à partir des taux de rentabilité discret, la formule suivante :

$$R_G = \left\{ \prod_{t=1}^{T} \left[1 + \left(\frac{P_t}{P_{t-1}} - 1 \right) \right] \right\}^{\frac{1}{T}} - 1$$

soit :

$$R_G = \left[\prod_{t=1}^{T} (1+R_t^d) \right]^{\frac{1}{T}} - 1$$

1.4. L'espérance de rentabilité

L'investisseur va se décider à investir en fonction de l'espoir d'obtenir dans le futur un montant préféré à la valeur de son investissement initial. Il convient donc de mettre en relation ce que l'on espère obtenir dans le futur par rapport à l'argent qu'on investit aujourd'hui. Ce désir se traduit par la notion d'espérance mathématique de la rentabilité.

L'espérance mathématique de la rentabilité correspond à la somme des N rentabilités R_j pondérées par leurs probabilités de réalisation Pr_j :

$$E(R_i) = \sum_{j=1}^{N} \mathrm{Pr}_j \times R_j \quad \text{avec} \quad \sum_{j=1}^{N} \mathrm{Pr}_j = 100\,\%$$

Exemple

Une enquête réalisée auprès d'analystes financiers sur le potentiel de l'action Gloaguen aboutit à 5 scénarii possibles.

Tableau 10.3. – *Présentation des scénarii sur l'évolution du cours de la société Gloaguen*

Scénario	Probabilité	Rentabilité	Pr × *R*
1	10 %	– 11 %	– 1,10 %
2	20 %	– 2 %	– 0,40 %
3	30 %	1 %	0,30 %
4	25 %	5 %	1,25 %
5	15 %	8 %	1,20 %
Somme	100 %	–	1,25 %

L'espérance de rentabilité de la société Gloaguen s'établit ainsi à 1,25 %.

Remarque

L'espérance mathématique n'est pas une anticipation. Il s'agit juste d'une moyenne de taux de rentabilité possibles multipliés chacun par la probabilité qu'il atteigne cette valeur. Ainsi, si on considère l'exemple d'un jeu de pile ou face. L'espérance est égale à 0,5, or le résultat ne peut être égal qu'à 0 ou 1. Il y a bel et bien une différence entre un taux de rentabilité anticipé et la moyenne des rentabilités.

1.5. La rentabilité d'un portefeuille

La rentabilité d'un portefeuille correspond à la moyenne pondérée des rentabilités des différents titres composant le portefeuille. Ainsi on note :

$$R_{P,t} = \sum_{i=1}^{N} X_i R_{i,t} \quad \text{avec} \quad \sum_{i=1}^{N} X_i = 100\ \%$$

où $R_{P,t}$, est la rentabilité d'un portefeuille à la date t, $R_{i,t}$ correspond à la rentabilité du titre i à la date t et X_i désigne le poids du titre i dans le portefeuille, et N est le nombre de titres dans le portefeuille.

Exemple

Soient cinq titres composant deux portefeuilles A et B dont on indique les cours en début et fin de période d'étude ainsi que la rentabilité estimée.

Date	ACC	ALU	GEC	IFG	LAF
T_0	35,90	10,21	58,3	4,45	70,60
T_1	36,14	13,28	58,5	3,90	65,75
Rentabilité	0,67 %	30,07 %	0,34 %	– 12,36 %	– 6,87 %

La composition des portefeuilles A et B est donnée ci-après. Ceci nous permet de calculer les pondérations de chaque titre au sein des portefeuilles lors de leur constitution. Les valeurs au 1er janvier des portefeuilles A et B sont ainsi respectivement égales à 11 533 et 12 507 euros.

	Titres	ACC	ALU	GEC	IFG	LAF
A	**Nombre**	50	300	40	500	30
	Valeur	1 795	3 063	2 332	2 225	2 118
	Poids	15,56 %	26,56 %	20,22 %	19,29 %	18,36 %
B	**Nombre**	50	200	50	500	50
	Valeur	1 795	2 042	2 915	2 225	3 530
	Poids	14,35 %	16,33 %	23,31 %	17,79 %	28,22 %

Dans un premier temps, on calcule les rentabilités pondérées de chaque titre, puis il suffit d'en faire la somme pour connaître la rentabilité des portefeuilles.

	ACC	ALU	GEC	IFG	LAF	Somme
A	0,104 %	7,986 %	0,069 %	– 2,384 %	– 1,262 %	4,513 %
B	0,096 %	4,909 %	0,080 %	– 2,199 %	– 1,939 %	0,947 %

Le portefeuille A a obtenu ainsi une meilleure rentabilité que le portefeuille B puisqu'elle s'établit à 4,51 % contre 0,947 % du fait des pondérations plus judicieuses effectuées.

Remarque

La rentabilité d'un portefeuille peut également s'obtenir en appliquant la formule du taux de rentabilité à la valeur du portefeuille V_t. On a ainsi :

$$R_{p,t} = \text{Ln}\left(\frac{V_t}{V_{t-1}}\right)$$

En appliquant cette formule aux portefeuilles créés à l'occasion de l'exemple précédent, on retrouve bien les mêmes résultats.

	T_0	T_1	**Rentabilité**
A	11 533	12 053,5	4,513 %
B	12 507	12 625,5	0,947 %

La limite d'un tel calcul réside dans le fait que l'on ne prend pas en compte d'éventuels flux de liquidité dans le portefeuille.

2. L'estimation du risque

« *There's no free lunch* » est une des devises qui règne sur les marchés financiers. Il n'y a pas de repas gratuit, i.e. il n'y a pas de rentabilité sans risque. Le risque est la contrepartie indissociable de la recherche d'une meilleure rentabilité. Toute prise de risque doit être rémunérée. Toute comparaison de performance de portefeuilles [1] ne peut s'effectuer à partir de la seule rentabilité. Il convient d'analyser le risque de l'investissement. En effet, si on compare deux portefeuilles présentant le même niveau de rentabilité, on privilégiera le portefeuille le moins risqué.

Il existe différents types de risques : risque d'exploitation, risque d'inflation, risque de défaut, risque de change… On ne développe pas ici ces différents risques qui sont susceptibles d'affecter la rentabilité et on en restera à une définition générale selon laquelle le risque traduit la probabilité que le taux de rentabilité espéré ne se réalise pas. En d'autres termes, on peut définir le risque comme l'incertitude relative à la valeur d'un investissement à une date future.

2.1. Le risque ex-post

Afin d'évaluer les variations des rentabilités par période, on utilise en règle générale l'écart-type pour mesurer leur ampleur. L'écart-type mesure la dispersion de la rentabilité autour de sa moyenne.

Ainsi, si on analyse les performances d'une action i, sur un horizon de T périodes, on calcule la variance par la formule suivante [2] :

$$\sigma_i^2 = \frac{1}{T}\sum_{t=1}^{T}(R_{i,t} - \overline{R}_i)^2$$

où $R_{i,t}$ est la rentabilité de l'action i au cours de la période t, et $\overline{R}_i$ est la rentabilité moyenne.

1. Voir Aftalion et Poncet (2003).

2. Il s'agit ici de la formule de la variance d'une population entière. C'est cette formule qui est retenue tout au long de l'ouvrage. Si on considère un échantillon, il serait bienvenu de considérer l'estimateur sans biais suivant :

$$\sigma_i^2 = \frac{1}{T-1}\sum_{t=1}^{T}(R_{i,t} - \overline{R}_i)^2$$

On peut également écrire la variance de la manière suivante :

$$\sigma_i^2 = \frac{1}{T}\sum_{t=1}^{T} R_{i,t}^2 - \overline{R}_i^2$$

L'écart-type correspond à la racine carrée de la variance de ces taux de rentabilité.

Remarque

Il est d'usage d'exprimer le risque en unité annuelle. On emploie alors le terme de volatilité. Sous l'hypothèse de taux de rentabilité indépendants les uns des autres, la variance est proportionnelle au temps écoulé. L'annualisation d'une volatilité estimée sur des données rythmées mensuellement sera alors obtenue en la multipliant par la racine carrée du nombre de mois dans l'année. L'annualisation d'une volatilité estimée sur des données hebdomadaires sera même obtenue en la multipliant par la racine carrée du nombre de semaines dans l'année. Quant à l'annualisation de l'estimation quotidienne de la volatilité, elle nécessite une hypothèse supplémentaire. On suppose qu'il y a en moyenne 250 séances de bourse. On multiplie donc l'écart-type par $\sqrt{250}$.

Exemple

Soit une série de cours mensuels de l'action Chalony. On va estimer son niveau de volatilité suivant les deux formules proposées.

Cours	**Rentabilité**	**Écart**	**Écart²**
12,51	–	–	–
12,47	– 0,32 %	0,42 %	0,002 %
13,31	6,52 %	7,26 %	0,527 %
12,29	– 7,97 %	– 7,23 %	0,523 %
12,15	– 1,15 %	– 0,40 %	0,002 %
11,50	– 5,50 %	– 4,75 %	0,226 %
10,82	– 6,10 %	– 5,35 %	0,286 %
11,00	1,65 %	2,39 %	0,057 %
11,70	6,17 %	6,91 %	0,478 %
11,70	0,00 %	0,74 %	0,006 %
Moyenne	– 0,74 %	**Somme**	2,11 %

On en déduit une variance égale à 0,234 %, un écart-type égal à 4,838 % et une volatilité annualisée s'élevant à 16,76 %.

On obtient un résultat identique en retenant la seconde formule d'estimation de la variance proposée.

Cours	Rentabilité	Rentabilité^2
12,51	–	–
12,47	– 0,32 %	0,001 %
13,31	6,52 %	0,425 %
12,29	– 7,97 %	0,636 %
12,15	– 1,15 %	0,013 %
11,50	– 5,50 %	0,302 %
10,82	– 6,10 %	0,371 %
11,00	1,65 %	0,027 %
11,70	6,17 %	0,381 %
11,70	0,00 %	0,000 %
Moyenne	– 0,74 %	0,240 %

On en déduit une variance égale à :

$$0{,}240\ \% - (-0{,}744\ \%)^2 \quad \text{soit} \quad 0{,}234\ \%.$$

2.2. *Le risque ex-ante*

La mesure de la prévision du risque s'effectue elle aussi à partir du calcul de l'écart-type à la différence près qu'intervient dans son calcul non pas la moyenne des rentabilités historiques mais l'espérance mathématique des rentabilités. C'est la technique dite de l'enquête. En effet, à partir d'enquêtes d'opinions, on peut obtenir des distributions de probabilité sur les anticipations d'évolution d'un cours et en déduire la volatilité. Une approche similaire consiste à estimer la dispersion des prévisions d'analystes financiers, sur une grandeur telle que le prochain bénéfice par action d'une société cotée. On peut également envisager le cas de l'investisseur qui, lors de la constitution d'un portefeuille, va estimer son espérance future de gain en associant à chaque rentabilité envisagée une probabilité d'apparition. On estimera que la distribution de cette probabilité suit une loi normale.

Le calcul de la variance s'effectue de la manière suivante :

$$\sigma_i^2 = \sum_{x=1}^{X} \mathrm{Pr}_{i,x}\left(R_{i,x}^a - E(R_i)\right)^2$$

où $R_{i,x}^a$ correspond à la rentabilité anticipée du titre i selon le scénario x.

On peut également écrire la variance *ex-ante* de la manière suivante :

$$\sigma_i^2 = \sum_{x=1}^{X} \mathrm{Pr}_{i,x} \times {R_{i,x}^a}^2 - E(R_i)^2$$

Exemple

D'après un sondage d'opinions, il existe cinq scénarii possibles sur l'évolution à un mois du cours de l'action Quilliec.

Prob.	**Rent.**	**Pr × R**	**Écart**	**Écart**^{2}	**Pr. × Écart**^{2}
10 %	– 8,0 %	– 0,80 %	– 8,40 %	0,71 %	0,07 %
20 %	– 4,0 %	– 0,80 %	– 4,40 %	0,19 %	0,04 %
40 %	1,0 %	0,40 %	0,60 %	0,00 %	0,00 %
20 %	4,0 %	0,80 %	3,60 %	0,13 %	0,03 %
10 %	8,0 %	0,80 %	7,60 %	0,58 %	0,06 %
100 %	**Somme**	0,40 %		**Somme**	0,194 %

On en déduit une variance égale à 0,194 % soit un écart-type de 4,409 % et donc une volatilité de 15,27 %.

On obtient le même résultat en retenant la seconde formule d'estimation de la variance proposée.

Prob.	**Rent.**	**Rent.**^{2}	**Pr. × R**	**Pr. × R**^{2}
10 %	– 8,0 %	0,64 %	– 0,80 %	0,06 %
20 %	– 4,0 %	0,16 %	– 0,80 %	0,03 %
40 %	1,0 %	0,01 %	0,40 %	0,00 %
20 %	4,0 %	0,16 %	0,80 %	0,03 %
10 %	8,0 %	0,64 %	0,80 %	0,06 %
100 %		**Somme**	0,40 %	0,196 %

La différence 0,196 % – (0,40 %)^2 est bien égale à 0,194 %.

2.3. La distribution normale

Si la distribution des taux de rentabilité est normale, l'espérance et la variance synthétisent parfaitement toute la distribution. En effet, la connaissance de ces deux paramètres permet de calculer la probabilité que les taux de rentabilité de l'actif considéré se situent dans un intervalle donné.

La loi normale ou de Laplace-Gauss est l'une des distributions statistiques que l'on rencontre le plus fréquemment dans la pratique. C'est cette loi qui s'applique à une variable aléatoire d'un grand nombre de causes indépendantes dont les effets s'additionnent.

L'analyse du couple rentabilité-risque repose notamment sur l'hypothèse d'une distribution normale des rentabilités. En quoi cette hypothèse est-elle importante ? La connaissance de la loi suivie par les rentabilités peut permettre à l'investisseur de connaître les risques encourus selon un niveau de probabilité.

En effet, si on considère que la moyenne des rentabilités d'un titre est égale à 5 % et que la volatilité s'élève à 20 %, l'hypothèse d'une loi normale permet de dire que :

– 66 % des rentabilités sont comprises entre – 15 % et 25 % : $[m - \sigma ; m + \sigma]$;

– 95 % des rentabilités sont comprises entre – 35 % et 45 % : $[m - 2\sigma ; m + 2\sigma]$.

Dans la pratique, la validation de cette hypothèse laisse quelque peu à désirer en particulier si on considère des rentabilités quotidiennes. Pour des rentabilités périodiques plus espacées, la loi normale semble être une approximation relativement correcte.

Graphique 10.2. – *Distribution des rentabilités quotidiennes de l'indice CAC 40*

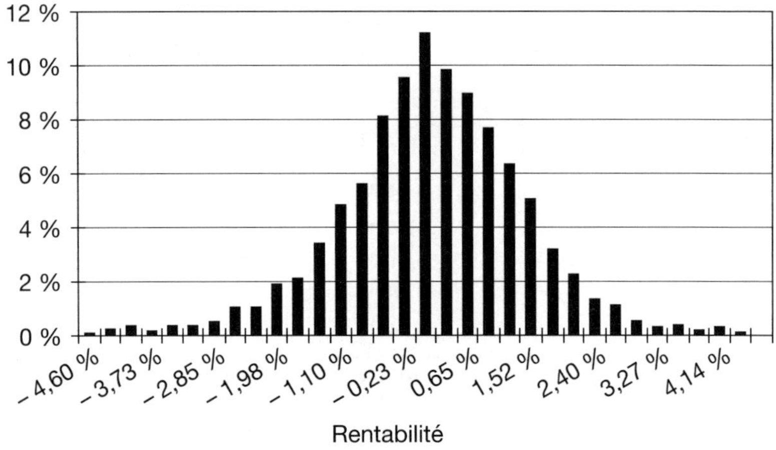

2.4. Le risque d'un portefeuille

Contrairement à la rentabilité, on ne se contente pas d'agréger les risques individuels pour estimer le risque d'un portefeuille composé de plusieurs titres. On doit introduire les notions de covariance et de corrélation. En effet, établir le risque d'un portefeuille à la seule agrégation des risques de chaque titre qui le compose ne suffit pas. Il faut prendre en compte les covariations de chaque titre entre eux, i.e. l'évolution conjointe qu'ont les titres.

2.4.1. *Principe général*

Soit un portefeuille composé de deux titres *i* et *j*. La covariance entre les taux de rentabilité des deux titres *i* et *j* se calcule de la manière suivante :

$$\text{Cov}_{i,j} = \frac{1}{T}\sum_{t=1}^{T}(R_{i,t} - \overline{R}_i) \times (R_{j,t} - \overline{R}_j) = \sigma_{ij}$$

L'interprétation de la covariance porte essentiellement sur son signe : il est positif, négatif ou nul. Si les écarts par rapport à leur moyenne des deux titres ont tendance à être simultanément positifs, la covariance sera également positive. On en déduit que les deux taux de rentabilité ont tendance à varier dans le même sens. De même, si la covariance est négative, on conclut que les deux variables ont tendance à évoluer en sens opposés. Enfin, dans le cas où la covariance est nulle, cela signifie que les deux variables sont indépendantes.

Afin de se faire une idée de l'intensité du lien entre les évolutions des deux rentabilités, il convient de normaliser la covariance en la divisant par le produit des écarts-types des deux taux de rentabilité. On obtient ainsi le coefficient de corrélation qui est de signe identique à celui de la covariance car σ_i et σ_j sont de signe positif. Du fait de sa normalisation, le coefficient est nécessairement compris entre – 1 et + 1.

$$\rho_{ij} = \frac{\sigma_{ij}}{\sigma_i \sigma_j}$$

Un coefficient de corrélation positif indique que les taux de rentabilité des deux titres ont tendance à évoluer dans le même sens. Plus ce coefficient se rapproche de 1, plus les variations des rentabilités deviennent proportionnelles. À l'inverse, plus ce coefficient se rapproche de – 1, plus les variations sont opposées.

Le graphique 10.3 illustre les cas de titres parfaitement corrélés positivement et négativement et le cas de deux titres peu corrélés.

Graphique 10.3. – *Corrélations entre titres*

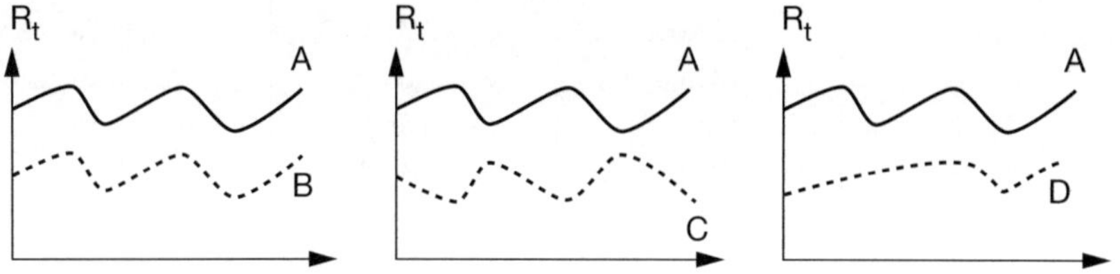

Le risque d'un portefeuille composé de deux titres sera ainsi obtenu de la manière qui suit :

$$\sigma_P^2 = q_i^2 \sigma_i^2 + q_j^2 \sigma_j^2 + 2 q_i q_j \sigma_{ij}$$

où q_i et q_j correspondent aux proportions des titres i et j dans le portefeuille.

Si le portefeuille est constitué à partir de N titres, on obtient :

$$\sigma_P^2 = \sum_{i=1}^{N} \sum_{j=1}^{N} q_i q_j \sigma_{ij}$$

Pour estimer le risque d'un portefeuille, il faut donc calculer l'expression $q_i q_j \sigma_{ij}$ pour tous les couples d'actions faisant partie du portefeuille. On peut noter que lorsque $i = j$, on a $\sigma_{ii} = \sigma_i^2$.

Le risque d'un portefeuille peut aussi s'écrire en fonction du niveau de la corrélation entre les titres :

$$\sigma_P^2 = \sum_{i=1}^{N} \sum_{j=1}^{N} q_i q_j \times \rho_{ij} \times \sigma_i \sigma_j$$

Cette expression permet de mettre en relief l'influence des coefficients de corrélation sur la variance du portefeuille. Pour des écarts-types donnés, plus faible sera la corrélation qui unit les titres, plus faible sera la variance du portefeuille.

2.4.2. *Exemple*

Considérons l'exemple d'un portefeuille composé de deux titres : les actions Mercier et Sigoyer. Ce portefeuille est détenu pendant 12 mois.

Cours		**Rentabilité**	
Mercier	**Sigoyer**	**Mercier**	**Sigoyer**
35,21	73,50	–	–
36,08	84,00	2,44 %	13,35 %
33,35	100,00	– 7,87 %	17,44 %
31,09	97,50	– 7,02 %	– 2,53 %
30,39	121,70	– 2,28 %	22,17 %
31,42	117,00	3,33 %	– 3,94 %
32,38	131,60	3,01 %	11,76 %
24,82	125,50	– 26,59 %	– 4,75 %
23,28	120,50	– 6,41 %	– 4,07 %
18,93	132,50	– 20,68 %	9,49 %
19,94	139,90	5,20 %	5,43 %
25,25	148,80	23,61 %	6,17 %
23,58	144,20	– 6,84 %	– 3,14 %
		– 3,34 %	5,62 %

Les sommes des écarts par rapport à la moyenne au carré pour les actions Mercier et Sigoyer s'élèvent respectivement à 18,16 % et 9,62 %. La somme des produits des écarts par rapport à leur moyenne est égale pour sa part à 2,61 %.

On en déduit les caractéristiques suivantes pour les titres Mercier et Sigoyer.

	Mercier	Sigoyer
Rentabilité	– 3,34 %	5,62 %
Variance	1,5130 %	0,8018 %
Écart-type	12,30 %	8,95 %
Covariance	0,218 %	
Corrélation	19,77 %	

Admettons que nous ayons un portefeuille pondéré à 60 % de titres Mercier et à 40 % de titres Sigoyer. Nous pouvons calculer la rentabilité et la variance de ce portefeuille et constater la réduction du niveau de risque.

	Mercier	Sigoyer	Total
Composition	60 %	40 %	100 %
Rentabilité	– 3,34 %	5,62 %	0,24 %
Variance	1,51 %	0,80 %	0,78 %
Écart-type	12,30 %	8,95 %	8,82 %
Volatilité	42,61 %	31,02 %	30,55 %

Le résultat obtenu aurait pu également être retrouvé à partir de l'évolution de la valorisation du portefeuille composé des titres Mercier et Sigoyer.

Chapitre 11

Les bienfaits de la diversification

Dans le prolongement du chapitre précédent, on va mettre en relief les conséquences de la diversification sur le niveau de risque du portefeuille et introduire la notion de frontière efficiente qui fut formalisée par Harry Markowitz, lauréat du prix Nobel d'économie en 1990.

1. Diversification et corrélation

La diversification consiste à répartir son investissement sur plusieurs titres de manière à en réduire le risque. En d'autres termes, on recherche une combinaison d'actifs financiers qui permet d'obtenir un niveau de risque plus faible que lorsque les titres sont pris individuellement. La diversification est dite efficace lorsque la réduction du risque est maximale, soit dans l'absolu, soit pour un niveau d'espérance de rentabilité donné.

On considère un nouvel exemple de portefeuille constitué à parts égales de deux titres A et B répondant aux caractéristiques suivantes :

	Titre A	**Titre B**
Rentabilité	12 %	12 %
Écart-type	6 %	6 %

On va tout d'abord étudier l'incidence du coefficient de corrélation sur le niveau de risque de ce portefeuille en présentant les trois cas extrêmes : des corrélations parfaitement positives et négatives et une indépendance absolue entre les deux titres.

– $\rho_{AB} = +1$: les actifs sont parfaitement corrélés.

$$\sigma^2_{Pf} = 0{,}5^2 \times 0{,}06^2 + 0{,}5^2 \times 0{,}06^2 + 2 \times 0{,}5 \times 0{,}5 \times 0{,}06 \times 0{,}06$$
$$= 0{,}0036$$

La volatilité du portefeuille est égale à 6 %, c'est-à-dire le même écart-type que chaque titre pris individuellement. La diversification est donc sans effet lorsque les poids des titres au sein du portefeuille sont identiques.

– $\rho_{AB} = -1$: les actifs sont parfaitement négativement corrélés.

$$\sigma_{Pf}^2 = 0,5^2 \times 0,06^2 + 0,5^2 \times 0,06^2 - 2 \times 0,5 \times 0,5 \times 0,06 \times 0,06$$
$$= 0$$

La volatilité du portefeuille est donc nulle. Un actif sans risque a été créé. La diversification élimine totalement le risque supporté par l'investisseur. Cela est rendu possible du fait de la répartition à parts égales de chaque titre [1].

– $\rho_{AB} = 0$: les actifs sont non corrélés.

$$\sigma_{Pf}^2 = 0,5^2 \times 0,06^2 + 0,5^2 \times 0,06^2 = 0,0017$$

Dans une telle situation, les deux titres ont des évolutions indépendantes. En dépit de l'absence de relation entre les deux titres, il existe un certain niveau possible de diversification. Dans le cas présent, la diversification permet de réduire la volatilité à hauteur de 4,24 %.

À l'aide de cet exemple, on a pu caractériser l'influence du coefficient de corrélation entre les rentabilités de deux titres sur l'efficacité de la diversification qui s'opère. Elle peut être sans effet si le coefficient de corrélation est égal à 1 tandis qu'elle peut être totale lorsque le coefficient de corrélation est égal à – 1. Les graphiques 11.1 à 11.3 illustrent ce résultat. On peut constater qu'à l'exception du cas où les titres sont parfaitement corrélés et présentent un niveau de risque identique, le risque du portefeuille composé de deux titres est systématiquement réduit sans engendrer une baisse de l'espérance de rentabilité.

Graphique 11.1. – *Composition de deux titres parfaitement corrélés positivement*

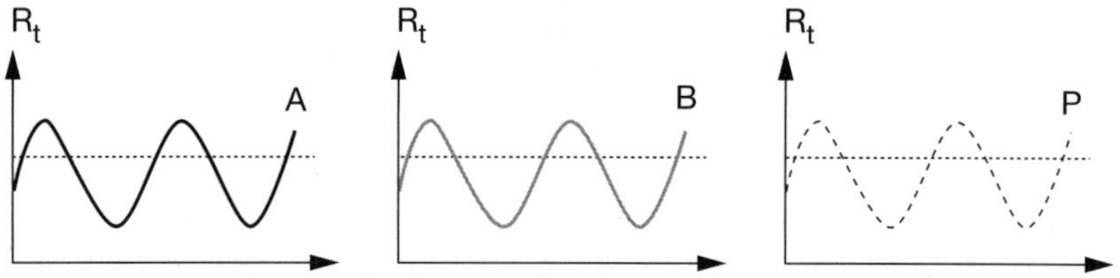

1. Un portefeuille composé de deux titres parfaitement négativement corrélés n'implique pas systématiquement un niveau de risque nul.

Graphique 11.2. – *Composition de deux titres parfaitement corrélés négativement*

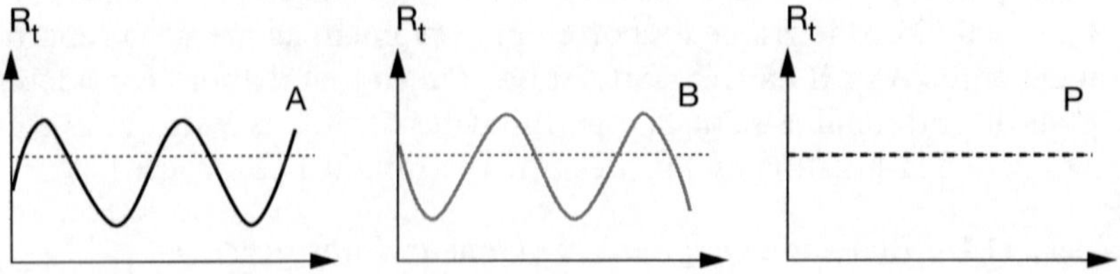

Graphique 11.3. – *Composition de deux titres peu corrélés*

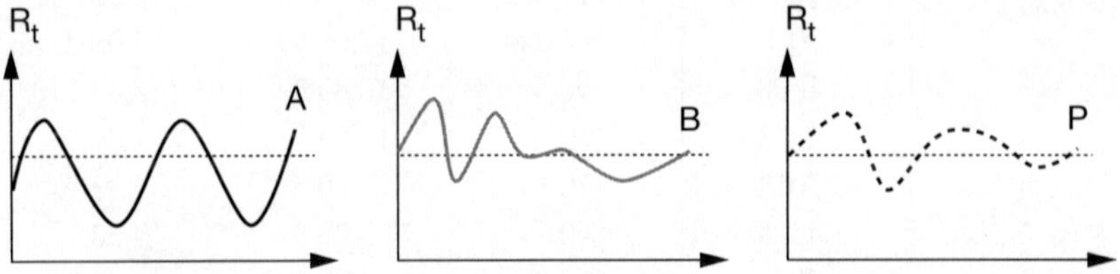

2. La frontière efficiente

Cette section a pour objet la construction d'une frontière de portefeuilles dits efficients. La démonstration va être appliquée à partir d'un portefeuille composé de deux titres puis être généralisée.

2.1. Un portefeuille composé de deux titres

Soit un portefeuille composé de deux titres A et B, corrélés négativement (le coefficient est égal à – 0,5), présentant les caractéristiques ci-après :

	Titre A	Titre B
Rentabilité	18 %	10 %
Écart-type	11 %	7 %

La rentabilité du portefeuille s'obtient ainsi :

$$R_p = h \times R_A + (1-h) \times R_B$$

où h est la proportion de titres A dans le portefeuille et $(1 - h)$ correspond à la proportion de titres B.

La variance du portefeuille s'obtient de la manière qui suit :

$$\sigma_P^2 = h^2 \times \sigma_A^2 + (1-h)^2 \times \sigma_B^2 + 2 \times h \times (1-h) \times \rho_{AB} \times \sigma_A \times \sigma_B$$

Les deux équations précédentes déterminent, dans un plan risque-espérance, l'équation paramétrique du lieu des portefeuilles pouvant être obtenus par toutes les combinaisons possibles des deux titres A et B.

La rentabilité et le risque du portefeuille évoluent au gré de la répartition des titres A et B dans le portefeuille. On va tout d'abord considérer 13 états de portefeuilles selon la répartition des titres. Les états 1 et 13 correspondent à la situation où l'un des titres est vendu à découvert.

Tableau 11.1. – *Évolution des premiers moments de distribution d'un portefeuille composé de deux titres*

État	A	B	Rentabilité	Écart-type
1	– 10 %	110 %	9,20 %	8,30 %
2	0 %	100 %	10,00 %	7,00 %
3	10 %	90 %	10,80 %	5,83 %
4	20 %	80 %	11,60 %	4,89 %
5	30 %	70 %	12,40 %	4,33 %
6	40 %	60 %	13,20 %	4,30 %
7	50 %	50 %	14,00 %	4,82 %
8	60 %	40 %	14,80 %	5,74 %
9	70 %	30 %	15,60 %	6,89 %
10	80 %	20 %	16,40 %	8,19 %
11	90 %	10 %	17,20 %	9,57 %
12	100 %	0 %	18,00 %	11,00 %
13	110 %	– 10 %	18,80 %	12,46 %

Sur le graphique 11.4, le point A représente un investissement effectué uniquement sur l'actif A. Au fur et à mesure que l'on se déplace sur la courbe AB en allant de A vers B, on rencontre des portefeuilles contenant de moins en moins de titres A et de plus en plus de titres B.

Ce qu'il faut retenir de ces combinaisons, c'est que certaines d'entre elles ne sont pas intéressantes pour un investisseur rationnel. En effet, on peut s'apercevoir que, pour un niveau de risque donné, il existe parfois deux portefeuilles possibles. L'investisseur retiendra le portefeuille offrant la meilleure rentabilité, c'est-à-dire un portefeuille situé sur la branche supérieure de la courbe décrite par les combinaisons des titres A et B.

Étudions à présent l'incidence du niveau du coefficient de corrélation sur le couple rentabilité-risque. Le graphique 11.5 permet d'analyser l'influence de la covariance qui lie les deux titres. On peut constater que la courbure est d'autant plus grande que le coefficient de corrélation est négatif. Lorsque le coefficient de corrélation est égal à l'unité, c'est-à-dire lorsque la corrélation est parfaite, l'équation paramétrique du lieu des portefeuilles n'est ni plus ni moins qu'une droite.

Graphique 11.4. – *Estimation du risque et de la rentabilité d'un portefeuille selon les combinaisons des titres*

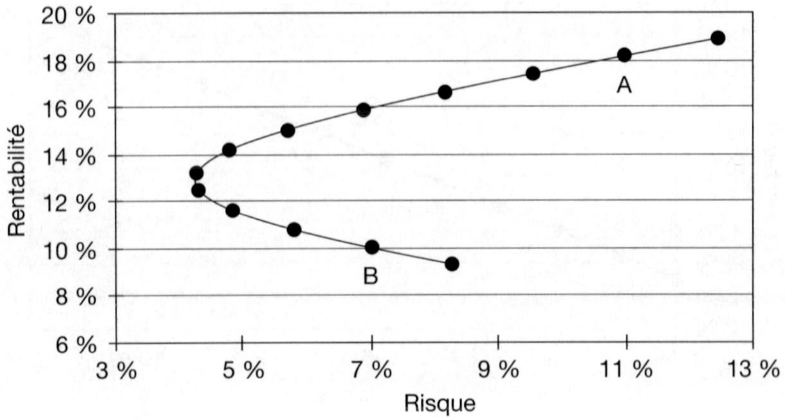

Graphique 11.5. – *Estimation du risque et de la rentabilité d'un portefeuille selon le coefficient de corrélation*

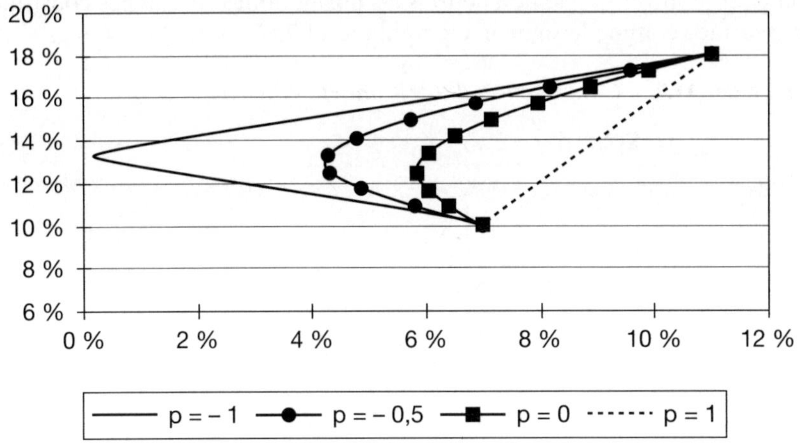

Enfin, il convient d'évoquer le cas particulier où l'un des actifs est sans risque. Dans ce cas précis, le coefficient de corrélation liant le titre risqué et le titre sans risque est nul. La lecture du graphique 11.6 indique le lieu des portefeuilles entre un actif risqué A et un actif sans risque, rapportant le taux de 3 %. On observe une demi-droite.

Graphique 11.6. – *Estimation du risque et de la rentabilité d'un portefeuille composé d'un actif sans risque et d'un actif risqué*

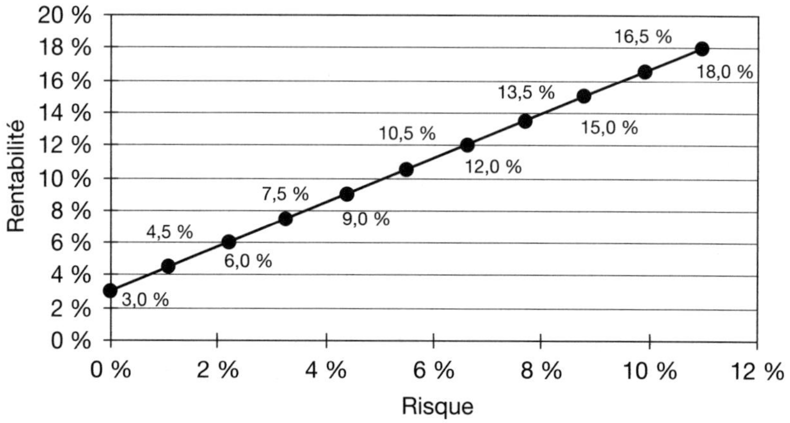

2.2. Généralisation à un portefeuille de N titres

Dans le cas général, l'investisseur peut constituer son portefeuille à l'aide d'un nombre N quelconque de titres, qu'on va supposer dans un premier temps tous risqués. On effectue l'hypothèse qu'il peut vendre à découvert les titres, ce qui accroît le nombre de combinaisons possibles. On peut montrer que le lieu de tous les portefeuilles réalisables constitue une surface comme le signale le graphique 11.7.

Graphique 11.7. – *Construction d'une frontière efficiente*

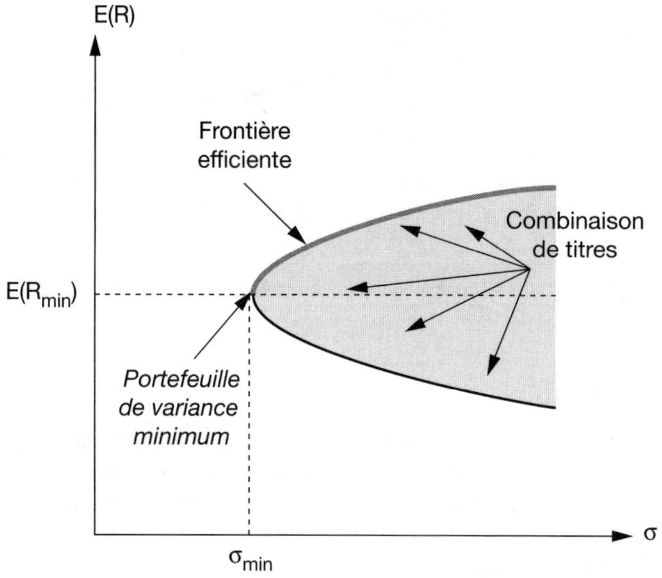

2.2.1. *Détermination graphique de la frontière efficiente*

Comme pour le cas d'un portefeuille de deux titres, on constate que certaines combinaisons seront exclues par un investisseur rationnel. En effet, pour un niveau de risque identique, il existe plusieurs portefeuilles présentant une espérance de rentabilité différente. L'investisseur retiendra le portefeuille correspondant au point le plus élevé. En fonction de son aversion au risque, il investira dans l'un des portefeuilles de la branche supérieure de la courbe bordant l'espace des combinaisons possibles [1]. Cette courbe est appelée frontière efficiente. Elle est le lieu des portefeuilles qui délivre la plus forte espérance de rentabilité pour un niveau de risque donné.

2.2.2. *Détermination analytique de la frontière efficiente*

De manière analytique, la frontière efficiente s'obtient à partir d'un programme d'optimisation. Il peut s'agir d'un programme de maximisation de l'espérance de rentabilité ou de minimisation du risque. Les programmes sont les suivants :

Minimiser
$$\sigma_P^2 = \sum_{i=1}^{N} \sum_{j=1}^{N} q_i q_j \sigma_{ij}$$

sous contraintes : $\sum_i^n q_i = 1$ et $E(R_P) = \sum_i^n q_i E(R_i)$ fixé.

Maximiser
$$E(R_p) = \sum_i^n q_i E(R_i)$$

sous contraintes : $\sum_i^n q_i = 1$ et $\sigma_P^2 = \sum_{i=1}^{N} \sum_{j=1}^{N} q_i q_j \sigma_{ij}$ fixé.

2.2.3. *Introduction de l'actif sans risque*

Pour compléter l'analyse, il convient d'introduire un actif sans risque. L'existence d'un tel actif va modifier le choix de l'investisseur rationnel. Celui-ci a désormais le choix entre les portefeuilles situés sur la frontière efficiente que l'on vient de tracer et un actif sans risque ou une combinaison d'un portefeuille risqué et d'un actif sans risque.

L'investisseur rationnel va ainsi constituer un portefeuille efficient P contenant une proportion h d'un portefeuille de titres risqués C et une proportion $(1 - h)$ de l'actif sans risque.

1. Consulter Goffin (2008) pour une démonstration détaillée.

Son espérance de rentabilité est une pondération des espérances de rentabilité du portefeuille risqué et de l'actif sans risque :

$$E(R_p) = h \times E(R_C) + (1-h) \times R_f$$

Le niveau de risque dépend uniquement du risque du portefeuille d'actifs risqués retenu et de la proportion de ces actifs risqués dans son nouveau portefeuille puisque la corrélation entre les deux composantes du portefeuille créé est nulle

$$\sigma(R_p) = h \times \sigma(R_C)$$

De ces deux équations, on peut en déduire que :

$$E(R_P) = R_f + \left[E(R_C) - R_f\right] \times \frac{\sigma(R_P)}{\sigma(R_C)}$$

L'équation de la frontière en présence d'un actif sans risque dans le plan espérance/risque est donc une droite passant par le point R_f et un point situé sur la branche supérieure de la courbe efficiente initiale.

La droite qui domine toutes les autres est celle dont la pente est la plus forte et qui est également tangente à la frontière efficiente en un point *C*. En effet, pour l'ensemble des niveaux de risque possibles, cette droite représente un portefeuille dont l'espérance de rentabilité est supérieure à celle obtenue à partir des autres droites traversant la courbe d'efficience. Ainsi, tout investisseur rationnel choisira un portefeuille représenté par un point de la droite $(R_f C)$.

Graphique 11.8. – *Construction d'une frontière efficiente en présence d'un actif sans risque*

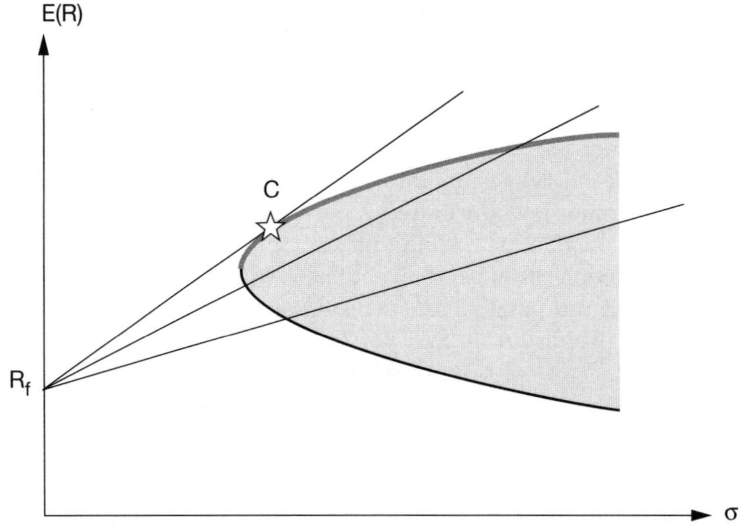

Le portefeuille optimal d'un investisseur est donc situé sur une demi-droite. Il reste à déterminer analytiquement cette demi-droite… Le problème dès lors se complexifie. D'une part, le nombre de paramètres à estimer est très important. D'autre part, il s'agit d'espérances de rentabilité qui sont souvent propres à chaque investisseur.

On est alors amené à effectuer une hypothèse qui consiste à signifier que les investisseurs ont tous la même frontière efficiente. Dès lors, l'ensemble des portefeuilles retenus par les investisseurs se situe sur la même demi-droite. En conséquence, le point *C* correspond à un portefeuille *M* dit de marché. On peut donc réécrire l'équation de la demi-droite de la manière qui suit :

$$E(R_P) = R_f + \frac{\left[E(R_M) - R_f\right]}{\sigma(R_M)} \times \sigma(R_P)$$

La pente de cette droite $\frac{\left[E(R_M) - R_f\right]}{\sigma(R_M)}$ donne une mesure de la rémunération du risque. En effet, l'excès de rentabilité du portefeuille efficient augmente de $\frac{\left[E(R_M) - R_f\right]}{\sigma(R_M)}$ unités pour une variation d'une unité du risque du portefeuille.

3. Décomposition du risque d'un actif

Il convient à présent d'expliquer l'excès de rentabilité par rapport au taux sans risque d'un actif individuel. Plusieurs modèles ont vu le jour. Ceux-ci se focalisent sur le risque de l'actif d'investissement. L'idée de départ est que les fluctuations du cours de bourse d'un titre peuvent être attribuées, d'une part, à des facteurs communs qui affectent l'ensemble du marché et, d'autre part, à des causes spécifiques de la société cotée. Lorsque l'on entend par les médias que les cours de bourse ont augmenté, il y a de très grandes chances pour que la valorisation de son portefeuille ait augmenté également. Inversement, quand la bourse baisse, le portefeuille des investisseurs connaît la même tendance.

3.1. Le risque d'un instrument financier

On considère que le risque d'une action se compose de deux risques distincts. D'une part, le risque systématique qui est celui qui ne peut être éliminé par la diversification. C'est un risque de système. On évoque également l'expression de « risque de marché ». L'ensemble des titres cotés est affecté par certains événements. Le risque est présent au jour le jour mais il n'est réellement ressenti par les investisseurs, en particulier individuels, que lorsque les marchés baissent fortement. Le marché ne sépare pas le bon grain de l'ivraie et les portefeuilles de valeurs mobilières subissent de plein fouet la baisse du marché. Ce risque est rémunéré par le marché. D'autre part, le risque spécifique est le risque propre à l'instrument financier considéré. Il reflète le risque que se produise un événement qui n'affecte que les titres financiers concernés. Ce risque résulte, par exemple de sa gestion des ressources humaines, de la qualité de son management ou de tout autre événement venant affecter l'entreprise. Par exemple, on peut citer le rappel d'une série de véhicules de la part d'un constructeur automobile ou le retrait de lait maternel en raison d'un supposé mauvais emballage. Les risques spécifiques des différentes entreprises sont indépendants les uns des autres et peuvent donc disparaître par diversification. Dans la mesure où on peut éliminer ce risque, cela signifie qu'il n'est pas rémunéré.

Le risque systématique et le risque spécifique sont deux risques indépendants : leur coefficient de corrélation est nul. Le risque total est égal à la somme des deux.

Le graphique 11.9 illustre la décomposition du risque en deux éléments indépendants. On peut constater que la diversification permet d'annuler le risque spécifique. La réduction du risque est relativement rapide au début puis ralentit au fur et à mesure de l'intégration de nouveaux titres. Le risque incompressible correspond à la covariance moyenne des titres composant le portefeuille. En effet, on peut démontrer que la variance des taux de rentabilité d'un portefeuille P composé de N titres vérifie l'équation qui suit :

$$\sigma_P^2 = \frac{1}{N}\,\overline{\text{VAR}} + \frac{N-1}{N}\,\overline{\text{COV}}$$

Graphique 11.9. – *Influence de la taille de l'échantillon sur le risque*

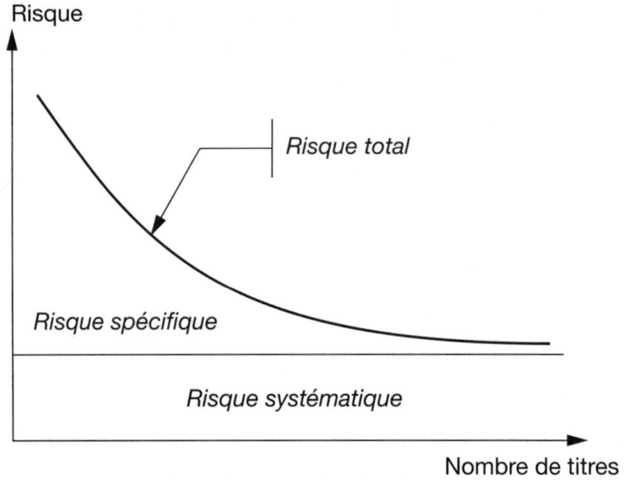

où $\overline{\text{VAR}}$ est la moyenne des variances des taux de rentabilité des N titres et $\overline{\text{COV}}$ désigne la moyenne des covariances qui existent entre les N titres.

3.2. Les premiers modèles

L'idée que les fluctuations du cours de bourse d'un titre peuvent être attribuées, d'une part, à des facteurs communs qui affectent l'ensemble du marché et, d'autre part, à des causes spécifiques de la société cotée a donné lieu à la proposition de modèles. On peut citer le modèle de marché et le modèle d'équilibre des actifs financiers (MEDAF). Ces modèles partent du principe que le risque systématique est rémunéré contrairement aux risques spécifiques. Les investisseurs demandent à être récompensés pour la prise de risque incompressible qu'ils prennent en termes d'espérance de rentabilité.

3.2.1. Le modèle diagonal

Le raisonnement de Sharpe (1959) qui est à l'origine du modèle diagonal appelé également modèle de marché est très simple. Sharpe part de l'idée selon laquelle les rentabilités de chaque titre sont plus ou moins liées à celles du marché. Cette relation entre le marché et les titres est plus ou moins forte selon les titres. Certaines actions ont tendance à amplifier les variations du marché tandis que d'autres ont tendance à amortir les mouvements. Sharpe cherche à mesurer cette sensibilité au marché. Pour cela, il établit une relation linéaire entre la rentabilité d'un actif financier et la rentabilité du marché mesurée à partir d'un indice boursier.

Ce modèle de marché se formule de la manière qui suit :

$$R_i = \alpha_i + \beta_i R_M + e_i \quad \text{pour} \quad i = 1, \ldots, n.$$

où α_i et β_i sont des constantes propres au titre i, R_M est le taux de rentabilité aléatoire du marché (le portefeuille de marché), et e_i est une perturbation aléatoire d'espérance nulle indépendante de la rentabilité du marché et des perturbations affectant les autres titres. Cette dernière hypothèse implique que l'unique raison pour laquelle les titres varient systématiquement, dans le même sens, est leur covariation avec le marché.

Le graphique 11.10 représente la droite de régression correspondant à l'équation du modèle de marché pour le titre Total. On constate bien que les rentabilités de l'indice CAC 40 et de l'action Total sont liées. La pente de la droite de régression correspond au bêta du titre. La perturbation aléatoire correspond à l'écart qui sépare les points de la droite de régression. Le risque spécifique du titre est d'autant plus élevé que la somme de ces perturbations est importante. Si tous les points figuraient sur la droite, alors le risque spécifique serait nul et le seul risque de l'action serait le risque de marché.

Graphique 11.10. – *Droite de régression du titre Total*

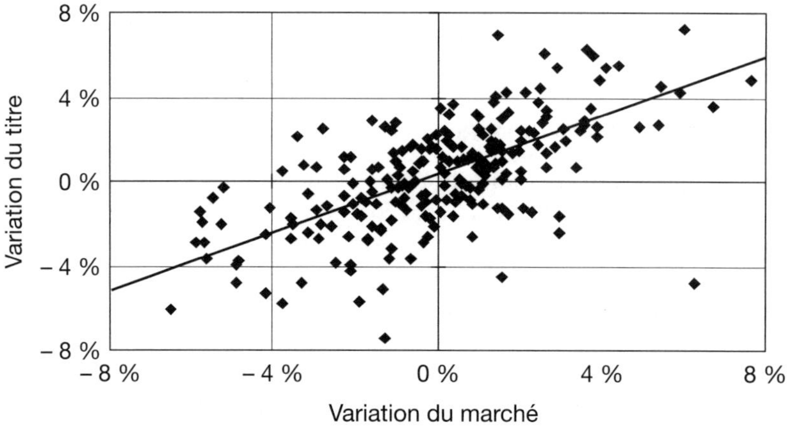

Si on raisonne en termes d'espérance de rentabilité, il vient :

$$E(R_i) = \alpha_i + \beta_i E(R_M)$$

De même, si on calcule la variance, on obtient :

$$\sigma_i^2 = \beta_i^2 \sigma_M^2 + \sigma_{e_i}^2$$

Le risque d'un actif est donc constitué de deux composantes :

– La première, $\beta_i^2 \sigma_M^2$, est le risque systématique du titre i qui ne peut être éliminé par diversification ; le coefficient bêta mesure la volatilité du titre par rapport au marché. On le suppose relativement stable. Il est égal au rapport entre la covariance des rentabilités du titre i et du marché sur la variance de la rentabilité du marché.

– La seconde, $\sigma_{e_i}^2$, est le risque diversifiable qui dépend des facteurs particuliers au titre, par exemple, son niveau d'endettement. Une diversification efficace permet d'éliminer ce risque.

La covariance entre les taux de rentabilité de deux actifs i et j peut s'écrire de la manière qui suit compte tenu des hypothèses posées :

$$\sigma_{ij} = \beta_i \beta_j \sigma_M^2$$

C'est cette dernière propriété qui a popularisé le modèle : le problème de l'estimation des paramètres est considérablement simplifié puisqu'on n'a plus qu'à estimer les n sensibilités des actions (bêtas) et la variance du marché. Il n'est plus utile de calculer toutes les covariances entre titres composant le portefeuille. Dans le cas d'un marché constitué de 500 titres, on passe ainsi de 125 000 paramètres à 501 paramètres.

3.2.2. Le MEDAF

Le MEDAF est un modèle qui repose sur différentes hypothèses [1] qui ont trait notamment à la rationalité des investisseurs et à l'homogénéité des anticipations. Ces différentes hypothèses ont pour conséquence principale de déterminer le point de tangence entre la frontière efficiente et la demi-droite passant par le taux sans risque [2]. Ce point n'est autre que le portefeuille de marché comme on a pu le signaler au préalable.

Le MEDAF repose sur l'idée que l'espérance de rentabilité requise par un investisseur incorpore une prime de risque qui s'ajoute au taux sans risque :

$$E(R_i) = R_f + \text{prime}_i$$

D'après le modèle, la prime de risque doit être proportionnelle au risque non diversifiable noté β_i. On peut alors écrire :

$$E(R_i) - R_f = \lambda \cdot \beta_i$$

où λ correspond à un coefficient de proportionnalité.

Si on retient le portefeuille de marché, dont le bêta est égal à 1, on peut écrire :

$$E(R_M) - R_f + \lambda \quad \text{où} \quad E(R_M) - R_f = \lambda$$

On en déduit la relation suivante :

$$E(R_i) = R_f + \beta_i \left[E(R_M) - R_f \right]$$

Le risque de marché est dû à l'évolution de l'ensemble du marché des valeurs mobilières et il influence les fluctuations d'un titre particulier. Certains instruments réagissent fortement aux mouvements du marché, d'autres pas. Comme pour le modèle de marché, le degré de sensibilité d'un titre particulier aux fluctuations de l'ensemble du marché correspond au coefficient β. Le coefficient β est une mesure historique du risque systématique d'un titre. C'est une comparaison entre les mouvements du cours d'un titre et les mouvements du marché financier dans son ensemble. Le risque d'un titre avec un β de 1 signifie que son risque est égal au risque de marché. Avec un β inférieur à 1, le risque du titre est inférieur à celui du marché car le titre atténue les fluctuations du marché. Avec un β supérieur à 1, le titre amplifie les mouvements du marché.

L'estimation du bêta s'obtient en effectuant une régression par les moindres carrés ordinaires de la rentabilité en excès du titre individuel sur l'excès de rentabilité du marché. Le bêta correspond à la pente de la droite de régression. Il peut s'estimer de la manière suivante :

$$\beta_i = \frac{\text{Cov}(R_i, R_M)}{\sigma^2(R_M)}$$

---

1. Voir Goffin (2008) pour une explication détaillée du MEDAF.
2. On considère que la courbe d'efficience est la même pour tous les investisseurs puisque ceux-ci ont les mêmes anticipations.

On peut comparer cette relation avec celle liant la rentabilité d'un portefeuille efficient avec la rentabilité du marché, en réécrivant l'équation de la manière qui suit :

$$E(R_i) - R_f = \frac{\left[E(R_M) - R_f\right]}{\sigma(R_M)} \times \beta_i \times \sigma(R_M)$$

La pente de la droite n'est pas modifiée mais le risque qui est rémunéré est uniquement le risque systématique.

À la lecture du modèle, on s'aperçoit que le risque systématique d'un instrument financier se décompose en deux facteurs. Le premier est la prime de risque du marché à un moment donné et il se mesure par la différence entre l'espérance de rentabilité du marché et le taux sans risque. Le deuxième est le coefficient de sensibilité de l'instrument financier au marché, le bêta, qui peut amplifier ou réduire le premier facteur de risque. C'est la conjugaison de ces deux facteurs, la multiplication de l'un par l'autre qui donne le prix du risque, la marge de rentabilité supplémentaire que l'on espère obtenir pour rémunérer le risque propre de l'instrument financier. Plus l'investisseur prend de risques, plus il requiert un surplus de rentabilité pour le risque additionnel qu'il prend.

La rentabilité requise par l'investisseur dépend ainsi du taux sans risque, de la prime de risque (différence entre l'espérance de rentabilité et le taux sans risque) et du coefficient bêta propre à chaque investissement.

La sensibilité du cours de l'action, relativement à celle du marché, constitue le déterminant principal de la rémunération du risque que requièrent les actionnaires. D'autres facteurs sont susceptibles d'affecter la rentabilité exigée par l'investisseur. Ceci donne lieu au développement d'autres modèles tels que les modèles à facteurs.

Remarque

La sensibilité d'un portefeuille est égale à la moyenne des sensibilités individuelles des instruments financiers qui le composent. Le β du portefeuille correspond donc à la moyenne des β des titres pondérés par le poids de chaque actif dans le portefeuille.

3.2.3. Une première application

Considérons la société Vialatte dont le cours est coté 100 euros. L'enquête réalisée auprès d'experts en valeurs moyennes et de différents investisseurs laisse apparaître quatre scénarii possibles concernant l'évolution du marché et de la société Vialatte. À partir de ces scenarii, nous allons essayer de déterminer le bêta de la société Vialatte. Le taux sans risque qui prévaut est égal à 3 %.

Scénario	Probabilité	R_m	R_v
1	20 %	– 12 %	– 16 %
2	30 %	4 %	– 2 %
3	30 %	14 %	20 %
4	20 %	22 %	30 %

Pour estimer le bêta, nous allons avoir besoin de calculer l'espérance de rentabilité du marché et du titre Vialatte, la variance du marché et la covariance entre le titre et le marché.

$$E(R_V) = 8{,}20\ \% \quad \text{et} \quad E(R_M) = 7{,}40\ \%$$

La variance s'obtient à partir de la formule suivante :

$$\text{VAR}(R_M) = E(R_M^2) - \left[E(R_M)\right]^2$$

Probabilité	R_m	$P_r \times R_m$	R_m^2	$P_r \times R_m^2$
20 %	– 12 %	– 2,4 %	1,440 %	0,288 %
30 %	4 %	1,2 %	0,160 %	0,048 %
30 %	14 %	4,2 %	1,960 %	0,588 %
20 %	22 %	4,4 %	4,840 %	0,968 %

Nous obtenons donc :

$$\text{VAR}(R_M) = 1{,}892\ \% - [7{,}40\ \%]^2 = 1{,}344\ \%$$

La covariance peut s'obtenir à partir de l'une des formules qui suivent :

$$\text{COV}(R_M, R_V) = E(R_M \times R_V) - \left[E(R_M) \times E(R_V)\right]$$

ou $$\text{COV}(R_M, R_V) = \sum_{j=1}^{4} \text{Pr}_j \times \left[R_{M,j} - E(R_M)\right] \times \left[R_{V,j} - E(R_V)\right]$$

Nous allons employer la première formule qui nécessite moins de calculs intermédiaires.

Probabilité	$P_r \times R_m$	$P_r \times R_v$	$P_r \times R_m \times R_v$
20 %	– 2,4 %	– 3,2 %	0,38 %
30 %	1,2 %	– 0,6 %	– 0,02 %
30 %	4,2 %	6,0 %	0,84 %
20 %	4,4 %	6,0 %	1,32 %

Ainsi nous obtenons :

$$\text{COV}(R_M, R_V) = (2{,}52\ \%) - [7{,}40\ \% \times 8{,}20\ \%] = 1{,}913\ \%$$

Nous pouvons à présent en déduire le bêta du titre Vialatte :

$$\beta_V = \frac{\text{Cov}(R_V, R_M)}{\text{VAR}(R_M)} = \frac{1{,}913\ \%}{1{,}344\ \%} = 1{,}423$$

La rentabilité espérée du titre Vialatte s'élève donc à :

$$E(R_V) = R_f + \beta_V \times \left[E(R_M) - R_f\right] = 3\ \% + 1{,}423 \times [7{,}40\ \% - 3\ \%] = 9{,}26\ \%$$

3.3. Les modèles APT

Le MEDAF a été adopté par la communauté financière. Néanmoins ce modèle présente plusieurs limites liées à certaines hypothèses contraignantes telles que la nature des fonctions d'utilité des investisseurs, la distribution des taux de rentabilité et l'identification du portefeuille de marché. Ross a proposé en 1976 un paradigme alternatif dénommé le Modèle d'Évaluation par Arbitrage (MEA), ou *Arbitrage Pricing Theory* (APT). Ce modèle n'intègre aucun facteur relatif aux préférences des investisseurs. Il est fondé sur l'hypothèse que la décomposition du risque selon le seul facteur de marché, le bêta, peut se révéler insuffisante pour expliquer le risque d'un portefeuille. Il est nécessaire de décomposer le risque en fonction de plusieurs facteurs.

3.3.1. *Principe général*

Le modèle d'arbitrage suppose que la rentabilité d'un titre i est une fonction linéaire de m facteurs :

$$R_i = E(R_i) + \sum_{k=1}^{m} b_{ik} \times F_k + e_i \quad \text{avec} \quad i = 1, \ldots, n$$

où $E(R_i)$ désigne l'espérance de rentabilité du titre i quand tous les facteurs ont une valeur nulle, b_{ik} correspond à la sensibilité du titre i au facteur commun risqué k, F_k dénote la variation non anticipée du facteur k avec $Cov(F_k, F_l) = 0$ et e_i est le risque diversifiable du titre i d'espérance nulle et de covariance nulle avec chacun des facteurs k.

Outre les hypothèses générales liées au MEDAF, on suppose que le nombre de facteurs de risque est faible devant le nombre de titres composant le portefeuille. Enfin, il est à noter que les sensibilités b_{Pk} aux différents facteurs d'un portefeuille P quelconque caractérisé par les poids h_i sont égales à :

$$b_{Pk} = \sum_{i=1}^{n} h_i \times b_{ik} \quad \text{pour} \quad k = 1, \ldots, m \quad \text{avec} \quad \sum_{i=1}^{n} h_i = 1$$

À l'équilibre du marché, pour éviter des opportunités d'arbitrage, on suppose que la relation entre l'espérance du taux de rentabilité et les risques systématiques, mesurés par les sensibilités b_{ik}, doit être linéaire [1].

La théorie n'identifie pas les facteurs susceptibles d'influencer la rentabilité. Certains modèles prennent en compte plus de trente facteurs. Différentes analyses factorielles mettent néanmoins en avant les facteurs qui suivent : l'évolution non anticipée de la structure par terme des taux d'intérêt, la variation non anticipée du taux de change par rapport au dollar, la variation non anticipée de l'inflation, la variation non anticipée de la production industrielle, la variation non anticipée du cours du baril de pétrole. La prime de risque correspond ainsi à la somme des primes de risque sur chacune de ces variables.

3.3.2. L'exemple du modèle à trois facteurs

Plusieurs modèles empiriques ont été développés. Parmi les plus connus, on peut citer les modèles de Barra, le modèle à quatre facteurs de Carhart et le modèle de Fama et French. Ce dernier est également connu sous le nom de modèle à trois facteurs.

Fama et French proposent d'ajouter au risque de marché deux autres facteurs de risques devant être rémunérés : un facteur caractérisant un effet taille et un facteur caractérisant un effet *book to market*. En effet, il est admis que la rentabilité attendue des petites capitalisations est plus élevée afin de compenser les risques supplémentaires tels que le risque de liquidité supportés par les investisseurs. L'effet *book to market* traduit le fait que le marché valorise de manière différente les sociétés selon qu'elles sont assimilées à des valeurs de croissance ou non [2]. En pratique, on observe que les titres des entreprises dont le ratio valeur comptable sur valeur de marché est élevé ont des rentabilités plus élevées.

Ces deux facteurs de risque supplémentaires ne sont pas directement mesurables. Ils ne peuvent être appréciés qu'à travers le comportement des titres qu'ils affectent. Les instigateurs de ce modèle proposent de considérer l'écart de rentabilité entre, d'une part, les actions des petites capitalisations boursières et les actions de grandes capitalisations pour traduire l'effet taille et, d'autre part, les actions présentant un ratio valeur comptable sur valeur de marché et les actions ayant un faible ratio pour considérer l'effet *book to market*. On peut ainsi écrire le modèle suivant :

$$E(R_i) - R_f = \beta_{1i} \times \left[E\left(R_M - R_f\right) \right] + \beta_{2i} \times E[SMB] + \beta_{3i} \times E[HML]$$

Où $E(R_i)$ et $E(R_M)$ désignent l'espérance de rentabilité du titre *i* et du portefeuille de marché, R_f est le taux sans risque, $E[SMB]$ correspond au facteur taille et $E[HML]$ dénote le facteur *book to market*.

1. Voir Aftalion *et al.* (1998) pour une démonstration.
2. Voir le chapitre 12.

Fama et French ont analysé la prime de risque pour chaque facteur entre 1963 et 1994. Les auteurs obtiennent des primes de risque respectivement égales à 5,20 %, 3,20 % et 5,40 % pour les facteurs marché, taille et *book to market*. Carhart reprend le modèle à trois facteurs pour y rajouter un quatrième facteur : un effet *momentum* qui suppose que les rentabilités passées influencent les rentabilités futures.

Chapitre 12

La gestion de portefeuille et des risques

L'objectif de tout investisseur est d'obtenir la meilleure performance possible. La théorie financière stipule qu'il n'est pas possible de battre le marché, c'est-à-dire qu'à risque donné on ne peut se situer au-dessus de la frontière efficiente : c'est le principe de l'efficience des marchés. Partant de l'acceptation ou non de cette hypothèse d'efficience, différentes approches de la gestion de portefeuille ont vu le jour.

1. L'efficience des marchés

Le concept d'efficience présente différentes facettes : l'efficience informationnelle, le comportement rationnel des agents et l'efficience fonctionnelle. L'efficience informationnelle implique que les marchés reposent sur l'idée que les cours de bourse suivent une marche aléatoire tandis que l'hypothèse d'efficience fonctionnelle ou allocative stipule que les marchés répondent de manière satisfaisante aux besoins de l'économie.

1.1. L'efficience informationnelle

Un marché est efficient si toute l'information qui contribue à l'évaluation d'un titre se trouve instantanément intégrée dans le cours. Ceci signifie que la meilleure prédiction du cours de demain correspond au cours actuel supposé incorporer l'intégralité de l'information disponible, à savoir les conséquences des événements passés et les anticipations sur les événements futurs. Seul un événement imprévisible peut modifier le cours.

Par ailleurs, dans la mesure où les investisseurs sont nombreux et jugés rationnels, on estime qu'aucun d'entre eux n'a la possibilité à lui seul d'influencer les prix. Les investisseurs cherchent à travers leurs transactions à maximiser leur espérance d'utilité : les informations sont donc très vite intégrées dans les prix compte tenu de la concurrence entre les investisseurs.

On distingue différentes graduations de l'efficience : l'efficience faible, l'efficience semi-forte et l'efficience forte.

La forme faible de la théorie de l'efficience peut être traduite par l'absence de dépendance entre le prix actuel d'un titre et son historique de cours, c'est-à-dire l'ensemble des informations relatives à ce titre diffusées dans le passé. Comme les cours suivent une marche aléatoire, la rentabilité d'une séance ne peut être corrélée avec celle de la veille.

La forme semi-forte de l'efficience repose sur l'idée que les informations concernant un titre sont répercutées sur son cours dès qu'elles sont rendues publiques. Aucun investisseur ne peut profiter d'une information car les autres intervenants réagissent de manière immédiate. Selon cette forme d'efficience, il n'est donc pas possible de réaliser durablement des profits anormaux à partir des informations publiques.

La forme forte de la théorie de l'efficience affirme qu'aucune information, qu'elle soit privée ou publique, ne peut permettre à un investisseur d'en tirer un avantage pour déterminer l'évolution des cours d'un titre. Selon la forme forte de la théorie de l'efficience, une information ne peut rester confidentielle. L'intervention d'un investisseur initié permet d'informer les marchés avant que ceux-ci ne les apprennent par des canaux plus traditionnels.

1.2. L'efficience fonctionnelle

L'efficience fonctionnelle stipule que l'épargne se dirige vers les meilleures opportunités d'investissement. Les marchés financiers tiennent une place importante dans l'allocation des ressources. Ils constituent une source de financement des investissements pour les entreprises. L'existence des marchés apparaît comme essentielle au développement économique. Pourtant, leur utilité est remise en cause lors de périodes dites de bulles spéculatives ou de krachs boursiers, les deux étant intimement liés. Par exemple, la chute des marchés financiers réduit le patrimoine des ménages et par voie de conséquence le niveau de la consommation, ce qui au niveau macroéconomique peut conduire à la déflation. En période de hausse, les fusions-acquisitions conduisent à des surenchères et, par voie de conséquence à des survaleurs injustifiées dans les bilans des sociétés et des lendemains qui déchantent.

1.3. Les marchés sont-ils efficients ?

Un récent sondage réalisé par le site internet vernimmen.net révélait que la communauté financière admet l'efficience des marchés. L'absence d'unanimité contribue à expliquer l'existence de différentes techniques de gestion.

On peut admettre aisément cette hypothèse d'efficience des marchés. Néanmoins, il ne faut pas nier l'existence de quelques anomalies de marché. On ne va pas chercher à recenser l'ensemble des petites anomalies et débattre sur les réelles opportunités de profit [1] mais, à titre d'exemple, on

1. Lire par exemple Aftalion (2004).

peut citer l'existence d'un effet taille. Cette anomalie révèle que les entreprises de taille réduite affichent sur une longue période une rentabilité ajustée du risque supérieure à la rentabilité des grandes capitalisations. À défaut d'y voir l'invalidation de l'hypothèse d'efficience, il faut y voir une opportunité de tirer profit d'un insuffisant traitement de l'information relative à ces sociétés.

L'efficience est surtout mise à mal depuis quelques années par l'émergence de la finance comportementale consacrée par le prix Nobel 2002 attribuée à Kahneman et Tversky. Les fondements de cette théorie reposent sur le fait que les cours ne reflètent pas seulement les fondamentaux de la société mais une opinion de marché. On retrouve en quelque sorte les propos de Keynes qui affirmait dans *la Théorie générale de l'emploi, de l'intérêt et de la monnaie* (1936) que « la plupart des investisseurs et spéculateurs professionnels s'occupent moins de faire des prévisions précises à long terme que de prévoir peu de temps avant le grand public les changements à venir de la base conventionnelle d'évaluation ». Ceci renvoie au prix de beauté de Keynes où le but n'est pas d'évaluer la plus belle photo mais la photo qui sera désignée comme étant la plus belle. Est-ce qu'on achète un titre pour sa valeur fondamentale ou également pour l'image qu'ont les autres investisseurs de ce titre ? Vaut-il mieux avoir raison tout seul ou tort avec le marché ?

Enfin pour conclure sur cette question de l'efficience, il conviendrait également de s'interroger si battre le marché signifie que le marché n'est pas efficient. En effet, on considère que le marché correspond à un indice boursier. Or rien n'indique que l'indice de marché est un portefeuille efficient. De récents travaux tendent à montrer que la pondération des titres composant un indice boursier par des critères autres que la capitalisation flottante pourrait permettre d'obtenir un portefeuille de marché plus efficient.

2. Techniques de gestion

La théorie financière indique que les marchés sont a priori efficients et que, par conséquent, il est impossible de prédire leur évolution dans l'avenir et que seul le risque de marché est rémunéré. L'évolution des cours est aléatoire. Néanmoins la connaissance des lois de distribution des rentabilités permet de gérer les risques de fluctuation. La valeur ajoutée d'un gérant dépend donc de sa capacité à gérer les risques de portefeuille.

Face à un tel constat, deux démarches opposées vont émerger :

– d'une part, la gestion passive qui reconnaît l'efficience des marchés ; les partisans de ce mode de gestion cherchent à reproduire l'évolution des indices boursiers ou à pratiquer de l'assurance de portefeuille ;

– d'autre part, la gestion active qui considère qu'il existerait certaines sources d'inefficience ; les partisans de cette méthode estiment qu'il est possible de battre le marché en multipliant les sources d'informations et en les analysant rapidement.

Au côté de ces démarches traditionnelles, d'autres modes de gestion connaissent un certain succès. On présentera ainsi la gestion alternative, l'analyse technique et enfin l'investissement socialement responsable qui ne sélectionne pas les titres sur la seule base d'informations financières.

2.1. La gestion passive

La gestion passive repose sur la théorie de la très grande efficience des marchés financiers. En effet, il semble difficile de découvrir des martingales inédites permettant de battre systématiquement le marché. La plupart des études de performance des fonds d'investissement semblent confirmer l'incorporation rapide de l'information dans les cours et qu'il est dès lors particulièrement difficile de prévoir leur évolution future. Le marché est très efficient du fait de la concurrence entre les très nombreux opérateurs. Néanmoins, cela ne signifie pas qu'il soit impossible de réaliser une performance supérieure à la moyenne, mais que cela demeure difficile et coûteux.

On distingue deux méthodes de gestion passive : la gestion indicielle et l'assurance de portefeuille.

2.1.1. La gestion indicielle

L'investisseur désirant adopter une stratégie passive se met à la recherche d'un fonds indiciel. L'objectif d'un tel fonds est de suivre un benchmark, ou indice de référence, le plus fidèlement possible, et au moindre coût. En général, on essaie de suivre les grands indices boursiers tels que les indices CAC 40, S&P 500 ou les indices MSCI.

L'indice choisi doit en tout premier lieu pouvoir être considéré comme suffisamment représentatif du portefeuille de marché. Ainsi, par exemple, le Dow Jones, qui correspond à un portefeuille peu diversifié constituerait un choix nettement inférieur au S&P 500 qui représente près de 70 % de la capitalisation boursière des actions cotées aux États-Unis.

Il existe trois principales méthodes de réplication des indices : la réplication pure, la réplication synthétique et la réplication par approximation.

2.1.1.1. La réplication pure

Cette approche consiste à détenir la totalité des titres dans des proportions identiques à leur pondération dans l'indice à répliquer. La réplication pure nécessite la connaissance exacte de la structure de l'indice en termes de composantes (modification de la composition de l'indice) et de poids (augmentation de capital).

L'exercice apparaît simple mais le portefeuille est soumis à de nombreuses frictions liées aux coûts de transaction (fourchette de prix…) ainsi qu'à différentes contraintes réglementaires telles que les règles de répartition des risques. Par ailleurs, une telle méthode devient de plus en plus délicate à mettre en œuvre lorsque l'indice à répliquer est composé d'un très grand nombre d'actions. La gestion devient très lourde et les capitaux requis sont très importants.

2.1.1.2. La réplication synthétique

L'approche consiste à construire un portefeuille composé de produits dérivés et de titres du marché monétaire de telle sorte que la valorisation du portefeuille connaisse les mêmes variations que l'indice à répliquer. On peut avoir recours aussi bien aux contrats à terme qu'aux options. On privilégie en général les contrats à terme qui sont des actifs beaucoup plus liquides que les options.

La réplication synthétique n'est pas toujours possible à mettre en œuvre pour des raisons réglementaires et parce que tous les indices ne sont pas des sous-jacents d'actifs dérivés. Par ailleurs, une telle gestion n'est pas sans risque compte tenu des échéances des contrats à terme et du nombre de parts variables des fonds indiciels.

2.1.1.3. La réplication par approximation

L'absence de contrats à terme sur certains indices exclut la réplication synthétique tandis que le nombre important de titres entrant dans leur composition rend difficile la réplication pure. La réplication par approximation vise à n'acheter qu'une partie des valeurs qui composent l'indice. Un paramètre permettant de juger de la qualité de l'approximation faite par le gérant est le *tracking error* qui se définit comme l'écart-type de la rentabilité en excès du benchmark [1].

Pour une période t quelconque, la rentabilité en excès d'un benchmark est donnée par la formule suivante :

$$er_t = R_t - B_t$$

où R_t et B_t sont les rentabilités respectives du fonds et du benchmark.

Le *tracking error* se calcule alors de la manière qui suit :

$$\sigma_{er} = \sqrt{\frac{1}{T-1}\sum_{t=1}^{T}(er_t - \overline{er})^2}$$

où $\overline{er}$ est la moyenne de la rentabilité en excès sur la période considérée.

L'approximation sera jugée correcte dès lors que le *tracking error* sera jugé comme suffisamment proche de 0.

Il existe trois méthodes de réplication par approximation : l'échantillonnage, l'optimisation et la stratification.

La méthode de l'échantillonnage considère qu'un portefeuille composé des 25 % ou 50 % des valeurs à plus fortes capitalisations aura une performance proche de celle de l'indice dans sa globalité. En effet, dans le cas d'un indice pondéré par les capitalisations, les grandes valeurs ont un

1. La rémunération des gérants de fonds d'investissement est bien souvent liée à la performance réalisée. Celle-ci est évaluée en termes relatifs, par l'écart entre la performance du portefeuille géré et celle du portefeuille de référence qui correspond le plus souvent à un indice boursier. On a ainsi recours au *tracking error*.

poids plus important sur la variation de l'indice que les plus petites. En ce qui concerne le CAC 40, un quart des valeurs représente plus de 55 % de la capitalisation de l'indice et la moitié des quarante valeurs suffit pour atteindre 80 % de la capitalisation totale.

La méthode par optimisation consiste à créer des scenarii et à observer le comportement du portefeuille censé répliquer l'indice boursier en particulier lorsque surviennent certains événements. En effet, si le paramètre « poids » permet effectivement de minimiser l'écart potentiel par rapport à l'indice dans des conditions moyennes de marché, que se passe-t-il si un krach boursier intervient ou si les cours de différentes matières premières connaissent de fortes variations ? Les différentes simulations permettent d'optimiser les pondérations de manière à réduire le *tracking error* en toutes circonstances.

Le principe de base de la stratification consiste à décomposer l'indice en une série de caractéristiques auxquelles il est possible d'attribuer des poids. Il suffit de construire un portefeuille qui reflète au mieux ces caractéristiques.

Exemple

Pour illustrer cette approche, prenons le cas d'un indice actions qui, pour simplifier l'analyse, est constitué de deux secteurs : le secteur bancaire et le secteur pharmaceutique. Admettons que le premier représente, en termes de taille, 47 % du marché et le second 53 %. Nous avons ainsi défini une première caractéristique à laquelle nous avons pu associer des poids. Affinons à présent l'analyse et supposons que ces deux secteurs soient décomposés en deux sous-ensembles : les entreprises de grande taille et celles de taille plus modeste. Nous aurions par exemple la situation suivante :

Secteur/taille	**Petite**	**Grande**	**Total**
Bancaire	9 %	38 %	47 %
Pharmaceutique	14 %	39 %	53 %
Total	23 %	77 %	100 %

À partir de cette stratification, il convient de construire un portefeuille qui reflète au plus près les poids donnés dans les quatre cellules principales du tableau sans chercher pour autant à investir dans l'ensemble des titres contenus dans l'indice.

2.1.2. L'assurance de portefeuille

Plusieurs stratégies s'offrent à un investisseur qui décide de consacrer ses fonds à la constitution d'un portefeuille d'actifs financiers. La plus connue et la plus simple est la stratégie statique *Buy and Hold*. Cette stratégie consiste à construire un portefeuille de titres risqués une fois pour toutes, sur un horizon d'investissement fixé, et de constater le résultat en fin de période. L'alternative consiste à procéder régulièrement à des révisions de la composition du portefeuille en fonction de l'information arrivant sur les marchés financiers.

Quelle que soit la méthode retenue, le portefeuille peut subir une perte importante comme on peut le constater lors des krachs boursiers. Ce sont d'ailleurs ces effondrements qui sont à l'origine de la renaissance de l'assurance de portefeuille. Dès lors, l'investisseur peut souhaiter assurer une valeur minimale finale moyennant une renonciation à certains gains potentiels. C'est ce principe d'assurance de portefeuille qui est souvent retenu par les OPCVM de fonds à formule.

Sur le plan formel, les techniques d'assurance de portefeuille requièrent les propriétés suivantes [1] :

– une rentabilité minimale k doit être assurée ; si le capital du portefeuille est garanti à 100 %, k est égale à 0 % ;

– la probabilité d'obtenir une rentabilité inférieure à la rentabilité minimale k doit être extrêmement faible voire nulle ;

– la valeur du portefeuille au-delà du niveau plancher doit être dépendante de la valeur du sous-jacent. Le taux de rentabilité final doit être si possible prévisible. Par exemple, en cas de hausse de tel ou tel benchmark, la rentabilité du portefeuille correspondra à un certain pourcentage de la rentabilité du benchmark. À noter également que la rentabilité constatée est bien souvent « *path dependent* » c'est-à-dire qu'elle dépend du chemin parcouru par le benchmark.

2.2. La gestion active

La gestion active consiste à prendre des paris et à investir dans des proportions autres que celles d'un indice de marché. L'objectif est d'obtenir une rentabilité ajustée au risque supérieure à celle du marché [2]. Dans la mesure où un marché parfaitement efficient ne peut être battu que momentanément et par chance, cela signifie que la gestion active suppose que le marché n'est pas efficient. L'efficience n'est pas véritablement remise en cause par une telle approche. Tout au plus on considère qu'il existe quelques sources d'inefficience qui permettent de réaliser des profits.

2.2.1. Le market timing

Le market timing correspond à l'idée d'être ou ne pas être investi sur le marché [3]. Si on a un sentiment baissier sur le marché, on vend les actions de son portefeuille. Si on est haussier, on achète des actions. Cette méthode d'investissement et de désinvestissement comporte un risque important. Elle nécessite une anticipation parfaite des mouvements boursiers (le timing). Lorsqu'on gère un fonds, on est assujetti à certaines contraintes. Il a ainsi été vu que les OPCVM devaient remplir un certain nombre de conditions concernant les proportions d'actifs investis. Le gérant ne peut donc vendre la totalité de son portefeuille d'actions. En revanche il pourra privilégier, en cas d'anticipation à la baisse des marchés, les actions

1. *Source* : Poncet et Portait (1997).
2. Voir l'ouvrage d'Aftalion et Poncet (2003) sur les mesures de performance.
3. Beaucoup considèrent que le *market timing* n'améliore guère la performance.

ayant un faible bêta. Lorsqu'il estimera que les cours vont globalement augmenter, il relèvera le bêta de son portefeuille.

2.2.2. Le dividend discount model

La méthode dite DDM a pour objet de comparer, pour une action, sa rentabilité attendue, estimée par exemple à l'aide d'un modèle d'actualisation, et sa rentabilité à l'équilibre, obtenue par le MEDAF. Une inégalité indique une sous ou sur évaluation.

On considère dans cette technique que l'évaluation réalisée par les analystes est correcte et que les écarts constatés sont dus à une relative inefficience du marché. Par conséquent, un titre affichant une rentabilité supérieure à celle obtenue à l'aide du MEDAF est considéré comme sous-évalué. On va acheter ce titre, provoquant ainsi une hausse du cours du titre, jusqu'à ce que son prix corresponde au taux de rentabilité estimé par le MEDAF.

Exemple

Reprenons l'application réalisée à partir du MEDAF. Nous avions obtenu une rentabilité d'équilibre pour le titre Vialatte égale à 9,26 %.

Considérons à présent que la société soit sur un marché à maturité et que les perspectives de croissance des bénéfices et des dividendes s'élèvent à 4 %. Le prochain dividende versé s'élèvera à 5 euros.

Sachant que le cours actuel s'élève à 100 euros, nous pouvons en déduire d'après la formule de Gordon Shapiro que le taux d'actualisation exigé par le marché est égal à :

$$k = \frac{D}{P} + g = \frac{5}{100} + 4\ \% = 9\ \%$$

Ce taux est inférieur à la rentabilité d'équilibre. Par conséquent, d'après la méthode DDM, il convient de vendre le titre jusqu'à ce qu'on obtienne un taux d'actualisation égal au taux d'équilibre, c'est-à-dire au taux de 9,26 %.

Dans notre exemple, le cours permettant une espérance de rentabilité égale à 9,26 % s'élève à :

$$P = \frac{D}{k - g} = \frac{5}{9{,}26\ \% - 4\ \%} = 95\ €$$

2.2.3. Les approches top down et bottom up

L'approche *top down* est fondée sur une analyse macroéconomique et financière. Il apparaît que les marchés financiers sont le reflet plus ou moins exact des anticipations des cycles économiques futurs. Dès lors, l'idée est de réaliser une analyse des cycles économiques. De bonnes prévisions des cycles économiques seraient donc à même d'indiquer les tendances des marchés financiers. Il n'en demeure pas moins que la démarche est périlleuse car l'économiste fait face à différents cycles de longueurs différentes qui s'imbriquent les uns dans les autres. Au cours d'un cycle économique, différentes variables économiques telles que la production industrielle, les taux d'intérêt ou les taux d'inflation suivent des chemins interdépendants.

L'approche s'intitule *top down* car, à partir d'analyses macroéconomiques et macro-financières, on va tout d'abord déterminer des zones géographiques d'investissement, puis sélectionner des secteurs et retenir des classes d'actifs, pour enfin choisir des titres. Lorsque cette approche relève d'une démarche mathématique, il lui est parfois donné le nom de *tactical asset allocation*.

L'approche inverse est dénommée *bottom up*. Les investisseurs détectent les valeurs sous-évaluées. Ils veillent ensuite à ne pas investir sur trop de valeurs issues du même secteur par souci de diversification efficace.

2.2.4. La gestion active par thématique

La gestion active par thème consiste à surpondérer dans le portefeuille certaines catégories de titres. Plusieurs thèmes d'investissement sont fréquemment retenus.

2.2.4.1. La gestion sectorielle

Cette approche consiste à surpondérer certains secteurs au détriment d'autres. Certains indicateurs laissent présager d'une amélioration des résultats d'entreprises à partir de certains secteurs d'activité. Par exemple, une augmentation du prix du pétrole laisse entrevoir une amélioration des résultats des entreprises appartenant au secteur parapétrolier ; le taux d'intérêt et le taux d'épargne influencent les perspectives des banques.

2.2.4.2. La gestion *value* (les valeurs délaissées)

Ce thème consiste à acheter des actions de sociétés qui offrent un rendement important. Le taux de rendement élevé s'explique par une sous-évaluation de la société. Ces valeurs présentent également des PER ou des ratios *book to market* (valeur comptable sur valeur de marché) faibles. Le rapport entre la valeur d'entreprise (capitalisation boursière + dettes) et le résultat opérationnel est généralement faible. Le processus d'investissement repose sur une approche *bottom-up*. En effet, une large partie du travail consiste en l'analyse du bilan et l'évaluation du juste prix à payer (actualisation des bénéfices futurs par exemple). Les aspects macro-économiques sont mis de côté. Depuis l'éclatement de la bulle internet, ce style de gestion est très prisé.

2.2.4.3. La gestion *growth* (croissance)

Ce thème retient les actions qui connaissent un développement plus rapide que leurs homologues au sein d'un secteur d'activité qui figure lui aussi parmi les plus dynamiques de l'économie. Ces titres présentent des caractéristiques opposées à celles retenues par l'approche *value*. La valeur de marché est nettement supérieure à la valeur comptable des fonds propres. Les investisseurs sont en effet disposés à payer un prix plus élevé parce qu'ils estiment qu'ils seront largement rétribués par une croissance plus forte des revenus et du bénéfice à l'avenir. Par ailleurs, leurs PER sont élevés tandis que leurs rendements en dividendes sont faibles.

2.2.4.4. La gestion GARP (*Growth At Reasonable Price* ou croissance à prix raisonnable)

Cette approche est en quelque sorte un mixte des approches *Value* et *Growth*. L'idée est d'investir sur des sociétés bénéficiaires présentant un fort potentiel de croissance qui n'a pas encore été pris en compte par le marché.

2.2.4.5. La gestion capitalisation

Cette stratégie consiste à se concentrer sur des titres en fonction de leur niveau de capitalisation. On trouve des fonds de petites capitalisations ou valeurs moyennes, ou encore de grandes capitalisations ou *blue chips*. Dans le cas des fonds *small caps*, certains gestionnaires estiment que les opportunités de croissance sont meilleures que celles des plus grandes sociétés. Par ailleurs, certaines valeurs moyennes ne seraient pas à leur juste prix car l'analyse de ces petites sociétés est nettement moins approfondie que sur les grandes, ce qui offrirait certaines opportunités d'arbitrage. Le revers de la médaille pour ces petites sociétés est que leur niveau de flottant est une barrière pour l'investisseur car elles présentent un risque de liquidité bien plus élevé que les *blue chips*.

2.2.4.6. La gestion *distressed*

Très spéculative, cette méthode recherche des sociétés ayant subi d'importantes difficultés et dont le retour à meilleure fortune reste crédible. Sous-évaluation et risque sont à des niveaux très élevés. Elle est réservée aux investisseurs très avertis.

2.2.5. La gestion indicielle tiltée

Il existe plusieurs appellations pour la gestion indicielle tiltée. En anglais, on utilise le mot *enhanced*, qui signifie enrichie. On peut aussi parler de gestion faiblement active ou proche de l'indice.

Une telle gestion implique de prendre de faibles paris par rapport à l'indice sélectionné afin d'en améliorer la performance. En matière d'objectif, ce mode de gestion vise environ 1 % par an de surperformance par rapport au benchmark, ce qui peut paraître modeste ; mais il convient de comparer cet objectif à une hausse des actions de 5 à 7 % en termes réels sur longue période. Si cette surperformance est récurrente, le gain capitalisé devient vite important et l'objectif de gestion bien plus ambitieux qu'il n'y paraît à première vue.

Dans le cadre d'une telle gestion, l'une des difficultés est de sélectionner l'indice à battre. Le gérant devra faire le choix entre un indice large moins risqué et un indice étroit plus volatil. Bien souvent, l'indice large est retenu. Aux États-Unis, la gestion indicielle tiltée est indexée sur le S&P 500.

2.2.6. *La gestion cœur-satellite*

La gestion active n'implique pas une liberté de gestion. Un gérant de portefeuille qui doit battre le marché est soumis à des contraintes de risque mesurées à l'aide du *tracking error*. Par exemple, il peut avoir pour objet de battre l'indice CAC 40 sous contrainte d'avoir un fonds présentant un *tracking error* de 5 % [1].

L'idée de l'approche cœur-satellite [2] est de décomposer le fonds en deux parties. Une première partie dite « cœur » du portefeuille représente entre 75 et 85 % de celui-ci. Ce cœur de portefeuille doit répliquer l'indice benchmark et afficher un très faible *tracking error*. La seconde partie du portefeuille est dite « satellite ». Elle représente entre 15 et 25 % du portefeuille. Elle a pour objectif de générer une rentabilité excédentaire par rapport au benchmark. C'est cette partie qui est gérée de manière très active.

L'intérêt d'une telle approche est de réduire sensiblement les coûts de gestion. Aux États-Unis, on estime que les coûts pour les investisseurs institutionnels ont été réduits de près de la moitié.

Exemple

Considérons un portefeuille qui doit respecter un *tracking error* de 5 % et qui a pour objet de faire mieux si possible que l'indice CAC 40. Le gérant de portefeuille investit 75 % de son portefeuille sur l'ETF CAC 40 et 25 % dans divers satellites de gestion active. Sachant que le *tracking error* de l'ETF est quasi nul, cela laisse une plus grande marge de manœuvre pour les gérants des poches actives. Un *tracking error* de 20 % sur les satellites permet de respecter la contrainte générale de 5 % puisque 25 % × 20 % = 5 %.

2.3. La gestion alternative

La gestion alternative est une gestion décorrélée des marchés financiers. Les gérants de *hedge funds*, structure qui met en œuvre les différentes méthodes de gestion alternative, sont à la recherche d'une performance régulière et absolue quelle que soit l'évolution des marchés. Par facilité, on est amené à comparer les performances des *hedge funds* à celles des fonds traditionnels. C'est une erreur car dans le premier cas il n'existe pas de *benchmark*. La baisse des marchés financiers met à l'honneur ces techniques de gestion.

Historiquement, la gestion alternative s'est développée aux États-Unis à partir des années 50 autour de grandes fortunes privées prêtes à utiliser la créativité financière de leurs gestionnaires pour optimiser la valorisation de leur capital. L'objectif était, déjà à l'époque, de trouver la meilleure combinaison entre la rentabilité minimale recherchée et le niveau de risque. La méthodologie initiale consistait, à partir d'un arbitrage sur actions, à éliminer un risque de marché. Concrètement, on achète une valeur pressentie pour surperformer le secteur et on vend au même moment une valeur du

1. Les appels d'offres font souvent référence au *tracking error*.
2. Voir Amenc *et al.* (2004).

même secteur pressentie à la baisse. Ainsi les fonds présentaient un bêta proche de zéro expliquant la faible sensibilité au marché. La performance des *hedge funds* a attiré le regard des médias. Néanmoins leur encours demeure encore faible en dépit d'une croissance très importante.

Les gérants disposent d'un arsenal de méthodes pour atteindre l'objectif des clients. Nous en présentons brièvement quelques-unes [1].

La stratégie *global macro* est une stratégie à moyen terme. Elle consiste à tirer profit des évolutions de l'économie globale. Elle prend des positions à partir d'anticipations sur les divers agrégats économiques tels le PIB, le taux d'intérêt, le taux de change et l'évolution des prix des matières premières.

La stratégie *Event Driven* est spécialisée sur les sociétés impliquées dans des événements de marché. Il peut s'agir de faillites, de restructurations, de fusions et acquisitions (*merger arbitrage*), ou de filialisations. Par exemple, dans le cas de fusions-acquisitions, le gérant met en œuvre un arbitrage qui consiste à utiliser l'écart existant jusqu'à la conclusion de l'opération entre le prix d'acquisition et le prix auquel se traite la société cible sur le marché, qui varie au gré des informations sur les chances de réussite ou d'échec de la réalisation de l'opération.

La stratégie *long-short* est l'une des stratégies les plus utilisées. Elle investit simultanément dans des positions en actions longues et courtes avec un effet de levier et une exposition au marché sensiblement réduite. L'achat à crédit des actions supposées sous-évaluées est financé par la vente à découvert des actions supposées surévaluées. Par exemple si l'analyste considère que l'action Télécom Italia est sous-évaluée et que l'action France Télécom est surévaluée, il achètera la première et vendra la seconde. En cas de baisse du secteur d'activité, l'arbitragiste compensera la baisse de Télécom Italia par un gain plus important sur France Télécom, puisque son anticipation repose sur une performance plus faible de ce second titre. En cas de hausse du secteur d'activité, on s'attend à une rentabilité plus élevée de Télécom Italia que de France Télécom. Bien entendu, la stratégie ne peut être gagnante que si l'anticipation est correcte.

La stratégie d'arbitrage de taux consiste à tirer profit des déformations de la structure par terme des taux d'intérêt. Les gérants ont recours pour mener à bien leur stratégie aux titres d'État, des contrats à terme sur instruments financiers et aux swaps de taux d'intérêt. Cette stratégie est peu utilisée en période de bas taux d'intérêt.

L'arbitrage de convertibles consiste à investir dans des obligations convertibles mal cotées par le marché : on achète l'obligation convertible et on vend l'action sous-jacente. Les gestionnaires de fonds ont recours à cette stratégie en période de volatilité élevée.

La stratégie *emerging markets* consiste à investir dans les marchés en développement. C'est une stratégie très risquée car peu d'instruments de couverture sont disponibles sur ce type de marché.

1. Voir Lhabitant (2004) pour une analyse complète de la gestion alternative et de ses stratégies.

La performance de ces techniques de gestion peut être appréciée au regard des indices de gestions alternatives. La famille d'indices les plus suivis est la gamme *Credit Suisse/Tremont Hedge Fund Index*.

2.4. L'analyse technique

L'analyse technique adopte un point de vue différent de celui de l'analyse fondamentale quant à l'estimation des niveaux d'achat et de vente des titres. L'analyse fondamentale, telle qu'elle est mise en œuvre par les analystes, repose essentiellement sur des ratios financiers relatifs aux fondamentaux de la société. Pour sa part, l'analyse technique tient compte de la psychologie des investisseurs. Celle-ci serait à l'origine de l'existence de tendances de marché. Selon les partisans de cette méthode, les différents facteurs influençant les cours sont contenus dans la structure et l'évolution de l'offre et de la demande de titres. Par conséquent, l'observation des volumes de transactions et de l'évolution des cours peut permettre d'anticiper les cours futurs.

Parmi les premiers à avoir mis en avant l'intérêt de l'analyse technique, Charles Dow, fondateur du *Wall Street Journal*, considérait que les cours évoluaient suivant 3 phases. Son modèle repose sur l'idée qu'en période de baisse des cours il existe toujours des investisseurs plus téméraires et mieux informés prêts à acheter en prévision de la reprise (« accumulation par les astucieux », phase A), alors même que les particuliers se défont de leurs titres. À cette phase fait suite l'amélioration des résultats de l'entreprise, suscitant l'engouement des investisseurs pour le titre (« imitation », phase B). Cette période d'amélioration est susceptible d'engendrer une pression à l'achat très forte pour les particuliers, désireux de prendre part à ce qu'ils considèrent être un mouvement sans fin. Cette phase est pour les premiers investisseurs l'occasion de vendre (« distribution par les astucieux », phase C), en prévision du retournement qui s'annonce, alors que l'ensemble des petits porteurs se positionne à l'achat.

Schéma 12.1. – *Théorie de Dow*

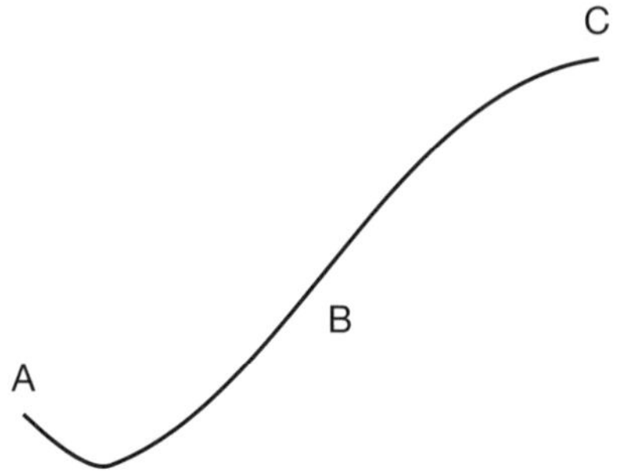

L'analyse technique va donc à l'encontre de l'hypothèse de l'efficience faible des marchés et par conséquent horripile les académiques. Ces dernières mettent notamment en avant le caractère auto-exécutoire de l'approche et l'impossibilité de prévoir le futur à partir du passé. Enfin, si l'analyse technique permettait de réaliser des profits, tout le monde la pratiquerait la rendant ainsi caduque. De nombreuses recherches ont été menées afin d'analyser la performance de l'analyse technique. Elles concluent pour la plupart d'entre elles à des performances médiocres… Et pourtant l'analyse technique semble avoir de nombreux jours devant elle avec l'apparition de méthodes de plus en plus sophistiquées et de plus en plus pratiquées.

2.4.1. L'analyse graphique

La première forme d'analyse technique consiste à considérer que l'histoire est un éternel recommencement. Par conséquent, les cours tendent à former des figures récurrentes. Selon Murphy, l'analyse graphique est « l'étude de l'évolution des marchés principalement sur la base de graphiques dans le but de prévoir les tendances futures ».

2.4.1.1. La représentation graphique

Le graphique peut se définir comme l'historique d'un cours. Celui-ci prend en compte sur une période donnée les mouvements intervenus sur un titre. Il existe plusieurs méthodes pour représenter l'évolution des cours.

La méthode des points et figures est une méthode très ancienne de représentation. Elle ne tient pas compte du temps et ne s'intéresse qu'aux fluctuations du cours. L'objet de cette représentation est de déterminer des tendances. Par conséquent, il élimine les fluctuations mineures, c'est-à-dire inférieures à un seuil prédéfini.

Le principe de représentation est le suivant. Tout d'abord, l'investisseur doit définir 2 grandeurs qui vont influencer l'allure du graphique. La première concerne le seuil de variation exprimé en euro ou en pourcentage : 1 euro, 2 euros, 2 %, 4 %… À chaque fois que le cours augmentera du montant défini, on inscrira une croix dans une grille. Lorsque le cours baissera du niveau défini, on inscrira un rond. La seconde grandeur concerne le seuil de retournement. En dessous d'un certain seuil (par exemple 2 croix ou rond), celui-ci n'apparaîtra pas dans la grille. Plus le seuil est élevé et moins le graphique montre les retournements de tendance. À chaque changement de tendance, on change de colonne comme l'indique l'exemple ci-après.

Schéma 12.2. –*La méthode des points et figures*

18						
16			×			
14			×	O	×	
12	×		×	O	×	
10	×	O	×	O	×	
8	×	O	×	O	×	
6	×	O	×	O		
4		O				
2						

La méthode des chandeliers japonais a été mise au point au XVIIe siècle pour prédire l'évolution des contrats sur le riz. Cette méthode a été popularisée en occident à la fin du siècle dernier. Le chandelier est une forme de représentation graphique complète. Sur une même figure, on peut distinguer l'ouverture, la clôture, les extrêmes de la journée (plus haut et plus bas) ainsi que le sens de la tendance durant la séance de cotation pour un titre donné.

L'écart entre le cours d'ouverture et le cours de clôture est appelé corps ou bougie tandis que les extrémités sont appelées ombres ou mèches. Un chandelier noir est une séance où le cours de clôture est inférieur au cours d'ouverture tandis que le chandelier blanc illustre une séance où le cours a terminé à un niveau plus élevé qu'au cours d'ouverture.

Schéma 12.3. – *Les chandeliers japonais*

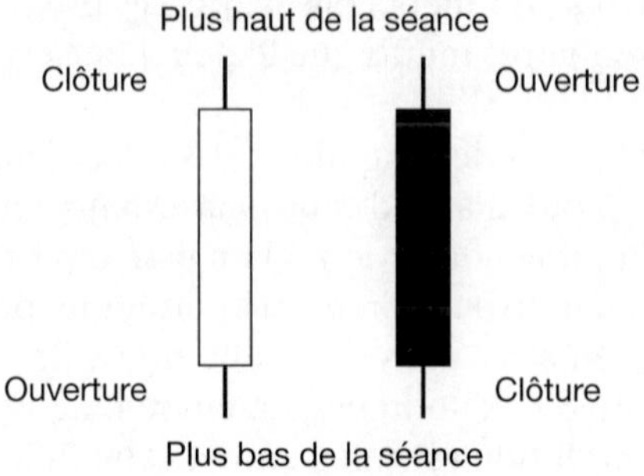

Le bâtonnet, ou *bar chart*, est une représentation graphique qui indique les cours d'ouverture (facultatif) et de clôture ainsi que les extrêmes de la journée (plus haut et plus bas). Chaque bâtonnet représente un pas d'observation quotidien. Cette représentation à l'instar du chandelier japonais donne une assez bonne représentation de l'offre et la demande effective de titres durant la séance.

Schéma 12.4. – *Le bâtonnet*

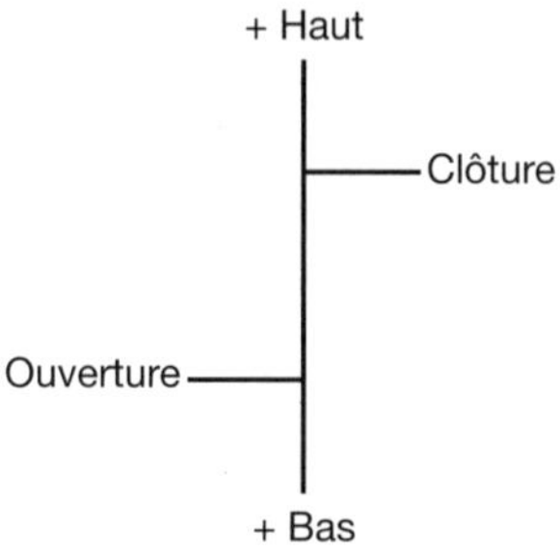

Enfin, la représentation en continu prend en compte l'évolution *intraday* des cours, permettant ainsi de connaître l'intégralité du chemin parcouru par le titre financier. Le graphique est souvent accompagné des volumes de transactions quotidiens représentés sous forme de barres d'histogramme.

Schéma 12.5. – *Représentation en continu*

2.4.1.2. Les figures

On présente ci-après quelques figures graphiques à titre d'illustration.

- *La tête et les épaules : une figure de retournement*

Cette expression imagée fait référence à la forme de la figure, présentant une suite de trois sommets consécutifs, le premier et le troisième étant de hauteurs similaires tandis que le deuxième est relativement plus haut.

Comme on le voit sur le graphique 12.1, la figure est formée de 6 phases distinctes. Tout d'abord, une phase haussière qui finit sur un sommet. Par la suite, une correction à la baisse à partir du pic haussier, puis une reprise et un nouveau sommet supérieur au précédent apparaissent alors. Ce deuxième pic est suivi d'une nouvelle consolidation avec une baisse significative des volumes. La cinquième phase correspond à un rebond dont l'amplitude est inférieure à celle du deuxième sommet, avec un volume toujours faible. Enfin, un fort signal de vente est déclenché si on enfonce le niveau de la « ligne de cou » avec une hausse importante des volumes. Ce signal est invalidé en cas de retour au-dessus de la ligne de cou.

Graphique 12.1. – *Tête et épaules*

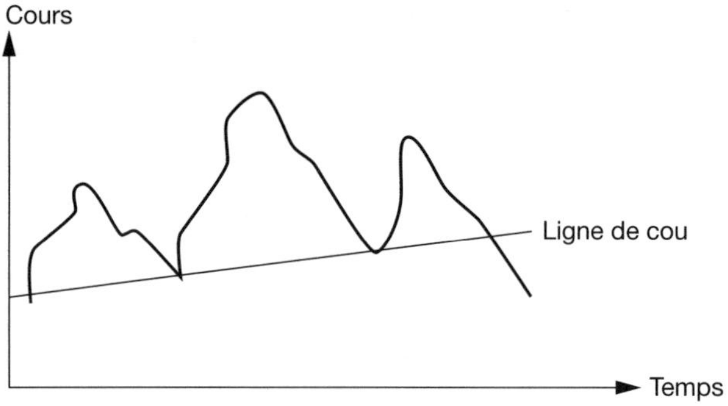

- *Le triangle : figure d'incertitude*

Le triangle est une figure qui intervient dans des marchés sans tendance. En général, il s'agit plutôt de périodes indécises. Le triangle commence par une zone où les cours évoluent dans une zone assez large comme si les opérateurs attendaient un signal ou un événement pour prendre une décision, pour aller vers une zone de plus en plus étroite et serrée où l'avis des opérateurs est convergent. Les sorties de triangle doivent, pour confirmer la tendance, se faire avec des forts volumes. Si les transactions sont peu importantes, les objectifs pourraient ne pas être atteints ou la sortie pourrait être fausse.

Graphique 12.2. – *Le triangle*

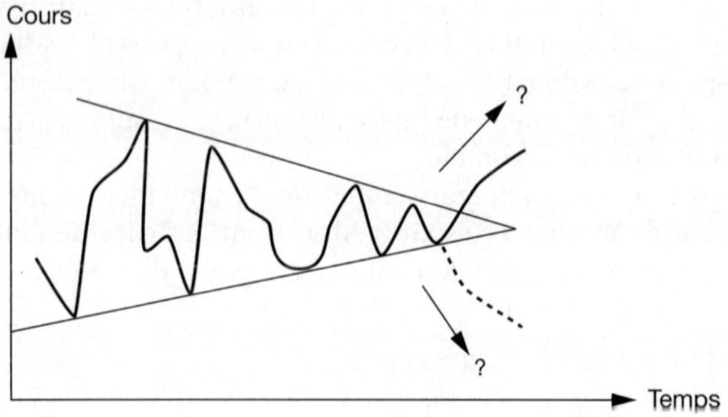

- *Le rectangle : support et résistance*

Les rectangles sont des canaux horizontaux qui s'inscrivent dans un marché sans tendance. Ils sont composés d'une ligne de support (ligne basse) et d'une ligne de résistance (ligne haute). Le cours du titre est censé rebondir sur son niveau support et se replier sous son niveau de résistance. En cas de franchissement du support, un signal de vente est déclenché tandis qu'un franchissement de la résistance signifie que le cours devrait progresser dans des proportions identiques à la largeur du rectangle. La résistance franchie, elle devient un support. Inversement le support devient résistance en cas de franchissement à la baisse.

Graphique 12.3. – *Support et résistance*

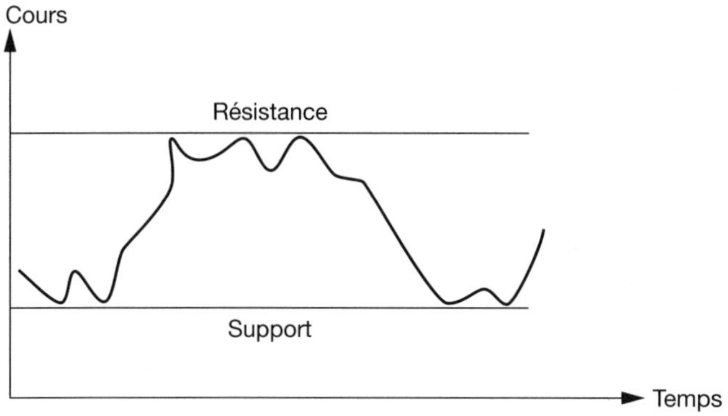

• *Les gaps*

Un gap est un écart de cours entre l'ensemble des cotations de la veille et la cotation du jour à l'ouverture. Un gap haussier à l'ouverture signifie que la première cotation de la journée est supérieure à l'ensemble des cotations de la veille et inversement pour le gap baissier. Cet écart peut être comblé en journée ou resté béant. Dans ce dernier cas, on sera en présence d'une fenêtre (haussière ou baissière). Il existe différents types de gaps :

– les gaps de rupture marquent la sortie d'une figure et provoquent une nouvelle tendance, ils sont d'autant plus significatifs si les volumes sont importants ; ces gaps sont assimilés à des zones de test (supports et résistances) ;

– les gaps de continuation se situent en tendance baissière ou haussière ; ils se situent en milieu de phase ; ils servent de supports et de résistances et sont difficiles à combler ;

– les gaps terminaux apparaissent en fin de tendance, et précèdent le retournement du marché ; ce sont bien souvent des gaps de taille importante qui sont comblés généralement par des prises de bénéfices.

Graphique 12.4. – *Détection d'un gap*

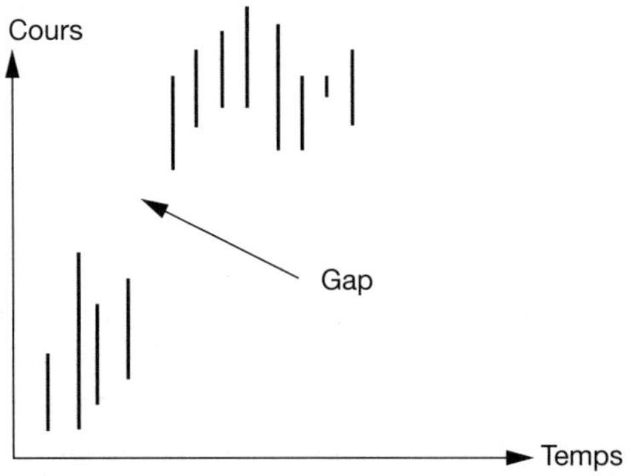

2.4.2. Les indicateurs techniques

On distingue deux grandes catégories d'indicateurs : les filtres et les indicateurs de puissance.

2.4.2.1. Les filtres

L'objet des filtres consiste à détecter des signaux d'achat ou de vente et à mettre en relief des tendances.

• *Les moyennes mobiles*

L'analyse des moyennes mobiles est l'une des plus aisées. Cette technique est très utilisée car elle est simple à mettre en œuvre : il s'agit d'estimer une moyenne glissante des cours d'un titre sur une période plus ou moins longue. Les moyennes mobiles les plus utilisées s'étendent de 8 à 200 jours.

Les moyennes mobiles déclenchent des signaux d'achats et de vente. Ainsi, si le cours du titre franchit à la hausse une moyenne mobile, cela signifie que la tendance tend à s'inverser. On peut donc supposer que c'est le moment d'acheter, d'où un signal d'achat. Au contraire, un cours qui passe au-dessous ou casse sa moyenne mobile est un signal de vente.

D'autres signaux peuvent être retenus tels que des croisements de moyennes mobiles. Par exemple, le fait qu'une moyenne mobile à 20 jours casse une moyenne mobile à 100 jours peut exprimer un changement de tendance à court terme.

• *Les bandes de Bollinger*

Il s'agit d'une technique d'analyse basée sur des données statistiques et qui permet de fixer une fourchette de cours qui sera respectée à 95 %. Cette technique repose sur des outils statistiques bien connus des mathématiciens : la loi normale et les écarts-types.

Cette représentation graphique est constituée de trois lignes de tendance : les bandes supérieure, médiane et inférieure. La bande médiane correspond à une simple moyenne mobile, généralement calculée à 20 jours. Le niveau de la bande supérieure correspond à la somme du niveau de la bande médiane et de deux fois la valeur de l'écart-type associé à la moyenne mobile. De manière similaire, le niveau de la bande inférieure correspond au niveau de la bande médiane diminué de deux fois la valeur de l'écart-type associé à la moyenne mobile. Une enveloppe du cours est ainsi déterminée. Elle permet alors d'identifier la marge de variation au sein de laquelle le titre devrait se maintenir quasiment systématiquement. Ainsi, dans le cas d'un titre suivant une loi normale, 95 % des cotations se feront entre ces bandes.

Ces dernières constituent dès lors des niveaux de support (bande inférieure) et de résistance (bande supérieure) extrêmement puissants. Ces niveaux représentent donc respectivement des points d'entrée et de sortie intéressants sur le titre, en particulier lorsque le marché se montre sans réelle tendance (et donc que les bandes sont stables de part et d'autre de la moyenne). Par opposition, dans un marché en tendance, les indices fournis par les bandes reposent sur leur écartement. En effet, un écartement croissant des bandes suppose une hausse de l'écart-type, qui marque la formation d'une tendance forte.

2.4.2.2. Les indicateurs de puissance

Les indicateurs de puissance également appelés oscillateurs constituent un complément à l'analyse technique traditionnelle. En termes mathématiques, un oscillateur est une fonction dérivée des cours. Ainsi, il mesurera si une variation de cours tend à s'accélérer ou à décélérer. On peut comparer la force d'une tendance au jet d'un objet. Au départ quand on jette un objet en l'air, sa force interne est grande. Au fur et à mesure de la montée, il perd de la vitesse (moins d'énergie cinétique) pour retomber par la suite de plus en plus vite. Certains suggèrent qu'on peut en dire autant de l'évolution d'un cours de bourse.

• *Le momentum*

Il s'agit d'un indicateur non borné qui se calcule quotidiennement. Il s'obtient par la différence entre le cours du jour et le cours du début d'une période pour une période de temps donnée. Ainsi, le *momentum* 10 est la différence entre le cours C du jour et le cours C dix jours plus tôt.

$$M_t(j) = P_t - P_{t-j}$$

L'objectif d'un tel indicateur est de donner une indication de l'accélération de la tendance. En phase haussière, le *momentum* sera positif et ce d'autant plus que la hausse sera importante, et au contraire, négatif en phase de baisse. Dans un marché plat, le *momentum* aura des valeurs autour de zéro, il sera d'un intérêt limité.

Si on considère un marché haussier, on peut examiner non pas le signe mais la tendance du *momentum*. Si le *momentum* est haussier, cela signifie que la hausse s'accélère alors que si le *momentum* est baissier tout en restant positif, cela signifie que la hausse s'essouffle, prélude possible d'un retournement du marché : on est en présence d'une divergence baissière et c'est peut-être bientôt le moment de vendre.

• *La Moving Average Convergence Divergence (MACD)*

Cet indicateur correspond à la différence entre deux moyennes mobiles exponentielles. Il fait ainsi référence à la prépondérance ou non du moyen terme à l'égard du court terme. Les moyennes mobiles exponentielles utilisées sont respectivement de 26 jours et de 12 jours. Par ailleurs, de façon à estimer l'évolution de la tendance, une courbe signal est formée : elle est calculée sur la base d'une nouvelle moyenne exponentielle sur 9 jours. La MACD peut être interprétée de trois manières différentes.

La base de l'interprétation de la MACD est de vendre quand la MACD tombe en dessous de sa moyenne mobile à 9 jours (ligne de déclenchement). De même, un « signal d'achat » est donné quand la MACD repasse au-dessus de sa MM à 9 jours. Le marché est supposé suracheté quand la moyenne mobile courte (12 jours) s'éloigne rapidement de la moyenne mobile longue (26 jours), c'est-à-dire lorsque la MACD monte rapidement. Enfin, quand la MACD diverge de la courbe des cours, cela donne une indication d'une possible fin de tendance. On est en présence d'une divergence haussière (baissière) quand la MACD atteint de nouveaux sommets (creux), alors que les cours n'y parviennent pas.

• *Le Relative Strengh Index (RSI)*

Cet indicateur vise à établir une échelle de référence indépendante des niveaux de cours proprement dits. Le RSI est borné (0 et 100), ce qui facilite la détection de zones de surachat et de survente. Il est formé sur la base des moyennes de hausses et de baisses des titres, selon la formule suivante :

$$\mathrm{RSI}_j = 100 - \frac{100}{1 + \mathrm{RS}_j}$$

où RS_j représente la moyenne des cours de clôture en hausse divisée par la moyenne des cours de clôture en baisse durant les *j* dernières séances de cotation.

Le RSI permet de savoir si un titre est survendu ou suracheté. Par définition, une action surachetée signifie que la hausse a été rapide et qu'une correction technique a une forte probabilité d'avoir lieu, c'est donc un signal de vente. Inversement, une action survendue traduit une baisse excessive et signifie qu'un rebond est très vraisemblable sur l'échéance considérée. Sur un plan graphique, des lignes sont établies à 30 et 70. Un franchissement à la baisse des 30 indique un marché survendu, tandis qu'un franchissement à la hausse des 70 est le signe d'un marché suracheté. Il est possible d'affiner les signaux émis par le RSI en formant deux RSI sur deux périodes différentes. Un franchissement à la hausse du RSI long terme par le RSI court terme représente un signal d'achat tandis qu'un franchissement à la baisse du RSI long terme par le RSI court terme représente un signal de vente. Le RSI s'avère d'autant plus volatil que la période considérée est courte. La durée la plus régulièrement retenue est de 14 jours.

Le principe des divergences est également applicable au RSI, et ce de manière plus aisée que sur la MACD, dans la mesure où des zones de survente et de surachat sont établies. Enfin, des supports et des résistances peuvent se faire jour notamment à l'approche de la zone de neutralité (vers 50).

2.5. L'investissement socialement responsable

L'investissement socialement responsable est un phénomène récent aux fondations anciennes puisque celles-ci remontent aux textes fondateurs des principales religions. John Wesley, fondateur du mouvement Méthodiste, rappelait ainsi que l'emploi de l'argent était l'un des sujets les plus importants évoqués par les enseignements du Nouveau Testament.

De manière générale, l'investissement éthique correspond à la volonté de l'investisseur de connaître la destination finale de son argent. Dans ses choix d'investissement, l'investisseur élève au même niveau que ses objectifs financiers le respect de codes éthiques tels que le respect des droits fondamentaux et de l'environnement. On recense trois grandes catégories d'investissement socialement responsable.

2.5.1. Les fonds d'activisme actionnarial

L'activisme actionnarial peut se définir comme l'ensemble des actions prises par des investisseurs soucieux d'éthique en tant que propriétaires de l'entreprise. L'activisme constitue un moyen d'incitation à la Responsabilité Sociétale de l'Entreprise. Il vise en effet à orienter le comportement de l'entreprise vers un niveau de responsabilité sociale plus élevé afin de valoriser les intérêts de toutes les parties prenantes. Les revendications des actionnaires varient selon leur identité et leur origine. Les questions relatives aux droits sociaux fondamentaux, à l'impact sur la communauté locale et à l'écologie sont les plus nombreuses.

Les fonds d'activisme actionnarial ont vocation à utiliser leurs droits de vote pour contraindre les entreprises à mettre en place des *process* en termes d'activités environnementales ou encore de gouvernance d'entreprise par exemple. Ce type de fonds est très présent aux États-Unis ; forts de leurs poids financiers, les fonds proposent des résolutions en assemblée générale et entretiennent des relations privilégiées avec l'équipe managériale de l'entreprise tout au long de l'année. En France, l'activisme actionnarial n'en est qu'à ses balbutiements mais devrait considérablement se développer à la suite du vote de la loi de sécurité financière en 2003. Cette loi oblige les gérants de fonds à exercer leurs droits de vote au cours des assemblées générales. Les gérants doivent également expliquer aux souscripteurs les motivations de leurs votes.

2.5.2. Les fonds de filtrage

Les fonds de filtrage regroupent deux types de filtrage possibles :

– les fonds ayant recours au *screening* négatif qui excluent certains secteurs d'activité ou certaines zones géographiques ;

– les fonds ayant recours au *screening* positif qui privilégient certains aspects « sociétaux ».

Les fonds utilisant un filtre négatif sont principalement présents aux États-Unis. Les principaux secteurs exclus sont ceux ayant trait à la pornographie, à l'alcool, au tabac, à l'armement et à un moindre degré au jeu. Sont également exclues des sociétés qui ont des activités dans des pays que certains qualifient de « terroristes ». Nombreuses sont les entreprises ayant dû cesser leurs activités en Afrique du Sud du temps de l'Apartheid.

Les fonds utilisant un filtre positif doivent être divisés en deux. D'un côté, il y a des fonds thématiques, peu nombreux, qui prônent certaines valeurs comme l'environnement. De l'autre, en nombre plus important, en particulier en Europe, il y a les fonds qui ont recours à l'approche *best-in-class* pour sélectionner les sociétés cotées. Pour chaque secteur d'activité considéré, le fonds retient les entreprises présentant les meilleures notes. Cette méthode permet ainsi de ne pas bannir certains secteurs d'activité source d'emplois aux dires de leurs partisans. L'autre avantage de cette méthode de sélection est de réduire le risque supplémentaire induit par la supposée moindre diversification des fonds ISR. En effet, il ne faut pas oublier que la philanthropie et la finance n'ont jamais fait bon ménage. L'approche *best-in-class* n'entraîne pas de réduction de l'univers d'investissement. Les indices traditionnels peuvent servir de benchmarks. En revanche, le gestionnaire ayant recours aux *screening* négatifs et/ou thématiques ne pourra évaluer la performance de son fonds que par rapport à un benchmark spécifique compte tenu de la réduction de son univers d'investissement. Celle-ci entraîne une moindre diversification du portefeuille géré et par conséquent des fonds caractérisés par un couple rentabilité-risque en dessous de la frontière efficiente.

2.5.3. Les fonds de solidarité

La dernière stratégie envisagée est l'investissement dans la communauté (*community investing*) ou investissement solidaire. Cette approche est différente des deux premières catégories en ce que la performance de l'investissement est au second plan des préoccupations des investisseurs.

Les fonds ciblés se rapportent aux fonds qui investissent dans des projets ne bénéficiant pas de l'aide des institutions financières traditionnelles. Les fonds sont alloués au taux du marché quand ce n'est pas à taux zéro. Ces fonds sont à rapprocher des fonds de partage ou « solidaires ». Ceux-ci correspondent à une autre approche de la finance solidaire. Ces fonds sont en général investis dans des obligations émises par des grands organismes supranationaux tels que la Banque mondiale ou des produits monétaires. Ils fonctionnent comme des fonds normaux, une partie des dividendes étant automatiquement versée à des organismes actifs en matière de défense d'intérêts sociaux ou environnementaux. Ceux-ci fonctionnent de telle sorte que les épargnants acceptent de partager une fraction du rendement ou de ne recevoir comme rémunération que la valeur de l'inflation : le surplus dégagé est distribué à des organisations humanitaires ou à des organismes qui soutiennent la cause que l'actionnaire souhaite défendre.

3. L'information : une aide à la décision

La diversification qu'elle soit sectorielle ou géographique ne peut être naïve. Afin de sélectionner les titres, l'investisseur a recours à différentes sources d'informations. On peut distinguer l'information propre à la société étudiée de l'information macroéconomique qui contribue à expliquer l'évolution des marchés financiers.

3.1. L'information « macroéconomique »

L'allocation des portefeuilles s'appuie sur des statistiques économiques considérées comme des indicateurs avancés de l'évolution des marchés financiers. Les statistiques américaines retiennent prioritairement l'attention des investisseurs. Il convient de signaler que toutes ces statistiques sont loin d'être fiables et il n'est pas rare de voir ces chiffres révisés. Fiables ou non, ces statistiques ont leur importance car c'est à partir d'elles que les opérateurs appréhendent l'évolution de la conjoncture et en tirent des conclusions sur la tendance à venir des marchés.

3.1.1. Les décisions des banques centrales

Les marchés financiers sont extrêmement attentifs aux décisions des banques centrales. En effet, le comité monétaire fixe le niveau des taux directeurs. Ces taux ont une incidence directe sur l'allocation des actifs. En outre, les banques centrales diffusent des statistiques portant notamment sur le niveau des agrégats monétaires. Celles-ci apportent des indications sur la plus ou moins grande souplesse des autorités monétaires en matière de liquidités disponibles.

Les investisseurs sont très sensibles aux discours de la FED, i.e. la banque centrale américaine. Outre les décisions portant sur les taux d'intérêt, celle-ci publie le beige book qui décrit la situation économique des États-Unis. Ce document est rédigé par les économistes des différentes FED régionales avant chaque réunion du comité de la FED [1]. Ce rapport est une synthèse des informations économiques collectées auprès des 12 districts. Ce document est étudié attentivement car il délivre des indications sur les choix de politique monétaire de la FED. Cet exposé est publié huit fois par an.

Par ailleurs, tous les six mois, le président de la banque centrale tient un discours devant le Congrès américain (*Humphrey Hawkins*). Il présente le bilan de la situation américaine et les perspectives.

3.1.2. La production

Le Produit Intérieur Brut (PIB) est une mesure de la production globale du pays. Il donne une vision globale de la santé de l'ensemble des secteurs d'activité en mesurant l'évolution de la production de biens et services réalisée sur un territoire national. Les informations qu'il contient ne dépeignent pas uniquement l'économie globale, mais renseignent aussi les investisseurs sur la bonne tenue de divers secteurs d'activité. Plus que son niveau lui-même, c'est son évolution qui est analysée. Une croissance économique saine signifie que les entreprises ont toutes les chances de compter sur un marché favorable leur permettant d'augmenter leurs profits. *A contrario*, une baisse significative du taux de croissance de la production industrielle peut être le point de départ d'une phase de correction sur les marchés financiers. Le PIB peut être scindé en plusieurs grands agrégats tels que les dépenses de consommation, les investissements des institutionnels ou les constructions.

Le PIB est généralement diffusé avec le taux d'utilisation des capacités de production. Ce taux est calculé comme le rapport en pourcentage entre la production effective et potentielle du secteur concerné. Ce dernier indicateur aurait tendance à être considéré comme un indicateur retardé de la croissance au même titre que le taux de chômage. Il n'en est pas moins utile et il faut peut-être le considérer comme une confirmation de la solidité de la croissance. De plus, un taux d'utilisation en hausse peut signifier une augmentation possible des prix du secteur afin de faire face à la demande supplémentaire avec des capacités de production limitées.

3.1.3. L'inflation

Compte tenu du lien qui peut exister entre le niveau des taux d'intérêt et le niveau des prix, les investisseurs observent attentivement les batteries de statistiques relatives aux niveaux des prix. Il est ainsi étudié les indices des prix à la consommation et à la production, le prix des matières premières ainsi que le niveau des salaires.

1. Le FOMC (*Federal Open Market Committee*) est composé des 7 membres du conseil des gouverneurs et de 5 des 7 présidents de banques de réserve.

Le *Consumer Price Index* mesure le coût d'un panier donné de biens et services marchands au consommateur final. C'est un indicateur avancé de l'inflation. Il existe plusieurs CPI selon que l'on intègre ou non l'énergie dans le panier.

Contrairement au CPI qui mesure l'inflation par le consommateur final, le *Producer Price Index* (PPI) calcule la variation des prix de biens de production. Il s'agit notamment des secteurs minier, manufacturier, du gaz, de l'électricité, du secteur agricole et autres matières premières.

Toute hausse inattendue des prix est mal ressentie par les investisseurs car cela suggère une pression inflationniste et un risque de remontée des taux d'intérêt lorsque l'on est en phase de croissance. En revanche, si la hausse des prix intervient en période de crise, cela peut être considéré comme un signe annonciateur de retournement de tendance.

3.1.4. Le chômage

Le taux de chômage mesure le nombre de personnes à la recherche d'un emploi par rapport à la population active. En complément de cette statistique, l'estimation du nombre des créations et des destructions d'emplois est également diffusée.

En période de faible croissance, une baisse du chômage est appréciée car elle est annonciatrice d'une reprise pérenne de l'activité. Une reprise de l'activité économique sans création d'emploi a pour origine une amélioration de la productivité consécutive à des délocalisations et elle devrait retomber rapidement. En période de forte croissance, la réduction du nombre de demandeurs d'emplois est observée de manière plus circonspecte. En effet, la baisse du chômage peut laisser craindre une inflation des salaires.

3.1.5. Les indices de confiance

Sous cette dénomination, on peut citer les indices de confiance des ménages ou les indices des directeurs d'achat. Une baisse de ces indicateurs laisse planer un doute sur la croissance économique à venir.

Aux États-Unis, les deux principaux indices de confiance des ménages sont les indices publiés par le patronat américain (*Conference Board Index*) et l'université du Michigan (*Michigan Consumer Sentiment*). Le « patronat » américain réalise une enquête mensuelle auprès de 5 000 consommateurs interrogés sur leur situation économique (emploi, revenus, consommation) et sur les perspectives au cours des six mois suivants. Cette étude conduit à la publication, tous les derniers mardis du mois, du CBI, qui se décompose en deux sous-indices : le sous-indice de l'appréciation des consommateurs des conditions présentes de l'économie et le sous-indice des perspectives futures. À la différence du CBI, le MCS est publié tous les deuxièmes vendredis du mois avec une estimation préliminaire et une finale. Du fait qu'il est publié plus tôt, le MCS doit être considéré comme un indicateur avancé de la confiance des ménages mesurée par le CBI.

Les indices des directeurs d'achat affichent un niveau de corrélation avec le niveau de l'activité économique significatif. Aux États-Unis, on fait référence aux indices ISM manufacturier ou non. Ces indices sont calculés mensuellement auprès d'entreprises issues de différents secteurs d'activité. On leur demande de préciser les conditions actuelles et futures dans 6 mois sur six thèmes : le niveau des commandes, les prix d'achat, la production, l'emploi, la livraison des distributeurs et le niveau des stocks. L'indice est publié avec ses différentes composantes pour fournir des informations sur l'emploi, les prix et la conjoncture en général. Compte tenu du poids des services grandissant dans la croissance des économies occidentales, on observe avec de plus en plus d'attention l'indice des services en dépit de son caractère très volatil. En Europe, l'indice le plus suivi est l'indice IFO [1] censé donner une vision anticipée de la santé économique de l'Allemagne. Cet indice est obtenu auprès de 3 200 entreprises manufacturières, 800 entreprises dans le secteur des travaux publics et de la construction, 550 qui opèrent dans le commerce de gros et 500 entreprises spécialisées dans la distribution au détail. Les questions visent la situation présente et celle qui est anticipée au cours des six mois suivants. L'indice IFO est considéré comme l'indicateur avancé par excellence de l'économie européenne puisque l'économie allemande pèse un peu plus du tiers de la production du PNB de la zone euro.

D'autres indicateurs pourraient être cités comme la balance commerciale, la consommation des ménages, le déficit budgétaire, le niveau d'endettement des entreprises, le niveau des stocks, le nombre de constructions de maisons neuves, les ventes de détail… Chaque indicateur a un poids plus ou moins grand selon le contexte économique. Une partie de la volatilité des indices boursiers peut être expliquée par les publications régulières de ces différentes données qui permettent aux opérateurs de se faire une idée plus précise sur le niveau de l'économie et son évolution. En Europe, le poids des indices économiques apparaît limité au regard de la prédominance des données américaines.

3.2. L'information « microéconomique »

Le risque spécifique est présent dans de nombreux portefeuilles. Il est bon d'analyser la société dont les titres sont cotés en bourse. Les informations liées à la connaissance de la société peuvent provenir de la société elle-même qui est tenue à certaines obligations ou de la presse spécialisée.

3.2.1. Les informations émanant de la société

On peut organiser autour de quatre pôles les informations émanant de la société : les informations légales, le rapport annuel, l'assemblée générale et le site internet de la société.

1. *Institute für Wirtschaftsforschung.*

3.2.1.1. Les informations légales

Les émetteurs sont tenus de publier régulièrement des informations sur leur activité et leur situation financière. Les investisseurs doivent pouvoir les obtenir auprès d'émetteurs. Lorsque des faits importants peuvent avoir une incidence sur la valeur des titres cotés, les sociétés doivent publier un communiqué au plus tôt.

3.2.1.2. Le rapport annuel

Les rapports annuels des sociétés cotées ont évolué au fil des ans pour devenir, aujourd'hui, un formidable outil de communication. Le rapport annuel se décompose en plusieurs parties.

Le bilan est une photographie à la fin d'un exercice comptable de la situation patrimoniale de l'entreprise, c'est-à-dire la comparaison des différentes sources de financement avec ce que l'entreprise possède. Il se présente sous la forme d'un tableau en deux colonnes : l'actif et le passif. Le passif indique la provenance des ressources : capital social apporté par les actionnaires, bénéfices réinvestis, prêts des banques, dettes commerciales fiscales ou sociales. L'actif présente ce que l'entreprise possède, depuis les bâtiments jusqu'à l'argent en caisse. La solidité d'un bilan est le gage de la stabilité financière de l'entreprise.

Le compte de résultat est un document financier qui regroupe la totalité des *charges* et des *produits* d'un exercice comptable. Le compte de résultat retrace les opérations d'exploitation, financières et exceptionnelles de l'entreprise pendant l'exercice. Il est divisé en produits et en charges. La différence des produits et des charges donne le résultat (bénéfice ou perte).

L'annexe correspond en quelque sorte au mode d'emploi de lecture du bilan et du compte de résultat. Il y est précisé les méthodes comptables, les détails de certains postes ainsi que les engagements hors bilan. Ces annexes proposent le plus souvent les informations les plus essentielles pour les analystes.

Les rapports des commissaires aux comptes apportent la certification des chiffres des documents précédents, et attestent de leur conformité à la réalité. Aux lendemains de scandales financiers, ces rapports ne constituent plus un simple détail.

3.2.1.3. L'assemblée générale

L'assemblée générale constitue le moment privilégié pour l'actionnaire de s'informer sur la situation de la société et de s'exprimer sur sa gestion. L'objet principal, hormis les petits fours qui concluent la journée, est l'approbation des comptes de l'exercice présentés par le directoire ou le conseil d'administration. Par ailleurs, différentes résolutions sont soumises au vote des actionnaires comme le montant du dividende versé. L'assemblée générale peut être ordinaire ou extraordinaire. Dans ce dernier cas, la modification des statuts de la société ou la réalisation d'opérations sur le capital est souvent soumise aux votes des actionnaires.

3.2.1.4. Le site internet

La majorité des sociétés possède désormais leur propre site et y diffuse de nombreuses informations concernant notamment leur activité et leurs comptes. L'investisseur peut y retrouver tous les communiqués diffusés par la société. À défaut, il se rendra sur le site de l'Autorité des Marchés Financiers qui archive tous ces documents.

3.2.2. Les informations émanant de la presse

La presse permet de diffuser des informations légales ou non diffusées par la société. Enfin on y trouve des éléments d'enquêtes menées par les journalistes. On retrouve également la cote boursière qui permet de recenser l'ensemble des valeurs.

Voici quelques termes que l'on peut retrouver dans certaines cotes publiées par les médias [1] :

– Valeur : nom de la société.

– Code ISIN : c'est le « code génétique » de la société. Il est unique. Il est composé de 12 caractères : 2 lettres et 10 chiffres. Les lettres signifient le pays d'origine de la société cotée. Une action française a donc un code commençant par FR.

– Mnémonique : c'est un autre code composé uniquement de lettres permettant de distinguer la valeur cotée. Par exemple, FTE est le code mnémonique de la société France Télécom.

– Nominal : il désigne la valeur nominale d'une action qui a servi à déterminer le capital social de la société.

– Secteur : c'est le secteur auquel appartient la société. Le code sectoriel est géré par Euronext.

– Compartiment : c'est le compartiment de capitalisation auquel appartient la société cotée.

– Nombre de titres : cela indique le nombre de titres de la société. Le nombre de titres multiplié par le prix est égal à la capitalisation boursière de la société et non pas à son flottant.

– Indice : cela signale si la valeur appartient à un indice. Pour le cas où elle appartient à plusieurs indices, on retient le plus haut dans la structure des indices d'Euronext.

– Clôture d'exercice : cela signale la date de clôture d'exercice. En général, il s'agit du 31 décembre.

– Dividende : cela indique le montant du dividende versé. Ce montant est généralement suivi de la date de détachement.

– OST : il est signalé dans la cote s'il y a eu une opération sur le capital durant l'année. Non loin du nom de la société figure une abréviation précisant la nature de l'OST. Par exemple, DS signifie qu'il y a eu un détachement de droit de souscription.

– Premier (Ouv) : c'est le cours d'ouverture de la séance.

1. La cote officielle est éditée par Euronext.

– + haut : c'est le cours le plus bas atteint en séance.
– + bas : c'est le cours le plus bas atteint en séance.
– Dernier : c'est le dernier cours coté lors de la séance.
– Précédent : c'est le cours de clôture de la veille.
– Compensation : il s'agit du cours de compensation retenu en cas de demande de report au SRD.

Aux côtés de ces éléments traditionnels, on peut retrouver également les plus hauts et bas annuels ou sur 52 semaines, la variation depuis le 1er janvier, le rendement du dividende, le bénéfice net par action. C'est à la libre appréciation du média, ce qui n'est pas sans poser de problèmes depuis le passage à l'Eurolist. En effet, chaque journal a sa propre présentation. Certains diffusent une liste alphabétique tandis que d'autres présentent une liste par indice.

Chapitre 13

Éléments de fiscalité

Félicitations ! Vous êtes arrivé au dernier chapitre de ce manuel. Vous avez compris la nature différente des instruments financiers qui sont à votre disposition. Les fondements de la gestion de portefeuille n'ont plus de secret pour vous. Il convient à présent d'aborder un dernier élément : la fiscalité. En effet, les gains et pertes réalisés doivent être déclarés sur la feuille d'imposition.

Nous avons vu que la rentabilité d'un investissement peut être décomposée en deux éléments : le rendement et la plus-value. La fiscalité préserve cette distinction. Ceci donne lieu aux deux premières sections de ce chapitre. Une troisième section traite du cas des produits dérivés tandis que la quatrième est consacrée aux enveloppes fiscales qui permettent de limiter le poids de la fiscalité sur les gains obtenus en bourse.

1. La fiscalité des revenus

Les revenus peuvent être de deux types : les dividendes dans le cas de la détention d'actions et les coupons dans le cas des obligations. Ces revenus sont soumis à l'impôt sur le revenu ainsi qu'à des prélèvements sociaux : la contribution au remboursement de la dette sociale (CRDS), la contribution sociale généralisée (CSG) et la contribution au revenu de solidarité active (CRSA). Il existe une alternative sur laquelle nous reviendrons à l'issue de cette présentation.

Préalablement à la présentation de la taxation des revenus, il convient de rappeler que le dividende correspond à la part du bénéfice distribué aux actionnaires. Taxer le dividende signifie que l'on va imposer deux fois le résultat avant impôt de la société. Jusqu'il y a peu de temps, l'État avait mis en place un système d'avoir fiscal pour limiter le principe de la double imposition. Ce système est désormais révolu.

D'une part, les dividendes sont assujettis aux prélèvements sociaux. Ceux-ci s'élèvent à l'heure actuelle à 12,1 %. D'autre part, ils sont soumis à l'imposition sur les revenus. Dans un premier temps, l'actionnaire bénéficie d'un abattement égal à 40 % en remplacement de l'avoir fiscal. Par la suite, il obtient un second abattement forfaitaire de 1 525 euros (3 050 euros pour un couple). Enfin, il a été institué un crédit d'impôt en faveur des contribuables domiciliés en France. Ce crédit est égal à 50 % du montant des dividendes perçus. Il est plafonné à 115 euros (230 euros pour un couple). Ce crédit permet de réduire la note fiscale ou d'octroyer un chèque du Trésor public pour les ménages au revenu modeste dont l'impôt sur les dividendes était nul après les abattements. Par ailleurs, une partie de la CSG (5,8 %) est récupérable, car elle sera déduite du revenu imposable de l'année suivante.

Tableau 13.1. – *Imposition des revenus financiers*

Taux marginal IR	40 %	30 %
Situation	Célibataire	Couple
Dividendes	8 000	10 000
Prélèvements sociaux	968	1 210
Abattement 40 %	3 200	4 000
Abattement forfaitaire	1 525	3 050
Dividende imposable	3 275	2 950
IR avant crédit d'impôt	1 310	885
Crédit d'impôt	115	230
IR après crédit d'impôt	1 195	655
Total Imposition	2 163	1 865

Le revenu des obligations est également soumis aux prélèvements sociaux et à l'impôt sur les revenus. Néanmoins, une alternative est proposée au détenteur d'obligations. Celui-ci peut opter pour le prélèvement forfaitaire de 30,1 %. Le choix de l'investisseur dépendra donc de son taux marginal d'imposition. La loi de finance 2008 instaure également ce choix pour les actionnaires. Le prélèvement s'applique sur le montant brut. Ceci signifie que, compte tenu des abattements, seuls les contribuables situés dans la dernière tranche du barème de l'impôt sur le revenu et déclarant plus de 40 000 euros (20 000 euros pour un célibataire) de dividendes opteront pour le prélèvement libératoire forfaitaire.

2. La fiscalité des plus-values

Les plus-values correspondent à la différence positive tirée d'un investissement constatée une fois la position clôturée. En cas de différence négative, il s'agit d'une moins-value.

Si l'actionnaire a réalisé plus de 25 830 euros de cessions (montant brut) de valeurs mobilières (actions, obligations et OPCVM), les plus-values réalisées seront imposées au taux de 30,1 % (18 %+12,1 %). Dans le cas où le seuil de cessions n'a pas été atteint, l'investisseur sera exonéré de la taxe sur les plus-values mais demeure soumis aux prélèvements sociaux. Par ailleurs, la loi de finances 2007 a décidé que le seuil de cession sera actualisé chaque année dans la même proportion que la limite supérieure de la première tranche du barème de l'impôt sur le revenu (arrondi à la dizaine d'euros).

Remarque

Le projet de loi de finance 2011 laisse présager que plusieurs modifications majeures vont intervenir [1] :

– suppression du seuil de session ;
– majoration de la taxe sur les plus-values : 19 % au lieu de 18 % ;
– suppression du crédit d'impôt de 115 € ;
– création d'un crédit d'impôt égal à 19 % du montant des moins-values prises en compte pour le calcul des prélèvements sociaux dus sur leurs plus-values. Ce crédit d'impôt serait imputable sur l'impôt sur le revenu de l'année suivante ;
– un relèvement de 0,2 % des prestations sociales.

Si une moins-value a été constatée sur l'année et que le seuil de cession a été franchi, les moins-values sont reportables sur 10 ans. Cela signifie que si, l'année suivante, une plus-value est réalisée, on déduira de son montant la moins-value reportable. Le report des moins-values n'est effectif que si le seuil de cessions a été franchi. Par conséquent, en cas de moins-values observées en fin d'année, il peut être intéressant de faire grimper le compteur de cessions (opérations d'achats et de ventes successives) afin de bénéficier du report.

Il est à noter que la dépréciation de la monnaie a été prise en compte par une récente réforme : les plus-values de cessions de valeurs mobilières [2] bénéficient d'un régime d'exonération progressive depuis le 1er janvier 2006. Désormais, un contribuable bénéficie d'un abattement, hors cotisations sociales, sur les plus-values enregistrées. L'abattement s'établit à un tiers au bout de six années de détention. Il est porté à deux tiers au terme de sept années de détention. Les plus-values seront exonérées totalement au bout de huit ans. Lorsqu'une même valeur mobilière a fait l'objet d'achats à des dates différentes, les titres les plus anciens sont censés être revendus en premier.

1. Consulter le site http://www.lesaoutfinance.com pour une mise à jour de la fiscalité.
2. Cette disposition ne s'applique pas aux sociétés dont le siège social est situé en dehors d'un État de l'Union Européenne, en Islande ou en Norvège. Ne sont pas concernées non plus les sociétés cotées non soumises à l'impôt sur les sociétés. Cela est notamment le cas des sociétés foncières ayant adopté le régime SIIC.

La durée de détention s'apprécie à compter du 1er janvier de l'année d'acquisition ou de souscription des titres. Il convient de souligner le fait que, pour les valeurs acquises ou souscrites avant le 1er janvier 2006, le délai court à compter de cette date. Par conséquent, le premier abattement d'un tiers s'appliquera pour la première fois aux cessions réalisées à compter de 2012. Il n'est pas impossible que d'ici 2012 la loi soit modifiée...

3. La fiscalité des produits dérivés

Les plus-values réalisées sur les produits dérivés que sont les options, les warrants, les certificats Turbos et les contrats à terme sont taxées à 30,1 % (18 %+12,1 %). Les moins-values sont imputables pour les dix exercices suivants. Il est à noter que les cessions de produits dérivés ne font pas tourner le compteur de cessions des valeurs mobilières. Par ailleurs, ces plus ou moins-values doivent être déclarées sur l'imprimé spécial n° 2 074.

La fiscalité des autres certificats diffère quelque peu des autres dérivés. Deux cas doivent en effet être envisagés : la revente avant l'échéance du certificat et le remboursement si nécessaire du certificat à l'échéance.

Dans le cas de la revente du certificat sur le marché, le compteur de cessions des valeurs mobilières est activé, le taux d'imposition des plus-values est identique à celui pratiqué sur les autres instruments financiers, à savoir 30,1 %. Les moins-values sont imputables sur l'ensemble des plus-values et sont reportables sur les dix années suivantes.

Pour le cas où les certificats sont détenus jusqu'à leur échéance, les plus-values seront soumises à l'impôt sur le revenu suivant le taux marginal d'imposition. Dans la mesure où la valeur du certificat n'évolue guère à proximité de l'échéance, sauf cas limite, le taux d'imposition de l'investisseur déterminera le choix de revente ou non sur le marché avant l'échéance. En ce qui concerne les pertes, elles ne sont ni déductibles, ni reportables.

4. Les enveloppes fiscales

Afin de bénéficier d'un régime fiscal allégé, plusieurs outils de défiscalisation sont proposés aux investisseurs particuliers.

4.1. Le Plan d'Épargne en Actions (PEA)

Le Plan d'Épargne en Actions (PEA) est un outil de défiscalisation des plus-values et des revenus des actions (ou titres éligibles). Il est constitué d'un compte titres et d'un compte espèces. Bien qu'il ait perdu de nombreux avantages fiscaux depuis sa création comme l'abandon de l'avoir fiscal, le PEA en conserve suffisamment pour être recommandé.

Pour alimenter un PEA, seuls les versements en espèces sont autorisés. Le montant des versements est limité à 132 000 euros. Un seul PEA par personne majeure et pas plus de deux PEA par foyer fiscal sont autorisés. Les supports éligibles au sein de cette enveloppe sont les titres de capital de pays appartenant à l'Union européenne. Les bons de souscription, droits d'attribution ou de souscription ainsi que les OPCVM constitués d'une part suffisamment élevée de titres éligibles au PEA peuvent également être détenus dans un PEA. Depuis peu, l'univers d'investissement s'est étendu. En effet, il est aujourd'hui possible d'acheter des trackers dont le sous-jacent est un indice étranger composé d'actions. Il est même aujourd'hui possible d'investir dans des produits structurés.

La taxation des gains dépend de la date de clôture du Plan d'Épargne en Actions et du montant de cessions. Tout retrait de fonds intervenant durant les 8 ans suivant l'ouverture du compte entraîne sa clôture immédiate.

Toute clôture du compte en deçà de deux années d'existence entraîne une taxation de 34,6 % décomposée en un taux d'imposition de 22,5 % et 12,1 % de prélèvements sociaux.

Entre deux et cinq ans, une sortie entraîne une imposition au taux en vigueur pour l'impôt sur les plus-values, soit 30,1 % (18 % + 12,1 %). Le PEA se comporte comme un compte-titres traditionnel.

Entre cinq et huit ans, les gains qui sont comptabilisés comme étant la différence entre les sommes retirées et les sommes investies sont soumis aux prélèvements sociaux. Il en est de même pour les retraits réalisés au-delà de huit ans à la différence près que le PEA n'est pas clôturé. Néanmoins, une fois un retrait effectué, il n'est plus possible de réalimenter le compte espèces du PEA.

Tableau 13.2. – *Fiscalité du Plan d'Épargne en Actions*

Retrait	Fiscalité	Clôture
< 2 ans	22,5 %+12,1 %	OUI
2 ans < et < 5 ans	18 %+12,1 %	OUI
5 ans < et < 8 ans	0 %+12,1 %	OUI
> 8 ans	0 %+12,1 %	NON

4.2. Le Plan d'Épargne Entreprise (PEE)

Le Plan d'Épargne Entreprise est une formule d'épargne salariale collective facultative permettant aux salariés de participer avec l'entreprise à la constitution d'un portefeuille de valeurs mobilières. Les sommes versées peuvent être investies dans des titres émis par l'entreprise – actions ou titres de créances – des parts de Fonds communs de Placements d'Entreprise [1], ou bien des actions de SICAV ou de SICAVAS [2].

Sur ce plan d'épargne ouvert auprès de l'entreprise, le salarié peut verser les fonds provenant de l'intéressement et de la participation et faire des versements libres s'il le souhaite. Les versements libres sont néanmoins plafonnés à 25 % de la rémunération brute annuelle. Quant à l'abondement du PEE par l'entreprise en plus des versements du salarié, il peut être au plus égal au triple de la somme versée par l'employé, dans la limite toutefois de 2 300 euros par exercice [3]. Les sommes ainsi épargnées sont bloquées au minimum pendant 5 ans. Au bout de 5 ans, les revenus et les plus-values du PEE sont exonérés d'impôt hors prélèvements sociaux.

Le PEE présente également un avantage pour l'entreprise. En effet, les sommes affectées sont déductibles des bénéfices de l'entreprise imposables à l'impôt sur les sociétés mais également ne supportent pas de cotisations sociales ou assimilées, à l'exception de la CSG, de la CRDS et de la CRSA.

Il existe d'autres enveloppes fiscales pouvant accueillir l'épargne salariale. On peut citer le Plan d'Épargne Inter entreprise (PEI) qui constitue une variante du PEE. Le plan est établi par plusieurs entreprises. Contrairement au PEE, les sommes ne peuvent être investies dans les FCPE dont l'actif détient plus d'un tiers de leur actif en titres d'une entreprise signataire de l'accord inter entreprises, et ceux donc l'actif est investi dans plus de 10 % de titres non cotés.

Une autre possibilité s'offre aux salariés. Il s'agit du Plan d'Épargne pour la Retraite Collectif (PERCO) qui a été créé par la loi Fillon [4]. Il permet aux salariés de se constituer une épargne bloquée en principe jusqu'à leur retraite, et aux entreprises d'optimiser les rémunérations en bénéficiant d'exonérations fiscales et sociales.

4.3. Les contrats d'assurance-vie

L'assurance-vie est certainement le produit d'épargne préféré des Français. Cette enveloppe fiscale peut être considérée à la fois comme un outil d'épargne défiscalisé et comme un outil de transmission du capital. En effet, un contrat d'assurance-vie permet de faire fructifier un capital : l'épargnant peut souscrire à un ou plusieurs contrats sans plafonnement des dépôts versés, et il peut récupérer, à tout moment, son épargne via un retrait partiel ou total, ou en demandant une avance. Le capital peut également être récupéré

1. Il s'agit d'un FCP créé au sein d'une entreprise ou d'un groupe d'entreprises. Il n'est ouvert qu'aux salariés de l'entreprise.

2. Ce sont des Sociétés d'Investissement à Capital Variable d'Actionnariat Salarié. Il s'agit d'une société dont au moins un tiers de l'actif est composé de titres émis par l'entreprise proposant le PEE.

3. Ce seuil est porté à 3 450 euros en cas d'abondement en vue de souscrire à une augmentation de capital de l'employeur.

4. Loi n° 2003-775 du 21 août 2003.

sous forme de rente viagère. En cas de décès du souscripteur, l'épargne capitalisée sur le contrat est versée au(x) bénéficiaire(s) signalé(s) dans le contrat.

4.3.1. Les différents types de contrat

On peut distinguer deux principaux contrats : le contrat monosupport et le contrat multisupports. Le contrat monosupport en euros est destiné aux investisseurs averses au risque et qui préfèrent une épargne de précaution. Le capital investi et les intérêts versés chaque année sont garantis par l'organisme auquel a été souscrit le contrat d'assurance-vie. Ces dernières années, de tels contrats offraient un rendement proche de 4 %. Comme son nom l'indique, le contrat multisupports permet à son souscripteur d'investir sur différents fonds au profil plus ou moins risqué, appelés unités de compte. Le capital épargné varie au gré de l'évolution des fonds sélectionnés. À la différence du PEA, l'exposition du portefeuille n'est pas limitée aux actions européennes. Certains contrats présentent des spécificités tels que les contrats NSK qui doivent détenir au moins 30 % de fonds actions, dont 10 % de titres non cotés.

4.3.2. Les frais de gestion

Les frais associés à la détention d'un contrat d'assurance-vie peuvent être élevés et l'investisseur doit par conséquent être vigilant sur l'offre qui lui est proposée. Outre les frais de dossier, les versements supportent des prélèvements qui peuvent atteindre parfois jusqu'à 5 %. À cela s'ajoutent les traditionnels frais de gestion qui varient entre 0,5 % et 1 % selon la nature du contrat. De plus, un investisseur souhaitant modifier la répartition de son épargne en cours de vie du contrat peut également faire l'objet de nouveaux prélèvements. La concurrence engagée par des réseaux à distance devrait conduire à une baisse de ces frais.

4.3.3. La fiscalité

La fiscalité diffère selon les modes de sortie du capital. Les revenus, quel que soit le choix décidé par le souscripteur, sont tous soumis aux prélèvements sociaux [1].

• La récupération partielle ou totale du capital

La fiscalité sera d'autant plus avantageuse que le contrat aura été souscrit tôt comme c'est le cas pour le PEA. Deux options se proposent à l'épargnant : soit il opte pour un prélèvement libératoire forfaitaire, soit il intègre ses plus-values dans sa déclaration de revenus imposables. L'investisseur retient l'option du prélèvement libératoire forfaitaire lorsque celui-ci est inférieur au taux marginal d'imposition.

1. Les 11 % de prélèvements sociaux sont pris sur le rendement annuel pour les contrats en euros ou lors des retraits pour les contrats multisupports.

Le taux du prélèvement libératoire forfaitaire dépend de la date des retraits comme l'indique le tableau 13.3. On peut s'apercevoir que l'assurance-vie n'est réellement intéressante qu'au-delà de huit ans. En effet à ce terme, le taux de prélèvement forfaitaire est ramené à 19,6 % (7,5 % +12,1 % de prélèvements sociaux), après abattement annuel de 4 600 euros (personne seule) ou de 9 200 euros (couple). Les retraits partiels avant huit ans sont possibles, mais l'avantage fiscal disparaît. Il peut donc être intéressant, à l'instar du PEA, de souscrire très tôt à un contrat d'assurance-vie et de profiter de la souplesse en matière de versements puisqu'il n'y a aucune obligation de versements réguliers.

Tableau 13.3. – *Fiscalité des contrats d'assurance-vie hors prélèvements sociaux*

Retrait	Fiscalité	Abattement
< 4 ans	35 %	Non
4 ans < et < 8 ans	15 %	Non
> 8 ans	7,5 %	4 600 €

• La récupération sous forme de rente viagère

Lorsque le souscripteur souhaite récupérer son épargne sous forme de revenus, une seule partie de ces revenus est à intégrer à sa déclaration de revenus. Cette part dépend de l'âge du souscripteur :

Tableau 13.4. – *Part des revenus soumis à l'IRPP*

Âge	Part
< 50 ans	70 %
50 ans < et < 60 ans	50 %
60 ans < et < 70 ans	40 %
> 70 ans	30 %

• La transmission du capital

En cas de décès, les sommes transmises sont exonérées jusqu'à présent des prélèvements sociaux. La fiscalité varie selon la date de souscription du contrat [1], la date des versements et l'âge au moment des versements. Suivant ce dernier paramètre, il convient de considérer deux situations : les fonds versés avant ou après le 70e anniversaire du souscripteur.

1. Les primes versées avant le 13 octobre 1998 dans le cadre de contrats souscrits avant le 20 novembre 1991 ne donnent pas lieu à taxation.

Lorsque les dépôts ont été versés avant l'âge de 70 ans, le capital transmis bénéficie d'un abattement de 152 500 euros par bénéficiaire alors qu'il ne s'élève qu'à 76 000 euros pour l'époux et 50 000 euros pour chaque enfant dans une succession normale. Au-delà de l'abattement, les droits de succession s'élèvent à 20 %. Ce taux est relativement neutre pour les successions moyennes. En revanche, il s'avère très intéressant quand il s'agit de patrimoine important. Le taux, en temps normal, s'établit à 30 % au-delà de 520 000 euros, à 35 % au-delà de 850 000 euros et à 40 % au-delà de 1 700 000 euros.

Concernant les primes versées sur un contrat d'assurance-vie après 70 ans, les bénéficiaires sont soumis aux droits de succession normaux après application d'une franchise de 30 500 euros. Cette règle ne s'applique qu'aux sommes versées. Les intérêts générés sont donc exonérés.

Les avantages cités perdent néanmoins quelque peu de leur valeur en raison de l'adoption par l'assemblée nationale en juillet 2007 de l'allégement des droits de succession et de donation. L'article 4 du texte relatif au « paquet fiscal » supprime les droits de succession au profit du conjoint survivant et du partenaire lié au défunt par un pacte civil de solidarité. À compter de 2008, l'abattement est porté pour les enfants à 151 950 euros, pour les frères à 15 195 euros et pour les neveux et nièces à 5 065 euros. Ces mesures exonéreraient de fait 95 % des successions.

Applications de la troisième partie

Les corrigés sont disponibles sur le site www.lesaoutfinance.com

Exercice 1

Rozenn décide de revendre le 31 décembre 2007 un lot de 100 pièces d'or achetées le 1er janvier 2005. À partir des cours de la pièce d'or, calculer :

– les rentabilités discrètes pour chaque année et pour la durée totale de détention ;

– le taux de rentabilité annuel moyen en utilisant la moyenne arithmétique ;

– le taux de rentabilité annuel moyen en utilisant la moyenne géométrique ;

– le taux de rendement actuariel.

Année	2004	2005	2006	2007
Cours	62 €	74 €	82 €	92 €

Exercice 2

Eurielle dispose de 3 000 euros. Elle souhaite bénéficier de l'effet de levier offert par le SRD. À partir des opérations reportées dans le tableau ci-après, déterminer la rentabilité du portefeuille d'Eurielle.

Titres	Quantité	Prix d'entrée	Prix de sortie
Carhaix	– 50	44	49
Redon	150	17	19
Guipavas	150	29	28
Lanester	150	37	53
Lamballe	– 100	32	30

Exercice 3

Soient deux actions dont les perspectives sont répertoriées dans le tableau ci-après.

Probabilité	Vitré	Locminé
70 %	8 %	24 %
30 %	2 %	– 10 %

– Déterminer l'espérance de rentabilité des deux titres.
– Déterminer la matrice de variance-covariance des deux titres.
– Quels sont l'espérance de rentabilité et le risque d'un portefeuille composé des deux titres à proportion égale ?

Exercice 4

Le 3 mai 2007, le cours de la société Ploërmel s'élève à 50 euros. Les différents scénarii concernant l'évolution des cours sont présentés dans le tableau ci-après :

Probabilité	**5 %**	**25 %**	**40 %**	**25 %**	**5 %**
E(R)	42	46	52	56	58

– Déterminer l'espérance de rentabilité discrète et du cours.
– Déterminer la variance et l'écart-type.
– Déterminer l'intervalle de confiance dans lequel est située l'espérance de rentabilité à 95 %.

Exercice 5

On dispose du portefeuille suivant au 30 juin 2010 : 150 actions PPR cotant 92 euros, 400 *calls* FTE de *strike* 21 euros et de prime 2,4 euros arrivant à échéance le 1er janvier 2012, 800 euros placés sur un compte monétaire rémunéré à 2,5 % versant des intérêts chaque premier janvier. Les intérêts restent placés sur le compte.

Durant la période de détention des titres, la société PPR distribue un dividende de 2,80 euros le 31 mai 2011 viré automatiquement sur le compte monétaire rémunéré.

Au 1er janvier 2012, les actions PPR et FTE sont respectivement cotées 114 et 22,80 euros.

– Déterminer la situation financière au 1er janvier 2012.
– Déterminer la rentabilité de l'investissement et le taux de rentabilité annualisé.

Exercice 6

L'analyse historique des titres Gacilly, Plaintel et Bégard conduit à des rentabilités hebdomadaires respectivement égales à 3 %, 0 % et 1 % ainsi qu'à la matrice de variance-covariance suivante :

$$\begin{pmatrix} 0,5625\,\% & 0,1000\,\% & 0,3400\,\% \\ 0,1000\,\% & 0,0900\,\% & 0,1500\,\% \\ 0,3400\,\% & 0,1500\,\% & 0,3600\,\% \end{pmatrix}$$

– Calculer les coefficients de corrélation des titres entre eux.
– Déterminer la volatilité et la rentabilité du portefeuille équipondéré.

Exercice 7

Soient 4 titres dont les caractéristiques sont reportées ci-après. Celles-ci ont été estimées à partir d'un historique de cours mensuels.

Titres	Lannion	Lannilis	Baud	Bignan
Rentabilité	3,5 %	1 %	–0,5 %	–1,5 %

$$\text{Matrice de variance-covariance : } \begin{pmatrix} 1,96\,\% & 0,44\,\% & 0,15\,\% & 0,75\,\% \\ 0,44\,\% & 0,49\,\% & 0,20\,\% & 0,40\,\% \\ 0,15\,\% & 0,20\,\% & 0,36\,\% & 0,11\,\% \\ 0,75\,\% & 0,40\,\% & 0,11\,\% & 1,69\,\% \end{pmatrix}$$

– Calculer les coefficients de corrélation des titres entre eux.
– Estimer la matrice de variance-covariance pondérée pour le portefeuille équipondéré.
– Déterminer la volatilité et la rentabilité de ce portefeuille.

Exercice 8

Bohars et Moélan sont deux titres risqués caractérisés par les éléments suivants :

$$\text{Matrice de variance-covariance } \begin{pmatrix} 0,0025 & -0,005 \\ -0,005 & 0,0121 \end{pmatrix}$$

$$E\left(R_{\text{Bohars}}\right) = 8\ \% \ \text{ et } \ E\left(R_{\text{Moélan}}\right) = 14\ \%$$

– Déterminer l'espérance et la variance du portefeuille de variance minimale.
– Calculer le coefficient de corrélation entre les deux titres.

Exercice 9

Rozenn doit retenir l'un des portefeuilles suivants : P_1 composé uniquement de titres Pordic, P_2 composé uniquement de titres Kerlaz ou P_3 composé de 40 % titres Pordic et de 60 % de titres Kerlaz.

Mois	1	2	3	4	5	6
Pordic	2 %	2 %	3 %	5 %	8 %	– 4 %
Kerlaz	2 %	3 %	4 %	2 %	5 %	– 1 %
Marché	0 %	2 %	2 %	2 %	8 %	– 3 %
Mois	7	8	9	10	11	12
Pordic	– 5 %	2 %	5 %	6 %	0 %	– 3 %
Kerlaz	– 3 %	– 3 %	2 %	3 %	1 %	– 2 %
Marché	– 2 %	1 %	3 %	3 %	2 %	– 2 %

– Déterminer la moyenne arithmétique des rentabilités mensuelles données ci-dessous.

– Quelle est la valeur des trois portefeuilles au terme d'une année ? En déduire la rentabilité annuelle de ces trois portefeuilles et leur rentabilité moyenne mensuelle.

– Déterminer la covariance et le coefficient de corrélation entre les titres Pordic et Kerlaz ainsi que le portefeuille de marché.

– Déterminer la variance et la volatilité annuelle des trois portefeuilles.

– Déterminer l'équation du modèle de marché pour les trois portefeuilles.

– Décomposer le risque des trois portefeuilles.

Exercice 10

Soient deux actions présentant les caractéristiques qui suivent.

Titres	Corrélation avec M	Écart-type
Daoulas	0,55	0,25
Comanna	0,30	0,35

Le taux sans risque s'élève à 3 %, l'espérance de rentabilité du portefeuille de marché s'établit à 10 % et sa variance vaut 1,44 %.

– Calculer les bêtas des actions Daoulas et Commana ainsi que le bêta du portefeuille composé à parts égales des titres Daoulas et Commana.

– Déterminer l'espérance de rentabilité des trois portefeuilles lorsque le marché est en équilibre.

Exercice 11

Compléter le tableau suivant :

Titres	Rentabilité espérée	Écart-type	Bêta	Variance résiduelle
Gestel	12,00 %		2	49 %
Cléguer	9,30 %	10 %		0 %
Vignoc			1	5 %
Betton	5,00 %		0	36 %

Exercice 12

Sur un marché en équilibre selon le MEDAF, on vous communique l'espérance de rentabilité et le bêta de 3 actions.

Titre	Bêta	E(R)
Carnac	0,90	7,50 %
Rumengol	1,10	8,50 %
Pencran	1,25	9,25 %

– Déterminer le taux sans risque et l'espérance de rentabilité du marché. En déduire l'équation du MEDAF.

– Quelle est la conséquence d'une baisse du taux sans risque de 1 % ?

– Quelle est la conséquence d'une augmentation de l'espérance de rentabilité du marché de 2 % ?

Exercice 13

Le tableau ci-après recense les anticipations par les investisseurs :

Titre	Cours	Bêta	Anticipation
Plouescat	85	0,90	97,75
Locronan	100	1,10	110,75
Gourin	215	1,20	235,00

– Le marché est-il en équilibre au sens du MEDAF dont l'équation est la suivante : $E\left(R_i\right) = 3\% + \beta \cdot \left(10\% - 3\%\right)$?

– Si le marché parvient à l'équilibre, quel devrait être le cours des trois actions ?

Exercice 14

Le tableau ci-après répertorie l'espérance de rentabilité des sociétés Leuhan et Coray suivant deux états du marché supposés en équilibre.

Marché	Leuhan	Coray
8 %	9,0 %	7,80 %
14 %	18,0 %	13,20 %

– Déterminer le bêta de l'équation du MEDAF.
– Quelle est la valeur du taux sans risque considéré dans ce modèle ?

Exercice 15

L'application du modèle de Fama et French sur le marché conduit à établir que les facteurs marché, taille et *book to market* sont respectivement égaux à 4 %, 5,2 % et 3,8 %.

À partir des sensibilités aux facteurs répertoriées dans le tableau ci-après, estimer la prime de risque anticipée pour chaque titre.

Titre	Marché	Taille	B/M
Erquy	1,25	0,90	0,75
Plérin	1,15	0,90	1,20
Perros	1,05	1,00	1,35
Hillion	0,95	1,10	0,60
Plélo	0,80	1,05	0,95

Exercice 16

Au cours de l'année 2010, la société Plomelin décide de distribuer un dividende extraordinaire de 9 euros alors que le cours s'établit à 32 euros. Gwendal et Konan, qui ont déjà franchi le seuil de cessions, songent à réaliser un aller-retour sur 1 000 actions. Ils ont tous les deux réalisé jusqu'à présent 12 000 euros de plus-value et ont perçu 4 000 euros de dividendes. Les deux investisseurs ont des taux marginaux d'imposition égaux respectivement à 20 % et 40 %. Indiquer si Gwendal et Konan ont intérêt à réaliser cette opération.

Quiz

1. Quel actif est le plus risqué ?

❑ junk bonds ❑ actions ❑ options

2. Combien de facteurs composent le modèle de Fama et French ?

❑ 1 ❑ 2 ❑ 3

3. Quel est le pourcentage de chance que le cours d'un titre se situe entre ses bandes classiques de Bollinger ?

❑ 50 % ❑ 95 % ❑ 99 %

4. Si un cours franchit à la hausse sa moyenne mobile, il s'agit d'un signal :

❑ d'achat ❑ de vente ❑ de divergence

5. À partir de quel niveau considère-t-on qu'un RSI est survendu ?

❑ 30 % ❑ 50 % ❑ 70 %

6. À quel type d'analyse est souvent opposée l'Analyse Technique ?

❑ fondamentale ❑ alternative ❑ patrimoniale

7. Sur un graphique de points et figures, à quoi correspond une croix ?

❑ une baisse ❑ une hausse ❑ une stabilité

8. Un triangle est une figure de…

❑ retournement ❑ stabilité ❑ incertitude

9. Quelle est la durée maximale d'un PEA ?

❑ 5 ans ❑ 8 ans ❑ aucune

10. Sur quelle période peut-on reporter les moins-values enregistrées sur les options ?

❑ 5 ans ❑ 8 ans ❑ 10 ans

11. Quel est le montant maximal de versements sur un contrat d'assurance-vie ?

❑ 100 000 € ❑ 132 000 € ❑ Aucun

12. En 2010, quel est le seuil des cessions sur les plus-values boursières sur actions ?

❑ 22 500 € ❑ 25 000 € ❑ 25 830 €

13. Quel est le taux des prélèvements sociaux en 2010 ?

❑ 12,1 % ❑ 16,1 % ❑ 30,1 %

14. Quel est le seuil de cessions pour les *warrants* en 2010 ?

❑ 0 € ❑ 25 000 € ❑ 25 830 €

15. Les dividendes entrent dans la catégorie des :

❑ plus-values ❑ revenus

16. On peut négocier en SRD dans le cadre du PEA.

❑ vrai ❑ faux

17. Seul le risque systématique est rémunéré par le marché.

❑ vrai ❑ faux

18. Les modèles à facteurs sont des modèles d'équilibre.

❑ vrai ❑ faux

19. Un fonds alternatif a un coefficient de corrélation avec la rentabilité du marché proche de l'unité.

❑ vrai ❑ faux

20. L'approche *best in class* exclut les secteurs jugés non éthiques.

❑ vrai ❑ faux

Conclusion

Les marchés financiers se sont considérablement développés au cours de ces dernières années. Ils tiennent désormais un rôle prépondérant dans l'économie contemporaine. Ils sont devenus indispensables à une allocation efficace des ressources dans le temps et dans l'espace. Face à ce constat, la rédaction de cet ouvrage a tenté de répondre à deux objectifs.

Le premier objectif était de permettre au lecteur de se familiariser avec le fonctionnement des marchés financiers et les instruments financiers classiques qui y sont négociés. La première partie de l'ouvrage a permis de présenter les titres de créances, les actions et les instruments dérivés classiques ainsi que les produits d'épargne collective. La présentation ne s'est pas limitée à une simple description, il a également été exposé les principes d'évaluation de ces instruments financiers. La deuxième partie a examiné la formation de la liquidité qu'apportent les marchés financiers par la présentation de l'organisation des négociations. La liquidité des titres peut être améliorée par leur appartenance à des indices boursiers dont les méthodologies de calcul sont expliquées. En effet, la prédominance de la gestion indicielle engendre un accroissement du volume d'activité sur les titres qui composent des indices boursiers.

Le second objectif consistait en une initiation à la gestion de portefeuille et à mettre en relief les deux piliers fondamentaux de la théorie moderne de portefeuille que sont la rentabilité et le risque. Ces deux notions sont étroitement liées. En effet, l'espérance de rentabilité est une fonction positive du niveau de risque pris par l'investisseur. Il a par ailleurs été démontré qu'il est nécessaire de diversifier ses investissements afin de réduire le niveau de risque de son portefeuille sans pour autant réduire son espérance de rentabilité. Cette analyse a été complétée par une présentation des différentes techniques de gestion de fonds de plus en plus variées. On a ainsi pu s'apercevoir, à travers l'exemple de l'investissement socialement responsable, que les critères financiers ne sont plus les seuls critères à déterminer les choix d'investissement.

Les marchés financiers sont en constante évolution. De nouveaux instruments financiers apparaissent pour satisfaire le plus grand nombre. En complément à cet ouvrage, le site internet *www.lesaoutfinance.com* a été développé pour proposer au lecteur des documents complémentaires, des mises à jour et de nouvelles applications.

Bibliographie

AFTALION F., *La nouvelle finance et la gestion des portefeuilles*, 2e éd., Economica, 2004.

AFTALION F., PONCET P. et PORTAIT R., *La théorie moderne de portefeuille*, PUF, Que sais-je, 1998.

AFTALION F. et PONCET P., *Les techniques de mesure de performance*, Economica, 2003.

AFTALION F., *Trackers et ETF's – De nouveaux instruments financiers*, Economica, 2007.

AGENCE FRANCE TRÉSOR, *Les OAT*, 2005.

AMENC N., MALAISE P. et MARTELINI L., « Revisiting Core-Satellite Investing », *The Journal of Portfolio Management*, 31, 1, 2004, p. 64-75.

AMF, *Vous êtes actionnaire*, 2006.

AMF, *L'investisseur en SICAV et FCP (OPCVM)*, 2006.

AMF, *La directive sur les marchés d'instruments financiers : enjeux et conséquences pour la régulation française*, 2006.

AMF, *Les documents d'information diffusés par les sociétés cotées*, 2005.

AMF, *Les assemblées générales d'actionnaires*, 2005.

AMF, Rapport annuel, 2005.

BÉCHU T., BERTRAND É. et NEBENZAHL J., *L'analyse technique*, 6e éd., Economica, 2008.

BODIE Z. et MERTON R., *Finance*, Pearson Education, 2001.

BONNEAU T. et DRUMOND F., *Droit des marchés financiers*, 3e éd., Economica, 2010.

BREALEY R. et MYERS S., *Principes de gestion financière*, 7e éd., Pearson Education, 2003.

COURET A. et *al.*, *Droit financier*, Dalloz, 2009.

DUVIVIER A. et HERVO F., « La chaîne de traitement des opérations sur titres en Europe », *Bulletin de la Banque de France* n° 99, mars 2002, p. 41-53.

EMONET-FOURNIER C., SAYEGH L. et SIMON Y., *Les marchés européens de NYSE Euronext*, Economica, 2010.

EURONEXT, *Les ordres de bourse*, 2009.

EURONEXT, *Les indices technologiques*, 2004.

EURONEXT, *La méthodologie de calcul de l'indice CAC 40*, 2005.

EURONEXT, Règles de marché d'Euronext – Livre I, 2010.

FLEURIET M. et SIMON Y., *Bourse et marchés financiers*, 2e éd., Economica, 2003.

FLOUZAT D. et DE BOISSIEU C., *Économie contemporaine – Les phénomènes monétaires*, 15e éd., PUF, 2004.

FOURNIER-EMONET C. ET SAYEGH-GUERMAS L., *La réglementation des marchés financiers européens,* Economica, 2007.

GINGLINGER E. et HASQUENOPH J.M., *Mathématiques financières*, 2e éd., Economica, 2006.

GITMAN L. et JOEHNK M., *Investissement et marchés financiers*, 9e éd., Pearson Education, 2005.

GOFFIN R., *Principes de finance moderne*, 5e éd., Economica, 2008.

HAMON J., *Marchés d'actions – Architecture et Microstructure*, Economica, 1995.

HAMON J., *Bourse et Gestion de Portefeuille*, 3e éd., Economica, 2008.

HAMON J., JACQUILLAT B. et SAINT-ÉTIENNE C., « Consolidation des bourses mondiales », *Rapport pour le conseil d'analyse économique*, 2007.

HERVO F. et ROS T., « Infrastructures post-marché et stabilité financière », *Revue de la stabilité financière*, novembre 2002, p. 117-129.

JACQUILLAT B., SOLNIK B. et PERIGNON C., *Marchés financiers – Gestion de portefeuille et des risques*, 5e éd., Dunod, 2009.

JOKUNG NGUÉNA O., *Mathématiques et gestion financière*, De Boeck, 2004.

KEYNES J.M., *Théorie générale de l'emploi, de l'intérêt et de la monnaie*, 1937, Petite Bibliothèque Payot, n° 139, 1971.

KOLIFRATH G. et JOURNEL T., *Marchés monétaire et obligataire – Théorie juridique et comparaison des marchés*, Revue Banque Édition, 2002.

KOLIFRATH G. et JOURNEL T., *Marchés monétaire et obligataire – Techniques juridiques opérationnelles du marché obligataire*, Revue Banque Édition, 2002.

LA BRUSLERIE H. de, *Gestion Obligataire – Tome 1 : Marchés, taux d'intérêt et actifs financiers*, 2e éd., Economica, 2002.

LA BRUSLERIE H. de, *Gestion Obligataire – Tome 2 : Rentabilité, stratégies et contrôle*, 2e éd., Economica, 2006.

LHABITANT F.-S., *Gestion alternative*, Dunod, 2004.

MISHKIN F., *Monnaie, banque et marchés financiers*, Pearson Education, 2004.

ORIOL N., « Transactions de bloc, fragmentation, et directive MIF : que peut-on apprendre des données historiques de la place parisienne ? », *Cahiers scientifiques n° 6 de l'AMF*, 2008.

PETIT B., *Droit des sociétés*, Litec, 2004.

PILVERDIER J., *Le marché boursier*, Economica, 2002.

PONCET P. et PORTAIT R., « Assurance de portefeuille » *in Encyclopédie des marchés financiers*, Economica, 1997

PONCET P., PORTAIT R. et HAYAT S., *Mathématiques financières – évaluation des actifs et analyse du risque*, Dalloz, 1996.

PORTAIT R., CHARLETY P., DUBOIS D. et NOUBEL P., *Les décisions financières de l'entreprise – Méthodes et applications*, PUF, 2004.

QUIRY P. et LE FUR Y., *Vernimmen – Finance d'entreprise*, Dalloz, 2010.

RAULOT N., *On a vendu la Bourse ! Pourquoi Euronext est devenue américaine*, Economica, 2007.

THAUVRON A., *Évaluation d'entreprise*, 3e éd., Economica, 2009.

Table des matières

Chapitre 4 – Les actions

Chapitre 5 – Les produits dérivés

DEUXIÈME PARTIE
ÉLÉMENTS DE MICROSTRUCTURE DES MARCHÉS FINANCIERS

Chapitre 7 – Les marchés financiers

Chapitre 8 – Organisation de la Bourse de Paris

Chapitre 9 – Les indices boursiers

TROISIÈME PARTIE
ÉLÉMENTS DE GESTION DE PORTEFEUILLE

Chapitre 10 – Rentabilité et risque des actifs

Chapitre 11 – Les bienfaits de la diversification

CENTRE D'ETUDES UNIVERSITAIRES
DE BOURG ET DE L'AIN
UNIVERSITÉ JEAN MOULIN
LYON 3
3, rue des Casernes
01000 BOURG EN BRESSE
Tél. 74 23 92 30

Composé par Economica, 49, rue Héricart, 75015 PARIS
Imprimé en France. - JOUVE, 1, rue du Docteur Sauvé, 53100 MAYENNE
N° 628214H. - Dépôt légal : janvier 2011

L
MAN
1

Jean-Claude Zarka

342
ZAR

L'essentiel du Droit public

AF853582
SCD UNIVERSITE AVIGNON

2014-2015

Gualino
lextenso éditions

RD

LES CARRÉS

Cette collection de livres présente de manière **synthétique, rigoureuse** et **pratique** l'ensemble des connaissances que l'étudiant doit posséder sur le sujet traité. Elle couvre :

- **le Droit et la Science Politique ;**
- **les Sciences économiques ;**
- **les Sciences de gestion ;**
- **les concours de la Fonction publique.**

Retrouvez tous nos titres
Defrénois - Gazette du Palais
Gualino - Joly - LGDJ
Montchrestien
sur notre site
@ **www.lextenso-editions.fr**

Retrouvez l'actualité
Gualino éditeur
sur **Facebook**

DANGER
LE PHOTOCOPILLAGE TUE LE LIVRE

© Gualino éditeur, Lextenso éditions 2014
70, rue du Gouverneur Général Éboué
92131 Issy-les-Moulineaux cedex
ISBN 978 - 2 - 297 - 04183 - 6
ISSN 1288-8206

PRÉSENTATION

Ce livre a pour ambition de présenter de façon synthétique et pratique le droit public qui se compose de différentes branches du droit et qui peut se définir comme l'ensemble des règles juridiques qui viennent régir l'organisation et le fonctionnement des personnes publiques ainsi que les rapports entre la puissance publique et les particuliers.

Cet ouvrage présente l'intégralité du programme de droit public que l'on retrouve dans la plupart des concours de la fonction publiques (concours des catégories A et B) : *droit constitutionnel, droit de l'Union européenne, droit administratif général* (y compris les institutions administratives), *droit administratif des biens, droit de la fonction publique, finances publiques* (finances de l'État, finances locales, finances européennes).

Il s'adresse naturellement aux candidats aux concours administratifs. Il pourra d'ailleurs être lu avec profit par les candidats non-juristes désireux d'acquérir l'ensemble des connaissances indispensables pour préparer efficacement les épreuves de droit public (écrit et oral). Mais il est également destiné aux étudiants inscrits en Droit, en Administration économique et sociale, en Licence d'Administration Publique, en Capacité en droit ou dans un Institut d'étude politique qui sont amenés au cours de leurs cursus à suivre des enseignements de droit public. Plus généralement, il intéressera tout lecteur qui souhaite avoir une vue globale des grands principes du droit public.

SOMMAIRE

2
Droit de l'Union européenne

3
Droit administratif général

5
Droit administratif spécial

6
Finances publiques

PARTIE 1

Droit constitutionnel

Notions fondamentales de droit constitutionnel

Chapitre 1

On s'attachera ici à présenter deux notions essentielles du droit constitutionnel : l'État et les régimes politiques.

1 L'État

L'État est traditionnellement présenté comme une personne morale de droit public titulaire de la souveraineté. Il est considéré en France comme la personnification de la nation.

Les trois éléments constitutifs de l'État

Ces éléments fondamentaux sont : le territoire, la nation et le pouvoir souverain :

- le territoire : il comporte différents éléments indissociables (territoire terrestre, territoire maritime, territoire aérien) et fournit le cadre de l'exercice des compétences étatiques. Il est l'étendue géographique sur laquelle va s'exercer l'autorité souveraine et exclusive de l'État. Il est délimité par des frontières qui seront naturelles (fleuve, montagne...) ou, au contraire, artificielles (fixées par un traité) ;
- la nation : la population, qui va regrouper l'ensemble des personnes présentes sur le territoire étatique, doit constituer une nation. Selon la conception française de la nation, cette dernière est d'abord un « ***vouloir vivre collectif*** », car elle insiste effectivement sur le désir de vouloir vivre en commun qui caractériserait les différents membres du groupe social ;
- un pouvoir souverain : la souveraineté qui peut être définie comme le pouvoir suprême caractérise l'État. Ce dernier dispose du « ***monopole de la contrainte organisée*** » (Max Weber). Il doit être en mesure d'exercer une autorité réelle et durable sur l'ensemble du territoire et de la

population qu'il prétend contrôler. Tous les individus présents sur le territoire de l'État sont soumis à ce dernier.

■ Les formes de l'État

a) L'État unitaire

C'est la forme d'État la plus répandue. Dans un État unitaire, ***le pouvoir politique est unique***. Toutefois, l'organisation de l'État unitaire n'est pas de type monolithique. Effectivement, l'État unitaire peut être ***centralisé, déconcentré ou encore décentralisé***. Un État fortement décentralisé peut aller jusqu'à la régionalisation. La France est un État unitaire déconcentré et décentralisé.

1) L'État centralisé

L'État unitaire est centralisé lorsque ***toutes les compétences lui appartiennent sur son territoire***. Cette organisation administrative a été celle de la France jusqu'au processus de décentralisation qui a été engagé à partir de 1982 (voir Chapitre 6).

2) L'État déconcentré

La déconcentration consiste à ***reconnaître un pouvoir de décision à des agents locaux qui sont nommés par le pouvoir central***. La déconcentration a pour corollaire le pouvoir hiérarchique.

Les agents de l'État ne sont pas indépendants, ils sont subordonnés au pouvoir central (préfets, recteurs). La loi du 6 février 1992 relative à l'administration territoriale de la République dite loi « ATR » est venue faire de la déconcentration la règle en matière d'organisation administrative.

3) L'État décentralisé

La décentralisation territoriale va consister dans ***le transfert de compétences d'ordre administratif du pouvoir central à des collectivités territoriales*** dont les instances dirigeantes sont élues par les citoyens concernés.

L'élection est un élément fondamental de la décentralisation. Celle-ci implique que les collectivités locales se voient reconnaître la personnalité juridique.

L'accomplissement de la décentralisation suppose aussi la reconnaissance d'affaires propres qui sont de la compétence des collectivités locales décentralisées. La décentralisation postule également que les personnes décentralisées disposent de moyens humains et matériels propres et suffisants.

À la différence des États fédérés qui disposent de compétences de principe, ***les collectivités décentralisées ne disposent que de compétences d'attribution***. Elles assurent la gestion des affaires locales. Elles ne possèdent qu'un simple pouvoir administratif.

L'État central conserve d'importants pouvoirs de contrôle sur les collectivités territoriales décentralisées. Il exerce notamment un contrôle sur les actes administratifs adoptés par les collectivités locales. Il s'agit d'un contrôle de légalité qui garantit la conformité des décisions des collectivités locales aux lois de l'État.

4) L'État régional

La régionalisation, qui s'est développée au XXe siècle, apparaît comme une forme accentuée de décentralisation. Elle va consister pour ***l'État à conserver la compétence de principe et à déléguer des compétences d'attribution aux régions***. Elle se rapproche du fédéralisme compte tenu du fait que les compétences attribuées aux régions sont très importantes. L'Italie et l'Espagne sont deux États dont les constitutions illustrent la situation de la régionalisation.

b) L'État fédéral

L'État est dit fédéral lorsque ***les entités politiques*** qui le constituent ***peuvent revendiquer un statut d'État***. Une vingtaine de nations (États-Unis, Russie, Canada, Allemagne...) a adopté ce type de structure étatique.

Deux grands principes dominent tous les États fédéraux :

- le principe d'autonomie des États fédérés : ***chacun des États fédérés*** constitue un véritable État car il ***établit sa propre Constitution et adopte ses propres lois***. Chacun des États membres de la fédération ***procède également à la désignation de ses gouvernants et se dote d'un appareil judiciaire spécifique***. C'est la Constitution fédérale qui dresse la liste limitative des matières qui relèvent de la compétence des organes fédéraux. Toutes les autres matières relèvent de la compétence des États fédérés qui n'ont pas, par conséquent, à l'inverse de l'État fédéral, la faculté de déterminer les matières de leurs propres compétences.

  En principe, les affaires étrangères, la défense, la monnaie relèvent de la compétence de l'État fédéral. Seul l'État fédéral conclut les traités internationaux et nomme les représentants diplomatiques. D'autre part, les lois des États fédérés doivent être conformes à la Constitution de l'État fédéral. Enfin, dans les États fédéraux, une juridiction (Cour suprême aux États-Unis, Tribunal constitutionnel en Allemagne) a vocation à arbitrer les conflits de compétence pouvant survenir entre la fédération et les États fédérés ;
- le principe de participation des États fédérés à l'État fédéral : dans tous les États fédéraux, ***la participation des États fédérés prend la forme d'une assemblée particulière où siègent***

les représentants des États fédérés. C'est la raison pour laquelle les États fédéraux disposent toujours d'un Parlement bicaméral : une assemblée représentant les États fédérés (Sénat aux États-Unis, Conseil de la Fédération en Russie...), l'autre chambre représentant les citoyens (Chambre des représentants aux États-Unis, Douma d'État en Russie...).

Aux États-Unis, les 50 États fédérés bénéficient d'une représentation égalitaire au Sénat, le Sénat américain comprenant 2 sénateurs par État. En revanche, en Allemagne, la représentation des Länder au Bundesrat fait l'objet d'une pondération en fonction de l'importance de leur population respective.

2 Les régimes politiques

Le mode d'organisation des pouvoirs publics permet aussi d'opérer une classification selon les États. Comme on le sait, tous les régimes politiques ne garantissent pas la démocratie.

Il convient d'opposer les régimes de séparation des pouvoirs aux régimes de confusion des pouvoirs.

■ *Les régimes de séparation des pouvoirs*

a) Le régime parlementaire

Ce régime, qui est né en Grande-Bretagne au XVIIIe siècle, est devenu le modèle institutionnel dominant en Europe. Ce régime de séparation souple et de collaboration entre les pouvoirs exécutif et législatif présente plusieurs caractéristiques essentielles.

1) Le dualisme de l'exécutif

Le Gouvernement et le chef de l'État, qui est politiquement irresponsable, constituent les deux pôles du pouvoir exécutif. Le chef de l'État (monarque ou président élu) est l'élément stable de l'exécutif. Le Gouvernement ou Cabinet ministériel est un organe collégial et solidaire.

2) La responsabilité politique du Gouvernement devant le Parlement

Lorsque le Parlement est bicaméral, c'est en principe ***l'Assemblée élue au suffrage universel direct qui va pouvoir mettre en jeu la responsabilité collective du Gouvernement***. Elle va le faire avec des mécanismes comme la motion de censure (votée à l'initiative des parlementaires) ou la question de confiance (posée à l'initiative du Gouvernement) qui peuvent contraindre le Gouvernement à la démission.

3) Le Gouvernement peut dissoudre le Parlement

C'est en principe ***la chambre élue au suffrage universel direct qui peut faire l'objet de la dissolution***. Celle-ci apparaît comme une procédure permettant de faire trancher par les électeurs les conflits qui peuvent survenir entre le Gouvernement et le Parlement.

b) Les différentes catégories de régimes parlementaires

On dénombre cinq catégories de régimes parlementaires :

- ***le régime parlementaire moniste*** est un régime où le Gouvernement n'est responsable que devant la chambre élue au suffrage universel direct. Le chef du Gouvernement concentre entre ses mains tout le pouvoir exécutif au détriment du chef de l'État qui n'a qu'un rôle protocolaire (Allemagne, Italie, Espagne...) ;
- ***le régime parlementaire dualiste*** est un régime où le Gouvernement est responsable à la fois devant le chef de l'État qui a un rôle actif et devant la Chambre. Il bénéficie donc d'une double légitimité. Ce parlementarisme, qui a caractérisé les premières années de la IIIe République française, est aujourd'hui beaucoup moins répandu que le parlementarisme moniste ;
- ***le régime parlementaire majoritaire*** est un type de parlementarisme dans lequel le Gouvernement dispose d'une majorité stable et cohérente lui permettant de se maintenir au pouvoir pendant toute la durée de la législature ;
- ***le régime parlementaire non majoritaire*** est un régime politique caractérisé par une forte instabilité gouvernementale (IVe République française). Le Gouvernement, qui ne peut s'appuyer que sur une coalition de partis, doit multiplier les compromis pour garantir la survie de sa coalition parlementaire ;
- ***le régime parlementaire rationalisé*** se caractérise par la présence de toute une série de mesures techniques (motion de censure défensive, ordonnances, art 49-3 de la Constitution de 1958...) qui cherchent à favoriser la stabilité gouvernementale. Il vise à rendre plus difficile la mise en jeu de la responsabilité gouvernementale.

c) Le régime présidentiel

À la différence du régime parlementaire, le régime présidentiel ne prévoit pas de procédure susceptible de régler les conflits entre les pouvoirs. Ce régime de séparation stricte des pouvoirs est apparu pour la première fois dans la Constitution des États-Unis de 1787 et présente deux caractéristiques essentielles :

- ***la spécialisation des fonctions*** : le pouvoir exécutif est confié tout entier à une même personne, le Président, lequel va cumuler les pouvoirs d'un chef de l'État, d'un Premier ministre et d'un Gouvernement dans son ensemble. Le Parlement possède quant à lui tout le pouvoir législatif et budgétaire ;

– ***l'indépendance des pouvoirs*** : l'exécutif et le législatif sont indépendants quant à l'origine de leur recrutement respectif. Dissolution et responsabilité gouvernementale sont exclues. Le Président ne peut pas dissoudre le Parlement et les ministres ne sont pas responsables devant le Parlement.

■ *Les régimes de confusion des pouvoirs*

a) Le régime d'assemblée

Le régime d'assemblée, qui est fortement marqué par l'influence de Jean-Jacques Rousseau, est un régime où la totalité des pouvoirs est concentrée entre les mains d'une assemblée représentant les citoyens. L'exécutif n'a aucun pouvoir propre et est subordonné à cette assemblée unique et souveraine.

b) Le régime autoritaire

Les régimes autoritaires sont caractérisés par le refus des dirigeants de soumettre leur pouvoir au contrôle démocratique. Ils connaissent une forte concentration du pouvoir au profit du chef de l'exécutif et ne tolèrent pas le pluralisme politique.

L'histoire constitutionnelle de la France (de 1789 à nos jours)

Chapitre 2

La Constitution est l'ensemble des règles juridiques qui définissent l'organisation et le fonctionnement des pouvoirs publics. D'une manière générale, elle peut se définir comme le statut juridique du pouvoir politique, « le statut juridique de l'État ». Depuis la Révolution de 1789, force est de constater que la France a expérimenté un très grand nombre de Constitutions. Elle apparaît parmi les démocraties comme « le plus grand producteur et consommateur de Constitutions » (Robert Badinter). À la différence des États-Unis, qui ont toujours le même texte constitutionnel depuis 1787, la France a connu des Constitutions très différentes dans leur contenu comme dans leur présentation.

1 La notion de Constitution

La Constitution est « la norme juridique suprême de l'État » (Kelsen).

■ *La forme de la Constitution*

Aujourd'hui, la quasi-totalité des États possèdent une ***Constitution écrite***. Les ***constitutions coutumières***, qui ont existé jusqu'à la fin du XVIIIe siècle, sont de nos jours très peu nombreuses. La seule grande démocratie disposant d'une Constitution à dominante coutumière est actuellement le Royaume-Uni.

On notera que la première de toutes les constitutions écrites a été celle de la Virginie en 1776.

■ *Le contenu de la Constitution*

a) Les dispositions relatives à l'organisation des pouvoirs publics

La Constitution détermine la composition et le fonctionnement de chacun des pouvoirs. Elle fixe les compétences de l'exécutif et du législatif, le mode de séparation des pouvoirs, la forme du Gouvernement et le caractère unitaire ou fédéral de l'État.

b) Les dispositions relatives au statut des gouvernés

La Constitution, qui exprime toujours la philosophie politique d'une société, énumère les droits et les libertés des citoyens.

En France, c'est en principe dans le Préambule de la Constitution ou dans une déclaration des droits placée en tête du texte constitutionnel que l'on va énoncer les droits des citoyens.

Ainsi, par exemple, le Préambule de la Constitution du 27 octobre 1946 réaffirme les droits et les libertés de l'homme et du citoyen consacrés par la Déclaration des droits de 1789 et les principes fondamentaux reconnus par les lois de la République. Il vient consacrer des droits de nature économique et sociale (le droit à l'emploi, le droit de grève, le droit syndical...).

■ *L'élaboration de la Constitution*

a) Les procédures autoritaires d'élaboration de la Constitution

Deux modes autoritaires d'élaboration des Constitutions doivent être distingués :

– *la Charte octroyée*. La Constitution est rédigée par le monarque qui va ensuite l'octroyer à ses sujets sans les consulter. Cela a été le cas de la Charte constitutionnelle du 4 juin 1814 ;
– *la Charte négociée*. Le texte constitutionnel est ici le résultat d'une transaction entre le Parlement et le monarque. La Charte du 14 août 1830 est un exemple de Charte négociée.

b) Les procédures démocratiques d'élaboration de la Constitution

Deux modes démocratiques d'élaboration des Constitutions doivent être distingués :

– *le peuple va élire une assemblée constituante chargée de rédiger et d'approuver le texte constitutionnel*. Cette méthode a été utilisée par la France pour l'élaboration de plusieurs Constitutions (Constitution du 3 septembre 1791, Constitution du 4 novembre 1848, Lois constitutionnelles de 1875) ;
– *le peuple va élire une assemblée constituante qui sera chargée d'élaborer un projet de Constitution*. Ce dernier sera ensuite soumis au peuple pour approbation au moyen d'un

référendum. Cette méthode a été utilisée en France pour élaborer trois Constitutions (Constitution du 24 juin 1793, la Constitution du 22 août 1795, Constitution du 27 octobre 1946).

La révision de la Constitution

La procédure de révision n'est pas la même selon que la Constitution est dite « souple » ou « rigide » :

- ***les constitutions souples*** ne prévoient pas de règles spéciales pour leur révision. Leurs dispositions peuvent se modifier facilement par une simple loi ordinaire. On peut citer le cas des Chartes constitutionnelles de 1814 et de 1830 ;
- ***les constitutions rigides*** ne peuvent être révisées que suivant une procédure spéciale distincte de celle qui s'applique aux lois ordinaires. Il s'agit de Constitutions dont les procédures de révision sont plus solennelles et complexes que celles nécessaires pour l'adoption ou la révision de la loi ordinaire. La Constitution de la Ve République est une Constitution rigide. Elle est aussi la Constitution française qui depuis la Révolution a fait l'objet du plus grand nombre de révisions.

La révision d'une Constitution rigide s'opère souvent en trois grandes phases :

- ***l'initiative de la révision***. Elle peut être réservée à l'exécutif comme au législatif. Elle peut également être reconnue à la fois à l'exécutif et au législatif. Enfin, elle peut parfois émaner du peuple par voie de pétition ;
- ***l'élaboration du texte de la révision***. Dans les régimes autoritaires, elle est le fait de l'exécutif. Dans les démocraties, elle est confiée au Parlement ou à une Convention élue spécialement à cet effet ;
- ***l'adoption définitive de la révision.*** La dernière étape de la procédure va consister dans l'adoption définitive du projet de révision et peut être le fait du peuple ou d'une assemblée spéciale.

La protection de la Constitution

D'une manière générale, pour faire respecter la suprématie de la Constitution par les normes juridiques inférieures, il convient d'instituer un contrôle de conformité de ces normes à la Constitution que l'on qualifie de contrôle de constitutionnalité. Ce contrôle de constitutionnalité est « *la garantie juridictionnelle de la Constitution* » (Kelsen). Sous la Ve République, c'est le Conseil constitutionnel qui est chargé de veiller au respect de la Constitution par les pouvoirs publics.

Par ailleurs, le texte constitutionnel peut également bénéficier d'une *protection politique*, laquelle peut être exercée par le peuple ou par certaines autorités de l'État. Ainsi, par exemple, la

Constitution de la Ve République indique que « *le Président de la République veille au respect de la Constitution* » (art. 5, Const. 1958).

2 Les Constitutions françaises

Il s'agit de présenter les différentes Constitutions qui se sont succédé de 1789 à 1958 :

- constitution du 3 septembre 1791 : elle est la première constitution française écrite. Elle instaure un régime de séparation stricte des pouvoirs (régime présidentiel). L'application pendant moins d'un an de cette Constitution, qui ne prévoit aucun moyen pour régler les désaccords entre les pouvoirs, a été marquée par de nombreux affrontements entre l'Assemblée et le Roi ;
- constitution du 24 juin 1793 : elle est la première Constitution républicaine française. Elle consacre le schéma général du régime d'assemblée car elle prévoit effectivement une très forte concentration des pouvoirs au bénéfice d'une Chambre unique (le Corps législatif) qui exerce à la fois la fonction exécutive et la fonction législative. À cause de la guerre avec l'Autriche et la Prusse, cette Constitution de grande portée idéologique n'a pas pu s'appliquer ;
- constitution du 22 août 1795 : elle a été la première Constitution républicaine appliquée en France et cela pendant quatre ans. Cette Constitution du Directoire s'efforce de maintenir la République grâce à la séparation des pouvoirs qui sera appliquée strictement. Mais en l'absence de procédure susceptible de résoudre les conflits entre les pouvoirs, ce nouveau régime présidentiel n'est jamais parvenu à fonctionner convenablement et a connu une succession de coups d'État. Cette Constitution a introduit en France le bicamérisme avec deux assemblées élues (le Conseil des Anciens, le Conseil des Cinq-cents) ;
- constitution du 13 décembre 1799 : elle instaure le régime du Consulat qui a été caractérisé pendant trois ans par une concentration des pouvoirs au profit du premier Consul. Elle organise le morcellement des assemblées (Tribunat, Corps législatif, Sénat, Conseil d'État) afin de garantir la domination du gouvernement consulaire ;
- constitution du 4 août 1802 : elle instaure le régime du Consulat à vie. Elle est venue renforcer la prééminence du Premier consul au sein du gouvernement et accroître ses prérogatives vis-à-vis des assemblées. Cette Constitution, qui a duré deux ans, a augmenté considérablement les pouvoirs du Sénat qui était dominé par Bonaparte. Plus généralement, elle a mis en place un régime dictatorial donnant d'immenses pouvoirs à Bonaparte ;
- constitution du 18 mai 1804 : elle instaure l'Empire héréditaire. Elle restreint les pouvoirs des assemblées et renforce ceux du chef de l'État. Le Gouvernement de la République est confié à un Empereur qui prend le titre d'Empereur des Français. Comme le Consulat, l'Empire a vu la mise en place d'une « *dictature de salut public à la romaine* » (Jean Tulard). Le Premier Empire,

qui a duré dix ans, est un césarisme démocratique, c'est-à-dire un régime autoritaire dans lequel le pouvoir appartient à un seul homme qui gouverne au nom du peuple en utilisant le suffrage universel à ses fins propres, notamment au moyen du plébiscite ;

- charte constitutionnelle du 4 juin 1814 : elle introduit en France le modèle parlementaire que la charte constitutionnelle de 1830 approfondira. Elle s'est appliquée pendant le régime de la Restauration qui a duré seize ans. Le pouvoir législatif est confié à deux assemblées : la Chambre des pairs et la Chambre des députés. Le Roi dispose quant à lui du pouvoir exécutif ;
- acte additionnel aux Constitutions de l'Empire du 22 avril 1815 : il a été appliqué « 100 jours » (20 mars 1815 – 22 juin 1815). L'Acte additionnel, qui a été rédigé par Benjamin Constant à la demande de Napoléon, est apparu comme une tentative de conciliation du césarisme démocratique et du libéralisme. Il institue un système de collaboration des pouvoirs et organise la responsabilité pénale des ministres tout en laissant entrevoir une éventuelle responsabilité politique du gouvernement ;
- charte constitutionnelle du 14 août 1830 : elle est la première Constitution française à organiser explicitement un régime de nature parlementaire. Elle s'est appliquée pendant la Monarchie de Juillet, un régime que la France a connu de 1830 à 1848 sous le règne de Louis-Philippe. Si la Charte de 1830 est calquée sur celle de 1814, elle vient toutefois renforcer le rôle des assemblées législatives et diminuer les pouvoirs du roi ;
- constitution du 4 novembre 1848 : elle instaure un régime républicain et représentatif. Elle organise un régime de type présidentiel. L'application de la Constitution de la Seconde République (1848-1851) a été marquée par le conflit entre le président de la République élu au suffrage universel direct pour quatre ans et l'Assemblée, une assemblée unique de 750 membres élue pour 3 ans au suffrage universel direct ;
- constitution du 14 janvier 1852 : elle s'est contentée de reprendre les institutions du premier Empire avec quelques modifications comme la disparition du Tribunat. La Constitution du Second Empire (1852-1871) a connu une période autoritaire suivie à partir de 1860 d'une période libérale ;
- lois constitutionnelles de 1875 : elles consacrent les principaux mécanismes du régime parlementaire (responsabilité politique du gouvernement, droit de dissolution). Le pouvoir exécutif appartient au Président et à ses ministres. Le pouvoir législatif appartient à la Chambre des députés élue au suffrage universel direct et au Sénat élu au suffrage universel indirect.

Le régime de la IIIe République (1875-1940) va aboutir à un profond déséquilibre au détriment du pouvoir exécutif et au profit d'un Parlement tout puissant. Il a été profondément marqué par l'absence d'autorité du pouvoir exécutif. L'instabilité gouvernementale chronique est à l'origine de l'anti-parlementarisme sous la IIIe République. Le multipartisme anarchique a été une des causes essentielles de cette instabilité ministérielle ;

- loi constitutionnelle du 10 juillet 1940 : elle est l'acte fondateur du régime de Vichy (1940-1944). Ce régime dictatorial et anti-républicain s'est caractérisé par un système de concentration autoritaire du pouvoir au profit tout d'abord du chef de l'État, le Maréchal Pétain, puis au profit du président du Conseil, Pierre Laval, d'avril 1942 à août 1944 ;
- loi constitutionnelle du 2 novembre 1945 : elle établit un régime provisoire sous lequel la Constitution de la IVe République a été préparée et adoptée ;
- constitution du 27 octobre 1946 : elle est le texte fondateur de la IVe République (1946-1958). Elle a mis en place un régime parlementaire dominé par l'Assemblée nationale. Le Parlement se compose de l'Assemblée nationale élue au suffrage universel direct et du Conseil de la République élu au suffrage universel indirect. Le président du Conseil (chef du gouvernement) domine l'exécutif. Le président de la République, qui est élu par les deux assemblées, n'a qu'un rôle honorifique.

  L'application de cette Constitution s'est caractérisée par l'échec de la lutte contre l'instabilité gouvernementale. Les mécanismes de rationalisation du parlementarisme n'ont pas permis de garantir la stabilité gouvernementale. La désuétude du droit de dissolution, qui était soumis à des conditions restrictives, ainsi que le multipartisme anarchique renforcé par la représentation proportionnelle, sont notamment à l'origine de l'échec de la rationalisation du parlementarisme ;
- constitution du 4 octobre 1958 : elle a fondé le régime de la Ve République qui est un régime parlementaire rationalisé. Afin de favoriser la stabilité gouvernementale, elle multiplie les techniques de rationalisation du parlementarisme qui cherchent à limiter les possibilités de censure du gouvernement. Elle réduit les pouvoirs du Parlement en limitant le domaine de la loi, en instituant un domaine du règlement et en instaurant pour la première fois un véritable contrôle de constitutionnalité des lois.

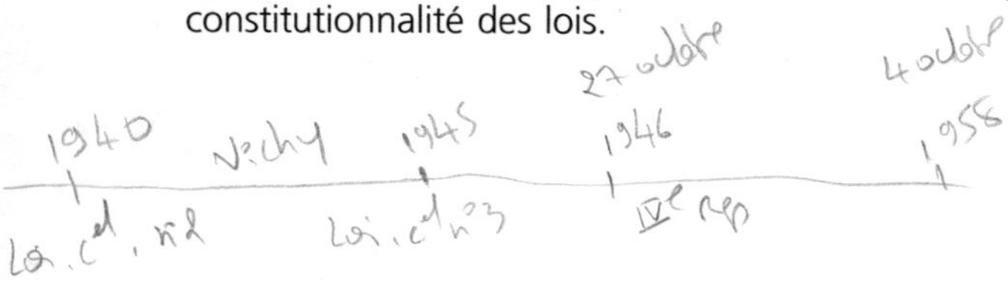

Les institutions politiques actuelles : la Ve République

CHAPITRE **3**

La Ve République est le 22e régime que la France a connu depuis la Révolution. Elle a fortement évolué avec les 24 révisions constitutionnelles adoptées depuis 1958. Elle a surmonté de nombreuses épreuves (la fin de la guerre d'Algérie, la crise de mai 1968, le départ du Général de Gaulle en 1969, l'alternance en 1981, les trois cohabitations) et a donné à la France une stabilité et une gouvernabilité qui lui faisait défaut.

1 Les grands principes politiques de la Ve République

La France est une « *République indivisible, laïque, démocratique et sociale* » (art. 1, Const. 1958) ; le principe de la République est « *le gouvernement du peuple, par le peuple et pour le peuple* » (art. 2, Const. 1958). Le principe d'indivisibilité de la République a conduit le Conseil constitutionnel à censurer la référence législative à la notion de « peuple corse » (*déc. n° 290 DC, 9 mai 1991, Statut de la Corse*) et à s'opposer à la reconnaissance de droits collectifs « à quelque groupe que ce soit, défini par une communauté d'origine, de culture, de langue ou de croyance » (*déc. n° 412 DC, 15 juin 1999, Charte européenne des langues régionales ou minoritaires*).

L'organisation de la France est « *décentralisée* » (art. 1, Const. 1958).

La souveraineté appartient au peuple qui l'exerce par ses représentants et par la voie du référendum (art. 3, Const. 1958).

Le président de la République peut consulter les électeurs sur « *tout projet de loi portant sur des réformes relatives à la politique économique, sociale ou environnementale de la nation et aux services publics qui y concourent* » dans le cadre du référendum de l'article 11 de la Constitution. Il a également la faculté de recourir à ce type de référendum s'il souhaite soumettre au corps électoral un projet de loi « *tendant à autoriser la ratification d'un traité qui, sans être contraire à la*

Constitution, aurait des incidences sur le fonctionnement des institutions » (par exemple, en 1992, approbation du Traité de Maastricht).

Par ailleurs, un *référendum d'initiative partagée*, introduit par la révision constitutionnelle du 23 juillet 2008, peut être organisé à l'initiative d'un cinquième des membres du Parlement, soutenu par 10 % des électeurs inscrits sur les listes électorales. L'initiative prendra la forme d'une « proposition de loi » qui ne peut avoir pour objet l'abrogation d'une disposition législative promulguée depuis moins d'un an. Si la proposition de loi, qui sera soumise au Conseil constitutionnel, n'a pas été examinée au moins une fois par chacune des deux assemblées dans un délai de 6 mois, le président de la République pourra la soumette au référendum.

Le suffrage est « *toujours universel, égal et secret* » (art. 3, Const. 1958).

Les partis et groupements politiques concourent à l'expression du suffrage (art. 4, Const. 1958).

Depuis la réforme constitutionnelle de 2008, la Constitution précise dans article 4 que « *la loi garantit les expressions pluralistes des opinions et la participation équitable des partis et groupements politiques à la vie démocratique de la nation* ».

La Ve République participe à l'Union européenne constituée d'États qui ont choisi librement d'exercer en commun certaines de leurs compétences (art. 88, Const. 1958).

La Ve République a considérablement évolué avec les progrès de la construction européenne. Plusieurs révisions constitutionnelles sont intervenues pour permettre la ratification d'un traité européen (les Traités de Maastricht, d'Amsterdam, de Lisbonne et le Traité établissant une Constitution pour l'Europe qui sera rejeté par les électeurs lors du référendum du 29 mai 2005).

2 L'organisation des pouvoirs sous la Ve République

La Constitution de la Ve République a cherché à restaurer le pouvoir exécutif et à diminuer l'emprise des assemblées sur le fonctionnement des institutions.

■ *Le pouvoir exécutif*

Le Président et le gouvernement sont les deux piliers de l'exécutif sous la Ve République.

a) Le président de la République

1) Les pouvoirs du président de la République

« *Il assure, par son arbitrage, le fonctionnement régulier des pouvoirs publics ainsi que la continuité de l'État* » (art. 5, Const. 1958).

Il est élu pour cinq ans au suffrage universel direct et ne peut exercer plus de deux mandats consécutifs. Il dispose de nombreux pouvoirs :

– ***des pouvoirs partagés avec le gouvernement***. Parmi ces pouvoirs qu'il partage avec le Premier ministre et le gouvernement, il faut citer le droit de demander une nouvelle délibération de la loi, la convocation des assemblées en session extraordinaire et la signature des ordonnances ;
– ***des pouvoirs propres qui sont dispensés du contreseing ministériel***. Les pouvoirs propres du Président sont : le pouvoir de dissoudre l'Assemblée nationale, le référendum législatif de l'article 11 de la Constitution, les pouvoirs exceptionnels de l'article 16 de la Constitution, le pouvoir de nomination du Premier ministre, le droit de message au Parlement, le pouvoir de saisir le Conseil constitutionnel et de nommer trois de ses membres.

2) Le statut du président de la République

Le chef de l'État bénéficie d'une inviolabilité pour les actes accomplis avant le début de son mandat ou dépourvus de liens avec celui-ci. Il « *ne peut, durant son mandat et devant aucune juridiction ou autorité administrative française, être requis de témoigner non plus que faire l'objet d'une action, d'un acte d'information, d'instruction ou de poursuite* » (art. 67, Const. 1958).

Mais si toute mise en cause éventuelle du président devant une juridiction sera suspendue pendant l'exercice de ses fonctions, les actions judiciaires le concernant pourront reprendre ou être engagées dans le délai d'un mois après la fin de ses fonctions.

> *Pour aller plus loin*
>
> Par ailleurs, une révision constitutionnelle adoptée en février 2007 prévoit la possibilité pour la ***Haute Cour*** – constituée de tous les députés et sénateurs – de destituer par un vote le président de la République pour « manquement à ses devoirs manifestement incompatible avec l'exercice de son mandat ».
>
> Enfin, le chef de l'État peut être jugé par la Cour pénale internationale dont la France a reconnu la juridiction (art. 53-2, Const. 1958).

b) Le Gouvernement

Il est composé du Premier ministre ainsi que des ministres et éventuellement des secrétaires d'État qui sont nommés par le président de la République sur proposition du Premier ministre.

Il détermine et conduit la politique de la nation. Il a la maîtrise de la procédure législative. Il peut, pour l'exécution de son programme, demander au Parlement l'autorisation de prendre par ordonnances, pendant un délai limité, des mesures qui sont normalement du domaine de la loi (art. 38, Const. 1958).

Le Premier ministre, qui dirige le Gouvernement, est doté de pouvoirs importants. Détenteur du pouvoir réglementaire, chef de l'administration, responsable de la Défense nationale, interlocuteur naturel de l'Assemblée nationale devant laquelle le gouvernement est responsable, le Premier ministre a vocation à être le chef de l'exécutif.

Pour aller plus loin

La ***Cour de justice de la République*** est compétente pour juger tous les membres du gouvernement (Premier ministre, ministres, secrétaires d'État) pour les crimes et délits commis dans l'exercice de leur fonction. Cette juridiction, qui a été créée par la révision constitutionnelle du 27 juillet 1993, comprend quinze juges : douze parlementaires élus, en leur sein et en nombre égal, par l'Assemblée nationale et par le Sénat et trois magistrats du siège à la Cour de cassation dont l'un préside la Cour de justice de la République.

■ *Le pouvoir législatif*

Le Parlement est composé de deux Chambres : l'Assemblée nationale et le Sénat.

a) L'Assemblée nationale

Les 577 députés sont élus pour 5 ans au suffrage universel direct. L'Assemblée nationale représente la nation dans son ensemble. Elle contrôle l'action du gouvernement qui est responsable devant elle. Sous la Ve République, seule l'Assemblée nationale peut renverser le gouvernement. Elle peut le faire en rejetant une question de confiance ou en adoptant une motion de censure.

La motion de censure, qui permet aux parlementaires de faire savoir au gouvernement qu'ils sont en désaccord avec sa politique, ne peut être déposée que si elle réunit les signatures d'un dixième des députés. Elle ne peut être adoptée qu'à la majorité absolue des membres de l'Assemblée et ne peut être soumise au vote que 48 heures après son dépôt. Seuls sont recensés les votes favorables à la motion de censure.

b) Le Sénat

Les 348 sénateurs sont élus pour 6 ans au suffrage universel indirect. Le Sénat représente les collectivités territoriales de la République. Avec la réforme constitutionnelle de 2008, il a perdu son monopole de la représentation des Français de l'étranger au sein du Parlement. Son président est appelé à exercer les fonctions de président de la République en cas de vacance ou d'empêchement temporaire ou définitif du Président en exercice.

c) La procédure législative ordinaire

L'initiative législative appartient concurremment au Premier ministre (*projets de loi*) et aux parlementaires (*propositions de loi*). Depuis la loi organique du 15 avril 2009, le projet de loi doit être accompagné d'une *étude d'impact* qui présente notamment les objectifs poursuivis par le texte ainsi que la liste prévisionnelle des textes d'application nécessaires.

Sont irrecevables les propositions de loi formulées par les parlementaires qui ne relèvent pas du domaine de la loi (art. 41, Const. 1958). Sont également irrecevables les propositions qui auraient pour effet de diminuer les ressources ou d'aggraver les charges publiques (art. 40, Const. 1958).

Les projets de loi ne peuvent être inscrits à l'ordre du jour si la Conférence des présidents de la première assemblée saisie constate que les règles fixées par la loi organique sont méconnues (art. 39, Const. 1958).

Depuis la réforme constitutionnelle de 2008, le texte examiné en séance est celui adopté par la commission.

Les parlementaires et le Gouvernement disposent du droit d'amendement, lequel s'exerce en séance ou en commission selon les conditions qui sont fixées par les règlements des assemblées.

Après l'ouverture du débat, le Gouvernement peut s'opposer à l'examen de tout amendement qui n'a pas été antérieurement soumis à la commission (art. 44, al. 2, Const. 1958).

À tout moment de la discussion, le Gouvernement peut demander à l'une ou l'autre des assemblées de se prononcer par un seul vote en ne retenant que les amendements proposés ou acceptés par lui : c'est la procédure dite du ***vote bloqué*** (art. 44, al. 3, Const. 1958).

Le Premier ministre a aussi la possibilité d'engager la responsabilité du Gouvernement devant l'Assemblée nationale à propos de tout texte législatif. C'est la procédure expéditive de ***l'article 49, alinéa 3*** qui ne peut être utilisée que pour un texte par session en dehors des projets de loi de finances ou de financement de la sécurité sociale. Elle permet l'adoption d'un texte même sans vote, à moins qu'une motion de censure contre le Gouvernement ne soit adoptée.

Une fois voté par une des Chambres, le texte est transmis à l'autre et va circuler entre les deux jusqu'à son adoption en termes identiques. En cas de désaccord entre les Chambres (après deux lectures par chacune d'elle ou une seule lecture lorsque la procédure est « accélérée »), le Premier ministre peut décider d'interrompre la « *navette* » en convoquant une commission mixte paritaire composée de 14 parlementaires (CMP, 7 députés, 7 sénateurs). À l'issue de la commission mixte paritaire, si le désaccord persiste, il peut donner le dernier mot à l'Assemblée nationale (art. 45, Const. 1958).

Enfin, le président de la République a un délai de 15 jours pour promulguer la loi. La promulgation peut être retardée si le Président demande une nouvelle délibération de la loi ou si le Conseil constitutionnel est saisi. Le juge constitutionnel doit statuer dans le délai d'un mois. Ce délai est ramené à huit jours en cas d'urgence (art 61, Const. 1958).

■ *Le Conseil constitutionnel*

Il est composé de membres de droit (les anciens présidents de la République) et de 9 membres nommés pour 9 ans (3 par le chef de l'État, 3 par le président de l'Assemblée nationale et 3 par le président du Sénat).

Le ***contrôle de constitutionnalité a priori*** de la loi est effectué par le Conseil constitutionnel sur saisine du président de la République, du Premier ministre, du président du Sénat, du président de l'Assemblées nationale ou de 60 députés ou 60 sénateurs.

Le Conseil contrôle automatiquement les règlements des assemblées parlementaires et les lois organiques. Il est aussi chargé du contentieux des élections parlementaires.

Par ailleurs, lorsqu'il déclare qu'un engagement international comporte une clause contraire à la Constitution, ce dernier ne peut être ratifié sans une révision constitutionnelle préalable (art. 54, Const. 1958).

Notons également que le Conseil refuse de contrôler les lois de transposition de directive européenne sauf si elles vont à l'encontre d'un principe inhérent à l'identité constitutionnelle de la France (décision n° 2006-540 du 27 juillet 2006).

Enfin, « lorsque à l'occasion d'une instance en cours devant une juridiction, il est soutenu qu'une disposition législative porte atteinte aux droits et libertés que la Constitution garantit, le Conseil constitutionnel peut être saisi de cette question sur renvoi du Conseil d'État ou de la Cour de cassation qui se prononce dans un délai déterminé ».

Cette procédure dite de « ***question prioritaire de constitutionnalité*** » (QPC) est issue de la révision constitutionnelle du 23 juillet 2008 qui a mis en place un ***contrôle a posteriori*** de la loi.

■ *Le pouvoir judiciaire*

Le *Conseil supérieur de la magistrature* (CSM) participe au pouvoir de nomination des magistrats et exerce des fonctions disciplinaires. Il comprend notamment une formation compétente à l'égard des magistrats du siège et une formation compétente à l'égard des magistrats du parquet. La révision constitutionnelle de juillet 2008 a retiré au président de la République, qui est le « garant de l'indépendance de l'autorité judiciaire », la présidence du CSM.

3 La pratique institutionnelle de la Ve République

■ *Présidentialisme et cohabitation*

La Constitution de 1958 a donné lieu à une double pratique selon la conjoncture politique : le présidentialisme majoritaire dans les périodes de coïncidence des majorités, présidentielle et parlementaire, et la cohabitation c'est-à-dire la coexistence d'une majorité parlementaire et d'une majorité présidentielle antagonistes.

Seules les périodes de cohabitation (1986-1988, 1993-1995, 1997-2002) donnent la possibilité au Premier ministre de se comporter en chef de l'exécutif car elles permettent un retour au texte parlementaire de 1958. En période de cohérence des majorités politiques, le fonctionnement du régime est caractérisé par une pratique présidentialiste contraire à la Constitution.

■ *La Ve République et les révisions constitutionnelles*

Le fonctionnement du système politique dépend largement des règles introduites par les révisions constitutionnelles de 1962 (*élection présidentielle au suffrage universel direct*), de 1974 (*élargissement de la saisine du Conseil constitutionnel à 60 parlementaires*), et de 2000 (*quinquennat présidentiel*). Associée à la modification du calendrier électoral décidée en 2000 par le Gouvernement Jospin, qui place les élections législatives après le scrutin présidentiel, la révision constitutionnelle de 2000 est venue renforcer la logique présidentialiste du régime.

La révision constitutionnelle de juillet 2008 a proposé, pour la première fois, une réforme d'ensemble des institutions de la Ve République. Elle vise :

- ***à renforcer le rôle des assemblées parlementaires*** : droit de voter des résolutions, de créer de nouvelles commissions, partage de l'ordre du jour des assemblées entre le Gouvernement et le Parlement, discussion en séance publique sur le texte issu des travaux en commission et non plus sur le projet du gouvernement, augmentation des moyens de contrôle du Parlement en matière de politique étrangère ;

– ***à rénover le mode d'exercice du pouvoir exécutif et à garantir aux citoyens des droits nouveaux*** : QPC, création d'un Défenseur des droits, instauration d'un référendum d'initiative partagée, faculté accordée au justiciable de saisir le CSM.

La procédure de révision de la Constitution prévue par son article 89, qui est la procédure de révision de droit commun, comporte plusieurs étapes successives :

– la première étape est celle de ***l'initiative*** qui peut être proposée soit par un parlementaire (député ou sénateur), soit par le chef de l'État sur proposition du Premier ministre ;

– la deuxième étape est celle du ***vote*** du texte de la révision qui doit être adopté en termes identiques par les deux assemblées parlementaires. Le nombre de navettes n'est pas limité. C'est l'une des rares hypothèses où le bicamérisme s'avère être strictement égalitaire sous la Ve République. Cette situation vient conférer un véritable droit de veto à chacune des deux assemblées. L'article 45 de la Constitution de 1958, qui permet au Gouvernement de donner le « dernier mot » à l'Assemblée nationale, est ici inutilisable, de même que le recours à l'article 49 alinéa 3 ;

– la dernière étape est celle de ***l'adoption définitive*** de la révision. Deux options sont possibles : l'adoption de la révision par les deux assemblées réunies en Congrès à Versailles à la majorité des 3/5e des suffrages exprimés ou le recours au référendum, lequel sera obligatoire lorsque la révision est d'origine parlementaire.

PARTIE 2

Droit de l'Union européenne

1 – France x
2 – Allemagne x
3 – Luxembourg x
4 – Belgique x
5 – Italie x
6 – Espagne x
7 – Grèce x
8 – Pays-Bas x
9 – Autriche x
10 – Slovaquie x
11 – Slovénie x
12 – Estonie x
13 – Lettonie x
14 – Roumanie
15 – Malte x
16 – Chypre x
17 – Irlande x
18 – Pologne
19 – Finlande x
20 – Lituanie
21 – Croatie
22 – Danemark
23 – Suède
24 – Hongrie
25 – Portugal x
26 – R-U
27 – Rép. Tchèque
28 – Bulgarie

Les institutions de l'Union européenne

CHAPITRE 4

Il s'agit ici de présenter les différents acteurs institutionnels de l'Union européenne (UE) qui regroupe 28 États (Allemagne, Autriche, Belgique, Bulgarie, Chypre, Croatie, Danemark, Espagne, Estonie, Finlande, France, Grèce, Hongrie, Irlande, Italie, Lituanie, Lettonie, Luxembourg, Malte, Pays-Bas, Pologne, Portugal, République tchèque, Roumanie, Royaume-Uni, Slovaquie, Slovénie, Suède).

Il est possible de distinguer plusieurs catégories d'institutions européennes : les organes de décision, les organes de contrôle, les organes de l'Union économique et monétaire (UEM) et les autres organes de l'UE.

1 Les organes de décision

■ *Le Conseil européen*

Il a un rôle d'impulsion politique. Il réunit les chefs d'État ou de gouvernement des pays membres au moins deux fois par an. Le président de la Commission et le Haut représentant de l'Union pour les affaires étrangères et la politique de sécurité participent à ces réunions.

Le Conseil européen aborde les grands dossiers qui touchent directement les États membres de l'UE et arbitre sur les questions qui n'ont pas trouvé une solution au niveau du Conseil.

Son champ d'intervention est donc très large et intéresse la totalité des activités de l'UE. Il se prononce par consensus, sauf dans les cas où les traités en disposent autrement.

■ *Le Conseil*

Il assure la représentation et la défense des intérêts des États membres. Il est formé par les représentants des États membres qui doivent être de niveau ministériel. Il exerce conjointement avec le

Parlement européen les fonctions législative et budgétaire. Il est le principal législateur de l'UE. Il est investi d'une mission de coordination des actions de l'UE et des États membres. Ses décisions sont prises à la majorité qualifiée, à la majorité simple ou à l'unanimité.

■ La Commission européenne

Elle est composée de 28 commissaires européens (dont le président et le Haut représentant de l'Union pour les affaires étrangères et la politique de sécurité), soit un par pays membre.

La Commission, qui est responsable devant le Parlement européen, représente et défend l'intérêt communautaire Elle joue un rôle essentiel dans la préparation et l'exécution de la politique européenne. Elle est la gardienne de la légalité européenne. Elle dispose du quasi-monopole du pouvoir de proposition. Elle établit l'avant-projet de budget et exécute le budget européen. Elle exécute les actes du Conseil sur délégation de ce dernier. Elle négocie les accords externes sur mandat du Conseil.

■ Le Parlement européen

Le Parlement européen représente les peuples des États membres de l'UE. Il est doté de pouvoirs législatifs et d'un pouvoir de contrôle politique sur la Commission européenne et le Conseil.

Les 571 députés européens, qui sont élus pour 5 ans au suffrage universel direct, siègent par groupes politiques et non par nationalité à Strasbourg.

Le Parlement partage le pouvoir budgétaire à égalité avec le Conseil et est habilité à rejeter globalement le budget. Il accorde la décharge à la Commission pour l'exécution du budget.

L'***Europarlement*** a aussi le pouvoir d'adopter une motion de censure à l'encontre de la Commission. Il participe à la désignation de ses membres. Cette désignation doit être approuvée par le Parlement européen. Ce dernier peut créer des commissions d'enquête et recevoir des pétitions. Il désigne par ailleurs le médiateur européen.

2 Les organes de contrôle

■ La Cour de justice de l'Union européenne (CJUE)

La Cour de justice de l'Union européenne a vocation à garantir le respect du droit de l'UE. Cette Cour qui siège à Luxembourg assure le respect du droit dans l'interprétation et l'application des traités. Elle a joué un rôle décisif dans le développement du droit de l'UE. Elle est formée d'un juge par État membre ainsi que d'avocats généraux. Les juges désignent parmi eux pour un mandat de 3 ans renouvelable le président et le vice-président de la CJUE.

■ *La Cour des comptes*

La Cour des comptes est composée d'un ressortissant de chaque État membre qui est nommé pour un mandat de 6 ans renouvelable par le Conseil après consultation du Parlement européen.

Elle a vocation à exercer un contrôle *a posteriori* de l'exécution du budget de l'UE. Elle établit un rapport annuel après la clôture de chaque exercice. Le Parlement européen tient compte de ce rapport lorsqu'il donne à la Commission européenne décharge de l'exécution du budget.

3 Les organes de l'Union économique et monétaire (UEM)

■ *Le Système européen de banques centrales (SEBC)*

Le Système européen de banques centrales est composé de la Banque centrale européenne (BCE) et des banques centrales nationales des États membres de l'UE, que ces derniers participent ou ne participent pas à l'UEM. Le SEBC est dirigé par les organes de décision de la BCE. Il a essentiellement pour fonction de définir et de mettre en œuvre la politique monétaire de l'UE, de conduire les opérations de change, de détenir et de gérer les réserves officielles de change des États membres et de promouvoir le bon fonctionnement des systèmes de paiement.

■ *L'Eurosystème*

L'Eurosystème rassemble la BCE et les banques centrales des 18 États ayant adopté l'euro (Allemagne, Autriche, Belgique, Chypre, Espagne, Estonie, Finlande, France, Grèce, Irlande, Italie Lettonie, Luxembourg, Malte, Pays-Bas, Portugal, Slovaquie, Slovénie).

Il est l'autorité monétaire de la zone euro. Selon l'article 282 du TFUE, « *la Banque centrale européenne et les banques centrales nationales des États membres dont la monnaie est l'euro, qui constituent l'Eurosystème, conduisent la politique monétaire de l'Union* ».

L'Eurosystème coexistera avec le SEBC tant qu'il y aura des pays membres de l'UE ne faisant pas partie de la zone euro.

■ *La Banque centrale européenne (BCE)*

Elle est responsable de la stabilité de l'euro. Elle est seule habilitée à autoriser l'émission de l'euro. Elle constitue avec les banques centrales nationales des États membres de la zone euro

« l'Eurosystème ». Elle a pour mission essentielle de « maintenir la stabilité des prix ». Elle s'acquitte de cette mission au moyen d'une politique de taux d'intérêt destinée à déjouer les risques d'inflation.

■ *L'Eurogroupe*

Il réunit les ministres des Finances des pays de la zone euro chaque mois avant la réunion du Conseil des ministres de l'Économie et des finances des États membres (Écofin).

Cet organe non décisionnel doit permettre aux ministres de la zone euro de « se réunir entre eux de façon informelle pour discuter de questions liées aux responsabilités spécifiques qu'ils partagent en matière de monnaie unique ». Il a également vocation à préparer les sommets de la zone euro et à en assurer le suivi.

4 Les autres organes de l'UE

Ces organes dits complémentaires sont :

- la Banque européenne d'investissement : elle a pour rôle de soutenir le développement équilibré de l'UE. Elle a pour mission d'aider à la réalisation de projets européens, privés ou publics ;
- le Comité économique et social européen : il est l'Assemblée consultative des partenaires économiques et sociaux de l'UE. Il est composé de 344 membres représentant la société civile désignés pour 4 ans par le Conseil ;
- le Comité des régions : il a vocation à garantir la représentation des collectivités infra-étatiques au niveau européen et à les faire participer à l'élaboration des politiques communautaires. Les 344 membres de ce comité consultatif sont désignés pour 4 ans par le Conseil ;
- le médiateur européen : le traité de Maastricht a créé le Médiateur qui est élu par le Parlement européen après chaque élection du Parlement et pour la durée de la législature. Il est chargé d'examiner les plaintes à l'encontre des institutions, organes et agences de l'Union européenne ;
- les agences européennes : ces agences spécialisées et décentralisées de l'UE, distinctes des institutions, sont créées par un acte de droit dérivé en vue de remplir une tâche de nature technique, scientifique ou de gestion spécifique (EUROJUST, EUROPOL...).

Les actes de l'Union européenne

CHAPITRE 5

On s'interrogera successivement sur les sources du droit de l'Union européenne, qui est un droit largement prétorien, ainsi que sur les principes applicables aux actes juridiques de l'Union.

1 Les sources du droit de l'UE

Elles correspondent à l'ensemble des normes juridiques sur lesquelles repose l'UE. Il conviendra ici de présenter les principales sources du droit de l'UE.

■ *Le droit primaire*

Il est essentiellement constitué par les traités européens, y compris les protocoles et déclarations qui leur sont joints. Ces traités européens, qui sont au sommet de la hiérarchie des normes européennes, apparaissent comme des accords contraignants adoptés par tous les États membres de l'Union européenne, des accords qui viennent notamment déterminer les objectifs de cette dernière ainsi que les règles de fonctionnement de ses institutions.

On distingue traditionnellement les traités fondateurs (le traité CEE, le traité CEEA, et le traité CECA qui est arrivé à expiration le 23 juillet 2002) et les traités de révision des traités constitutifs (traité de fusion des exécutifs des trois Communautés, traités « budgétaires » de 1970 et 1975, Acte unique européen, traité de Maastricht, traité d'Amsterdam, traité de Nice, traité de Lisbonne).

Il convient d'examiner les apports de ces différents traités :

- ***Traité de Paris (18 avril 1951).*** Il a créé la Communauté européenne du charbon et de l'acier (CECA). Il a attribué la gestion du marché commun du charbon et de l'acier à la Haute autorité qui détient l'essentiel du pouvoir de décision ;
- ***Traités de Rome (25 mars 1957).*** Le traité CEE qui a créé la Communauté économique européenne (CEE) a notamment prévu la mise en place d'un marché commun. Le traité CEEA a créé la Communauté européenne de l'énergie atomique (CEEA ou EURATOM) qui gère un marché commun pour les matières nucléaires en Europe ;
- ***Traité de fusion des exécutifs (8 avril 1965)***. Il a procédé à la fusion des structures exécutives mises en place par les traités CEE, CECA et CEEA. Il a instauré une Commission unique et un Conseil des ministres unique pour les trois Communautés ;
- ***Traité modifiant certaines dispositions budgétaires (22 avril 1970).*** Il a renforcé les compétences budgétaires du Parlement européen. Il a introduit la distinction entre les « dépenses non obligatoires » (qui représentaient à l'origine 8 % du budget) et les « dépenses obligatoires » (dépenses découlant obligatoirement des traités ou des actes adoptés en vertu de ceux-ci) qui sera supprimée par le Traité de Lisbonne ;
- ***Traité portant modification de certaines dispositions financières (22 juillet 1975).*** Il a renforcé les pouvoirs budgétaires du Parlement qui obtient le droit de rejeter l'ensemble du budget européen et d'accorder la décharge à la Commission concernant l'exécution du budget. Il a également créé la Cour des comptes européenne ;
- ***Acte unique européen (17 et 28 février 1986).*** Il a constitué la première modification importante des Traités fondateurs des Communautés pour relancer l'intégration européenne. Les principales innovations introduites par ce traité sont : la consécration de l'existence du Conseil européen, l'extension du champ d'application du vote à la majorité qualifiée au sein du Conseil, l'extension du champ d'action communautaire, et l'instauration d'une procédure de coopération entre le Parlement européen et le Conseil ;
- ***Traité de Maastricht sur l'Union européenne (7 février 1992).*** Il a apporté des modifications au Traité de Rome instituant la Communauté européenne de 1957 et à l'Acte unique européen. Les principales innovations introduites par ce traité sont : la création de l'UE, la création de la procédure de codécision, l'extension du vote à la majorité qualifiée au sein du Conseil, et l'instauration de la citoyenneté européenne et d'une politique étrangère et de sécurité commune (PESC) ;
- ***Traité d'Amsterdam (2 octobre 1997).*** Il a apporté des modifications au Traité sur l'Union européenne et aux traités instituant les Communautés européennes. Les principales innovations introduites par ce traité sont : le renforcement des droits du citoyen européen, la suspension des

droits d'un État membre ayant violé les droits fondamentaux, la création de la coopération renforcée, la simplification de la procédure de codécision et l'élargissement du domaine de la codécision, l'extension du vote à la majorité qualifiée au sein du Conseil, et la création du poste de Haut représentant pour la PESC ;

- ***Traité de Nice (26 février 2001).*** Il a apporté des modifications au Traité sur l'Union européenne et aux traités instituant les Communautés européennes. Les principales innovations introduites par ce traité sont : l'extension limitée des votes à la majorité qualifiée, la redéfinition du nombre de députés et de commissaires européens par État membre, le renforcement des pouvoirs du président de la Commission, l'assouplissement du mécanisme de la coopération renforcée, et l'amélioration du système juridictionnel de l'UE ;
- ***Traité de Lisbonne (13 décembre 2007).*** Il a apporté des modifications au Traité sur l'Union européenne (TUE) ainsi qu au Traité instituant la Communauté européenne qui est rebaptisé « Traité sur le fonctionnement de l'Union » (TFUE). Les principales innovations introduites par ce traité sont : l'attribution de la personnalité juridique à l'UE, l'extension du vote à la majorité qualifiée à de nouvelles matières, le renforcement des pouvoirs du Parlement européen et des Parlements nationaux, la création d'une présidence stable du Conseil européen, la création du poste de Haut représentant de l'UE pour les Affaires étrangères et la politique de sécurité, et l'introduction d'un droit d'initiative citoyenne.

■ *Le droit dérivé*

Le droit dérivé est constitué par l'ensemble des actes adoptés par les institutions de l'UE sur le fondement des traités. Le Traité de Lisbonne distingue 5 instruments juridiques qui s'appliquent de manière indifférenciée à l'ensemble des politiques de l'UE :

- ***le règlement.*** Il a une portée générale et est obligatoire dans tous ses éléments. Il est directement applicable dans tout État membre. Il s'applique à « *des situations déterminées objectivement et comporte des effets juridiques à l'égard de catégories de personnes envisagées de manière générale et abstraite* » ;
- ***la directive.*** Elle lie tout État membre destinataire quant au résultat à atteindre. Elle laisse libres les États membres quant au choix des moyens juridiques pour la transposer dans le droit national. La directive comme le règlement peuvent avoir pour auteur la Commission ou le Conseil.

  La Cour de justice de l'UE estime que les dispositions des directives sont susceptibles d'effet direct si elles sont « inconditionnelles » et « suffisamment précises ». Elle a aussi précisé qu'une disposition d'une directive est privée d'effet direct si elle confère une grande marge d'appréciation à l'autorité nationale pour sa mise en œuvre.

Le Conseil d'État a reconnu l'invocabilité et l'applicabilité directe, au bénéfice des particuliers, des dispositions précises et inconditionnelles des directives dont le délai de transposition est arrivé à expiration (*arrêt CE, 30 oct. 2009, Mme Perreux*) ;

– ***la décision.*** Elle est obligatoire dans tous ses éléments pour les destinataires qu'elle désigne. Elle peut s'adresser à un individu, une entreprise ou un État membre et lui attribuer des droits ou des obligations. La décision est d'effet direct. Aucune mesure nationale de réception n'est nécessaire ;

– ***les recommandations et les avis.*** Ces actes de droit dérivé ne font pas grief et ne sont pas susceptibles de recours devant la CJUE.

2 Les principes applicables aux actes de l'UE

L'ordre juridique de l'UE repose sur plusieurs grands principes qu'il convient ici d'examiner :

– le principe d'immédiateté : ce principe signifie que le droit de l'UE est de nature à produire des effets dans le droit interne des États membres sans être préalablement transposé dans une loi ou un règlement interne à l'état membre. Les actes juridiques de l'Union sont intégrés de plein droit dans l'ordre interne des États, sans nécessiter une quelconque procédure de transformation (en droit interne) ou de réception ;

– le principe d'applicabilité directe : l'applicabilité directe ou encore l'effet direct du droit de l'UE implique que ce droit crée des droits et des obligations au profit ou à la charge des sujets de droit communautaire. Ces derniers pourront invoquer ces droits ou se faire opposer ces obligations devant les juridictions nationales. L'invocabilité du droit de l'UE apparaît comme la conséquence de son applicabilité directe ;

– le principe de primauté : l'ordre juridique de l'UE prime l'ordre juridique des pays membres et cela sans qu'il soit possible à un État de faire-valoir la réserve de réciprocité.

La primauté du droit de l'UE s'impose à toutes les normes de droit interne.

Elle joue aussi bien vis-à-vis du droit interne antérieur que du droit national postérieur. Cette primauté, qui englobe l'intégralité des sources du droit de l'UE – les traités constitutifs, le droit dérivé – s'impose à tous les organes de l'État membre ;

– le principe de subsidiarité : selon ce principe, l'UE n'intervient que dans la mesure où elle est susceptible d'agir plus efficacement que les États membres.

PARTIE 3

Droit administratif général

L'organisation administrative

CHAPITRE 6

L'administration, qui a pour objectif la satisfaction de l'intérêt général, apparaît comme un ensemble d'organes ou d'organismes administratifs.

Les collectivités territoriales constituent la principale catégorie d'organismes administratifs. Il s'agit des communes, des départements, des régions, des collectivités à statut particulier et des collectivités d'outre-mer.

Le système administratif français se caractérise également par l'existence des établissements publics qui sont l'un des modes de gestion du service public. L'administration de l'État, les collectivités territoriales, et les établissements publics seront ici étudiés successivement.

1 L'administration de l'État

Elle repose sur deux niveaux : l'administration centrale et l'administration déconcentrée.

■ *L'administration centrale*

Les autorités exécutives, les organes consultatifs et de contrôle et les autorités administratives indépendantes seront présentés successivement.

a) Les autorités exécutives

Le président de la République et le Premier ministre sont titulaires du pouvoir réglementaire général tandis que les ministres n'exercent qu'un pouvoir réglementaire spécial :

– ***le président de la République.*** Il dispose du pouvoir réglementaire puisqu'il signe les décrets délibérés en Conseil des ministres ainsi que les ordonnances de l'article 38 de la Constitution. Par ailleurs, il nomme à certains « emplois civils et militaires de l'État ».

Il s'appuie sur un ***cabinet*** qui regroupe ses principaux collaborateurs ainsi que sur le ***Secrétariat général de la présidence de la République*** (SGPR), composé de conseillers techniques et de chargés de missions, qui a vocation à suivre l'action de chaque département ministériel et à assister le Président dans la prise de décision. Le Président dispose également d'un ***état-major particulier*** qui l'assiste dans sa fonction de chef des armées ;

- ***le Premier ministre.*** Il partage le pouvoir administratif suprême avec le président de la République. Il dirige le Gouvernement qui dispose de l'administration (art. 20, Const. 1958). Il nomme aux emplois civils et militaires sous réserve des prérogatives accordées au chef de l'État par la Constitution. Il est titulaire du pouvoir réglementaire d'exécution des lois (art. 21, Const. 1958) et du pouvoir de police administrative sur l'ensemble du territoire national.
  Le Premier ministre s'appuie sur un ***cabinet*** qui comporte notamment un chef de cabinet, un directeur et des conseillers techniques et sur le ***Secrétariat général du gouvernement*** (SGG) qui joue un rôle crucial dans la coordination de l'action gouvernementale. Il dispose également d'un ***cabinet militaire*** qui l'assiste en matière de défense nationale.
  Enfin, de nombreux services administratifs sont directement rattachés au Premier ministre : Secrétariat général des affaires européennes, DATAR... ;
- ***les ministres.*** Chaque ministre est le chef d'un département ministériel. Le ministre n'exerce qu'un pouvoir réglementaire spécial et limité. Il dispose cependant d'un pouvoir général d'organisation des services de son ministère (*CE, 7 février 1936, Jamart*). Il est assisté d'un cabinet qui comprend un directeur, des conseillers techniques, des chargés de missions et un chef de cabinet.

b) Les organes consultatifs et de contrôle

1) Les organes consultatifs

Ils ont pour mission de conseiller et d'éclairer le gouvernement et son administration :

- ***le Conseil d'État*** est le conseiller du Gouvernement pour la préparation des projets de loi, d'ordonnance et de certains décrets. Il est obligatoirement saisi de tous les projets de loi avant leur adoption par le Conseil des ministres et leur dépôt devant le Parlement. Dans les conditions prévues par la loi, le président d'une assemblée peut lui soumettre pour avis, avant son examen en commission, une proposition de loi déposée par l'un des membres de cette assemblée, sauf si ce dernier s'y oppose (art. 39, Const. 1958) ;
- ***le Conseil économique, social et environnemental***, saisi par le Gouvernement, donne son avis sur les projets de loi, d'ordonnance ou de décret ainsi que sur les propositions de lois qui lui sont soumis (art. 69, Const. 1958).

2) Les organes de contrôle

Ils ont vocation à contrôler la bonne marche des services publics et la régularité de leur fonctionnement :

- ***les corps d'inspection*** (l'*Inspection générale de l'Administration* chargée de missions d'évaluation des politiques publiques, d'audit de service et d'appui et de conseil, l'*Inspection des Finances* chargée d'une mission générale de contrôle, d'audit, d'étude, de conseil et d'évaluation en matière administrative, économique et financière, l'*Inspection des Affaires sociales* qui est le service interministériel de contrôle, d'audit et d'évaluation des politiques sociales...) appartiennent à cette catégorie d'organisme ;
- ***la Cour des comptes*** assiste le Parlement dans le contrôle de l'action gouvernementale. « Elle assiste le Parlement et le Gouvernement dans le contrôle de l'exécution des lois de finances et de l'application des lois de financement de la sécurité sociale ainsi que dans l'évaluation des politiques publiques » (art. 47-2, Const. 1958).

c) Les autorités administratives indépendantes (AAI)

Elles sont créées par le législateur et sont chargées de réguler des secteurs d'activités considérés comme essentiels (audiovisuels, télécommunications...). Elles agissent pour le compte de l'État, sont budgétairement rattachées à un ministère et elles sont dépourvues de la personnalité morale.

Elles interviennent notamment dans le domaine des libertés publiques (Commission nationale de l'informatique et des libertés – CNIL, Commission d'accès aux documents administratifs – CADA...) et dans le domaine économique et financier (Autorité des marchés financier, Autorité de la concurrence...).

Elles sont en principe dotées d'un pouvoir d'avis et de recommandation. Certaines comme la CNIL sont habilitées à prendre des décisions réglementaires.

Les AAI peuvent également disposer d'un pouvoir de sanction comme par exemple le Conseil supérieur de l'audiovisuel (CSA). Par ailleurs, elles sont soumises à un contrôle parlementaire et à un contrôle financier exercé par la Cour des comptes.

Enfin, elles sont en principe des organismes collégiaux. Ce n'est pas le cas du Défenseur des droits qui est une nouvelle AAI créée par la réforme constitutionnelle de juillet 2008. Elle regroupe les missions du Médiateur de la République, du Défenseur des enfants, de la Haute autorité de lutte contre les discriminations et pour l'égalité (HALDE) et de la Commission nationale de déontologie de la sécurité (CNDS).

■ *L'administration déconcentrée*

La plupart des ministères sont dotés de services déconcentrés qui sont chargés d'appliquer au plan local les politiques conçues au niveau central.

a) Le préfet de département

Il a été créé par la loi du 28 pluviôse an VIII et il est le dépositaire de l'autorité de l'État dans le département. Il dirige sous l'autorité des ministres concernés les services déconcentrés de l'État. Il a la qualité d'ordonnateur secondaire des administrations civiles de l'État dans le département. Il exerce le contrôle budgétaire des collectivités infra-régionales en liaison avec la chambre régionale des comptes. Il assure aussi le contrôle administratif de ces collectivités.

b) Le préfet de région

Il a été créé par le décret du 14 mars 1964. Il est le représentant de l'État et des ministres dans la région. Il dirige les services déconcentrés de l'État dans la région et exerce le contrôle administratif et budgétaire des régions. Le décret n° 2010-146 du 16 février 2010 est venu renforcer ses pouvoirs :

– il a « autorité » sur le préfet de département et peut lui adresser des « instructions » ;
– il dispose également d'un droit d'évocation, c'est-à-dire qu'il « peut évoquer, par arrêté, et pour une durée limitée, tout ou partie d'une compétence à des fins de coordination régionale. Dans ce cas, il prend les décisions correspondantes en lieu et place des préfets de département ».

Deux entités sont chargées d'assister le préfet de région : le comité de l'administration régionale (CAR) qu'il préside et le secrétariat général pour les affaires régionales (SGAR).

c) Le maire

Au niveau de la commune, qui est une circonscription administrative de l'État, le maire va agir en qualité d'agent de l'État pour certaines de ses attributions. Il est officier d'état civil et officier de police judiciaire. Il est également chargé de l'exécution des lois et règlements de l'État dans la commune. Lorsqu'il intervient en tant qu'agent de l'État, le maire agit, selon le cas, sous le contrôle de l'autorité préfectorale ou du procureur de la République.

2 Les collectivités territoriales

Les grandes étapes de la décentralisation et les différentes catégories de collectivités territoriales seront examinées successivement.

Les grandes étapes de la décentralisation

Lois des 14 et 22 décembre 1789	Elles créent les communes et départements.
Loi du 10 août 1871	Elle organise l'élection au suffrage universel du conseil général.
Loi du 5 avril 1884	Elle affirme le principe de l'élection des maires par le conseil municipal
Constitution du 27 octobre 1946	Elle affirme le principe de libre administration des collectivités territoriales par des conseils élus au suffrage universel.
Constitution du 4 octobre 1958	Elle consacre comme la Constitution de 1946 un titre spécifique aux collectivités territoriales et indique que la loi détermine les principes fondamentaux de la libre administration des collectivités territoriales, de leurs compétences et de leurs ressources.
Loi du 5 juillet 1972	Elle instaure des établissements publics régionaux.
Loi du 2 mars 1982	Cette loi relative aux droits et libertés des communes, des départements et des régions correspond à ***l'« acte I » de la décentralisation***. Elle a transféré du préfet au président du Conseil général et au président du Conseil régional les attributions d'organe exécutif du département et de la région. Elle a remplacé la tutelle administrative et financière *a priori* exercée par le préfet par un contrôle de légalité *a posteriori* exercé par le tribunal administratif et la chambre régionale des comptes. La région devient une collectivité territoriale de plein exercice.
Lois des 7 janvier et 22 juillet 1983	Elles ont notamment permis des transferts de compétences et de moyens financiers de l'État vers les collectivités locales.
Loi du 11 janvier 1984	Elle fixe le statut de la fonction publique territoriale.
Loi du 6 février 1992	Cette loi relative à l'administration territoriale de la République dite loi « ATR » pose notamment les principes de la coopération décentralisée.
Loi du 27 février 2002	Cette loi relative à la démocratie de proximité rend notamment l'institution des conseils de quartier obligatoires dans les communes de plus de 80 000 habitants.
Loi constitutionnelle du 28 mars 2003	Cette loi relative à l'organisation décentralisée de la République cherche à développer la démocratie locale en introduisant les référendums décisionnels locaux. Elle consacre le droit d'expérimentation des collectivités territoriales. Cette loi dite ***« acte II » de la décentralisation*** modifie l'article 1er de la Constitution qui indique désormais que « l'organisation de la République est décentralisée ».

Loi du 16 décembre 2010	Cette loi de réforme des collectivités territoriales a prévu la création du conseiller territorial appelé à siéger à la fois au sein du conseil général et du conseil régional. Elle cherche également à développer et à simplifier l'intercommunalité. Elle a créé la métropole qui est un établissement public de coopération intercommunale (EPCI) à fiscalité propre.
Loi du 16 avril 2013	Elle abroge les dispositions de la loi n° 2010-1563 du 16 décembre 2010 de réforme des collectivités territoriales qui avaient créé le « conseiller territorial » et instaure un scrutin binominal paritaire pour les élections départementales.
Loi du 27 janvier 2014	Cette loi de modernisation de l'action publique territoriale et d'affirmation des métropoles dite loi « MAPTAM » a été présentée comme le premier volet de **l'« acte III » de la décentralisation**. Elle cherche à clarifier les responsabilités des collectivités territoriales et de l'État. Elle rétablit la clause de compétence générale des départements et des régions supprimée par la loi n° 2010-1563 du 16 décembre 2010. Elle vise à conforter les dynamiques urbaines en affirmant le rôle des métropoles. Les métropoles du Grand Paris, de Lyon et d'Aix-Marseille sont dotées d'un régime spécifique. Elle instaure également les conférences territoriales de l'action publique (CTAP). Dans chaque région, la CTAP, qui sera présidée par le président du Conseil régional, sera chargée de favoriser un exercice concerté des compétences des collectivités territoriales, de leurs groupements et de leurs établissements publics.

■ *Les collectivités territoriales à statut général*

Elles sont énumérées dans l'article 72 de la Constitution de 1958.

a) La commune

Le conseil municipal est l'assemblée délibérante de la commune :

– ***l'élection du conseil municipal.*** Les conseillers municipaux sont élus pour 6 ans et sont rééligibles. Dans les communes de moins de 1 000 habitants, ils sont élus, au suffrage universel direct, au scrutin de liste majoritaire à deux tours avec panachage. Le scrutin de liste mixte (combinant scrutin proportionnel et scrutin majoritaire) à deux tours s'appliquera dans les communes de plus de 1 000 habitants. Le maire, qui a la double qualité d'organe exécutif de la commune et d'agent de l'État, est élu lors de la première séance du conseil municipal qui suit son élection ;

– ***les attributions du conseil municipal.*** Il règle par ses délibérations les affaires de la commune, laquelle dispose de la clause de compétence générale. Le maire est chargé de préparer et d'exécuter les délibérations du conseil municipal. Parmi les compétences de ce dernier, il y a le vote du budget communal, l'administration des services communaux, l'établissement de la liste des emplois communaux et l'approbation du plan d'occupation des sols (POS).

b) Le département

Le conseil départemental est l'assemblée délibérante du département :

– ***l'élection du conseil départemental.*** Les électeurs de chaque canton désignent tous les 6 ans, au scrutin majoritaire à deux tours, un binôme homme-femme pour les représenter au conseil départemental, nouvelle appellation du conseil général. « *Nul binôme ne peut être candidat au second tour s'il ne s'est présenté au premier tour et s'il n'a obtenu un nombre de suffrages égal au moins à 12,5 % du nombre des électeurs inscrits. Dans le cas où un seul binôme de candidats remplit ces conditions, le binôme ayant obtenu après celui-ci le plus grand nombre de suffrages au premier tour peut se maintenir au second* ». Les 2 conseillers départementaux, qui sont rééligibles, exerceront leur mandat indépendamment l'un de l'autre.
Le président du conseil départemental, qui est l'organe exécutif du département, est élu pour 6 ans après chaque élection du conseil départemental à la majorité absolue pour les 1er et 2e tours, relative pour le 3e tour ;

– ***les attributions du conseil départemental***. Il règle par ses délibérations les affaires du département dans les domaines de compétence que la loi lui attribue. Parmi les compétences du conseil départemental, il y a le vote du budget départemental, la construction et l'entretien des collèges, la gestion des biens départementaux, l'entretien du réseau des routes départementales, l'aide sociale à l'enfance, et la gestion du revenu de solidarité active (RSA).

c) La région

Le conseil régional est l'assemblée délibérante de la région :

– ***l'élection du conseil régional.*** Le conseil régional est composé de conseillers régionaux qui sont élus pour 6 ans au suffrage universel direct. Ils sont élus au scrutin de liste à deux tours selon un système combinant scrutin majoritaire et scrutin proportionnel et sont rééligibles.
Le président du conseil régional, qui est l'organe exécutif de la région, est élu pour 6 ans après chaque élection du conseil régional à la majorité absolue pour les 1er et 2e tours, relative pour le 3e tour ;

– ***les attributions du conseil régional.*** Il règle par ses délibérations les affaires de la région dans les domaines de compétence que la loi lui attribue. Parmi les compétences du conseil régional, il y a le vote du budget régional, la planification régionale (le développement économique dans le cadre du plan quinquennal national...), l'élaboration d'un schéma régional d'aménagement et de développement du territoire, la construction et l'entretien des lycées, la protection du patrimoine et l'action culturelle et la formation professionnelle.

Pour aller plus loin

La loi n° 2014-58 du 27 janvier 2014 de modernisation de l'action publique territoriale et d'affirmation des métropoles cherche à clarifier les conditions d'exercice de certaines compétences des collectivités territoriales en instaurant des *chefs de file* : ***la région*** pour le développement économique, l'internationalisation des entreprises, le soutien de l'innovation, la protection de la biodiversité, le climat, qualité de l'air et énergie, l'intermodalité et la complémentarité entre les modes de transports, ainsi que le soutien à l'enseignement supérieur et à la recherche ; ***le département*** pour l'action sociale, l'autonomie des personnes et la solidarité des territoires ; et ***les communes*** en matière de mobilité durable, d'organisation des services publics de proximité, de développement local et d'aménagement de l'espace.

L'alinéa premier de l'article L. 5217-1 du CGCT issu de la loi « MAPTAM » définit la métropole comme « *un établissement public de coopération intercommunale à fiscalité propre regroupant plusieurs communes d'un seul tenant et sans enclave au sein d'un espace de solidarité pour élaborer et conduire ensemble un projet d'aménagement et de développement économique, écologique, éducatif, culturel et social de leur territoire afin d'en améliorer la cohésion et la compétitivité et de concourir à un développement durable et solidaire du territoire régional. Elle valorise les fonctions économiques métropolitaines, ses réseaux de transport et ses ressources universitaires, de recherche et d'innovation, dans un esprit de coopération régionale et interrégionale et avec le souci d'un développement territorial équilibré* ».

La loi « MAPTAM » prévoit que les EPCI à fiscalité propre de plus de 400 000 habitants contenus dans une aire urbaine de plus de 650 000 habitants seront automatiquement transformés en métropole par décret au 1er janvier 2015. Cela concernera Lille, Strasbourg, Toulouse, Bordeaux, Nantes, Rennes, Rouen et Grenoble.

Enfin, notons que la responsabilité du stationnement et des sanctions en la matière sera transférée au maire à partir de 2016. La loi « MAPTAM » substitue à l'amende pénale une redevance d'occupation du domaine public, laquelle sera versée par l'usager sanctionné.

■ *Les collectivités à statut particulier situées en métropole*

On étudiera successivement le cas de Paris, Marseille et Lyon et celui de la Corse.

a) Paris, Lyon, Marseille

Il convient de distinguer les dispositions communes à ces trois villes, qui sont issues de la loi du 31 décembre 1982, et les dispositions particulières à Paris.

1) L'organisation administrative de Paris, Lyon et Marseille

La loi n° 82-1169 du 31 décembre 1982 dite « *loi PML* » détermine l'organisation administrative des trois plus grandes villes françaises : Paris, Marseille et Lyon. Ces trois communes sont divisées en arrondissements (20 pour Paris, 16 pour Marseille et 9 pour Lyon). Elles disposent à la fois d'un conseil municipal et d'un conseil d'arrondissement.

Chaque arrondissement va constituer une circonscription électorale au sein de laquelle sont élus à la fois les conseillers municipaux et les conseillers d'arrondissement.

Depuis 1987, à Marseille, les arrondissements sont regroupés par deux en secteurs, et chacun des 8 secteurs est doté d'un conseil de secteur.

Les affaires des communes de Paris, Marseille et Lyon sont réglées par un conseil municipal et, pour certaines attributions limitativement définies par la loi n° 82-1169 du 31 décembre 1982, par des conseils d'arrondissement.

Le conseil d'arrondissement est constitué de la réunion des conseillers municipaux et des conseillers d'arrondissement élus dans l'arrondissement à Paris et à Lyon et par groupe d'arrondissements à Marseille. Il désigne en son sein, parmi les conseillers municipaux et les conseillers d'arrondissement, un ou plusieurs adjoints. Il est présidé par le maire d'arrondissement. Il a un rôle consultatif sur toute affaire intéressant l'arrondissement.

Le maire d'arrondissement est élu au sein du conseil d'arrondissement parmi les membres du conseil municipal. Cette élection intervient huit jours après l'élection du maire de la commune. La fonction de maire d'arrondissement n'est pas compatible avec celle de maire de la commune. Le maire d'arrondissement exerce des attributions en qualité d'agent de l'État (état civil, élection...). Il intervient également en tant qu'organe exécutif de l'arrondissement (préparation et exécution des délibérations du conseil d'arrondissement...).

2) *Le cas particulier de Paris*

S'agissant plus précisément de *Paris*, on rappellera que c'est depuis la loi n° 75-1331 du 31 décembre 1975 portant réforme du régime administratif de la ville de Paris que cette dernière est dotée d'un maire élu, lequel est également l'organe exécutif du département.

Les pouvoirs du maire de Paris sont identiques à ceux des autres maires à l'exception des pouvoirs de police administrative. En effet, les compétences en matière de police (sécurité des biens et des personnes, sécurité routière, lutte contre les incendies...) appartiennent pour l'essentiel au *préfet de police* qui est nommé en conseil des ministres.

On notera que le préfet de police arrête, conjointement avec le préfet de Paris, le projet d'action stratégique de l'État dans le département de Paris (décret n° 2004-374 du 29 avril 2004 relatif aux pouvoirs des préfets, à l'organisation et à l'action des services de l'État dans les régions et départements).

Enfin, la loi n° 2014-58 du 27 janvier 2014 a prévu la création de la métropole du Grand Paris qui verra le jour le 1er janvier 2016 et qui regroupera la capitale et l'ensemble des communes des trois départements de la « petite couronne » (les Hauts-de-Seine, le Val-de-Marne et la Seine-Saint-Denis). « La métropole du Grand Paris est constituée en vue de la définition et de la mise en œuvre d'actions métropolitaines afin d'améliorer le cadre de vie de ses habitants, de réduire les inégalités entre les territoires qui la composent, de développer un modèle urbain, social et économique durable, moyens d'une meilleure attractivité et compétitivité au bénéfice de l'ensemble du territoire national » (art. L. 5219-1, CGCT).

b) La Corse

La Corse, qui est une collectivité à statut particulier au sens de l'article 72, alinéa 1er de la Constitution, est administrée par les organes suivants :

- ***l'Assemblée de Corse.*** Elle est composée de 51 membres élus pour 6 ans au suffrage universel. Elle tient chaque année 2 sessions ordinaires d'une durée maximale de 3 mois. Elle peut renverser le conseil exécutif de Corse en adoptant une motion de défiance.
  Elle règle par ses délibérations les affaires de la Corse. Cette assemblée délibérante, qui vote le budget, doit être consultée sur tous les projets de loi ou de décret qui comportent des dispositifs spécifiques à la Corse ;
- ***le Conseil exécutif de la Corse.*** Il est composé de 9 membres dont son président. Il est élu par l'Assemblée de Corse et est responsable devant cette dernière. Le Conseil exécutif dirige l'action de la collectivité territoriale de Corse, en particulier en matière de développement économique, social, et culturel, et d'aménagement de l'espace. Il élabore le projet de plan d'aménagement et de développement durable de Corse. Le Conseil exécutif et son président, lequel prépare et

exécute les délibérations de l'Assemblée de Corse, font figure de véritable gouvernement régional ;

- *le Conseil économique, social et culturel de Corse.* Cet organe qui est composé de 51 membres a un rôle consultatif. Il assiste l'Assemblée de Corse et le Conseil exécutif de la Corse.

Les collectivités à statut particulier situées outre-mer

Il en existe plusieurs catégories : les départements d'outre-mer et les régions d'outre-mer, les collectivités d'outre-mer, et les autres collectivités à statut dérogatoire.

a) Les départements et les régions d'outre-mer

Les départements d'outre-mer (DOM) et les régions d'outre-mer (ROM) sont régis par l'article 73 de la Constitution.

Le régime législatif et réglementaire applicable dans ces collectivités d'outre-mer est, en principe, celui de « *l'identité législative* » : les lois et règlements y sont applicables de plein droit. Ils peuvent toutefois faire l'objet d'adaptations tenant aux caractéristiques et aux contraintes particulières de ces collectivités.

Ces adaptations pourront être décidées par ces collectivités dans les matières où s'exercent leurs compétences et si elles y ont été habilitées, selon le cas, par la loi ou le règlement.

Pour tenir compte de leurs spécificités, les collectivités régies par l'article 73 de la Constitution peuvent être habilitées, selon le cas, par la loi ou par le règlement, à déterminer elles-mêmes les règles applicables sur leur territoire, dans un nombre limité de matières pouvant relever du domaine de la loi ou du règlement.
« Ces règles ne peuvent porter sur la nationalité, les droits civiques, les garanties des libertés publiques, l'état et la capacité des personnes, l'organisation de la justice, le droit pénal, la procédure pénale, la politique étrangère, la défense, la sécurité et l'ordre publics, la monnaie, le crédit et les changes, ainsi que le droit électoral ».

L'article 73 de la Constitution précise que pour la Réunion, seul le législateur national peut adapter la loi aux spécificités locales.

Cinq collectivités relèvent actuellement de l'article 73 de la Constitution :

- ***la Réunion et la Guadeloupe.*** Les collectivités de La Réunion et de la Guadeloupe sont à la fois des départements d'outre-mer et des régions d'outre-mer. Elles sont administrées en tant que département par le conseil départemental et son président et en tant que région par le conseil régional et son président, le conseil économique, social et environnemental régional et le conseil de la culture, de l'éducation et de l'environnement. Le fonctionnement de ces collectivités territoriales renvoie pour l'essentiel aux règles de droit commun applicables aux régions ou aux départements ;

- ***la Martinique et la Guyane.*** Le 24 janvier 2010, les électeurs de Guyane et Martinique, qui étaient appelés à se prononcer sur l'avenir institutionnel de leurs territoires, ont approuvé « la création d'une collectivité unique exerçant les compétences dévolues au département et à la région, tout en demeurant régie par l'article 73 de la Constitution ». La loi n° 2011-884 du 27 juillet 2011 relative aux collectivités territoriales de Guyane et de Martinique met en œuvre cette évolution institutionnelle souhaitée par les électeurs guyanais et martiniquais qui entrera en vigueur en 2015. *Les organes institutionnels de la Guyane seront* : une assemblée de 51 membres dont sera issue une commission permanente et un conseil économique, social, environnemental, de la culture et de l'éducation, et pour *la Martinique :* une assemblée de 51 membres, un conseil exécutif de 9 membres et un conseil économique, social et environnemental, de la culture et de l'éducation.

  Pour l'essentiel, les dispositions de droit commun, qui sont applicables aux conseils régionaux, viendront régir le fonctionnement des institutions de ces collectivités.

  Enfin, le système électoral retenu pour l'élection des membres de l'assemblée de Martinique et de l'Assemblée de Guyane est le scrutin de liste proportionnel à deux tours à la plus forte moyenne, avec une prime majoritaire de 20 % des sièges à pourvoir ;
- ***Mayotte.*** Le 29 mars 2009, la population mahoraise a approuvé « la transformation de Mayotte en collectivité unique, appelée département, régie par l'article 73 de la Constitution, exerçant les compétences dévolues aux départements et régions d'Outre-mer ». Le 31 mars 2011, Mayotte est devenue officiellement le 101e département français et le 5e département d'outre-mer. Les institutions de la collectivité départementale de Mayotte sont le conseil départemental et son président. Ce dernier est le chef de l'exécutif du département. Il est l'ordonnateur des dépenses de la collectivité. Il exécute les décisions du conseil départemental qui est l'assemblée délibérante de la collectivité. Cette assemblée vote le budget de la collectivité. Il y a également le conseil de la culture, de l'éducation et de l'environnement (CCEE) et le conseil économique et social (CES). Le CES est chargé de conseiller les pouvoirs publics dans l'ensemble des domaines économiques et sociaux. Le CCEE a vocation à conseiller le conseil départemental dans le cadre de l'élaboration de la politique culturelle, éducative et environnementale de la collectivité départementale.

Le fonctionnement de ces institutions renvoie pour l'essentiel aux dispositions de droit commun applicables aux régions ou aux départements.

b) Les collectivités d'outre-mer (COM)

Les collectivités d'outre-mer (COM) ont été créées par la loi constitutionnelle n° 2003-276 du 28 mars 2003 relative à l'organisation décentralisée de la République.

Ces collectivités sont en principe soumises au principe de « *spécialité législative* » : les lois et règlements n'y sont applicables que sur mention expresse du texte en cause (« *la présente loi est applicable en Polynésie française...* ») ou s'ils y ont été rendus applicables par un texte spécial.

Les COM, qui sont régies par l'article 74 de la Constitution, disposent d'un statut « *qui tient compte des intérêts propres de chacune d'elles au sein de la République* ».

Ce statut est défini par une loi organique qui est adoptée après avis de l'assemblée délibérante de la collectivité concernée. Il détermine notamment les conditions d'application des lois et règlements dans la collectivité, les compétences de cette dernière, les règles d'organisation et de fonctionnement des institutions de la collectivité et le régime électoral de son assemblée délibérante.

Les collectivités d'outre-mer sont actuellement au nombre de cinq : Saint-Pierre-et-Miquelon, les îles Wallis et Futuna, Saint-Barthélemy, Saint-Martin et la Polynésie française :

- ***Saint-Pierre-et-Miquelon.*** Cet archipel composé de deux groupes d'îles situées au large du Canada a connu les statuts de territoire d'outre-mer (TOM) de 1946 à 1976, puis de département d'outre-mer (DOM) entre 1976 et 1985. La loi n° 85-595 du 11 juin 1985 l'a ensuite transformé en collectivité territoriale de la République dotée d'un conseil général et d'un comité économique et social. Enfin, avec la réforme constitutionnelle de 2003, Saint-Pierre-et-Miquelon a obtenu le statut de collectivité d'outre-mer.
  Les institutions de cette COM sont :
  - le conseil territorial qui est l'assemblée délibérante unique composée de 19 conseillers,
  - le conseil exécutif qui est composé du président du conseil territorial qui le préside, de 5 vice-présidents et de deux conseillers. Il arrête les projets de délibération à soumettre au conseil territorial. Il est consulté par le ministre chargé de l'Outre-mer ou par le représentant de l'État sur certaines questions (préparation des plans opérationnels de secours nécessaires pour faire face aux risques majeurs, desserte aérienne et maritime...),
  - le conseil économique social et culturel qui est un organe consultatif ;
- ***Wallis et Futuna.*** Cet archipel de trois îles principales (Wallis, Futuna et Alofi) est situé dans le Pacifique Sud. Avec la revision constitutionnelle de 2003, il a obtenu le statut de COM. La collectivité n'est pas divisée en communes mais en trois circonscriptions administratives. Elle est notamment représentée au niveau national par un député et un sénateur.

Les institutions territoriales sont :

- le Conseil territorial qui réunit les trois chefs traditionnels des îles Wallis et Futuna (qui sont vice-présidents), l'administrateur supérieur ainsi que trois personnalités désignées par ce dernier après accord de l'assemblée territoriale. Il assiste le chef du territoire pour l'administration du territoire des îles Wallis et Futuna,
- l'Assemblée territoriale qui est composée de 20 membres élus pour cinq ans, délibère sur les sujets de sa compétence. Elle prend notamment des délibérations dans les matières suivantes : statut civil coutumier, domaine du territoire, aménagement du régime des biens et droit foncier, commerce intérieur et artisanat, agriculture, forêt, pêche, tourisme, urbanisme, aide sociale.

L'administrateur supérieur des îles Wallis et Futuna qui est nommé par décret en conseil des ministres exerce les fonctions de chef du territoire et il préside le Conseil territorial ;

– **Saint-Barthélemy et Saint-Martin.** Ces deux anciennes communes de la Guadeloupe ont été transformées en COM par la loi organique n° 2007-223 du 21 février 2007 portant dispositions statutaires et institutionnelles relatives à l'outre-mer.
Les institutions de ces COM sont :
  - le conseil territorial qui est l'assemblée délibérante unique (23 conseillers territoriaux à Saint-Martin, 19 conseillers territoriaux à Saint-Barthélemy). Il procède à l'élection du président du conseil territorial qui est responsable devant l'assemblée délibérante,
  - le conseil exécutif, lequel est composé du président du conseil territorial qui le préside, de quatre vice-présidents et de deux autres conseillers. Il arrête les projets de délibération à soumettre au conseil territorial. Il prend les règlements nécessaires à la mise en œuvre des délibérations,
  - le conseil économique, social et culturel qui est l'organe consultatif qui assiste le conseil territorial ;

– ***la Polynésie française.*** La Polynésie française comprend les îles du Vent, les îles Sous-le-Vent, les îles Tuamotu, les îles Gambier, les îles Marquises et les îles Australes, ainsi que les espaces maritimes adjacents. La Polynésie française qui était à l'origine un territoire d'outre-mer bénéficie d'une large autonomie. Son statut est fixé par la loi organique n° 2004-192 du 27 février 2004 qui précise dans son article 1er que « *pays d'outre-mer au sein de la République, la Polynésie française constitue une collectivité d'outre-mer dont l'autonomie est régie par l'article 74 de la Constitution* ».

Les institutions de la Polynésie française sont :

- le président de la Polynésie française qui est élu par l'assemblée de la Polynésie française. Il est le représentant de la Polynésie française. Il dirige l'action du gouvernement et préside le conseil des ministres. Il est l'ordonnateur du budget et promulgue les « lois du pays »,
- le gouvernement de la Polynésie française qui est chargé de conduire la politique de la collectivité. Il est responsable devant l'Assemblée,
- l'Assemblée de la Polynésie française, élue au suffrage universel direct tous les cinq ans, qui est l'organe délibérant Cette assemblée composée de 57 membres peut contraindre le gouvernement à démissionner en adoptant une motion de censure,
- le conseil économique, social et culturel a un rôle consultatif.

c) Les autres collectivités à statut dérogatoire

La Nouvelle-Calédonie, qui dispose d'organes politiques spécifiques, et les Terres australes et antarctiques françaises, lesquels n'ont pas de population permanente, seront ici présentées successivement :

– ***la Nouvelle-Calédonie.*** La Nouvelle-Calédonie fait figure de collectivité *sui generis.* Son statut est régi par le titre XIII de la Constitution de 1958. L'accord politique dit « *de Nouméa* » conclu le 5 mai 1998, approuvé lors de la consultation électorale du 8 novembre 1998, a prévu le transfert de certaines compétences de la France vers la Nouvelle-Calédonie dans de nombreux domaines. Toutefois les affaires étrangères, la défense, la monnaie, la justice, l'ordre public, la fonction publique de l'État, l'enseignement supérieur et la recherche restent de la compétence de l'État.

L'accord « *de Nouméa* » prévoit qu'un référendum sur l'accès à l'indépendance de la Nouvelle-Calédonie doit être organisé, ce scrutin d'autodétermination devant intervenir entre 2014 et 2019.

La loi organique statutaire n° 99-209 du 19 mars 1999, qui a été actualisée par la loi organique n° 2013-1027 du 15 novembre 2013, a doté la Nouvelle-Calédonie des institutions suivantes :

- les assemblées des 3 provinces de Nouvelle-Calédonie (Province Sud, Province Nord, Province des Iles Loyauté) qui sont élues au suffrage universel pour une durée de 5 ans,
- le Congrès du territoire qui est une assemblée délibérante de 54 membres, tous membres de l'une des 3 assemblées de province ; il adopte des actes réglementaires et des lois de pays, lesquelles ont force de loi et sont soumises au contrôle du Conseil constitutionnel,
- le Sénat coutumier et le Conseil économique et social qui sont les assemblées consultatives,

- le Gouvernement de la Nouvelle-Calédonie qui est un exécutif élu à la représentation proportionnelle par le Congrès du territoire. Il est responsable devant ce dernier,
- le Haut-commissaire de la République qui est nommé par décret du président de la République délibéré en conseil des ministres. Il veille à « l'exercice régulier de leurs compétences par les institutions de la Nouvelle-Calédonie et des provinces et à la légalité de leurs actes » ;

– ***les Terres australes et antarctiques françaises (TAAF).*** Les TAAF sont formées par l'archipel de Crozet, l'archipel de Kerguelen, les îles Saint-Paul et Amsterdam, la terre Adélie ainsi que les îles Éparses (Europa, Glorieuses, Juan de Nova, Bassas da India et Tromelin). Les TAAF constituent une collectivité *sui generis* dont le statut, défini par la loi du 6 août 1955, a été actualisé par la loi n° 2007-224 du 21 février 2007 portant dispositions statutaires et institutionnelles relatives à l'outre-mer. L'ensemble du territoire des TAAF est placé sous l'autorité d'un administrateur supérieur, « *chef du territoire* », qui a rang de préfet.

■ La réforme de l'organisation territoriale

Depuis plusieurs années, la suppression du département est régulièrement évoquée afin de simplifier le « mille-feuille » territorial. Elle a été par exemple proposée, en 2008, par la Commission pour la libération de la croissance dite « Commission Attali » qui recommandait de « renforcer les régions et les intercommunalités en faisant disparaître en 10 ans l'échelon départemental ». Mais la suppression du département est controversée : selon ses défenseurs, il est un échelon plus proche des citoyens que la région, alors que pour certains, une telle réforme serait susceptible de conduire notamment à une montée des inégalités territoriales.

On notera que dans son rapport sur l'organisation territoriale de l'État rendu public le 11 juillet 2013, la Cour des comptes a suggéré de renforcer l'échelon régional comme pivot de l'organisation territoriale de l'État.

Enfin, lors de sa conférence de presse du 14 janvier 2014, le Président Hollande a indiqué que les départements qui sont « situés dans de grandes aires métropolitaines (...) devront redéfinir leur avenir ». Il a également affirmé que « les régions se verront confier dans une nouvelle loi de décentralisation un pouvoir réglementaire local pour [leur] donner encore plus de liberté » et a prévenu que leur nombre pourra évoluer à la baisse.

3 L'établissement public

L'établissement public est un procédé de décentralisation technique. Il est un « service public personnifié » selon la fameuse expression de Maurice Hauriou.

■ La notion d'établissement public

L'établissement public est une personne morale de droit public, distincte de l'État ou des collectivités territoriales, chargée de la gestion d'une activité de service public. L'établissement public est ***régi par le principe de spécialité***, ce qui implique que sa compétence est spécifique. Ainsi, les universités sont des établissements publics à caractère culturel et scientifique.

On notera que ce principe de spécialité, qui est parfois largement entendu, permet de distinguer l'établissement public de la collectivité territoriale qui est dotée d'une compétence générale dans son domaine géographique.

L'établissement public ***dispose de moyens humains et financiers spécifiques***. Il ***possède un budget propre***, ***peut ester en justice,*** et il est ***dirigé par un organe délibérant*** et un PDG ou un DG. Il est nécessairement rattaché à une collectivité territoriale ou à l'État qui va exercer un contrôle de tutelle sur les actes de l'établissement public.

Enfin, il y a une grande diversité d'appellations des établissements publics (offices, caisses, agences...). Les agences sont généralement des établissements publics (Agence pour l'indemnisation des Français d'Outre-mer par exemple). Les caisses nationales de sécurité sociale et celles de l'assurance-maladie sont également des établissements publics.

■ La création des établissements publics

Si l'article 34 de la Constitution de 1958 précise que c'est le législateur qui fixe les règles concernant la création de catégories d'établissements publics, le pouvoir réglementaire peut créer un établissement public dans une catégorie préexistante. Cela a été le cas par exemple de l'ANPE lors de sa création en 1967.

Un établissement public peut également constituer à lui seul une catégorie d'établissement public comme le Centre Beaubourg créé par le législateur en 1975 (loi n° 75-1 du 3 janvier 1975 portant création du centre national d'art et de culture Georges Pompidou). Le Conseil constitutionnel a d'ailleurs décidé à plusieurs reprises qu'un organisme « constitue à lui seul une catégorie d'établissement public sans équivalent sur le plan national ».

La loi n° 2004-172 du 23 février 2004 portant création des communautés aéroportuaires est venue créer une nouvelle catégorie d'établissement public à caractère administratif : la communauté aéroportuaire.

■ Les catégories d'établissements publics

Il existe actuellement environ 1 200 établissements publics.

On distingue l'établissement public chargé d'un *service public administratif* de l'établissement public chargé d'un *service public industriel et commercial* (voir Chapitre 8).

On distingue également les *établissements publics nationaux* qui sont rattachés à l'État des *établissements publics locaux* qui eux sont rattachés à une commune (comme les centres communaux d'action sociale), à un département ou à une région. Parmi les établissements publics locaux, il y a les *établissements publics territoriaux* (syndicats de communes, communautés d'agglomération...) qui exercent des missions très diverses.

L'établissement public ne doit pas être confondu avec *l'établissement d'utilité publique,* lequel est une personne morale de droit privé.

Enfin, l'établissement public, qui n'est plus actuellement la seule personne publique spécialisée, doit être aussi distingué du *Groupement d'intérêt public* (GIP) qui est une personne morale de droit public dotée de l'autonomie administrative et financière (voir Chapitre 8).

Les principes de l'action administrative

CHAPITRE 7

L'administration est soumise à la fois au principe de légalité et au principe de responsabilité. Ces deux grands principes correspondent aux deux principales catégories de recours contentieux, le recours pour excès de pouvoir et le recours de plein contentieux.

1 Le principe de légalité

Il signifie que l'administration doit respecter l'ensemble des règles de droit.

■ *Le contenu du principe de légalité*

Il convient d'examiner les différentes sources du « bloc de légalité ».

a) Le bloc de constitutionnalité

Il rassemble le Préambule et les articles de la Constitution de 1958, le Préambule de la Constitution de 1946, la Déclaration des Droits de l'Homme de 1789, la Charte de l'environnement de 2004, les principes fondamentaux reconnus par les lois de la République, les principes particulièrement nécessaires à notre temps, et les principes et objectifs de valeur constitutionnelle dégagés par le Conseil constitutionnel.

b) Les normes internationales

Les traités doivent être appliqués par l'administration même lorsqu'une loi contraire à ces textes est ensuite adoptée.

Dans l'arrêt *Nicolo* du 20 octobre 1989, le Conseil d'État a reconnu la supériorité des traités régulièrement ratifiés ou approuvés sur une loi postérieure. Cette jurisprudence a ensuite été élargie au bénéfice d'actes de droit communautaire dérivé.

Mais le Conseil d'État a jugé que « la suprématie conférée aux engagements internationaux ne s'applique pas, dans l'ordre interne, aux dispositions de nature constitutionnelle » (*CE, 30 oct. 1998, Sarran*). Cette position, qui est aussi celle de la Cour de cassation (*Cass, 2 juin 2000, Melle Fraisse*), s'oppose à la jurisprudence de la CJUE qui affirme la primauté du droit de l'UE sur les constitutions des pays membres de l'UE.

c) Les lois

L'administration doit respecter les lois adoptées par le Parlement dans l'une des matières visées à l'article 34 de la Constitution. Les lois organiques, qui complètent la Constitution, les lois référendaires et les ordonnances de l'article 38 de la Constitution ratifiées par le Parlement constituent également des sources de légalité.

d) Les principes généraux du droit

Ces principes non écrits dégagés par le juge administratif, qui sont très divers (continuité du service public, droits de la défense) s'imposent à l'administration. Ils ont une valeur infralégislative (inférieure à la loi) et supra décrétale (supérieure au décret) pour reprendre la célèbre thèse défendue par René Chapus.

e) Les règlements

Les décrets et les arrêtés sont les grands types d'actes édictés par le pouvoir réglementaire. On notera que l'arrêté émane d'une autorité administrative autre que le Premier ministre ou le chef de l'État tandis que le décret est un acte pris par le président de la République ou le Premier ministre. L'administration, qui dispose du pouvoir réglementaire, doit respecter les règles qu'elle a elle-même élaborées (sur les autorités titulaires du pouvoir réglementaire, voir Chapitre 6).

■ *Les limites au principe de la légalité*

Dans certaines circonstances, l'administration peut échapper totalement ou en partie au respect du principe de légalité, on parle de « légalité de crise ».

a) La théorie des circonstances exceptionnelles

Elle a été établie par le Conseil d'État à l'occasion de la Première Guerre mondiale. Elle admet que l'administration puisse déroger au principe de légalité en cas de circonstances exceptionnelles (guerre, cataclysme, grève générale), pour assurer les missions dont elle est investie (*CE, 28 juin 1918, Heyriès*). Le juge contrôle l'existence des circonstances exceptionnelles et la légalité des mesures adoptées par l'administration.

b) Les pouvoirs exceptionnels de l'article 16 de la Constitution de 1958

Le président de la République dispose des pleins pouvoirs législatifs et réglementaires en période de crise grave. « *Lorsque les institutions de la République, l'indépendance de la nation, l'intégrité de son territoire ou l'exécution de ses engagements internationaux sont menacées d'une manière grave et immédiate et que le fonctionnement régulier des pouvoirs publics constitutionnels est interrompu, (il) prend les mesures exigées par ces circonstances (...)* ».

Le juge administratif se refuse à contrôler la décision présidentielle de recourir à l'article 16 car il considère qu'il s'agit d'un acte de gouvernement (*CE, 2 mars 1962, Rubin de Servens*).

c) L'état d'urgence

Il peut être déclaré sur tout ou partie du territoire « *soit en cas de péril imminent résultant d'atteintes graves à l'ordre public, soit en cas d'événements présentant, par leur nature et leur gravité, le caractère de calamité publique* » (loi du 3 avril 1955). Il élargit les pouvoirs des autorités de police et permet d'apporter des restrictions aux libertés publiques.

d) L'état de siège

Il ne peut être déclaré qu'en « *cas de péril imminent résultant d'une guerre étrangère ou d'une insurrection armée* » (loi du 9 août 1849). Il permet le transfert temporaire des pouvoirs de police des autorités civiles aux autorités militaires et la suspension de l'exercice de certaines libertés. Comme l'état d'urgence, il est décrété en Conseil des ministres et sa prorogation au-delà de 12 jours ne peut être autorisée que par le Parlement.

2 Le principe de responsabilité

Ce principe va obliger l'administration à réparer les dommages causés par son fait. Le principe de l'autonomie de la responsabilité administrative par rapport au droit privé a été affirmé par le Tribunal des conflits dans son arrêt *Blanco du 8 février 1873.*

Les conditions d'engagement de la responsabilité

Pour que la responsabilité de l'administration puisse être engagée, trois conditions doivent être réunies :
- l'existence d'un préjudice qui devra être certain et évaluable en argent pour être indemnisé ;
- un fait de l'administration qui peut être une action ou une omission ;
- une relation de cause à effet entre le fait de l'administration et le dommage.

Les deux systèmes de responsabilité

Il faut distinguer la responsabilité pour faute de la responsabilité sans faute. La *responsabilité* sans faute est d'*ordre public* à la différence de la *responsabilité* pour faute.

a) La responsabilité pour faute

La responsabilité de l'administration peut être engagée en raison d'une faute. La ***faute lourde,*** qui était autrefois le droit commun de la responsabilité pour faute, est en déclin et se trouve cantonnée aux activités régaliennes. La ***faute simple*** s'est généralisée et s'applique aux activités médicales, aux activités fiscales et aux activités pénitentiaires.

On distingue également la faute de service de la faute personnelle. La ***faute personnelle*** est la faute qui se détache de l'exercice des fonctions administratives tandis que la ***faute de service*** révèle « un administrateur plus ou moins sujet à erreur ».

La distinction entre faute personnelle et faute de service, qui trouve son origine dans l'arrêt *Pelletier* du 30 juillet 1873 du Tribunal des conflits, est susceptible de conduire à des solutions inéquitables pour la victime du préjudice. Pour faciliter l'indemnisation de cette dernière, la jurisprudence est venue assouplir les conditions d'engagement de la responsabilité administrative :
- ***le cumul de fautes.*** L'arrêt *Anguet* du 3 février 1911 du Conseil d'État a admis la possibilité du cumul de fautes (faute personnelle et faute de service) dans la réalisation d'un dommage. En ce cas, pour obtenir réparation intégrale de son préjudice, la victime peut poursuivre soit l'agent devant le juge judiciaire soit l'administration devant le juge administratif ;
- ***le cumul de responsabilités***. L'arrêt *Époux Lemonnier* du 26 juillet 1918 a admis le cumul de responsabilités, de l'agent et de l'administration, alors que le préjudice a été causé par une faute unique, celle du fonctionnaire. L'administration peut être déclarée responsable pour la faute personnelle commise par un agent public pendant le service ou encore en cas de faute personnelle commise en dehors du service mais non dépourvue de tout lien avec lui (*CE, 18 novembre 1949, Delle Mimeur*) ;

– ***l'action récursoire.*** Elle permet au fonctionnaire condamné de se retourner contre l'administration pour qu'elle prenne en charge une partie de l'indemnisation de la victime. L'administration peut également exercer une action récursoire contre son agent si elle a été condamnée en raison d'une faute commise par ce dernier.

b) La responsabilité sans faute

Pour que la responsabilité sans faute soit engagée, il suffit que la victime du dommage prouve qu'il est en lien avec une activité de l'administration, même si celle-ci n'a pas commis de faute pour autant. Il convient de distinguer deux fondements de cette responsabilité :

– ***la responsabilité pour risque*** : le préjudice va apparaître comme le résultat de la réalisation d'un risque particulier (dommages liés à l'utilisation de matériels dangereux comme des explosifs, dommages résultant de l'aléa thérapeutique, dommages causés aux agents publics et collaborateurs occasionnels de l'administration...) ;

– ***la responsabilité pour rupture d'égalité devant les charges publiques*** : le dommage, qui trouve sa source dans une activité de l'administration, est subi en violation du principe de l'égalité devant les charges publiques. Pour être réparé, il doit être anormal et spécial. Ce système de responsabilité intervient dans plusieurs domaines :

- *la responsabilité du fait des normes internes* : la responsabilité de l'État du fait des lois peut être engagée si la loi litigieuse cause un préjudice spécial et anormal à la victime et que le législateur n'a pas exclu le principe de l'indemnisation,
- *la responsabilité du fait des normes internationales*. La responsabilité de l'État peut être engagée à raison d'un dommage causé par une convention internationale. Le dommage dont il est demandé réparation doit être anormal et spécial. La convention litigieuse, qui doit être en vigueur dans l'ordre juridique interne, ne doit pas avoir exclu même implicitement le principe de réparation,
- *la responsabilité du fait des dommages de travaux publics*. Les dommages causés aux tiers vont relever du régime de la responsabilité sans faute. Les dommages subis par les usagers sont régis quant à eux par la responsabilité pour faute. Dans ce dernier cas, le juge va retenir une présomption de faute, ce qui vient rapprocher les deux régimes de responsabilité.

■ *Les causes exonératoires de responsabilité*

Les quatre causes susceptibles d'exonérer totalement ou partiellement l'administration de sa responsabilité sont :

– la faute de la victime, invocable dans les deux systèmes de responsabilité ;
– le fait du tiers, qui ne peut être invoqué que dans le système de la responsabilité pour faute. Toutefois cette cause exonératoire sera irrecevable dans le cas de la responsabilité pour faute *présumée* ;
– la force majeure (événement imprévisible, irrésistible et extérieur aux parties), invocable dans les deux systèmes de responsabilité ;
– et le cas fortuit (événement imprévisible, irrésistible, mais non extérieur au défendeur)qui ne peut être invoqué que dans le système de la responsabilité pour faute.

Les formes de l'action administrative

CHAPITRE
8

Les activités de service public et les activités de police constituent les deux missions essentielles de l'administration.

1 Le service public

Le service public a longtemps été le critère d'identification de la compétence de la juridiction administrative (*T. confl., 8 février 1873, Blanco*). Gaston Jèze voyait dans le service public la pierre angulaire du droit administratif.

■ *La notion de service public*

Le service public a vocation à satisfaire un besoin d'intérêt général. À l'origine, il était défini comme une activité d'intérêt général exercée par une personne publique. Puis, il a été admis qu'une activité de service public pouvait aussi être gérée par une personne privée dès lors que 3 conditions pouvaient être réunies :

- l'activité exercée présente un caractère d'intérêt général ;
- elle s'exerce sous le contrôle d'une personne publique ;
- et la personne privée qui l'exerce est dotée de prérogatives de puissance publique.

Enfin, dans son arrêt du 22 février 2007, *Association du personnel relevant des établissements pour inadaptés (A.P.R.E.I.)*, le Conseil d'État a considéré que les prérogatives de puissance publique ne constituaient plus un élément d'identification d'une activité de service public. Il a effectivement estimé que, « même en l'absence de telles prérogatives, une personne privée doit également être regardée, dans le silence de la loi, comme assurant une mission de service public lorsque, eu égard à l'intérêt général de son activité, aux conditions de sa création, de son organisation ou de son fonctionnement, aux obligations qui lui sont imposées ainsi qu'aux mesures prises pour vérifier que les objectifs qui lui sont assignés sont atteints, il apparaît que l'administration a entendu lui confier une telle mission ».

Par ailleurs, on observera que la conception française du service public est désormais confrontée à la conception européenne du service public. La notion de *Services d'intérêt économique générale* (SIEG) est consacrée par le droit de l'Union européenne. Le traité de Lisbonne qui consacre tout un protocole aux SIEG appelle à l'adoption d'une directive-cadre sur la question des services publics en Europe.

a) Service public administratif et service public industriel et commercial

La distinction *Service public administratif* (SPA) et *Service public industriel et commercial* (SPIC) a été inaugurée par la célèbre décision du Tribunal des conflits du 22 janvier 1921, *Colonie de la Côte d'Ivoire c. Société commerciale de l'Ouest africain* (« *Affaire du bac d'Eloka* »). La formule « services industriels publics » est apparue pour la première fois dans la décision du Conseil d'État du 23 décembre 1921, *Société générale d'Armement.*

Les SPA et SPIC peuvent être identifiés à partir de trois critères cumulatifs : l'objet, les ressources et les conditions de gestion du service. C'est la fameuse technique du faisceau d'indices consacrée par l'arrêt du Conseil d'État du 16 novembre 1956, *Union syndicale des industries aéronautiques*.

Plus précisément, un service sera reconnu comme industriel et commercial s'il réunit les trois conditions suivantes :

- une activité analogue à celle d'une entreprise ;
- un financement principalement assuré par les redevances payées par les usagers ;
- des modalités d'organisation comparables à celles d'une entreprise.

Si l'une de ces trois conditions venait à manquer, le service sera qualifié d'administratif par le juge.

Le régime juridique des SPA est en règle générale celui du droit administratif avec pour leur contentieux la compétence du juge administratif. Mais si le SPA est géré par une personne privée, c'est le droit du travail qui s'appliquera au personnel du service avec compétence du juge judiciaire en cas de litige. Le droit applicable aux SPIC est en principe le droit privé. Leurs agents sont soumis au droit privé à l'exception toutefois du directeur et de l'agent comptable si ce dernier a la qualité de comptable public.

b) Les trois principes directeurs du service public

Ces trois principes, qui sont parfois désignés sous l'appellation des *Lois de Rolland* (du nom du professeur Louis Rolland), s'appliquent à tous les services publics (SPA et SPIC) :

- ***le principe de la continuité du service public.*** Ce principe de valeur constitutionnelle impose un fonctionnement continu du service public. Il doit cohabiter avec le droit de grève qui est consacré par le Préambule de la Constitution du 27 octobre 1946. Il a été jugé que la nécessité d'assurer la continuité du service public pouvait justifier une prolongation d'une délégation de service public (CE, *Commune de Ramatuelle*, 8 juin 2005). Il a été également jugé par le Conseil d'État dans l'arrêt *Onesto* du 8 mars 2006 que le principe de continuité du service public n'exigeait pas la mise en place d'un service minimum à la RATP ;
- ***le principe de mutabilité du service public.*** Ce principe d'adaptation continue ou de mutabilité a vocation à permettre au service public de s'adapter aux évolutions de la société. Ce principe, qui est un corollaire du principe de continuité du service public, peut justifier la création comme la suppression d'un service public. Les usagers d'un service public ne peuvent s'opposer à ces évolutions. Ils ne possèdent pas le droit au maintien du service public ;
- ***le principe de l'égalité devant le service public.*** Ce principe de valeur constitutionnelle, qui impose que le service public soit le même pour tous les usagers, peut toutefois être modulé. Le Conseil d'État a admis des dérogations au principe d'égalité pour les usagers du service lorsqu'elles sont fondées sur « une différence appréciable de situations ». Il a également admis des différences de traitement entre usagers d'un même service lorsqu'elles sont justifiées par un motif d'intérêt général en rapport avec les conditions d'exploitation du service ou encore lorsque la loi l'autorise.

Ce principe général du droit public français a pour corollaire le principe de neutralité du service public. Les agents publics ne peuvent manifester aucune conviction politique ou religieuse dans le cadre du service public.

On remarquera que le ***principe de gratuité*** est parfois rangé avec les principes relatifs au fonctionnement du service public. Mais ce principe, qui ne peut concerner tous les services publics, présente un caractère aléatoire. Le juge constitutionnel n'a pas voulu en faire un principe de valeur constitutionnelle dans sa décision n° 79-107 DC du 12 juillet 1979.

■ *Le régime juridique du service public*

La création des services publics, les modes de gestion des services publics par une personne publique et les modes de gestion des services publics par une personne privée seront étudiées successivement.

a) La création des services publics

Avant 1958, le législateur était compétent pour créer ou supprimer un service public de l'État. Depuis 1958, c'est par la voie réglementaire que les services publics de l'État sont en principe créés.

Toutefois, si la Constitution de 1958 ne réserve pas au législateur le pouvoir de décider de la création de services publics nationaux, elle prévoit son intervention dans plusieurs cas.

Ainsi, le législateur doit intervenir pour fixer les principes fondamentaux de plusieurs services publics visés à l'article 34 de la Constitution (défense nationale, enseignement, sécurité sociale). Il doit également intervenir lorsque le service correspond à une nouvelle catégorie d'établissement public ou encore lorsqu'il y a création d'un service public à l'occasion de la nationalisation d'une entreprise privée.

S'agissant des services publics locaux, les assemblées délibérantes des collectivités territoriales disposent d'une compétence de principe pour créer les services publics nécessaires à leurs missions.

b) Les modes de gestion des services publics par une personne publique

On étudiera successivement le procédé de la régie, l'établissement public et le groupement d'intérêt public.

1) La régie

Les collectivités publiques peuvent exploiter elles-mêmes un service public, on dit que ce dernier est géré en régie. C'est le cas des services publics qui correspondent aux fonctions régaliennes de l'État (police, justice, défense). Le service public se trouve géré avec les biens propres de la collectivité et ne dispose pas de la personnalité morale.

Ce procédé est utilisé aussi bien pour la gestion des SPA que pour celle des SPIC.

Par ailleurs, l'article 62 de la loi du 12 juillet 1999 relative au renforcement et à la simplification de la coopération intercommunale a étendu le champ des régies à tous les niveaux de collectivités territoriales.

Il a expressément autorisé l'ensemble des collectivités territoriales à exploiter directement un SPIC ou un SPA sous forme de régie.

2) L'établissement public

La gestion d'un service public peut être confiée à un établissement public, lequel constitue une personne morale de droit public dotée d'une autonomie administrative et financière, à la différence de la régie. L'établissement public se caractérise aussi par le principe de spécialité.

On distingue l'*Etablissement public chargé d'un service public administratif* (EPA) de l'*Etablissement public chargé d'un service public industriel et commercial* (EPIC) :

– certains établissements sont dits « *à visage inversé* » car ils sont qualifiés d'EPIC alors qu'ils sont chargés d'un service public administratif. Si la qualification initiale de l'établissement public ne découle pas de la loi, l'établissement pourra être requalifié par le juge ;
– enfin, il existe des établissements publics qui sont dits « *à double visage* » car ils vont exercer à la fois des activités industrielles et commerciales et des activités administratives. C'est le cas en particulier des chambres de commerce et d'industrie ou encore de l'Office national des forêts (ONF).

Parmi les EPA, qui sont régis en principe par le droit administratif, on citera les caisses nationales de la Sécurité sociale ou encore Pôle Emploi. Parmi les EPIC, qui relèvent largement du droit privé, on peut citer les théâtres nationaux ou encore la RATP.

3) Le groupement d'intérêt public

Le Groupement d'intérêt public (GIP), qui est une personne morale de droit public, permet à des partenaires publics et privés de mettre en commun des moyens en vue de missions d'intérêt général.

Les GIP ont été institués pour la première fois par la loi du 15 juillet 1982 pour les seuls besoins du secteur de la recherche. Les GIP, qui interviennent dans de nombreux domaines de l'action publique (l'environnement, la santé, la justice), ne peuvent être créés que pour l'exercice d'une activité d'intérêt général à but non lucratif. Leur convention constitutive doit être approuvée par l'État.

Un statut législatif des GIP a été institué par la loi n° 2011-525 du 17 mai 2011 de simplification et d'amélioration de la qualité du droit. Les conventions constitutives des GIP, lesquels peuvent être créés pour une durée indéterminée, doivent être en conformité avec le régime issu de la loi n° 2011-525 du 17 mai 2011.

c) Les modes de gestion des services publics par une personne privée

Après le Tribunal des conflits qui avait admis en 1921 que des personnes morales de droit public pouvaient se livrer à la gestion de certaines activités dans les mêmes conditions qu'une entreprise privée (*22 janvier 1921, « Affaire du bac d'Eloka »*), le Conseil d'État a jugé dans son arrêt *Caisse primaire Aide et protection* du 13 mai 1938 que des personnes morales de droit privé pouvaient gérer des missions de service public.

La dévolution du service public à une personne privée peut se faire soit par une délégation unilatérale, soit par la voie contractuelle :

- ***la délégation contractuelle du service public à une personne privée*** implique la conclusion d'un contrat entre l'autorité délégante et le délégataire. Les principales formes de délégation contractuelle sont la *concession*, l'*affermage* et la *régie intéressée* (voir Chapitre 9) ;
- ***la délégation unilatérale du service public à une personne privée***. L'autorité publique va concéder la gestion d'un service public à une personne privée par un acte unilatéral. Ce mode de gestion déléguée s'est développé au profit d'associations type loi de 1901 (associations communales de chasse, fédérations sportives), au profit des ordres professionnels (ordre des avocats, des médecins, des pharmaciens...) ou encore de sociétés (par exemple France Télécom qui gère le service public des télécommunications).

2 La police administrative

Elle peut se définir comme « l'ensemble des interventions de l'administration qui tendent à imposer à la libre action des particuliers la discipline exigée par la vie en société » (Jean Rivero).

■ *La notion de police administrative*

La police administrative doit être distinguée de la police judiciaire. De plus, il convient d'opérer une distinction entre police administrative générale et police administrative spéciale.

a) Police administrative et police judiciaire

La police administrative, qui a un caractère préventif, se distingue de la police judiciaire, laquelle a un but répressif. Le Code de procédure pénale précise que la police judiciaire est chargée de « *constater les infractions à la loi pénale, d'en rassembler les preuves et d'en rechercher les auteurs tant qu'une information n'est pas ouverte* ».

La police administrative dépend du pouvoir exécutif alors que la police judiciaire dépend de l'autorité judiciaire. Le contentieux de la police administrative relève des juridictions administratives tandis que celui de la police judiciaire est réglé par le juge judiciaire.

b) Police administrative générale et police administrative spéciale

La police administrative générale s'oppose aux polices administratives spéciales qui sont nombreuses et diverses.

1) *La police administrative générale*

Elle a pour but la préservation de l'ordre public. On remarquera que le Conseil constitutionnel a fait de la sauvegarde de l'ordre public un objectif de valeur constitutionnelle.

La définition de l'ordre public va être dégagée à partir de l'ordre public local... L'article L. 212-2 du Code général des collectivités territoriales affirme que la police municipale a pour objet d'assurer l'ordre public dont les composantes sont :

- ***la sécurité publique*** qui consiste à prévenir tous les dangers menaçant la collectivité ou des particuliers ;
- ***la tranquillité publique*** qui concerne toutes les gênes qui excèdent les sujétions de la vie normale en société (rixes, attroupements, mendicité agressive...) ;
- ***la salubrité publique*** qui vise quant à elle à protéger les personnes contre les atteintes à leur santé et à leur hygiène.

La préservation d'une certaine ***moralité publique*** en relation avec des circonstances locales particulières et le respect de la ***dignité de la personne humaine*** constituent d'autres composantes de l'ordre public que la police administrative générale cherche à garantir. L'interdiction d'une attraction (lancer de nains) portant atteinte à la dignité de la personne humaine peut être décidée par l'autorité de police « même en l'absence de circonstances locales particulières » (*CE, 27 octobre 1995, Commune de Morsang-sur-Orge,* spectacle du « lancer de nains »). Cette jurisprudence a été confirmée par le Conseil d'État dans son ordonnance du 9 janvier 2014 (*Spectacle de Dieudonné).* En l'espèce, la Haute juridiction a justifié l'interdiction du spectacle Le Mur de Dieudonné par « les risques sérieux de troubles à l'ordre public » ainsi que par les risques d'atteinte à « la dignité de la personne humaine » et à la « cohésion nationale ».

2) *La police administrative spéciale*

Une *police administrative spéciale* peut avoir un but différent de celui de la police administrative générale qui est une police générale de l'ordre public. C'est le cas par exemple de la police de la chasse qui a pour objet de préserver les espèces animales. Par ailleurs, une police administrative peut être qualifiée de spéciale si elle s'exerce selon une procédure différente de celle qui s'impose à la police administrative générale.

Une police administrative peut également être dite spéciale dans la mesure où l'autorité qui l'exerce n'est pas celle qui devrait être compétente. Ainsi, par exemple, la police des aérodromes a été confiée au préfet au lieu du maire de la commune, siège de l'aérodrome.

Les polices administratives spéciales, qui s'appliquent à une catégorie particulière d'individus (étrangers, nomades) ou d'activités (cinéma, culture des OGM), relèvent d'autorités variées.

Notons qu'une autorité de police administrative générale peut détenir des prérogatives de police administrative spéciale (par exemple le préfet de département).

Les différentes autorités de police

Les autorités de police administrative générale, les autorités de police administrative spéciale et les concours entre polices seront examinés successivement.

a) Les autorités de police administrative générale

Les trois principales autorités de police administrative générale sont :

- le ***Premier ministre*** qui exerce un pouvoir de police générale sur l'ensemble du territoire ;
- le ***préfet de département*** qui est l'autorité de police administrative générale du département. Il est chargé de l'ordre public, de la sécurité et de la protection des populations ;
- le ***maire*** qui est chargé, sous le contrôle administratif du représentant de l'État dans le département, de la police municipale, de la police rurale et de l'exécution des actes de l'État qui y sont relatifs.

b) Les autorités de police administrative spéciale

Les autorités titulaires d'un pouvoir de police administrative spéciale, lesquelles sont habilitées par un texte qui vient déterminer leurs compétences, sont plus nombreuses que les autorités de police administrative générale :

- les ***ministres***, qui ne sont pas des autorités de police administrative générale, sont titulaires de pouvoirs de police spéciale. Ainsi, par exemple, le ministre de la Culture est chargé de la police spéciale du cinéma ;
- les ***préfets de département*** exercent pratiquement tous les pouvoirs de police spéciale dans le département (police des étrangers, police des risques naturels...) ;
- les ***maires*** disposent de nombreux pouvoirs de police spéciale dans la commune (police des débits de boisson, police du bruit, police des spectacles forains...) ;
- le ***président du conseil départemental*** exerce des pouvoirs de police spéciale. Le président du conseil départemental, qui gère le domaine du département, exerce les pouvoirs de police afférents à cette gestion.

c) Les concours entre polices

Trois cas de figure doivent être envisagés :

– ***concours entre deux polices administratives générales*** : l'autorité inférieure peut aggraver la mesure de police adoptée par l'autorité supérieure, mais seulement lorsque les circonstances locales l'exigent (*CE, 18 avril 1902, Commune de Néris-les-Bains*) ;
– ***concours d'une police générale et d'une police spéciale*** : l'existence d'une police spéciale n'interdit pas à l'autorité de police générale d'intervenir, sauf textes contraires, dès lors que des circonstances locales particulières le justifient. Si la police administrative spéciale a déjà été mise en œuvre, l'autorité de police administrative générale ne pourra qu'aggraver les mesures prises et cela à la condition que les circonstances locales le justifient et que la loi ne fasse pas obstacle à l'intervention de l'autorité de police administrative générale (*CE, 18 décembre 1959, Société Les films, Lutetia) ;*
– ***concours entre deux polices spéciales*** : comme elles n'ont pas le même objet, elles peuvent s'appliquer cumulativement. Chacune va intervenir dans un secteur d'activité qui lui est spécifique.

■ *Le contrôle des mesures de police administrative*

Pour être légales, les mesures de police administrative doivent être justifiées par l'existence d'un trouble à l'ordre public et « adaptées par leur contenu à l'objectif de protection pris en compte ».

La légalité de ces mesures se trouve subordonnée à la double condition de leur nécessité et de leur proportionnalité. Une mesure de police administrative ne pourra être adoptée que s'il existe un trouble à l'ordre public que l'autorité de police souhaite prévenir ou faire cesser. De plus, elle devra être proportionnée à la gravité des motifs qui l'ont rendu nécessaires (*CE, 19 mai 1933, Benjamin).*

Dans l'hypothèse *où* une mesure moins contraignante était possible, la mesure contrôlée sera annulée.

Le juge administratif exerce un contrôle de plus en plus poussé (contrôle de proportionnalité) sur ces mesures de police administrative qui sont susceptibles de restreindre l'exercice des libertés publiques. Toutefois, il existe des situations particulières. En effet, dans certains cas, le juge ne pourra exercer qu'un contrôle minimum, incluant cependant le contrôle de l'erreur manifeste d'appréciation.

Par ailleurs, plusieurs textes constitutionnels et législatifs (loi du 3 avril 1955 sur l'état d'urgence, loi du 9 août 1849 instituant l'état de siège qui est aujourd'hui repris à l'article 36 de la Constitution, les pouvoirs exceptionnels de l'article 16 de la Constitution), qui régissent les situations de crise, viennent étendre les pouvoirs de l'autorité de police lorsqu'apparaissent de graves menaces à l'ordre public.

Enfin, on notera que les autorités titulaires du pouvoir de police, qui ne peuvent déléguer l'exercice de leurs pouvoirs, ont l'obligation d'agir pour prévenir un trouble à l'ordre public. L'administration a l'obligation de prendre les mesures nécessaires à la protection de l'ordre public (*CE, 23 octobre 1959, Doublet*). Sa responsabilité pourrait être engagée sur le terrain de la faute.

Les actes juridiques de l'administration

Chapitre 9

Les deux principaux modes d'action de l'administration sont les actes administratifs unilatéraux et les contrats administratifs.

L'***acte administratif unilatéral est un acte par lequel l'administration vient modifier l'ordonnancement juridique***. Il s'impose à son destinataire et cela indépendamment du consentement de ce dernier.

Les ***contrats administratifs*** sont quant à eux une catégorie de contrats ***conclus par l'administration*** (elle peut également passer des contrats de droit privé) qui sont ***soumis au contrôle du juge administratif***. Dans le cadre de ces contrats, l'administration dispose de prérogatives importantes que l'on ne retrouve pas dans les contrats de droit privé. Ces prérogatives de puissance publique donnent à ces contrats administratifs un caractère inégalitaire.

1 L'acte administratif unilatéral

L'acte administratif unilatéral est un acte juridique qui émane de l'autorité administrative. Seuls les actes administratifs unilatéraux exécutoires vont créer des droits ou des obligations pour les administrés. Ce caractère exécutoire des actes administratifs constitue une « *règle fondamentale du droit public* » *(CE, 2 juillet 1982, Huglo)*.

Parmi ces actes qui produisent des effets de droit, on peut distinguer les ***actes administratifs réglementaires*** (décrets, arrêtés...), qui présentent une portée générale et impersonnelle des ***actes administratifs individuels*** qui s'adressent, quant à eux, à une ou des personnes nommément désignées (permis de construire, arrêté de nomination...).

Enfin, les actes administratifs unilatéraux non exécutoires ne peuvent pas en principe être contestés devant le juge administratif et cela à la différence des actes administratifs unilatéraux exécutoires. Cependant, le Conseil d'État a admis qu'ils étaient susceptibles de faire l'objet d'un recours pour excès de pouvoir dans certains cas.

■ *Les actes administratifs unilatéraux exécutoires*

Ces actes administratifs unilatéraux sont investis d'un effet normatif. Ces décisions faisant grief sont susceptibles de faire l'objet d'un recours pour excès de pouvoir.

On étudiera successivement la formation, l'entrée en vigueur, l'exécution et la disparition de ces actes administratifs exécutoires.

a) La formation des actes administratifs unilatéraux

Les actes administratifs unilatéraux obéissent à des règles de compétence ainsi qu'à des règles de forme et de procédure.

1) La compétence de l'auteur de l'acte

La validité de l'acte administratif est subordonnée à la compétence de son auteur. Ce dernier ***doit être titulaire de la compétence territoriale, matérielle et temporelle***.

La violation des règles de compétence est un *moyen d'ordre public* qui est invocable à tout moment d'une procédure ou d'office par le juge. L'incompétence de l'auteur de l'acte administratif provoque la nullité de ce dernier, sauf si la théorie des circonstances exceptionnelles ou la théorie de l'apparence est appliquée par le juge administratif.

Une autorité administrative a la possibilité de déléguer sa compétence. Les délégations de compétences doivent être prévues par un texte et être publiées. Elles doivent également être partielles. On distingue deux sortes de délégation :

- ***la délégation de compétence*** (également appelée délégation de pouvoir) : l'autorité délégante se dessaisit de sa compétence au bénéfice de l'autorité délégataire et elle ne peut plus exercer les compétences déléguées tant que dure la délégation ;
- ***la délégation de signature***, l'autorité délégante confie simplement à l'autorité subordonnée la possibilité de signer à sa place certaines décisions ; l'autorité délégante pouvant continuer à intervenir dans les domaines qui ont fait l'objet de la délégation.

2) La consultation

La consultation est la principale contrainte formelle qui vient s'imposer à l'administration. Il existe trois types de consultation :

- ***la consultation facultative***, l'autorité administrative n'a pas l'obligation de consulter ;
- ***la consultation obligatoire***, c'est-à-dire que l'autorité est tenue de consulter sans être pour autant obligée de suivre l'avis émis ;
- enfin, dans le cadre de la procédure d'***avis conforme***, l'autorité administrative a l'obligation de consulter et de suivre l'avis qui sera rendu.

Tout manquement à l'obligation de consultation ne va pas entraîner l'illégalité de l'acte administratif. Le juge administratif considère que « si les actes administratifs doivent être pris selon les formes et conformément aux procédures prévues par les lois et règlements, un vice affectant le déroulement d'une procédure administrative préalable, suivie à titre obligatoire ou facultatif, n'est de nature à entacher d'illégalité la décision prise que s'il ressort des pièces du dossier qu'il a été susceptible d'exercer, en l'espèce, une influence sur le sens de la décision prise ou qu'il a privé les intéressés d'une garantie » (*CE, 23 décembre 2011, M. Danthony et autres*).

3) L'obligation de motivation

La loi n° 79-587 du 11 juillet 1979 relative à la motivation des actes administratifs et à l'amélioration des relations entre l'administration et le public prévoit que deux catégories de décisions administratives doivent toujours être motivées :

- ***les décisions administratives individuelles*** qui viennent déroger aux règles générales fixées par la loi ou le règlement ;
- ***les décisions administratives individuelles défavorables à leurs destinataires***. Ces décisions individuelles défavorables sont :
  - les décisions qui restreignent l'exercice des libertés publiques ou, de manière générale, qui constituent une mesure de police,
  - les décisions qui infligent une sanction,
  - les décisions qui subordonnent l'octroi d'une autorisation à des conditions restrictives ou imposent des sujétions,
  - les décisions qui retirent ou abrogent une décision créatrice de droits,
  - les décisions qui opposent une prescription, une forclusion ou une déchéance,
  - les décisions qui refusent un avantage dont l'attribution constitue un droit pour les personnes qui remplissent les conditions légales pour l'obtenir,

- les décisions qui refusent une autorisation, sauf lorsque la communication des motifs pourrait être de nature à porter atteinte à l'un des secrets ou intérêts protégés par les dispositions des deuxième à cinquième alinéas de l'article 6 de la loi n° 78-753 du 17 juillet 1978 portant diverses mesures d'amélioration des relations entre l'administration et le public,
- les décisions qui rejettent un recours administratif dont la présentation est obligatoire préalablement à tout recours contentieux en application d'une disposition législative ou réglementaire.

La motivation exigée doit être écrite et comporter l'énoncé des considérations de droit et de fait qui constituent le fondement de la décision (art. 3, loi n° 79-587 du 11 juillet 1979). Cependant, en cas d'urgence absolue, l'autorité administrative ne sera pas tenue de motiver ses décisions.

L'élaboration des actes administratifs soumis à l'obligation de motivation doit respecter le principe du contradictoire (art. 24, loi n° 2000-321 du 12 avril 2000 relative aux droits des citoyens dans leurs relations avec les administrations).

4) Les décisions implicites

La loi n° 2013-1005 du 12 novembre 2013 visant à simplifier les relations entre l'administration et les citoyens a adopté le principe selon lequel « *le silence gardé pendant deux mois par l'autorité administrative sur une demande vaut décision d'acceptation* » et non plus rejet. Ce principe est introduit à l'article 21 de la loi n° 2000-321 du 12 avril 2000 relative aux droits des citoyens dans leurs relations avec les administrations.

La ***décision implicite d'acceptation*** fera l'objet, à la demande de l'intéressé, d'une attestation délivrée par l'autorité administrative.

Par dérogation à la nouvelle règle posée par le législateur, le silence gardé par l'administration pendant deux mois vaudra décision de rejet notamment dans les cas suivants :

- lorsque la demande ne tend pas à l'adoption d'une décision présentant le caractère d'une décision individuelle ;
- lorsque la demande ne s'inscrit pas dans une procédure prévue par un texte législatif ou réglementaire ou se présente comme une réclamation ou un recours administratif ;
- si la demande présente un caractère financier (sauf, en matière de sécurité sociale, dans les cas prévus par décret) ;
- dans les cas, précisés par décret en Conseil d'État, où une acceptation implicite ne serait pas compatible avec le respect des engagements internationaux et européens de la France, la protection de la sécurité nationale, la protection des libertés et des principes à valeur constitutionnelle et la sauvegarde de l'ordre public ;
- dans les relations entre les autorités administratives et leurs agents.

En outre, des décrets en Conseil d'État et en conseil des ministres pourront écarter l'application de la nouvelle règle pour certaines décisions eu égard « à l'objet de la décision ou pour des motifs de bonne administration ».

La liste des procédures pour lesquelles le silence gardé sur une demande vaut décision d'acceptation sera publiée sur un site internet relevant du Premier ministre.

La nouvelle règle entrera en vigueur un an après la promulgation de la loi pour les actes relevant de la compétence des administrations de l'État ou des établissements publics administratifs de l'État. Elle entrera en vigueur deux ans après la promulgation de la loi pour les actes pris par les collectivités territoriales et leurs établissements publics, ainsi que pour ceux des organismes de sécurité sociale et des autres organismes chargés de la gestion d'un service public administratif.

b) L'entrée en vigueur des actes administratifs unilatéraux

Les actes administratifs sont soumis à l'obligation de publicité qui va les rendre opposable.

Les ***actes réglementaires*** doivent être publiés. L'ordonnance n° 2004-164 du 20 février 2004 prévoit que *« sont publiés au Journal officiel de la République française les lois, les ordonnances accompagnées d'un rapport de présentation, les décrets et, lorsqu'une loi ou un décret le prévoit, les autres actes administratifs »*.

Les ***actes non-réglementaires*** doivent quant à eux être notifiés à leurs destinataires. Les mesures individuelles défavorables n'entrent en vigueur qu'après leur notification à leurs destinataires alors que les décisions favorables entrent en vigueur dès leur signature (*CE, 19 décembre 1952, Dlle Mattéi*).

Le Conseil d'État a fait du principe de non-rétroactivité des actes administratifs un principe général du droit (*CE, 25 juin 1948, Société du journal « L'Aurore »*). Cependant, une loi peut prévoir la rétroactivité d'un acte administratif. De plus, la rétroactivité est permise lorsqu'il s'agit d'actes administratifs tirant les conséquences d'une annulation pour excès de pouvoir ou encore lorsqu'il s'agit de décisions de retrait.

c) L'exécution des actes administratifs unilatéraux

Les actes juridiques de l'administration bénéficient du ***privilège du préalable.*** L'administration n'a pas besoin de recourir préalablement au juge pour obtenir des administrés récalcitrants l'exécution de ses décisions. Dès leur entrée en vigueur, les administrés ont l'obligation de les appliquer.

Le refus d'exécuter un acte administratif est de nature à exposer l'administré à des *sanctions pénales ou administratives.* Ainsi, par exemple, l'article R. 610-5 du Code pénal prévoit que « *la violation des interdictions ou le manquement aux obligations édictées par les décrets et arrêtés de police sont punis de l'amende prévue pour les contraventions de la 1re classe* ».

Par ailleurs, l'arrêt *Société Immobilière Saint Just* du 2 décembre 1902 du Tribunal des conflits a admis que l'administration puisse recourir à des mesures d'exécution forcée de ses décisions. Ce privilège d'exécution d'office est cependant strictement encadré.

Plus précisément, l'exécution forcée d'un acte administratif par l'administration elle-même sera possible dans plusieurs cas :

- si une loi autorise expressément l'exécution forcée ;
- si aucune autre sanction, même pénale, n'est prévue ;
- en cas d'urgence.

d) La disparition des actes administratifs unilatéraux

Deux procédures sont susceptibles d'entraîner la disparition des actes administratifs unilatéraux : l'abrogation et le retrait.

1) L'abrogation

Elle annule l'acte administratif unilatéral pour l'avenir. Elle le fait disparaître en laissant subsister ses effets antérieurs. Elle peut être une décision explicite ou une décision implicite.

- ***l'abrogation des actes réglementaires.*** Elle est toujours admise car ces actes réglementaires ne sont pas créateurs de droit. Le juge administratif, qui a consacré le principe selon lequel nul n'a de droit acquis au maintien d'un règlement (*CE, 27 janv. 1961, Vannier*), reconnaît à l'administration le pouvoir de modifier à tout moment la réglementation en vigueur.

  Ce ***principe de mutabilité*** est également applicable pour les actes non réglementaires non créateurs de droit, lesquels peuvent être abrogés à tout moment pour des raisons d'opportunité, sauf dispositions législatives contraires.

  Par ailleurs, l'article 16-1 de loi n° 2000-321 du 12 avril 2000 relative aux droits des citoyens dans leurs relations avec les administrations, modifiée par la loi n° 2007-1787 du 20 décembre 2007, indique que « *l'autorité est tenue, d'office ou à la demande d'une personne intéressée, d'abroger expressément tout règlement illégal ou sans objet, que cette situation existe depuis la publication du règlement ou qu'elle résulte de circonstances de droit ou de fait postérieures à cette date* » ;

– ***l'abrogation des actes individuels.*** Il convient ici d'opposer les actes créateurs de droit (nominations, permis de construire...) et les actes non créateurs de droit (mesures de police, autorisations d'occupation du domaine public...) :
  - *l'abrogation des actes individuels non créateurs de droits* est possible à tout moment. Elle est obligatoire lorsque l'acte devient illégal suite à un changement de circonstances de droit ou de fait et à la condition qu'il ne soit pas devenu définitif,
  - *l'abrogation des actes individuels créateurs de droits* ne peut intervenir que dans les conditions prévues par les lois et règlements ou à la demande du bénéficiaire (*CE, 30 juin 2006, Société Neuf Télécom SA*).

L'autorité administrative « ne peut (...) abroger une décision individuelle expresse créatrice de droits que dans le délai de quatre mois suivant l'intervention de cette décision et si elle est illégale » (*CE, 6 mars 2009, Coulibaly*).

2) Le retrait

Le retrait annule l'acte administratif unilatéral rétroactivement. Il en supprime les effets futurs et passés :

– ***le retrait des actes réglementaires.*** L'administration peut retirer pour tout motif un acte réglementaire dès lors qu'il n'a reçu aucun commencement d'exécution (*CE, 21 octobre 1966, Société Graciet et Cie*). Par contre, si l'acte réglementaire a déjà été mis en application, il ne pourra alors être retiré qu'en raison de son illégalité et durant le délai de recours contentieux (*CE, 14 novembre 1958, Sieur Ponard*) ;

– ***le retrait des actes individuels :***
  - *non créateurs de droits*, le retrait est possible à tout moment et pour tout motif, que l'acte soit régulier ou non. Un acte administratif qui serait obtenu par fraude ne crée pas de droits. Par conséquent, l'autorité administrative compétente pour le prendre peut le retirer alors même que le délai de retrait de droit commun serait expiré (*CE, 29 novembre 2002, Assistance publique-Hôpitaux de Marseille*). Un acte inexistant peut également être retiré à tout moment (*CE, 31 mai 1957, Rosan Girard*),
  - *créateurs de droits*, le retrait ne peut intervenir qu'en raison de son illégalité. L'arrêt *Ternon* du Conseil d'État du 26 octobre 2001, qui a marqué un tournant de la jurisprudence sur le retrait des actes administratifs, affirme que « *l'administration ne peut retirer une décision individuelle explicite créatrice de droits, si elle est illégale, que dans le délai de quatre mois suivant la prise de décision* ».

■ *Les actes administratifs unilatéraux non décisoires*

Plusieurs catégories d'actes administratifs non exécutoires doivent être distinguées.

a) Les actes de préparation et d'exécution de la décision

Ces actes préparatoires (vœux, avis, renseignements, enquêtes) ne sont pas créateurs de droit. Ils ne peuvent être attaqués devant le juge administratif.

b) Les mesures d'ordre intérieur

Ce sont des actes de l'administration qui concernent l'organisation interne du service, « ***la vie intérieure des services*** » (Maurice Hauriou). Il convient d'observer que les arrêts *Philippe Hardouin* et *Pascal Marie* du Conseil d'État du 17 février 1995 sont venus ouvrir le recours pour excès de pouvoir contre les mesures disciplinaires les plus graves. Il a été également jugé par la suite qu'un blâme infligé à un militaire pouvait faire l'objet d'un recours pour excès de pouvoir (*CE, 12 juillet 1995, Monfroy*).

c) Les circulaires de l'administration

Ce sont des actes de portée générale adressés par les chefs de service aux agents qui sont placés sous leur autorité.

Le décret n° 2008-1281 du 8 décembre 2008 est venu redéfinir les règles de publicité des circulaires ministérielles. Ces dernières ne peuvent s'appliquer si elles n'ont pas été publiées sur un site internet dédié relevant du Premier ministre.

L'arrêt *Mme Duvignères* du 18 décembre 2002 du Conseil d'État a abandonné la distinction entre les circulaires interprétatives et les circulaires réglementaires, lesquelles étaient les seules circulaires que les administrés pouvaient attaquer devant le juge administratif. Cet arrêt de section du Conseil d'État indique que toute circulaire contenant des dispositions à caractère impératif est susceptible de faire l'objet d'un recours pour excès de pouvoir.

d) Les directives administratives

Ce sont des normes d'orientation déterminant à l'avance les principes qui vont guider l'action administrative. Elles permettent de garantir la cohérence de cette action.

La directive est un acte de portée générale par lequel le chef de service indique à ses subordonnés une ligne de conduite. Cette notion de directive a été consacrée par l'arrêt du Conseil d'État *Crédit foncier de France* du 11 décembre 1970.

La directive administrative, qui doit être distinguée de la directive européenne, doit être publiée (loi n° 78-753 du 17 juillet 1978 modifiée portant diverses mesures d'amélioration des relations entre l'administration et le public).

Si elle ne peut faire l'objet d'un recours en annulation devant le juge administratif, la directive administrative peut par contre être contestée par la voie de l'exception d'illégalité.

2 Les contrats administratifs

À côté de l'acte administratif unilatéral, l'administration va recourir au procédé contractuel pour assurer ses missions. Il s'agit du reste d'un moyen essentiel de l'action administrative.

On étudiera successivement les critères du contrat administratif, les principaux contrats administratifs et le régime juridique du contrat administratif.

■ *Les critères du contrat administratif*

Le contrat peut être administratif par détermination de la loi. Il peut aussi être administratif par détermination jurisprudentielle.

a) Les contrats administratifs par détermination de la loi

Un contrat est dit administratif si la loi le qualifie comme tel. Ainsi, la loi MURCEF du 11 décembre 2001 indique que « *les marchés passés en application du Code des marchés publics ont le caractère de contrats administratifs* ».

L'ordonnance n° 2004-559 du 17 juin 2004 sur les contrats de partenariat précise que ce sont « *des contrats administratifs par lesquels l'État ou un établissement public de l'État confie à un tiers, pour une période déterminée en fonction de la durée d'amortissement des investissements ou des modalités de financement retenues, une mission globale relative au financement d'investissements immatériels, d'ouvrages ou d'équipements nécessaires au service public, à la construction ou transformation des ouvrages ou équipements, ainsi qu'à leur entretien, leur maintenance, leur exploitation ou leur gestion, et, le cas échéant, à d'autres prestations de services concourant à l'exercice, par la personne publique, de la mission de service public dont elle est chargée* ».

Ont également été qualifiés de contrats administratifs par le législateur : les contrats comportant occupation du domaine public (décret-loi du 17 juin 1938), les contrats comportant ventes des immeubles de l'État (loi du 28 pluviôse An VIII) ou encore les contrats d'achat d'électricité conclus entre des producteurs autonomes d'électricité et la société EDF (loi Grenelle 2 du 12 juillet 2010).

b) Les contrats administratifs par détermination jurisprudentielle

En l'absence de qualification du contrat administratif par un texte, il convient d'appliquer les critères dégagés par la jurisprudence. En effet, cette dernière, pour pouvoir qualifier un contrat de contrat administratif, va chercher à identifier la présence de deux critères cumulatifs : un critère organique et un critère matériel.

1) Critère organique

Pour qu'un contrat soit administratif, il faut que ***l'un des cocontractants soit une personne publique***.

Un contrat passé entre deux personnes publiques est présumé être un contrat administratif. Cette présomption est renversée lorsque les rapports que le contrat fait naître entre les parties sont des rapports de droit privé.

Par ailleurs, ***un contrat conclu entre deux personnes privées*** est un contrat administratif lorsque l'un des particuliers agit pour le compte d'une personne publique (*T. confl., 8 juillet 1963, Société entreprise Peyrot*).

2) Critère matériel

Le contrat est administratif lorsqu'il comporte des ***clauses exorbitantes du droit commun*** (*CE, 31 juillet 1912, Société des granits porphyroïdes des Vosges*). Ainsi, le contrat passé par une personne publique avec une personne privée sera un contrat administratif s'il comporte une ou plusieurs clauses exorbitantes du droit commun. Il s'agit de clauses que l'on ne rencontrerait pas dans un contrat de droit privé (par exemple, une clause prévoyant le droit de résiliation unilatérale du contrat au bénéfice de l'administration).

Par exception, les contrats conclus entre les services publics industriels et commerciaux (SPIC) et leurs usagers sont toujours des contrats de droit privé, même s'ils comportent une ou plusieurs clauses exorbitantes du droit commun (*CE, 13 octobre 1961, Établissements Companon-Rey).*

Par ailleurs, est également administratif, le contrat qui a pour objet ***l'exécution même du service public*** (*CE, 20 avril 1956, Époux Bertin*). Le contrat peut aussi être administratif s'il constitue une modalité de l'exécution même du service public. (*CE, 20 avril 1956, consorts Grimouard).*

■ *Les principaux contrats administratifs*

Les marchés publics et les délégations de service public sont les principaux contrats administratifs. Il s'agit des contrats de la commande publique les plus utilisés.

a) Les marchés publics

Ils sont définis à l'article 1er du Code des marchés publics : « *les marchés publics sont les contrats conclus à titre onéreux entre les pouvoirs adjudicateurs (...) et des opérateurs économiques publics ou privés, pour répondre à leurs besoins en matière de travaux, de fournitures ou de services* ». L'article 2 du Code des marchés publics précise que les ***pouvoirs adjudicateurs*** sont : l'État et ses établissements publics n'ayant pas un caractère industriel et commercial, les collectivités territoriales et les établissements publics locaux.

La passation des marchés publics est soumise à des obligations de publicité et de mise en concurrence, obligations qui sont proportionnées au montant du marché.

b) La délégation de service public

Elle est définie par la loi n° 2001-1168 du 11 décembre 2001 (dite loi MURCEF) comme « *un contrat par lequel une personne morale de droit public confie la gestion d'un service public dont elle a la responsabilité à un délégataire public ou privé, dont la rémunération est substantiellement liée aux résultats de l'exploitation du service. Le délégataire peut être chargé de construire des ouvrages ou d'acquérir des biens nécessaires au service* ».

Introduite par la loi Sapin du 29 janvier 1993, la délégation de service public va s'exercer au travers de plusieurs sortes de contrat : la concession de service public, la convention d'affermage et la convention de régie intéressée :

– ***la concession de service public*** est un contrat par lequel une personne publique confie à une personne privée ou publique (le concessionnaire) la gestion opérationnelle d'un service public. Le concessionnaire, qui prend en charge l'ensemble des investissements, se rémunère directement sur le prix perçu auprès des usagers de ce service. Le contrat de concession se distingue de la régie ou de l'établissement public par lesquels le service public est directement géré par une personne morale de droit public ;
– ***la convention d'affermage***, contrairement à la concession, prévoit que le fermier ne construit pas les installations du service. Le fermier, qui gère seulement le service à ses frais et risques, ne conserve pas la totalité des redevances reçues des usagers ; il doit en reverser une partie à la personne publique délégante ;
– ***la convention de régie intéressée*** prévoit que le régisseur gère le service public pour le compte de la personne publique délégante. Sa rémunération comporte une partie fixe ainsi qu'une partie variable liée aux performances de la gestion.

Le régime juridique des contrats administratifs

On étudiera successivement la formation, l'exécution et la fin des contrats administratifs.

a) La formation des contrats administratifs

Le choix du cocontractant n'est libre que dans les contrats où *l'intuitu personae* joue un rôle fondamental ; c'est le cas de la concession de service public.

Deux grands modes de passation des contrats sont distingués :

– ***l'appel d'offres***, qui est la procédure normale en matière de marchés publics. Par l'appel d'offres, la personne publique va choisir l'offre économiquement la plus avantageuse, sans négociation, sur la base de critères objectifs préalablement portés à la connaissance des candidats ;

– et ***la négociation directe***. Par la procédure négociée, le titulaire du marché est choisi par la personne publique après consultation des candidats et négociation des conditions du marché avec un ou plusieurs d'entre eux.

Le contrat administratif est un accord écrit ou oral. La forme écrite est obligatoire pour les marchés publics d'un montant égal ou supérieur à 15 000 euros HT.

Les conditions du contrat (sauf le prix) sont déterminées unilatéralement par l'administration et figurent dans le cahier des charges.

b) L'exécution des contrats administratifs

Elle se caractérise par l'inégalité qui régit les relations entre l'autorité administrative et son cocontractant. L'administration peut effectivement adapter le contrat et elle dispose d'importants pouvoirs. En contrepartie, le cocontractant bénéficie d'un droit à l'équilibre financier du contrat.

1) Les pouvoirs de l'administration

L'administration dispose de quatre catégories de prérogatives :

– ***un pouvoir de direction et de contrôle*** sur l'exécution du contrat. Elle veille au respect des obligations du cocontractant ;

– ***un pouvoir de modification unilatérale du contrat*** : l'administration peut imposer à son cocontractant des modifications du contrat. Mais ce pouvoir ne peut pas s'exercer sur les clauses financières du contrat ;

– ***un pouvoir de sanction*** : l'administration est habilitée à prendre des sanctions pécuniaires, coercitives ou résolutoires à l'encontre du cocontractant défaillant ;

UNIVERSITAIRE AVIGNON

– ***un pouvoir de résiliation unilatérale*** du contrat pour motif d'intérêt général. Le cocontractant a droit à être indemnisé.

2) Les droits du cocontractant

Le cocontractant a droit au paiement de la rémunération fixée initialement et au rétablissement de l'équilibre financier en cas de prestations nouvelles imposées par l'administration. La jurisprudence a établi la théorie du fait du prince, la théorie de l'imprévision et la théorie des sujétions imprévues :

– ***la théorie du fait du prince*** : lorsque l'administration prend une décision aggravant les charges de son cocontractant, elle peut être tenue de lui verser une indemnisation intégrale, égale au préjudice subi. La théorie du fait du prince s'applique lorsque l'administration cocontractante use de son pouvoir de modification unilatérale du contrat. Elle peut également s'appliquer lorsque l'administration cocontractante prend une mesure générale alourdissant les charges du cocontractant à la condition que cette mesure ait une répercussion directe sur l'un des éléments essentiels du contrat. Par contre, la théorie ne peut jouer lorsque la mesure émane d'une personne publique autre que l'administration cocontractante ;
– ***la théorie de l'imprévision*** : cette théorie jurisprudentielle s'applique en cas d'apparition d'événements imprévisibles, extérieurs à la volonté des cocontractants, qui entraînent un bouleversement de l'économie du contrat. Le cocontractant de l'administration, qui doit poursuivre l'exécution du contrat, a droit à une indemnité d'imprévision qui sera déterminée sous le contrôle du juge. Cette indemnité d'imprévision ne couvrira pas l'intégralité du préjudice subi ;
– ***la théorie des sujétions imprévues*** : cette théorie jurisprudentielle concerne essentiellement les marchés de travaux publics. Lorsque le cocontractant est confronté à des difficultés imprévues qui viennent aggraver le coût de la construction, il peut obtenir de l'administration l'indemnisation intégrale du « surcoût ».

c) La fin des contrats administratifs

Le contrat administratif peut se terminer normalement. Mais l'administration comme le juge peuvent également procéder à la résiliation avant la fin du contrat administratif :

– ***la fin normale du contrat.*** Elle intervient lorsque les obligations ont été exécutées par les parties à ***l'expiration de la période*** pour laquelle le contrat a été conclu. Elle peut également survenir par ***la volonté commune des parties*** ou encore par l'effet de ***la force majeure*** ;
– ***la résiliation du contrat.*** L'administration a le pouvoir de prononcer unilatéralement la résiliation pour faute du cocontractant ou si l'intérêt général l'exige. La résiliation peut également être prononcée par le juge à la demande du cocontractant dans certains cas (faute de

l'administration, modifications imposées unilatéralement par l'administration qui excèdent certaines limites) ou à la demande de l'administration (lorsqu'elle renonce à exercer son pouvoir de résiliation unilatérale ou lorsqu'il s'agit d'une concession de service public pour laquelle la résiliation ne peut pas être prononcée par l'autorité administrative).

La justice administrative

Chapitre 10

La justice administrative, qui a reçu un statut constitutionnel sur la base de plusieurs décisions du Conseil constitutionnel (22 juillet 1980, 23 janvier 1987, 28 juillet 1989), a été mise en place pour faire respecter le droit par les administrations.

1 Les trois niveaux de juridiction

Les tribunaux administratifs, héritiers des conseils de préfecture, les cours administratives d'appel et le Conseil d'État qui est la juridiction administrative suprême seront ici examinés.

■ *Les tribunaux administratifs (TA)*

Ils ont une compétence territoriale et sont les juridictions de première instance de droit commun du contentieux administratif. Ils peuvent être invités, à titre consultatif, à donner leur avis sur les questions qui leur sont soumises par les préfets de leur ressort. Les TA, qui sont au nombre de 42, comprennent plusieurs chambres spécialisées.

■ *Les cours administratives d'appel (CAA)*

Créées en 1987 afin de soulager le Conseil d'État, les CAA sont au nombre de 8 (Bordeaux, Douai, Lyon, Marseille, Nancy, Nantes, Paris et Versailles) et sont présidées par un conseiller d'État. Elles sont composées de plusieurs chambres.

Elles peuvent être appelées à donner leur avis sur les questions qui leur sont soumises par les préfets (art. R. 212-1, C. just. adm.). Elles sont les juges d'appel de droit commun des jugements rendus en première instance par les tribunaux administratifs.

Les appels formés contre les jugements des TA rendus en matière d'élections municipales et cantonales et en appréciation de la légalité échappent à la compétence des CAA. Ils doivent être portés au Conseil d'État.

Le Conseil d'État

« *Il statue souverainement sur les recours en cassation dirigés contre les décisions rendues en dernier ressort par les diverses juridictions administratives ainsi que sur ceux dont il est saisi en qualité de juge de premier ressort ou de juge d'appel.* » (art. R. 111-1, C. just. adm.).

Il participe également à la confection des lois et ordonnances. Il est saisi par le Premier ministre des projets de loi établis par le Gouvernement. Il donne son avis sur les projets de décrets et sur tout autre projet de texte pour lesquels son intervention est prévue par les dispositions constitutionnelles, législatives ou réglementaires ou qui lui sont soumis par le Gouvernement (art. R. 112-1, C. just. adm.).

Le Conseil d'État, qui est présidé par le Premier ministre mais dirigé en pratique par son vice-président, comporte plusieurs sections administratives spécialisées (administration, intérieur, finances, sociale, travaux publics, rapport et études). La section dite « *du rapport et des études* » rédige le rapport annuel du Conseil d'État.

Cette Haute juridiction comprend environ 300 membres (auditeurs, maîtres des requêtes, conseillers).

2 Les différents types de contentieux administratif

Le juge administratif peut être saisi de quatre types de contentieux.

Le contentieux de l'excès de pouvoir

Le ***recours pour excès de pouvoir*** (REP) est le recours par lequel le requérant demande au juge de prononcer l'annulation d'un acte administratif unilatéral. Les actes juridictionnels, les actes de gouvernement, les contrats administratifs et les actes législatifs ne peuvent faire l'objet de REP. Le requérant doit disposer de la capacité d'agir en justice. Il doit également avoir intérêt pour agir : justifier d'un intérêt direct matériel ou moral. Le délai de recours est de 2 mois. Le REP est soumis à l'exigence de l'absence de recours parallèle. Il est dispensé du ministère d'avocat.

Dans le cadre du REP, quatre types de moyens de droit peuvent être invoqués par le justiciable :

– les ***deux moyens de légalité externe*** sont *l'incompétence* (l'auteur de l'acte administratif n'avait pas compétence pour le prendre), et le *vice de forme ou de procédure* (une formalité substantielle a été omise ou la procédure prescrite n'a pas été respectée) ;

– les ***deux moyens de légalité interne*** sont la *violation de la loi* qui est le cas d'ouverture le plus large du REP, et le *détournement de pouvoir* qui va sanctionner le but illégal poursuivi par l'auteur de l'acte.

Si le juge administratif décide d'annuler l'acte litigieux attaqué, ce dernier disparaît rétroactivement de l'ordre juridique. La décision d'annulation a l'autorité absolue de la chose jugée. Le juge administratif peut également rejeter la demande du requérant. Ce sera le cas si l'une des conditions de recevabilité du REP fait défaut. Ce sera également le cas si aucun des moyens invoqués par le requérant ne justifie l'annulation.

■ *Le contentieux de pleine juridiction ou de plein contentieux*

Il s'applique en matière contractuelle, en matière de responsabilité, en matière fiscale et en matière électorale. Le juge du plein contentieux dispose de pouvoirs étendus comparables à ceux du juge judiciaire. Dans certains cas, il peut modifier la décision administrative contestée (contentieux électoral). Il peut également condamner l'administration à payer au requérant des dommages et intérêts (contentieux de la responsabilité hospitalière).

Ce type de recours administratif, qui s'exerce en général par le ministère d'avocat, n'est ouvert qu'au titulaire du droit violé. La décision rendue par le juge aura l'autorité relative de la chose jugée.

■ *Le contentieux de l'interprétation et de l'appréciation de la légalité*

Il concerne notamment les cas où le juge administratif va être saisi sur renvoi du juge judiciaire dans le cadre de questions préjudicielles.

■ *Le contentieux de la répression*

Le juge administratif est compétent pour prononcer des peines suite à la commission d'infractions. On notera qu'il va statuer comme un juge pénal en sanctionnant les contraventions de grande voirie (voir Chapitre 14).

3 La procédure administrative contentieuse

Les caractères de la procédure administrative contentieuse

Elle est ***écrite*** (échange de mémoires) et ***inquisitoriale*** (le procès est dirigé par le juge). Elle est également **contradictoire**, ce qui « implique la communication à chacune des parties de l'ensemble des pièces du dossier, ainsi que, le cas échéant, des moyens relevés d'office » (*CE, 29 juillet 1998, Mme Esclatine*). Les débats ont lieu en audience publique (art. L. 6, C. just. adm.).

Le ***rapporteur public***, qui a remplacé le commissaire du Gouvernement conformément au décret n° 2009-14 du 7 janvier 2009, est un acteur essentiel du procès administratif, la « signature » de la juridiction administrative. C'est un membre de la juridiction qui doit exposer publiquement et en toute indépendance son opinion sur les questions que présentent à juger les requêtes et sur les solutions qu'elles appellent (art. L. 7, C. just. adm.). Devant les TA et les CAA, « *la décision est délibérée hors la présence des parties et du rapporteur public* » (art. R. 732-2, C. just. adm.). Au Conseil d'État, « *sauf demande contraire d'une partie, le rapporteur public assiste au délibéré. Il n'y prend pas part* » (art. R. 733-3, C. just. adm.).

Certaines affaires sont dispensées de conclusions du rapporteur public (référés administratifs, contentieux du droit au logement...).

La recevabilité du recours

Le recours ne peut être dirigé que contre une décision (règle de la *décision préalable*). « *Sauf en matière de travaux publics, la juridiction ne peut être saisie que par voie de recours formé contre une décision* » (art. R. 421-1, C. just. adm.). En principe, le délai de recours est de 2 mois à compter de la notification ou de la publication de la décision attaquée.

Le requérant, quant à lui, doit avoir à la fois la capacité d'agir en justice et un intérêt à agir en justice. Sa requête doit présenter un exposé des faits et moyens ainsi que l'énoncé des conclusions soumises au juge (art. R. 411-1, C. just. adm.). Elle doit être signée et rédigée en français.

Les procédures d'urgence

Les procédures d'urgence, qui ont été réformées par la loi n° 2000-597 du 30 juin 2000 relative au référé devant les juridictions administratives, sont mises en œuvre devant un juge unique. Ce juge administratif des référés statue par des mesures qui présentent un caractère provisoire. Il n'est pas saisi du principal et se prononce dans les meilleurs délais (art. L. 511-1, C. just. adm.).

Sont juges des référés, les présidents des TA et des CAA ainsi que le président de la section du contentieux du Conseil d'État.

Il existe trois référés qui sont soumis à la condition d'urgence :

– le référé-suspension : ce référé, qui a été institué par la loi du 30 juin 2000, est ***destiné à permettre la suspension de l'exécution d'une décision administrative ou de certains de ses effets***. Le requérant, qui doit avoir au préalable demandé l'annulation de la décision, doit justifier d'une situation d'urgence et invoquer « *un moyen propre à créer, en l'état de l'instruction, un doute sérieux quant à la légalité de la décision* » (art. L. 521-1, C. just. adm.). L'ordonnance du juge des référés peut faire l'objet d'un recours en cassation devant le Conseil d'État ;

– le référé-liberté : ce référé, qui a été institué par la loi du 30 juin 2000, ***permet d'obtenir du juge des référés « toutes mesures nécessaires à la sauvegarde d'une liberté fondamentale à laquelle une personne morale de droit public ou un organisme de droit privé chargé de la gestion d'un service public aurait porté, dans l'exercice d'un de ses pouvoirs, une atteinte grave et manifestement illégale »*** (art. L. 521-2, C. just. adm.). Le juge administratif des référés, qui doit se prononcer dans un délai de quarante-huit heures, va statuer au terme d'une procédure contradictoire écrite ou orale. Il peut rejeter la requête en référé par une ordonnance motivée, laquelle est susceptible d'appel devant le Conseil d'État ;

– le référé conservatoire : ce référé « *mesures utiles* » ***vise à permettre au juge des référés***, en cas d'urgence et sur simple requête qui sera recevable même en l'absence de décision administrative préalable, ***d'ordonner toutes autres mesures utiles sans faire obstacle à l'exécution d'aucune décision administrative*** (art. L. 521-3, C. just. adm.).

PARTIE 4

Droit de la fonction publique

L'organisation de la fonction publique

Chapitre 11

La fonction publique regroupe plus de 5 millions de fonctionnaires de l'État, des collectivités territoriales et des hôpitaux publics. L'organisation statutaire de la fonction publique et les différents organes de la fonction publique seront examinés successivement.

1 L'organisation statutaire de la fonction publique

■ *Le statut général des fonctionnaires*

La fonction publique française est organisée selon le *système de la carrière* que l'on oppose au *système de l'emploi.* Le fonctionnaire français est recruté dans un corps dans lequel il va progresser et faire carrière. Comme le rappelle le *rapport Pêcheur* de 2013 sur la fonction publique, « *il peut, ou doit parfois, changer d'emploi tout en conservant son grade et sans subir de conséquence sur le déroulement de sa carrière* ». En revanche, dans le système de l'emploi, qui correspond lui au modèle anglo-saxon, l'agent est recruté pour un poste déterminé et n'a pas vocation à faire carrière comme en France au sein de la fonction publique.

La fonction publique française est fondée sur un statut général commun. Les fonctionnaires sont vis-à-vis de l'administration dans « une situation statutaire et réglementaire » (art. 4, loi n° 83-634 du 13 juillet 1983) : leurs droits et leurs obligations sont déterminés par les lois ainsi que par les règlements.

Un premier statut général de la fonction publique a été élaboré sous le régime de Vichy (« loi » du 14 septembre 1941). Il a été abrogé par l'ordonnance du 9 août 1944 et remplacé par le statut de la fonction publique créé par loi n° 46-2294 du 19 octobre 1946. Cette loi sera ensuite modifiée par l'ordonnance du 4 février 1959 relative au statut général des fonctionnaires.

Enfin, le statut des fonctionnaires, qui a été redéfini à la suite de l'alternance politique de 1981, est actuellement structuré par quatre grandes lois :

- *la loi n° 83-634 du 13 juillet 1983 relative aux « droits et obligations des fonctionnaires ».* Cette loi dite ***« loi Le Pors »*** constitue le titre Ier du statut général de la fonction publique et s'applique aux trois fonctions publiques (fonction publique d'État, fonction publique territoriale et fonction publique hospitalière) qui sont des fonctions publiques de carrière ;
- *la loi du 11 janvier 1984 relative au statut des fonctionnaires de l'État.* Elle constitue le titre II du statut général des fonctionnaires ;
- *la loi du 26 janvier 1984 relative au statut des fonctionnaires des collectivités territoriales.* Elle constitue le titre III du statut général de la fonction publique ;
- *la loi du 9 janvier 1986 relative au statut de la fonction publique hospitalière.* Elle constitue le titre IV du statut général des fonctionnaires.

Comme le souligne le rapport Pêcheur « *les lois de 1983-1984 dites lois Le Pors, se sont inscrites dans la continuité du statut du 19 octobre 1946 et de l'ordonnance du 4 février 1959 et sont demeurées fidèles à un système de fonction publique de carrière* ».

■ Les statuts particuliers, les statuts spéciaux et les statuts autonomes

a) Les statuts particuliers

Les différents corps de fonctionnaires disposent de ***statuts particuliers***, édictés par décrets en Conseil d'État, qui viennent préciser les dispositions du statut général ou leur apporter des dérogations. C'est le cas par exemple des corps de fonctionnaires recrutés par la voie de l'ENA ou encore des corps enseignants.

b) Les statuts autonomes

L'article 2 de la loi n° 83-634 du 13 juillet 1983 exclut de son champ d'application trois catégories de fonctionnaires qui disposent de ***statuts autonomes*** :

- les magistrats de l'ordre judiciaire (ordonnance du 22 décembre 1958 portant loi organique relative au statut de la magistrature modifiée en particulier par les lois organiques du 25 juin 2001, du 5 mars 2007, du 22 juillet 2010 et du 6 décembre 2013) ;
- les fonctionnaires des services des assemblées parlementaires (loi de finances du 22 février 1963) ;
- et les militaires (loi du 24 mars 2005).

c) Les statuts spéciaux

Il existe des ***statuts spéciaux*** prévus par des lois qui écartent ou restreignent certains droits comme le droit de grève (fonctionnaires actifs des services de la police nationale, loi n° 95-73 du 21 janvier 1995 d'orientation et de programmation relative à la sécurité ; fonctionnaires des services déconcentrés de l'administration pénitentiaire, ordonnance n° 58-696 du 6 août 1958 ; fonctionnaires des corps des transmissions du ministère de l'Intérieur, loi de finances du 31 juillet 1968 ; fonctionnaires de la sécurité aérienne, par exemple loi n° 89-100 du 31 décembre 1989 pour les aiguilleurs du ciel).

■ *Les corps ou cadres d'emplois et les grades*

La fonction publique est constituée de ***corps*** (fonctions publiques d'État et hospitalière) ou ***cadres d'emplois*** (fonction publique territoriale).

Chaque corps ou cadre d'emplois est divisé en grades qui comportent un certain nombre d'échelons.

Le ***grade***, qui est distinct de l'emploi, est le titre qui « *confère à son titulaire vocation à occuper l'un des emplois qui lui correspondent* » (art. 12, loi du 13 juillet 1983).

Si le fonctionnaire est titulaire de son grade, il ne l'est pas de son emploi qui demeure à la disposition de l'administration et qui correspond au poste de travail auquel il est affecté.

Enfin, on notera que la fameuse distinction du grade et de l'emploi, qui constitue le fondement même du système dit de « carrière », figurait déjà dans le statut de la fonction publique de 1946.

■ *Les catégories A, B et C*

Le statut général regroupe les différents corps et emplois de la fonction publique en trois catégories accessibles par concours :

– la catégorie A (niveau licence) : elle correspond à des fonctions de conception et de direction ;
– la catégorie B (niveau BAC ou BAC + 2) : elle concerne des fonctions d'application ;
– la catégorie C (niveau brevet des collèges) : elle correspond à des fonctions d'exécution.

Pour aller plus loin

Vers une évolution du statut de la fonction publique ?

Dans son rapport sur la fonction publique remis le 4 novembre 2013 au Premier ministre, le conseiller d'État Bernard Pêcheur observe que « *le choix d'une fonction publique statutaire demeure pertinent* ».

« *Le choix d'un régime d'emploi fixé unilatéralement par le législateur ou l'autorité réglementaire n'est pas un archaïsme (il est prédominant en Europe : 21 pays sur 28) et le choix d'une fonction publique de carrière n'est pas davantage une exception française : c'est même le cas de la majorité des pays (12 États sur 28 ont un régime de carrière, 9 un régime combinant carrière et emploi, 7 un régime d'emploi)* ».

Tout en soulignant « *qu'une grille de rémunération établie et gérée de façon cohérente suppose l'existence d'une classification ordonnée* », le rapport Pêcheur propose notamment de remplacer les actuelles *catégories* (A, B et C) par six « *niveaux de fonction* » qui seraient déterminés selon le diplôme du fonctionnaire, mais également selon les missions exercées et les responsabilités.

2 Les organes de la fonction publique

L'administration de la fonction publique est assurée par plusieurs organes.

Les organes centraux

Il convient ici d'examiner les organes de direction de la fonction publique.

a) Le Premier ministre

Il est chargé de veiller à l'application du statut général de la fonction publique.

La Direction générale de l'administration et de la fonction publique est actuellement placée sous l'autorité conjointe du Premier ministre et du ministre de la Réforme de l'État, de la Décentralisation et de la Fonction publique.

b) Le ministre de la Fonction publique

Il veille au respect tant des droits et obligations de l'ensemble des fonctionnaires que des principes régissant leur carrière. Il contresigne les décrets relatifs au statut et à la rémunération des agents. Il préside le Conseil supérieur de la fonction publique de l'État et le Conseil commun de la fonction publique (art. 4, décret n° 2012-780 du 24 mai 2012 relatif aux attributions du ministre de la Réforme de l'État, de la Décentralisation et de la Fonction publique).

c) La Direction générale de l'administration et de la fonction publique (DGAFP)

La DGAFP, qui a été créée par l'ordonnance du 9 octobre 1945, est chargée de faire appliquer les règles du statut général de la fonction publique. La DGAFP, qui apporte au Gouvernement une expertise en matière notamment de règles statutaires, exerce la tutelle de l'École nationale d'administration (ENA) et des cinq Instituts régionaux d'administration (IRA). Elle a également pour mission la gestion des ressources humaines de l'État.

■ *Les organes de participation*

La participation des fonctionnaires à la gestion et au fonctionnement de l'administration s'exerce dans le cadre de plusieurs organes.

a) Le Conseil commun de la fonction publique

Cet organisme consultatif, qui a été créé par la loi n° 2010-751 du 5 juillet 2010 relative à la rénovation du dialogue social, est présidé par le ministre de la Fonction publique ou son représentant.

Il est compétent pour examiner toute question d'ordre général commune aux trois fonctions publiques ou intéressant la situation des agents publics relevant de ces dernières (Décret n° 2012-148 du 30 janvier 2012 relatif au Conseil commun de la fonction publique).

Il est composé de trois collèges : les représentants des organisations syndicales de fonctionnaires, les représentants des employeurs territoriaux, et les représentants des employeurs hospitaliers.

b) Les Conseil supérieurs

Il existe un Conseil supérieur dans chaque fonction publique :

- ***le Conseil supérieur de la fonction publique de l'État (CSFPE).*** Le CSFPE, qui est présidé par le ministre chargé de la Fonction publique, comprend des représentants de l'administration et des représentants des organisations syndicales de fonctionnaires.

  Il est consulté sur toutes les questions d'ordre général concernant la fonction publique de l'État dont il est saisi. Il est l'organe supérieur de recours en matière disciplinaire, en matière d'avancement et en matière de licenciement pour insuffisance professionnelle (art. 13, loi n° 84-16 du 11 janvier 1984 portant dispositions statutaires relatives à la fonction publique de l'État) ;

- ***le Conseil supérieur de la fonction publique territoriale (CSFPT).*** Le CSFPT, qui est présidé par un représentant des collectivités territoriales, élu en son sein, est composé de représentants des organisations syndicales de fonctionnaires territoriaux et de représentants des collectivités locales.

  Le CSFPT, qui a été institué par la loi du 26 janvier 1984 portant dispositions statutaires relatives à la fonction publique territoriale, est obligatoirement consulté sur tout projet de texte législatif et réglementaire concernant la fonction publique territoriale ;
- ***le Conseil supérieur de la fonction publique hospitalière (CSFPH).*** Le CSFPH, qui est présidé par un conseiller d'État, est composé de représentants des administrations et des organisations syndicales représentatives.

  Le CSFPH, qui a été créé par loi n° 86-33 du 9 janvier 1986 portant dispositions statutaires relatives à la fonction publique hospitalière, est saisi pour avis des projets de loi, des projets de décret de portée générale concernant la situation des personnels des établissements et des projets de statuts particuliers des corps et emplois. Il est l'organe supérieur de recours notamment en cas de licenciement pour insuffisance professionnelle.

c) Les commissions administratives paritaires (CAP)

Pour chacun des corps de la fonction publique, une CAP, qui exerce des fonctions uniquement consultatives, doit être créée.

Les commissions administratives paritaires, qui comprennent en nombre égal des représentants de l'administration et des représentants du personnel, doivent être obligatoirement consultées pour les décisions individuelles concernant la carrière des fonctionnaires (recrutements, mutations, avancements...).

d) Les comités techniques (CT)

Les CT sont des organes de concertation chargés de donner un avis sur les questions générales intéressant l'organisation et le fonctionnement du service. Ils réunissent des représentants de l'administration et des représentants des organisations syndicales représentatives des fonctionnaires. La composition des CT n'est plus paritaire depuis la loi n° 2010-751 du 5 juillet 2010.

e) Les comités d'hygiène, de sécurité et des conditions de travail (CHSCT)

Les CHSCT sont des organes de concertation qui ont vocation à contribuer à la protection de la santé physique et mentale et à la sécurité des fonctionnaires dans leur travail.

■ *Les organes de gestion spécifiques à la fonction publique territoriale*

a) Le Centre national de la fonction publique territoriale (CNFPT)

Le CNPTF, qui a été créé par la loi Galland du 13 juillet 1987, est un établissement public qui est chargé d'une mission de formation ainsi que de l'organisation des concours et examens professionnels de catégorie « A + » (encadrement supérieur). Il est dirigé par un conseil d'administration composé paritairement de représentants des collectivités territoriales et de représentants des organisations syndicales.

b) Les centres de gestion départementaux de la fonction publique territoriale (CDG)

Ces établissements publics locaux à caractère administratif, qui ont été institués par la loi du 26 janvier 1984 portant dispositions statutaires relatives à la fonction publique territoriale, participent à la gestion des personnels territoriaux.

Les collectivités territoriales, qui emploient moins de 350 agents, sont affiliées obligatoirement à ces CDG. Pour les autres collectivités, l'adhésion est facultative.

Pour les collectivités affiliées, les CDG sont notamment chargées de la tenue des bourses à l'emploi, de l'organisation des concours et examens professionnels à l'exception de ceux de catégorie A+, et de la gestion des carrières.

La carrière du fonctionnaire

Chapitre 12

Elle est soumise à des règles particulières par rapport au salarié de droit privé. L'entrée dans la fonction publique, les positions statutaires du fonctionnaire, l'évolution dans la carrière et la cessation définitive de fonctions seront étudiées successivement.

1 L'entrée dans la fonction publique

■ *Les conditions d'accès à la fonction publique*

Les candidats doivent remplir plusieurs conditions qui sont communes aux trois fonctions publiques :
- avoir la nationalité française ;
- jouir des droits civiques ;
- avoir un casier judiciaire compatible ;
- se trouver en situation régulière au regard du Code du service national ;
- et être physiquement aptes à exercer leurs fonctions, compte tenu éventuellement des possibilités de compensation du handicap.

On notera que le législateur a permis l'ouverture de la fonction publique aux ressortissants des États membres de l'UE et de l'Espace économique européen.

Le recrutement par concours

Le concours est le principal mode d'accès à la fonction publique. Il existe trois types de concours :

- ***les concours « externes »*** qui s'adressent aux candidats non-fonctionnaires remplissant des conditions de diplôme ou de niveau d'étude ;
- ***les concours « internes »*** qui sont réservés aux fonctionnaires ;
- enfin, ***les troisièmes concours*** qui sont ouverts aux candidats qui justifient d'une expérience professionnelle acquise en dehors de l'administration publique.

En principe, le fonctionnaire recruté par concours va d'abord être ***stagiaire***. À l'issue du stage, il a vocation à être titularisé, mais cette titularisation peut être refusée par l'administration, notamment en cas d'insuffisance professionnelle.

2 Les positions statutaires du fonctionnaire

Le fonctionnaire peut être placé dans différentes positions statutaires au cours de sa carrière.

L'activité

C'est le cas lorsqu'un fonctionnaire, titulaire d'un grade, exerce effectivement les fonctions de l'un des emplois correspondant à ce grade.

La mise à disposition

C'est le cas lorsqu'un fonctionnaire effectue son service dans une autre administration que la sienne, tout en restant dans son corps ou cadre d'emplois d'origine. Il est réputé occuper son emploi d'origine et continue à percevoir la rémunération correspondante à cet emploi.

Le détachement

C'est le cas du fonctionnaire placé hors de son corps d'origine qui continue à bénéficier dans ce corps de ses droits à l'avancement et à la retraite.

La position hors cadres

C'est en quelque sorte la prolongation du détachement. Elle intervient à la demande du fonctionnaire suite à son détachement. Il perd ses droits à l'avancement et à la retraite.

■ *La disponibilité*

C'est le cas du fonctionnaire placé hors de son administration ou service d'origine qui cesse de bénéficier de ses droits à l'avancement et à la retraite.

■ *Le service national et les activités dans la réserve opérationnelle*

L'agent qui accomplit les obligations du service national perd son droit à traitement tout en conservant son droit à réintégration dans un emploi équivalent à celui qu'il a quitté.

Lorsqu'il exerce une activité dans la réserve opérationnelle d'une durée inférieure ou égale à 30 jours cumulés par année civile, le fonctionnaire sera mis en congé avec traitement pour la durée de la période considérée.

■ *Le congé parental*

C'est un congé non rémunéré pendant lequel le fonctionnaire va cesser totalement son activité pour élever son enfant. Il va pouvoir conserver ses droits à l'avancement d'échelon pour leur totalité la première année. Ils seront ensuite réduits de moitié.

Cette position du fonctionnaire qui est placé hors de son administration ou service d'origine est accordée de droit sur simple demande de l'agent après la naissance ou l'adoption d'un enfant, sans préjudice du congé de maternité ou du congé d'adoption qui peut intervenir au préalable (art. 57, loi n° 2012-347 du 12 mars 2012 dite loi Sauvadet).

3 L'évolution dans la carrière

Le fonctionnaire bénéficie d'un droit à l'avancement. L'agent public, qui fait l'objet d'une évaluation par ses supérieurs, peut aussi faire valoir son droit à la mobilité.

■ *L'avancement*

Il convient de distinguer l'avancement d'échelon de l'avancement de grade.

a) L'avancement d'échelon

Il intervient de façon continue, chaque grade comprenant plusieurs échelons. Cet avancement, qui dépend à la fois de l'ancienneté et de la valeur professionnelle de l'agent, va entraîner une augmentation de la rémunération de ce dernier.

b) L'avancement de grade

Il permet le passage dans un grade supérieur à l'intérieur d'un même corps ou cadre d'emploi et entraîne une augmentation de traitement du fonctionnaire.

On distingue trois avancements de grade :

- l'avancement au choix par voie d'inscription au tableau d'avancement préparé chaque année par l'administration ;
- l'avancement par tableau d'avancement après examen professionnel ;
- et l'avancement par voie de concours professionnel.

■ *L'évaluation*

La procédure d'évaluation a vocation à se substituer au système de la notation.

Le décret n° 2010-888 du 28 juillet 2010 relatif aux conditions générales de l'appréciation de la valeur professionnelle des fonctionnaires de l'État détermine pour ces derniers le contenu de l'entretien professionnel annuel qui est conduit par le supérieur hiérarchique direct.

Selon l'article 3 du décret n° 2010-888 du 28 juillet 2010, ***l'entretien professionnel,*** qui va donner lieu à un compte rendu, porte principalement sur les éléments suivants :

- les ***résultats professionnels*** obtenus par le fonctionnaire eu égard aux objectifs qui lui ont été assignés et aux conditions d'organisation et de fonctionnement du service dont il relève ;
- les ***objectifs assignés*** au fonctionnaire pour l'année à venir et les perspectives d'amélioration de ses résultats professionnels ;
- la ***manière de servir*** du fonctionnaire ;
- les ***acquis de son expérience professionnelle*** ;
- le cas échéant, la manière dont il ***exerce les fonctions d'encadrement*** qui lui ont été confiées ;
- les ***besoins de formation*** du fonctionnaire eu égard, notamment, aux missions qui lui sont imparties, aux compétences qu'il doit acquérir et à son projet professionnel ;
- ses perspectives d'***évolution professionnelle*** en termes de carrière et de mobilité.

■ *La mobilité*

La loi n° 2009-972 du 3 août 2009 relative à la mobilité et aux parcours professionnels vise à fluidifier la gestion des ressources humaines et à faciliter le parcours professionnel des fonctionnaires. Elle a inscrit, à l'article 13 *bis* du titre Ier du statut général de la fonction publique, le principe selon lequel tous les corps et cadres d'emplois sont accessibles aux fonctionnaires civils par la voie du détachement suivi, le cas échéant, d'une intégration, ou par la voie de l'intégration directe. Le détachement ou l'intégration directe va s'effectuer entre corps et cadres d'emplois qui appartiennent à la même catégorie et de niveau comparable.

L'article 14 *bis* introduit dans la loi n° 83-634 du 13 juillet 1983 du fait de l'article 4 de la loi du 3 août 2009 prévoit désormais que « *hormis les cas où le détachement, la mise en disponibilité et le placement en position hors cadres sont de droit, une administration ne peut s'opposer à la demande de l'un de ses fonctionnaires tendant, avec l'accord du service, de l'administration ou de l'organisme public ou privé d'accueil, à être placé dans l'une de ces positions statutaires ou à être intégré directement dans une autre administration qu'en raison des nécessités du service ou, le cas échéant, d'un avis d'incompatibilité rendu par la commission de déontologie (...) Elle peut exiger de lui qu'il respecte un délai maximal de préavis de trois mois* ».

■ *La mutation*

Elle permet aux fonctionnaires de changer d'emploi sans changer de grade, ni de corps ou de cadre d'emplois. La mutation, qui ne peut concerner que les agents titulaires, est prononcée dans l'intérêt du service ou à la demande des intéressés.

4 La sortie de la fonction publique

La cessation définitive des fonctions, qui entraîne radiation des cadres et perte de la qualité de fonctionnaire, peut intervenir dans plusieurs hypothèses : la démission, le licenciement, la révocation et l'admission à la retraite » (art. 24, loi du 13 juillet 1983).

■ *La démission*

La cessation définitive des fonctions peut résulter de la « démission régulièrement acceptée ». Le fonctionnaire doit présenter sa demande de démission par écrit. La démission du fonctionnaire produit des effets juridiques à partir de son acceptation par l'administration. Elle ne sera pas valable si le fonctionnaire a démissionné sous la contrainte.

■ *Le licenciement*

Il peut intervenir dans certains cas : insuffisance professionnelle, refus de trois postes à la fin d'une période de mise en disponibilité, faute disciplinaire, inaptitude physique.

■ *La révocation*

Elle est la sanction disciplinaire la plus grave qui est susceptible d'être infligée à un fonctionnaire.

■ *L'admission à la retraite*

Elle correspond à la sortie normale de la fonction publique. Lorsque l'agent atteint la limite d'âge, l'administration a l'obligation de prononcer sa mise à la retraite.

Les droits et obligations des fonctionnaires

CHAPITRE 13

Les fonctionnaires sont soumis à différentes obligations professionnelles en contrepartie desquelles ils bénéficient de certains droits. Ces droits et obligations des fonctionnaires fondent la spécificité de leur statut.

1 Les droits des fonctionnaires

Le fonctionnaire se voit reconnaître différentes catégories de droit.

Les droits pécuniaires

Les fonctionnaires ont droit, après service fait, à une rémunération comprenant le traitement, l'indemnité de résidence, le supplément familial de traitement ainsi que les indemnités instituées par un texte législatif ou réglementaire. Ce droit à rémunération est prolongé à la retraite par le versement d'une pension.

Le montant du traitement du fonctionnaire est déterminé en fonction du grade de l'agent et de l'échelon auquel il est parvenu, ou de l'emploi auquel il a été nommé.

La ***Garantie individuelle du pouvoir d'achat*** (GIPA), qui a été instituée en 2008, cherche à atténuer la perte éventuelle de pouvoir d'achat subie par les fonctionnaires, sous réserve qu'ils remplissent certaines conditions (Décret n° 2008-539 du 6 juin 2008).

Enfin, une ***pension d'invalidité*** est versée aux fonctionnaires qui se trouvent dans l'incapacité permanente de continuer à exercer leurs fonctions en raison d'un accident survenu dans le service.

■ *Les droits liés aux libertés publiques*

a) La liberté d'opinion

La liberté d'opinion est reconnue aux fonctionnaires. Aucune distinction, directe ou indirecte, ne peut être faite entre les fonctionnaires en raison de leurs opinions. Il est interdit de mentionner dans leurs dossiers des éléments relatifs à leurs opinions politiques, syndicales, philosophiques ou religieuses.

b) Le droit syndical

Les fonctionnaires « *peuvent librement créer des organisations syndicales, y adhérer et y exercer des mandats* ». Toutefois, les militaires comme les préfets ne bénéficient pas de la liberté syndicale. Les organisations syndicales de fonctionnaires les plus « représentatives » ont vocation à participer au niveau national à des négociations relatives à l'évolution des rémunérations et du pouvoir d'achat des agents publics avec les représentants du Gouvernement, les représentants des employeurs publics territoriaux et les représentants des employeurs publics hospitaliers.

Ces organisations ont également qualité pour participer, avec les autorités compétentes, à des négociations relatives :

- aux conditions et à l'organisation du travail, et au télétravail ;
- au déroulement des carrières et à la promotion professionnelle ;
- à la formation professionnelle et continue ;
- à l'action sociale et à la protection sociale complémentaire ;
- à l'hygiène, à la sécurité et à la santé au travail ;
- à l'insertion professionnelle des personnes handicapées ;
- à l'égalité professionnelle entre les hommes et les femmes.

Les syndicats de fonctionnaires peuvent ester en justice. Leurs délégués vont siéger dans plusieurs organismes de concertation (CAP, CT, CHSCT).

c) Le droit de grève

Les fonctionnaires exercent le droit de grève dans le cadre des lois qui le réglementent. Cependant, certaines catégories de fonctionnaires ne bénéficient pas de ce droit constitutionnel comme les magistrats de l'ordre judiciaire ou les personnels de police.

Le Code du travail organise les modalités de grève dans la fonction publique et les services publics : dépôt obligatoire d'un préavis par un ou plusieurs syndicats représentatifs 5 jours francs au moins avant le début de la grève, interdiction des grèves perlées ou tournantes...

■ *Le droit à la protection fonctionnelle*

Les fonctionnaires bénéficient, à l'occasion de leurs fonctions, d'une protection organisée par la collectivité publique dont ils dépendent, conformément aux règles fixées par le Code pénal et les lois spéciales. L'administration a l'obligation de les protéger contre « *les menaces, violences, voies de fait, injures, diffamations ou outrages dont ils pourraient être victimes à l'occasion de leurs fonctions, et de réparer, le cas échéant, le préjudice qui en est résulté* ».

■ *Le droit à des congés*

Les fonctionnaires ont droit à des congés annuels, des congés de maladie, des congés de maternité et des congés liés aux charges parentales, des congés de formation professionnelle, des congés pour validation des acquis de l'expérience, des congés pour bilan de compétences, et des congés pour formation syndicale.

■ *Le droit individuel à la formation professionnelle*

Les fonctionnaires bénéficient d'un crédit annuel d'heures de formation professionnelle qu'ils peuvent utiliser pour accomplir certaines formations.

2 Les obligations des fonctionnaires

Les fonctionnaires sont soumis à différentes obligations dans l'exercice de leurs fonctions.

■ *Exercice exclusif de la fonction*

C'est le principe de l'***interdiction des cumuls d'emploi publics*** et de cumul d'une fonction publique avec des activités privées lucratives.

Il y a cependant des ***exceptions à cette règle*** du non-cumul (production d'œuvres de l'esprit, activités de consultation liées à l'exercice de la fonction). Ces cumuls d'activités sont autorisés par le décret n° 2007-658 du 2 mai 2007 qui a abrogé le décret-loi du 29 octobre 1936.

■ *Obligation de neutralité*

Cette obligation est un ***principe de valeur constitutionnelle*** qui impose aux fonctionnaires de garantir le caractère neutre et laïc du service public. Il est interdit à ces derniers de manifester leurs opinions politiques ou religieuses.

■ *Obligation de réserve*

Le principe de neutralité du service public interdit aux fonctionnaires de faire de leur fonction l'instrument d'une quelconque propagande.

Cette obligation de réserve, qui est consacrée par la jurisprudence administrative, impose aussi aux fonctionnaires d'éviter les comportements susceptibles de venir porter atteinte à la considération du service public par les usagers.

■ *Obligation de discrétion professionnelle*

Les fonctionnaires doivent faire preuve de discrétion professionnelle pour tous les faits, informations ou documents dont ils ont connaissance dans l'exercice ou à l'occasion de l'exercice de leurs fonctions.

Ils peuvent être déliés de cette obligation par décision expresse de leur autorité hiérarchique et cela en particulier pour satisfaire aux demandes d'information du public.

■ *Obligation de secret professionnel*

Les fonctionnaires sont tenus au secret professionnel dans le cadre des règles instituées dans le Code pénal.

■ *Obligation d'obéissance hiérarchique*

Les fonctionnaires ont l'obligation de se conformer aux instructions de leurs supérieurs hiérarchiques. Le refus d'obéir à un ordre qui émane de l'autorité hiérarchique peut entraîner une sanction disciplinaire.

Cependant, il en va différemment si « *l'ordre donné est manifestement illégal et de nature à compromettre gravement un intérêt public* ».

PARTIE 5

Droit administratif spécial

Le domaine public

CHAPITRE 14

Les personnes publiques possèdent à la fois un domaine public et un domaine privé. Ce dernier se compose de l'ensemble des biens publics qui ne présentent pas les conditions nécessaires à l'appartenance au domaine public.

1 Les critères de la domanialité publique

Le législateur a précisé pour la première fois la définition du domaine public dans le Code général de la propriété des personnes publiques (CGPPP) qui est entré en vigueur le 1er juillet 2006.

■ *Critère organique*

Le bien doit être la propriété d'une personne publique (État, collectivités territoriales, Établissement public). En effet, la première condition pour incorporer un bien au domaine public est celle de son appartenance à une personne publique.

Dans certains cas, le législateur a prévu l'appartenance d'un bien au domaine public. Ainsi, par exemple, la loi n° 63-1178 du 28 novembre 1963 relative au domaine public maritime précise que le sol et le sous-sol de la mer territoriale ainsi que les lais et relais futurs de la mer sont incorporés au domaine public maritime. Autre exemple, la loi n° 55-435 du 18 avril 1955 portant statut des autoroutes indique que ces dernières font partie du domaine public de l'État.

La question de savoir si un bien appartient à une personne publique ou à une personne privée relèvera de la compétence du juge judiciaire. On notera que des locaux appartenant à une commune dans un immeuble en copropriété ne pourront pas faire partie de son domaine public (*CE, 11 février 1994, Cie d'assurance Préservatrice Foncière*).

■ *Critère matériel*

Le bien doit être soit affecté à l'usage direct du public soit affecté à un service public. Dans ce dernier cas, le bien doit faire l'objet d'un aménagement indispensable à l'exécution des missions de ce service public.

L'affectation du bien à l'usage du public doit être directe. Elle suppose que le public puisse utiliser directement le bien sans l'intermédiaire d'un service public. Ce critère a été consacré par le Conseil d'État à propos d'un cimetière dans l'arrêt *Marecar* du 28 juin 1935.

Tous les biens qui sont affectés à l'usage direct du public ne vont pas appartenir nécessairement au domaine public. Ainsi, bien qu'affectés à l'usage du public, les chemins ruraux font partie du domaine privé des communes. Il en va de même pour les forêts domaniales qui appartiennent au domaine privé des collectivités publiques.

Par ailleurs, le critère de l'affectation à un service public concerne aussi bien un SPA qu'un SPIC. La notion d'***aménagement indispensable*** retenue pour l'affectation des biens au service public conduit à éviter l'extension du périmètre de la domanialité publique. Elle vient se substituer à la notion d'aménagement spécial. Avant 2006, cette exigence d'aménagement spécial concernait aussi bien les dépendances affectées à un service public que celles affectées à l'usage direct du public.

2 La consistance du domaine public

On oppose classiquement le domaine public naturel qui se compose de biens qui sont le résultat de phénomènes naturels au domaine public artificiel qui résulte de l'intervention de l'homme.

■ *Le domaine public naturel*

Sa délimitation résulte de décisions (décrets, arrêtés préfectoraux) adoptées unilatéralement par l'autorité administrative. La décision est seulement déclarative. Elle se contente de constater les limites du domaine qui sont déterminées en fonction des phénomènes naturels. Le domaine public naturel comprend plusieurs catégories de dépendance :

- ***le domaine public maritime.*** Il est constitué par le sol et le sous-sol de la mer territoriale, les rivages de la mer, les lais et relais de la mer, les étangs salés en communication directe avec la mer ainsi que les havres et les rades ;
- ***le domaine public fluvial.*** Il est constitué, selon le CGPPP, des cours d'eau et lacs appartenant à l'État, aux collectivités territoriales ou à leurs groupements, et classés dans leur domaine public fluvial ;

– ***le domaine public hertzien.*** Son existence est confirmée par le CGPPP qui précise que « *les fréquences radioélectriques disponibles sur le territoire de la République relèvent du domaine public de l'État* » (art. L. 2111-17, CGPPP).

■ *Le domaine public artificiel*

La délimitation du domaine public artificiel, qui est attributive et non déclarative, va se faire par la procédure d'alignement. Ainsi, selon le Code de la voirie routière, « *l'alignement est la détermination par l'autorité administrative de la limite du domaine public routier au droit des propriétés riveraines* ».

Il convient de distinguer le domaine public immobilier du domaine public mobilier.

a) Le domaine public artificiel immobilier

Le ***domaine public maritime artificiel*** est notamment constitué des ouvrages ou installations ayant vocation à assurer la sécurité et la facilité de la navigation maritime (phares, digues...).

Le ***domaine public fluvial artificiel*** comprend notamment les ouvrages ou installations destinés à assurer l'alimentation en eau des canaux et plans d'eau ainsi que les biens immobiliers concourant au fonctionnement d'ensemble des ports intérieurs.

Le ***domaine public aéronautique*** est constitué des biens immobiliers affectés aux besoins de la circulation aérienne publique. Il « comprend notamment les emprises des aérodromes et les installations nécessaires pour les besoins de la sécurité de la circulation aérienne situées en dehors de ces emprises ».

Le ***domaine public ferroviaire*** est constitué des biens immobiliers « affectés exclusivement aux services de transports publics guidés le long de leurs parcours en site propre » (gares, voies ferrées...).

Le ***domaine public routier*** comprend l'ensemble des biens du domaine public de l'État, des départements et des communes affectés aux besoins de la circulation terrestre, à l'exception des voies ferrées.

b) Le domaine public artificiel mobilier

L'article L. 2112-1 du CGPPP propose une définition du domaine public mobilier constitué par les biens culturels : « *font partie du domaine public mobilier de la personne publique propriétaire, les biens présentant un intérêt public du point de vue de l'histoire, de l'art, de l'archéologie, de la science ou de la technique* ».

Cet article présente ensuite une liste non limitative de biens appartenant au domaine public mobilier qui comprend onze catégories de biens. On retiendra notamment les archives publiques, les archives issues de fonds privés entrées dans les collections publiques par acquisition à titre onéreux, don, dation ou legs, les biens culturels maritimes de nature mobilière, les objets mobiliers classés ou inscrits en application du Code du patrimoine, les collections des musées ainsi que les collections de documents anciens, rares ou précieux des bibliothèques.

3 L'entrée et la sortie des biens du domaine public

S'agissant de l'entrée d'un bien dans le domaine public, la règle est que l'incorporation se constate. L'incorporation d'un bien au *domaine public naturel* est en principe automatique. Toutefois, le législateur peut subordonner l'appartenance d'un bien au domaine public naturel à une décision de classement du bien en question.

Par ailleurs, le CGPPP indique que l'incorporation dans le *domaine public artificiel* va s'opérer selon les procédures fixées par les autorités compétentes.

Enfin, un bien d'une personne publique, qui n'est plus affecté à un service public ou à l'usage direct du public, ne fait plus partie du domaine public à compter de l'intervention de l'acte administratif constatant son déclassement (art. L. 2141-1, CGPPP).

La procédure normale de sortie d'un bien du domaine public nécessite « un acte formel de déclassement postérieur ou simultané à la désaffectation de fait du bien concerné » (*réponse ministérielle n° 57055, JO AN, 15 déc. 2009*).

Le déclassement par anticipation est autorisé par le CGPPP : « *le déclassement d'un immeuble appartenant au domaine public artificiel de l'État ou de ses établissements publics et affecté à un service public peut être prononcé dès que sa désaffectation a été décidée alors même que les nécessités du service public justifient que cette désaffectation ne prenne effet que dans un délai fixé par l'acte de déclassement* » (art. L. 2141-2, CGPPP).

Le déclassement d'un bien affecté à un service public peut, afin d'améliorer les conditions d'exercice de ce service public, être prononcé en vue de permettre un échange avec un bien d'une personne privée ou relevant du domaine privé d'une personne publique (art. L. 2141-3, CGPPP).

4 La protection du domaine public

Le domaine public fait l'objet d'une protection spécifique. Il bénéficie d'un régime de protection rigoureux, un régime plus protecteur que celui du domaine privé.

L'inaliénabilité du domaine public

L'inaliénabilité prohibe les aliénations de toute nature (vente, expropriation). Plus précisément, le principe d'inaliénabilité, qui remonte à l'édit de Moulin de 1566, interdit de vendre une dépendance du domaine public tant qu'elle est affectée au public ou au service public.

Le Conseil constitutionnel, qui n'a pas consacré la valeur constitutionnelle de ce principe, a considéré qu'il s'oppose à une aliénation des biens du domaine public sans déclassement préalable : « sans qu'il soit besoin de rechercher si le principe d'inaliénabilité du domaine public a valeur constitutionnelle, il suffit d'observer qu'il s'oppose seulement à ce que des biens qui constituent ce domaine soient aliénés sans qu'ils aient été au préalable déclassés » (*décision n° 86-217 DC du 18 septembre 1986 du Conseil constitutionnel*).

L'imprescriptibilité du domaine public

Ce principe d'imprescriptibilité, qui a été initialement établi par un édit royal de 1667, interdit d'acquérir un bien du domaine public par une occupation prolongée. Ce principe, qui est étroitement lié au principe d'inaliénabilité, vient protéger le domaine public tant à l'encontre des tiers que vis-à-vis de l'administration elle-même. Cette règle de l'imprescriptibilité comme celle de l'inaliénabilité du domaine public est consacrée par le CGPPP (art. L. 3111-1).

L'insaisissabilité du domaine public

Les biens des personnes publiques sont insaisissables. Ils ne peuvent faire l'objet d'aucune voie d'exécution. Ce principe de l'insaisissabilité du domaine public est affirmé par l'article L. 2311-1 du CGPPP.

On notera que « la Constitution s'oppose à ce que des biens ou des entreprises faisant partie de patrimoines publics soient cédés à des personnes poursuivant des fins d'intérêt privé pour des prix inférieurs à leur valeur » (*décision n° 86-207 DC du 26 juin 1986 du Conseil constitutionnel*). Par ailleurs, le principe de l'insaisissabilité des biens des personnes publiques est un principe général du droit (*Cass. civ. 1re, 21 décembre 1987, Bureau de recherches géologiques et minières*).

La protection pénale du domaine public

Elle est assurée par la police de la conservation du domaine, qui est une police spéciale, ainsi que par les contraventions de voirie. On distingue les contraventions de voirie routière (contraventions de petites voiries) et les contraventions de grande voirie :

- ***les contraventions de voirie routière*** sanctionnent les atteintes à l'intégrité du domaine public routier. La répression des infractions à la police de la conservation du domaine public routier est poursuivie devant la juridiction judiciaire sous réserve des questions préjudicielles relevant de la compétence de la juridiction administrative (art. L. 116-1, C. voirie) ;
- ***les contraventions de grande voirie,*** qui sanctionnent les atteintes portées aux dépendances du domaine public autres que les voies publiques terrestres, sont constatées, poursuivies et réprimées par voie administrative (art. L. 2132-2, CGPPP).

L'obligation d'entretien du domaine public

Toute collectivité publique a l'obligation d'entretenir les biens appartenant à son domaine public. Sa responsabilité pourrait être engagée en cas de préjudice découlant d'une absence d'entretien.

5 L'utilisation du domaine public

Il convient de distinguer les utilisations collectives des utilisations privatives du domaine public.

L'utilisation collective du domaine public

Trois principes régissent l'utilisation du domaine public affecté à l'usage collectif du public :

- le principe de liberté d'utilisation des dépendances du domaine public : ce principe connaît des exceptions. C'est notamment le cas en ce qui concerne la liberté de stationnement et la liberté de circulation. Ainsi, le maire peut réglementer l'arrêt et le stationnement des véhicules ou de certaines catégories d'entre eux ainsi que la desserte des immeubles riverains (art. L. 2213-2, CGCT). On notera qu'il ressort de la jurisprudence du Conseil d'État que les interdictions générales et absolues sont illégales ;
- le principe d'égalité des utilisations collectives du domaine public : ce principe, qui implique que tous les utilisateurs du domaine public soient traités de manière identique dès lors qu'ils sont placés dans la même situation (*CE, 2 novembre 1956, Biberon),* connaît toutefois des dérogations en particulier en matière de voirie routière. C'est le cas par exemple des couloirs de circulations réservés à certaines catégories de véhicules (art. L. 2213-3, CGCT) ;

– le principe de gratuité des utilisations collectives du domaine public : ce principe connaît toutefois lui aussi des dérogations en particulier en matière de voirie routière. Si l'usage des autoroutes est en principe gratuit, il peut être institué par décret en Conseil d'État un péage pour l'usage d'une autoroute en vue d'assurer la couverture totale ou partielle des dépenses de toute nature liées à la construction, à l'exploitation, à l'entretien, à l'aménagement ou à l'extension de l'infrastructure (art. L. 122-4, C. voirie).

■ *L'utilisation privative du domaine public*

Toute utilisation privative du domaine public suppose l'intervention préalable de l'autorité administrative. L'utilisation privative du domaine public nécessite une autorisation d'occupation, laquelle donnera lieu au versement d'une redevance. Cette autorisation présente un caractère précaire et révocable.

La ***permission de voirie*** sera nécessaire pour une occupation privative du domaine public avec emprise sur le sol et pour des travaux qui modifient le domaine public (installation d'un kiosque à journaux...).

Le ***permis de stationnement*** autorise quant à lui l'occupation sans emprise au sol (terrasses de café). Enfin, la *concession de voirie* est un contrat administratif par détermination de la loi (décret-loi du 17 juin 1938) ; un contrat d'occupation du domaine public conclu entre l'administration et un particulier.

L'expropriation pour cause d'utilité publique

CHAPITRE 15

Le célèbre article 17 de la Déclaration des droits de l'homme et du citoyen de 1789 détermine les grands principes du droit de l'expropriation : « la propriété étant un droit inviolable et sacré, nul ne peut en être privé, si ce n'est lorsque la nécessité publique, légalement constatée, l'exige évidemment, et sous la condition d'une juste et préalable indemnité ». La procédure d'expropriation est organisée par les dispositions du Code de l'expropriation pour cause d'utilité publique.

1 La notion d'expropriation

L'expropriation, qui est le transfert forcé de la propriété d'un bien, moyennant le paiement d'une juste et préalable indemnité, doit être justifiée par l'utilité publique ; laquelle utilité publique est définie par le juge par référence à la notion d'intérêt général.

La qualité d'expropriant est reconnue à l'État, aux collectivités territoriales, aux établissements publics nationaux et locaux ainsi qu'aux personnes privées assurant une activité d'intérêt général. Cependant, l'État, qui a été le premier expropriant, demeure le principal titulaire du pouvoir d'exproprier.

Peuvent être expropriés, les immeubles bâtis ou non bâtis, une partie seulement d'un immeuble ou encore depuis l'ordonnance du 23 octobre 1958 les droits réels immobiliers (usufruit, servitudes). De façon exceptionnelle, l'expropriation peut porter sur des biens mobiliers (biens culturels maritimes, brevets d'invention concernant la défense nationale).

2 La procédure d'expropriation

Elle comporte deux phases successives qui relèvent de deux juges différents :

– la première phase, qui a ***vocation à apporter la démonstration de l'utilité publique de l'opération projetée***, fait intervenir le ***juge administratif*** ;

– la seconde phase ***est caractérisée par le transfert de propriété et la fixation de l'indemnité correspondante.*** Elle fait intervenir le ***juge judiciaire*** qui est un magistrat du Tribunal de grande instance (TGI). Ce dernier est désigné pour 3 ans, dans chaque département, par le premier président de la Cour d'appel.

■ *La phase administrative*

a) La constitution du dossier

La phase administrative de la procédure d'expropriation va débuter par la ***préparation du dossier d'enquête publique***. Il appartient effectivement à l'expropriant d'adresser au préfet un dossier concernant l'opération d'expropriation projetée (art. R. 11-3, C. expr.). Ce dossier sera examiné dans le cadre de l'enquête publique préalable :

– lorsque la ***déclaration d'utilité publique est demandée en vue de la réalisation de travaux ou d'ouvrages***, le dossier d'enquête publique doit comprendre une notice explicative, un plan de situation et le plan général des travaux, les caractéristiques principales des ouvrages les plus importants, l'appréciation sommaire des dépenses, une étude d'impact lorsque les ouvrages ou travaux n'en sont pas dispensés ainsi qu'une étude d'évaluation socio-économique lorsque les travaux constituent un grand projet d'infrastructures ;

– lorsque la ***déclaration d'utilité publique est demandée en vue de l'acquisition d'immeubles***, ou en vue de la réalisation d'une opération d'aménagement ou d'urbanisme importante pour laquelle l'acquisition préalable d'immeubles est nécessaire, le dossier doit réunir une notice explicative, le plan de situation, le périmètre délimitant les immeubles à exproprier et l'estimation sommaire des acquisitions à réaliser.

b) L'enquête publique préalable

L'ouverture de l'enquête est décidée par arrêté préfectoral, lequel constitue une simple mesure préparatoire qui ne peut faire l'objet de recours contentieux. L'enquête, qui doit aussi assurer l'information du public de l'opération, est menée par un commissaire enquêteur ou par une commission d'enquête pour les projets les plus importants. C'est le président du tribunal administratif qui est compétent pour les désigner.

Il existe deux procédures d'enquête : l'enquête de droit commun et l'enquête spécifique aux opérations de nature à affecter l'environnement.

L'enquête est obligatoire sauf dans trois cas : expropriation de biens culturels maritimes, expropriation d'immeubles insalubres, opérations secrètes concernant la défense nationale.

Au terme de l'enquête, le commissaire enquêteur ou la commission d'enquête est tenu d'établir un rapport sur le déroulement de l'enquête. Il doit rédiger des conclusions motivées en précisant si elles sont favorables ou non à l'opération envisagée.

c) L'adoption de la déclaration d'utilité publique

La déclaration d'utilité publique (DUP), qui constitue un acte administratif *sui generis,* a vocation à affirmer l'utilité publique de l'opération d'expropriation projetée. Cette décision, qui détermine elle-même sa durée de validité, sera adoptée par l'autorité administrative. L'utilité publique est déclarée par arrêté préfectoral ou ministériel ou encore par décret du Premier ministre en Conseil d'État pour certains travaux importants (art. R. 11-2, C. expr.).

La DUP doit être accompagnée d'un document exposant les motifs et considérations qui justifient le caractère d'utilité publique de l'opération envisagée. Elle peut faire l'objet d'un recours pour excès de pouvoir.

d) L'enquête parcellaire et l'arrêté de cessibilité

L'enquête parcellaire, qui est ouverte par arrêté préfectoral, vise à déterminer les parcelles à exproprier et l'identité des propriétaires et ayants droit éventuels. Elle va déboucher sur l'arrêté de cessibilité qui est le dernier acte de la phase administrative de la procédure d'expropriation. Le préfet, par arrêté, va désigner les biens objet de l'expropriation (art. R. 11-28, C. expr.). L'arrêté de cessibilité est un acte administratif non réglementaire qui devra être notifié aux intéressés.

■ *La phase judiciaire*

a) Le transfert de propriété

Il peut intervenir par ***accord amiable*** entre l'expropriant et l'exproprié ou être prononcé par une ***ordonnance*** du juge de l'expropriation qui sera saisi par le préfet. Le juge judiciaire, qui doit statuer dans un délai de 15 jours, va se contenter de vérifier les formalités accomplies durant la phase administrative de la procédure d'expropriation.

L'ordonnance d'expropriation a pour effet de transférer la propriété du bien exproprié. Elle procède à l'extinction de tous les droits de l'exproprié au bénéfice de l'expropriant sur le bien immobilier.

Elle peut faire l'objet d'un recours en cassation, dans un délai de 15 jours, pour incompétence, vice de forme ou excès de pouvoir du juge.

b) L'indemnité

À défaut d'accord amiable, l'indemnité est fixée par le juge judiciaire. Elle doit couvrir l'intégralité du préjudice direct, matériel et certain, provoqué par l'expropriation (art. L. 13-13, C. expr.). Son versement oblige la personne expropriée à libérer les lieux dans le délai d'un mois. Il est le préalable indispensable à la prise de possession.

L'indemnité doit être versée préalablement et intégralement à la prise de possession, sauf urgence ou extrême urgence.

Enfin, on notera que le jugement motivé prononcé par le juge de l'expropriation, qui détermine le montant de l'indemnité, est susceptible d'appel et de pourvoi en cassation.

Les travaux publics

CHAPITRE 16

La loi du 28 pluviôse an VIII concernant la division du territoire français et de l'administration, qui ne propose pas de définition du travail public, donne compétence au juge administratif en matière de travaux publics.

Son article 4 attribue effectivement compétence aux Conseils de préfectures (ancêtres des tribunaux administratifs) pour se prononcer notamment « sur les difficultés qui pourraient s'élever entre les entrepreneurs de travaux publics et l'administration concernant le sens ou l'exécution des clauses de leur marché ».

1 La notion de travaux publics

Certaines lois particulières ont qualifié des opérations de « travaux publics » (loi n° 66-383 du 16 juin 1966 relative aux opérations de déminage poursuivies par l'État, loi du 4 avril 1882 pour les travaux de reboisement en montagne). Mais en l'absence de définition législative du travail public, c'est la jurisprudence qui est venue préciser les contours de cette notion qui est l'une des plus anciennes du droit administratif.

■ *Les critères d'identification du travail public*

Ces critères sont au nombre de deux : un critère matériel et un critère alternatif :

- ***critère matériel : une opération de nature immobilière.*** Pour qu'il y ait travail public, il faut nécessairement qu'il y ait une opération matérielle même si l'importance de celle-ci importe peu (remplacement d'un pavé sur la voie publique par exemple).
  De plus, cette opération ne peut être qu'immobilière. Le travail public peut être effectué sur des immeubles par nature (des bâtiments par exemple) comme sur des immeubles par destination (un ascenseur par exemple). Par contre, un travail mobilier ne peut être qualifié de travail public ;

– ***critère alternatif : un travail réalisé pour le compte d'une personne publique dans un but d'intérêt général ou par une personne publique dans le cadre d'une mission de service public.*** Selon la jurisprudence, pour que le travail immobilier soit un travail public, il doit être effectué pour le compte d'une personne publique dans un but d'utilité générale ou bien être réalisé par une personne publique, en exécution d'une mission de service public, éventuellement au bénéfice d'une personne privée.

C'est dans son célèbre arrêt *Commune de Monségur* du 20 juin 1921 que le Conseil d'État a considéré que les travaux effectués pour le compte d'une personne publique sont des travaux publics à la condition qu'ils répondent à un but d'intérêt général, lequel ne saurait se réduire au service public ; la notion d'intérêt général étant plus large que celle de service public. Dans l'arrêt *Commune de Monségur,* le juge administratif a estimé que les travaux réalisés dans une église pour le compte d'une personne publique, dans un but d'utilité générale, étaient des travaux publics, alors même que le service des cultes ne constitue plus un service public depuis la loi du 9 décembre 1905 concernant la séparation des Églises et de l'État.

On notera que les travaux effectués dans un but exclusivement patrimonial ou privé ne peuvent accéder à la qualification de travail public.

L'arrêt *Commune de Monségur* a été l'arrêt de principe en matière de travaux publics jusqu'en 1955, année où le Tribunal des conflits a proposé une nouvelle définition du travail public. En effet, dans son arrêt *Effimief* du 28 mars 1955, qui sera confirmé par la suite, ce dernier a jugé que les travaux réalisés par une personne publique, dans le cadre d'une mission de service public, pour le compte d'une personne privée, pouvaient être qualifiés de travaux publics. En l'espèce, il s'agissait de travaux effectués par des associations syndicales de reconstruction pour le compte de particuliers.

Selon cette jurisprudence, qui propose une définition élargie de la notion de travaux publics, deux conditions cumulatives doivent être satisfaites pour que les travaux réalisés pour le compte de personnes privées puissent bénéficier du caractère de travaux publics :

– ***les travaux doivent être effectués par une personne publique***. Il n'est pas nécessaire que cette dernière les réalise elle-même. Ils peuvent être effectivement effectués sous son autorité. La personne publique, qui sera alors le *maître d'œuvre*, les fera réaliser par un entrepreneur. Par contre, il n'y aura pas travail public si les travaux ont été effectués avec une simple aide financière d'une personne publique (*T. confl., 28 avril 1980, Prunet*) ;

– ***les travaux publics doivent être effectués dans le cadre d'une mission de service public***. C'est le cas par exemple des travaux exécutés d'office sur des immeubles menaçant ruine (*CE, 12 avril 1957, Mimouni*). C'est aussi le cas des travaux de reboisement entrepris par l'État sur des propriétés privées dans le cadre du service public du reboisement organisé par la loi du 30 septembre 1946 (CE, 20 avril 1956, *consorts Grimouard*).

■ *Le caractère attractif de la notion de travail public*

Les contrats portant sur plusieurs opérations seront qualifiés de contrats administratifs si seulement l'une des opérations en question est un travail public (*CE, 18 mars 1988, Société civile des Néo-Polders*).

En matière de *dommages de travaux publics*, il suffira que le dommage soit subi du fait de l'emploi d'un matériel destiné à la réalisation du travail public pour que le juge administratif soit compétent.

■ *Travail public et ouvrage public*

L'ouvrage public est un bien immobilier, résultant du travail de l'homme, qui est affecté à l'intérêt général.

Comme le travail public, il présente, sauf exception, un caractère immobilier et il a également une finalité d'utilité publique.

Toutefois, les notions de travail public et d'ouvrage public ne se confondent pas. Il peut y avoir ouvrage public indépendamment de la réalisation d'un travail public, l'inverse est également possible.

Par ailleurs, à la différence du travail public, l'ouvrage public pourra être exceptionnellement le résultat de travaux privés (*T. confl., 10 février 1949, Roubaud*).

2 Les modalités d'exécution du travail public

Il s'agit ici d'examiner les différents modes d'exécution du travail public.

■ *La régie*

La régie est un procédé consistant pour l'administration à réaliser elle-même l'opération de travaux publics avec ses propres moyens en matériel et en personnel. La personne publique intervient ici en qualité à la fois de maître d'ouvrage et de maître d'œuvre. Ce procédé est surtout utilisé pour des travaux d'entretien courant. Il doit être distingué de la « régie intéressée »qui est un mode de gestion du service public

L'offre de concours

Elle émane d'une personne publique ou privée qui s'engage à apporter à l'administration une contribution en contrepartie d'une opération de travail public à laquelle elle trouve un intérêt. Il peut s'agir d'une contribution financière mais également d'une contribution en nature ou en service.

L'offre de concours est un contrat administratif qui sera formé par l'acceptation de l'offre par l'administration.

La concession de travaux publics

L'Ordonnance n° 2009-864 du 15 juillet 2009 relative aux contrats de concession de travaux publics indique dans son article 1 que « *les contrats de concession de travaux publics sont des contrats administratifs dont l'objet est de faire réaliser tous travaux de bâtiment ou de génie civil par un concessionnaire dont la rémunération consiste soit dans le droit d'exploiter l'ouvrage, soit dans ce droit assorti d'un prix* ».

Le marché public de travaux

C'est un contrat par lequel une personne publique vient confier à une personne publique ou à une personne privée l'exécution d'un travail public et cela moyennant le versement d'un prix en rémunération du travail réalisé. Ce contrat administratif, qui est la principale modalité d'exécution des travaux publics, doit respecter les grands principes du droit des marchés publics : la liberté d'accès à la commande publique, l'égalité de traitement entre les candidats et le principe de transparence (voir Chapitre 9).

L'article 1-III du Code des marchés publics précise que les marchés publics de travaux « *sont les marchés conclus avec des entrepreneurs, qui ont pour objet soit l'exécution, soit conjointement la conception et l'exécution d'un ouvrage ou de travaux de bâtiment ou de génie civil répondant à des besoins précisés par le pouvoir adjudicateur qui en exerce la maîtrise d'ouvrage. Un ouvrage est le résultat d'un ensemble de travaux de bâtiment ou de génie civil destiné à remplir par lui-même une fonction économique ou technique* ».

Dans le cadre de ce type de contrat, l'entrepreneur est responsable durant un an, à partir de la réception des travaux de construction, de la ***garantie du parfait achèvement***. Il est également responsable de la ***garantie décennale de la construction***, laquelle garantie concerne les désordres graves susceptibles de compromettre la solidité de l'ouvrage ou les éléments d'équipement qui font corps de façon indissociable avec lui. Cette garantie, qui va jouer pendant 10 ans, ne porte que sur les vices non apparents au moment de la réception. Enfin, l'entrepreneur est responsable de la ***garantie biennale de bon fonctionnement.*** Cette garantie d'une durée de 2 ans n'intéresse que les éléments d'équipement qui ne font pas corps de façon indissociable avec l'ouvrage (volets, portes...).

■ *Le contrat de partenariat*

Ce contrat administratif a été introduit par **l'ordonnance n° 2004-559 du 17 juin 2004** (voir Chapitre 9).

3 Le contentieux des dommages de travaux public

Tout dommage se rattachant à un travail public ou à un ouvrage public va constituer un dommage de travaux public. Depuis la loi du 28 pluviôse an VIII (17 février 1800) relative à la division du territoire français et de l'administration, les litiges concernant les travaux publics relèvent en principe de la compétence du juge administratif. Cependant, le juge judiciaire sera compétent s'agissant notamment des dommages subis par les usagers des SPIC et des dommages qui impliquent un véhicule.

Par ailleurs, les dommages de travaux publics subis par les tiers et les usagers ne relèvent pas du même régime de responsabilité. Si les dommages causés aux tiers relèvent du régime de la responsabilité sans faute, il en va différemment pour les usagers des travaux publics. Ces derniers ne pourront mettre en jeu la responsabilité de l'administration que si une faute a été commise par cette dernière.

Partie 6

Finances publiques

Les finances de l'État

Chapitre 17

Le cadre juridique du budget et les lois de finances seront examinés successivement.

1 Les grands principes budgétaires

Le droit budgétaire connaît quatre principes traditionnels : l'annualité, l'unité, l'universalité, et la spécialité.

Le principe de sincérité budgétaire, qui a été consacré par la loi organique n° 2001-692 relative aux lois de finances (LOLF) du 1er août 2001, est d'apparition plus récente.

■ *Le principe de l'annualité*

Le principe de l'annualité est énoncé par la LOLF qui précise que les crédits ouverts et les plafonds des autorisations d'emplois fixés au titre d'une année ne créent aucun droit au titre des années suivantes. Le budget décrit, pour une année, l'ensemble des recettes et des dépenses budgétaires de l'État.

Ce principe qui impose une périodicité annuelle pour l'élaboration des budgets publics est soumis à des aménagements. Des lois de finances rectificatives, appelées également collectifs budgétaires, qui modifient la loi de finances initiale, peuvent être votées en cours d'année.

Le gouvernement peut aussi recourir à la technique des décrets d'avances s'il n'a pas le temps de soumettre au Parlement un collectif budgétaire. En cas d'urgence, des décrets d'avance pris sur avis du Conseil d'État et après avis des commissions de l'Assemblée nationale et du Sénat chargées des finances peuvent ouvrir des crédits supplémentaires sans affecter l'équilibre budgétaire défini par la dernière loi de finances.

De plus, l'article 34 de la Constitution issu de la réforme constitutionnelle de 2008 dispose désormais que « *les orientations pluriannuelles des finances publiques sont définies par des lois de programmation. Elles s'inscrivent dans l'objectif d'équilibre des comptes des administrations publiques* ».

Enfin, il convient de mentionner la technique des reports de crédit sur l'exercice budgétaire suivant. Les règles de report de crédits non utilisés d'une année sur l'autre figurent à l'article 15 de la LOLF :

- les ***autorisations d'engagement disponibles sur un programme*** à la fin de l'année peuvent être reportées sur le même programme ou, à défaut, sur un programme poursuivant les mêmes objectifs, par arrêté conjoint du ministre chargé des finances et du ministre intéressé, majorant à due concurrence les crédits de l'année suivante. Ces reports ne peuvent pas majorer les crédits inscrits sur le titre des dépenses de personnel ;
- les ***crédits de paiement disponibles sur un programme*** à la fin de l'année peuvent être reportés sur le même programme ou, à défaut, sur un programme poursuivant les mêmes objectifs, par arrêté conjoint du ministre chargé des finances et du ministre intéressé, dans les conditions suivantes :
  - les crédits inscrits sur le titre des dépenses de personnel du programme bénéficiant du report peuvent être majorés dans la limite de 3 % des crédits initiaux inscrits sur le même titre du programme à partir duquel les crédits sont reportés,
  - les crédits inscrits sur les autres titres du programme bénéficiant du report peuvent être majorés dans la limite globale de 3 % de l'ensemble des crédits initiaux inscrits sur les mêmes titres du programme à partir duquel les crédits sont reportés.

Le principe d'unité

Ce principe implique que toutes les dépenses et recettes de l'État soient réunies dans un document unique soumis au vote du Parlement. Il est consacré par la LOLF qui affirme que « *l'ensemble des recettes assurant l'exécution de l'ensemble des dépenses, toutes les recettes et toutes les dépenses sont retracées sur un compte unique, intitulé budget général* ».

Les *budgets annexes* et les *comptes spéciaux*, qui sont rassemblés avec le budget général dans la loi de finances, constituent un aménagement au principe d'unité.

La LOLF indique que des budgets annexes peuvent retracer, dans les conditions prévues par une loi de finances, les seules opérations des services de l'État non dotés de la personnalité morale résultant de leur activité de production de biens ou de prestation de services donnant lieu au paiement de redevances, lorsqu'elles sont effectuées à titre principal par lesdits services. La création d'un budget annexe et l'affectation d'une recette à un budget annexe ne peuvent résulter que d'une disposition de loi de finances.

La LOLF, qui précise que les comptes spéciaux ne peuvent être ouverts que par une loi de finances, distingue 4 catégories de comptes spéciaux :

- les ***comptes d'affectation spéciale*** qui retracent les opérations budgétaires financées au moyen de recettes particulières qui sont, par nature, en relation directe avec les dépenses concernées ;
- les ***comptes de commerce*** qui retracent des opérations à caractère industriel et commercial effectuées à titre accessoire par des services de l'État non dotés de la personnalité morale ;
- les ***comptes d'opérations monétaires*** qui retracent les dépenses et les recettes de caractère monétaire ;
- et les ***comptes de concours financiers*** qui retracent les avances et prêts consentis par l'État.

Enfin, notons que l'unité budgétaire est remise en cause par une tendance constante à la débudgétisation des dépenses.

Le principe d'universalité

Le principe d'universalité se décompose en deux règles : la ***règle de non-compensation*** ou de non-contraction qui prohibe la compensation des dépenses et des recettes et la ***règle de non-affectation*** qui interdit l'affectation d'une recette à une dépense déterminée.

Les *budgets annexes* et les *comptes d'affectation spéciale* qui prévoient l'affectation de recettes à certains types d'opération viennent déroger à la règle de non-affectation.

C'est également le cas de deux autres procédures particulières : les *fonds de concours* et les *rétablissements de crédit.*

Les *fonds de concours* sont constitués, d'une part, par des fonds à caractère non fiscal versés par des personnes morales ou physiques pour concourir à des dépenses d'intérêt public et, d'autre part, par les produits de legs et donations attribués à l'État.

Peuvent donner lieu à *rétablissement de crédits* dans des conditions fixées par arrêté du ministre chargé des Finances : les recettes provenant de la restitution au Trésor de sommes payées indûment ou à titre provisoire sur crédits budgétaires et les recettes provenant de cessions entre services de l'État ayant donné lieu à paiement sur crédits budgétaires.

Les *prélèvements sur recettes,* qui constituent une dérogation importante à l'exigence de non-compensation, sont désormais mentionnés dans la LOLF qui indique qu'un « montant déterminé de recettes de l'État peut être rétrocédé directement au profit des collectivités territoriales ou des

Communautés européennes (...). Ces prélèvements sur les recettes de l'État sont, dans leur destination et leur montant, définis et évalués de façon précise et distincte ».

Le principe de spécialité

Le principe de spécialité budgétaire, qui a été fortement modifié par la LOLF, impose d'indiquer précisément le montant et la nature des opérations qui sont prévues par la loi de finances. Les crédits ouverts par les lois de finances pour couvrir chacune des charges budgétaires de l'État sont regroupés par mission relevant d'un ou plusieurs services d'un ou plusieurs ministères (art. 7. I, LOLF). Les crédits sont spécialisés par programme ou par dotation (art. 7. II, LOLF).

Le principe de spécialité connaît un certain nombre de dérogations. Ainsi, par exemple, les *virements de crédit* peuvent modifier la répartition des crédits entre programmes d'un même ministère. Toutefois, le montant cumulé des crédits ayant fait l'objet de virements ne peut dépasser 2 % des crédits ouverts pour chacun des programmes concernés.

Le principe de sincérité

Ce principe qui a été initialement dégagé par la jurisprudence du Conseil constitutionnel repose sur l'idée que la sincérité des prévisions budgétaires conditionne le respect du principe du consentement à l'impôt. La LOLF l'applique aux comptes de l'État et aux lois de finances.

Elle indique que « les lois de finances présentent de façon sincère l'ensemble des ressources et des charges de l'État. Leur sincérité s'apprécie compte tenu des informations disponibles et des prévisions qui peuvent raisonnablement en découler ».

En outre, « les comptes de l'État doivent être réguliers, sincères et donner une image fidèle de son patrimoine et de sa situation financière ».

2 Les lois de finances

On étudiera successivement les différentes lois de finances, la structure et l'adoption de la loi de finances de l'année ainsi que l'exécution des lois de finances.

Les différentes lois de finances

Ont le caractère de lois de finances : la loi de finances de l'année dite aussi loi de finances initiale, la loi de finances rectificative et la loi de règlement :

- la ***loi de finances de l'année*** est la loi prévoyant et autorisant, pour chaque année civile l'ensemble des ressources et des charges de l'État ;

- la ***loi de finances rectificative*** est la loi modifiant en cours d'exercice les dispositions de la loi de finances initiale. Il peut y avoir plusieurs lois de finances rectificatives au cours d'un même exercice budgétaire ;
- la ***loi de règlement*** est la loi qui retrace les recettes et les dépenses une fois le budget exécuté.

■ *La structure de la loi de finances de l'année*

La loi de finances de l'année détermine pour un exercice, la nature, le montant et l'affectation des ressources et des charges de l'État ainsi que l'équilibre budgétaire et financier qui en résulte. Elle tient compte d'un équilibre économique défini ainsi que des objectifs et des résultats des programmes qu'elle détermine.

Elle comprend deux parties distinctes :

- dans sa ***première partie***, elle ***autorise la perception des ressources publiques et comporte les voies et moyens garantissant l'équilibre financier***. Placé en clôture de la première partie du projet de loi de finances, l'*article d'équilibre* vient résumer les ressources du budget de l'État, fixer les plafonds de dépenses et déterminer le solde général ;
- dans sa ***seconde partie***, la loi de finances de l'année ***détermine*** pour le budget général, par mission, ***le montant des autorisations d'engagement et des crédits de paiement***. Elle fixe également, par ministère et par budget annexe, le plafond des autorisations d'emplois. Elle détermine le montant du plafond des reports et autorise l'octroi des garanties de l'État.

La seconde partie de la loi de finances, qui porte sur les « moyens des politiques publiques et dispositions spéciales », ne peut être discutée avant l'adoption de la première partie, laquelle détermine « les conditions générales de l'équilibre financier ».

Un certain nombre de documents et rapports (annexes explicatives « bleues », annexes générales « jaunes », documents de politique transversale appelés « oranges ») sont annexés au projet de loi de finances :

- les ***« bleus » budgétaires*** détaillent par mission les ouvertures de crédits proposées. Ils comprennent notamment le « Rapport sur la situation et les perspectives économiques, sociales et financières de la Nation » ;
- les ***« jaunes » budgétaires*** intéressent des domaines très divers (associations financées par l'État, personnels affectés dans les cabinets ministériels...).

Ces documents budgétaires ont vocation à aider le Parlement dans l'examen du projet de loi de finances et dans sa fonction de contrôle du Gouvernement. La LOLF a d'ailleurs renforcé ses pouvoirs de contrôle dans le cadre du vote et du contrôle du budget.

■ *L'adoption de la loi de finances de l'année*

Le projet de loi de finances, qui émane obligatoirement du Gouvernement, doit être déposé à l'Assemblée nationale en premier lieu, au plus tard le premier mardi d'octobre.

Le Parlement a 70 jours pour examiner et statuer sur ce projet de loi de finances. L'Assemblée nationale doit se prononcer, en première lecture, dans le délai de 40 jours après le dépôt du projet tandis que le Sénat doit lui se prononcer en première lecture dans un délai de 20 jours.

Si l'Assemblée nationale ne s'est pas prononcée en première lecture dans le délai de 40 jours après le dépôt du projet, le Gouvernement saisit le Sénat qui doit statuer dans un délai de 15 jours.

Si ce dernier n'a pas émis un vote en première lecture sur l'ensemble du texte dans le délai imparti, le Gouvernement saisit à nouveau l'Assemblée du texte soumis au Sénat, modifié, le cas échéant, par les amendements votés par le Sénat et acceptés par lui.

Le texte sera ensuite examiné selon la procédure d'urgence dans les conditions prévues à l'article 45 de la Constitution.

Enfin, dans le cas où le Parlement ne s'est pas prononcé dans un délai de 70 jours, les dispositions du projet de loi de finances peuvent être mises en vigueur par ordonnance. Ce cas ne s'est jamais présenté jusqu'ici.

■ *L'exécution des lois de finances*

L'exécution de la loi de finances va s'organiser autour de la distinction entre ordonnateurs et comptables. Après avoir examiné les agents de l'exécution du budget, il conviendra de présenter l'exécution des opérations de dépense et de recette.

a) Les agents d'exécution du budget : les ordonnateurs et les comptables

Les ordonnateurs prescrivent l'exécution des recettes et des dépenses. Ils se répartissent en 3 catégories : les ordonnateurs principaux (par exemple les ministres), les ordonnateurs secondaires (les préfets pour les services déconcentrés des administrations civiles d'État) et les ordonnateurs délégués.

Les comptables publics sont quant à eux des agents de droit public qui ont la charge exclusive de manier les deniers publics.

b) L'exécution des dépenses

Le décret n° 2012-1246 du 7 novembre 2012 relatif à la gestion budgétaire et comptable publique distingue 4 grandes phases dans l'exécution des dépenses publique :

- *l'engagement* est l'acte juridique par lequel un organisme public crée ou constate à son encontre une obligation de laquelle il résultera une dépense ;
- *la liquidation* a pour objet de vérifier la réalité de la dette et d'arrêter le montant de la dépense ;
- *l'ordonnancement* est l'ordre donné par l'ordonnateur au comptable de payer une dépense ;
- *le paiement* est l'acte par lequel l'organisme public va se libérer de sa dette.

c) L'exécution des recettes

Le décret du 7 novembre 2012 distingue 2 grandes phases dans l'exécution des recettes publiques :

- *la liquidation des recettes* qui consiste à déterminer le montant de la dette des redevables. Les recettes doivent être liquidées pour leur montant intégral, sans contraction avec les dépenses ;
- *le règlement des recettes* est fait par tout moyen ou instrument de paiement prévu par le Code monétaire et financier, dans les conditions précisées par arrêté du ministre chargé du budget.

Les finances locales

CHAPITRE
18

Les principes généraux des finances locales et les budgets des collectivités territoriales seront examinés successivement.

1 Les principes budgétaires locaux

Les budgets locaux doivent respecter les principes budgétaires « classiques » (annualité, unité, universalité, spécialité) auxquels s'ajoute le principe de l'équilibre budgétaire.

■ *Le principe d'annualité*

Chaque collectivité territoriale doit en principe adopter son budget pour l'année suivante avant le 1er janvier, mais la loi permet aux collectivités territoriales d'adopter leur budget jusqu'au 31 mars de l'année à laquelle il s'applique. Ce délai est repoussé au 15 avril lors des années électorales.

Le principe d'annualité fait l'objet d'un certain nombre d'aménagements : ainsi, le mécanisme de la ***journée complémentaire*** permet à la collectivité locale de procéder au mandatement de ses dépenses de fonctionnement jusqu'au 31 janvier de l'année suivante. Il s'agit de prolonger l'exécution des opérations de fonctionnement du budget de l'année précédente.

Selon l'article L. 1612-2 du Code général des collectivités territoriales (CGCT), si le budget n'est pas adopté avant le 31 mars de l'exercice auquel il s'applique, ou avant le 15 avril de l'année du renouvellement des organes délibérants, le représentant de l'État va saisir sans délai la chambre régionale des comptes (CRC) qui, dans le mois, et par un avis public, formulera des propositions pour le règlement du budget.

Cet avis rendu par la CRC sera transmis au préfet qui dispose d'un délai de 20 jours pour régler le budget et le rendre exécutoire par arrêté préfectoral. Dans le cas où il s'écarte des propositions de la CRC, il assortira sa décision d'une motivation explicite. En cas d'absence de motivation, le juge administratif pourra annuler l'arrêté préfectoral.

■ *Le principe d'unité*

Il implique que l'ensemble des dépenses et des recettes adoptées par l'assemblée délibérante soit rassemblé dans un document unique. Toutefois, ce principe connaît des exceptions. Ainsi, par exemple, il existe à côté du budget général des ***budgets annexes*** qui retracent les opérations effectuées par les services publics industriels et commerciaux. Les nombreux documents annexés au budget local comme les documents d'informations financières constituent une autre dérogation à la règle de l'unité.

■ *Le principe d'universalité*

Comme pour la loi de finances de l'État, ce principe qui exige que les recettes couvrent l'ensemble des dépenses comprend deux règles : la règle de non-compensation et la règle de non-affectation.

La règle de non-compension prohibe la compension des dépenses et des recettes. Toutes les dépenses et les recettes doivent être mentionnées dans le budget.

La règle de non-affection interdit l'affection d'une recette à une dépense déterminée. Cette règle connaît de nombreuses exceptions. Il existe en effet un certain nombre de recettes fiscales (taxes sur l'enlèvement des ordures ménagères, taxe de séjour...) qui doivent être affectées.

■ *Le principe de spécialité*

Les recettes et les dépenses ne sont autorisées que pour un objet particulier. Selon le CGCT, les crédits sont votés par chapitre ou, si l'assemblée locale en décide ainsi, par article. Le chapitre budgétaire demeure l'unité de vote normale du budget local.

Ce principe de spécialité connaît lui aussi des exceptions. Ainsi, la loi n° 88-13 du 5 janvier 1988 d'amélioration de la décentralisation a prévu que des ***crédits pour dépenses imprévues*** peuvent être portés au budget par l'assemblée délibérante, tant en section d'investissement qu'en section de fonctionnement, et cela dans la limite de 7,5 % des crédits correspondant aux dépenses réelles prévisionnelles de la section.

■ *Le principe d'équilibre*

Le budget des collectivités territoriales qui se présente en deux parties, une section de fonctionnement et une section d'investissement, doit être voté en équilibre réel.

Trois conditions cumulatives doivent être respectées :
- les deux sections doivent être votées en équilibre ;
- toutes les recettes et les dépenses doivent être évaluées de façon sincère ;
- enfin, le remboursement en capital des annuités de la dette arrivant à échéance doit être exclusivement couvert par des ressources définitives suffisantes.

Lorsque le budget d'une collectivité locale n'est pas voté en *équilibre réel*, l'autorité préfectorale saisit la Chambre régionale des comptes (CRC) dans un délai de 30 jours à compter de la transmission du budget. La CRC constate le déséquilibre et propose à la collectivité les mesures nécessaires au rétablissement de l'équilibre budgétaire. Elle demande également une nouvelle délibération à l'organe délibérant. Dans le cas où celui-ci ne satisferait pas aux recommandations de la CRC, le préfet procédera au règlement du budget.

2 Les budgets locaux

Les documents budgétaires, la structure des budgets locaux, l'adoption et l'exécution des budgets locaux seront présentés successivement.

■ *Les documents budgétaires locaux*

Le budget primitif va ouvrir un cycle budgétaire qui s'achèvera avec le compte administratif.

a) Le budget primitif

Il constitue le ***premier acte obligatoire du cycle budgétaire annuel de la collectivité territoriale***. Ce document obligatoire ***va prévoir et autoriser pour l'année à venir les dépenses et les recettes locales***. Le budget primitif de la commune doit être voté par le Conseil municipal avant le 15 avril de l'année à laquelle il se rapporte et transmis au représentant de l'État dans les 15 jours qui suivent son approbation.

b) Les modifications apportées au budget primitif

Le budget primitif, qui correspond à la loi de finances initiale, peut être modifié ou ajusté au cours de l'exercice budgétaire. Il peut effectivement être complété par un ou plusieurs budgets supplémentaires.

Le ***budget supplémentaire***, qui peut être comparé aux lois de finances rectificatives pour le budget de l'État, ***permet d'apporter des rectifications par rapport au budget primitif***. Il permet également de reprendre dans le budget de l'année en cours les résultats de l'exercice budgétaire précédent. Par ailleurs, des ***décisions modificatives*** permettent également d'apporter des modifications par rapport au budget primitif. Elles peuvent intervenir pendant toute la durée de l'exercice budgétaire.

c) Le compte administratif

Il est au budget local ce que la loi de règlement est au budget de l'État. Selon l'article L. 1612-12 du CGCT, « *l'arrêté des comptes de la collectivité territoriale est constitué par le vote de l'organe délibérant sur le compte administratif présenté (par l'exécutif local) après transmission, au plus tard le 1er juin de l'année suivant l'exercice, du compte de gestion établi par le comptable de la collectivité territoriale. Le vote de l'organe délibérant arrêtant les comptes devra intervenir au plus tard le 30 juin de l'année suivant l'exercice* ».

Le compte administratif sera arrêté si une majorité des voix ne s'est pas dégagée contre son adoption. Lorsque l'assemblée locale refuse de l'approuver, la CRC sera saisie pour avis par le préfet, aux fins de se prononcer sur la conformité entre le projet de compte administratif présenté par l'exécutif local et le compte de gestion établi par le comptable de la collectivité.

■ *La structure des budgets locaux*

Le budget des collectivités territoriales se présente en deux parties, une section de fonctionnement et une section d'investissement. Chacune de ces sections, qui se compose d'une colonne dépense et d'une colonne recette, doit être présentée en équilibre.

a) La section de fonctionnement

Elle retrace toutes les opérations de dépenses et de recettes nécessaires à la gestion courante des services de la collectivité territoriale.

S'agissant des dépenses, on trouve par exemple les charges de personnel, les charges liées aux achats de services et de fournitures ainsi que le paiement des intérêts des emprunts. Pour les recettes, il s'agit notamment des produits de l'exploitation du domaine, des recettes fiscales provenant des impôts directs locaux ainsi que des dotations versées par l'État comme la dotation globale de fonctionnement (DGF), laquelle est la plus importante contribution de l'État aux collectivités locales.

L'excédent de recettes par rapport aux dépenses, qui sera dégagé par la section de fonctionnement, sera affecté prioritairement au remboursement du capital emprunté par la collectivité territoriale. Le surplus constitue l'autofinancement de la collectivité qui permettra de financer des investissements prévus par cette dernière.

b) La section d'investissement

Elle présente les programmes d'investissements nouveaux ou en cours et est par nature celle qui a vocation à augmenter la valeur du patrimoine de la collectivité territoriale.

En ce qui concerne les dépenses, on trouve notamment le remboursement du capital des emprunts et les dépenses d'équipement de la collectivité territoriale. S'agissant des recettes, celles-ci comprennent en particulier les subventions reçues (la dotation globale d'équipement, le fonds de compensation pour la TVA qui constitue la principale aide de l'État aux collectivités locales en matière d'investissement) ainsi que le produit de la vente du patrimoine.

■ *L'adoption du budget local*

La procédure budgétaire locale se caractérise par la primauté de l'organe délibérant. L'adoption du budget par l'assemblée locale est précédée d'un débat d'orientation budgétaire.

a) Le débat d'orientation budgétaire (DOB)

La loi du 6 février 1992 a étendu aux communes de 3 500 habitants et plus, ainsi qu'aux régions, l'obligation d'organiser un DOB qui était déjà prévue pour les départements depuis la loi du 2 mars 1982.

L'article L. 2312-1 du CGCT indique que dans les communes de 3 500 habitants et plus, un débat a lieu au conseil municipal sur les orientations générales du budget dans un délai de 2 mois précédant l'examen de celui-ci

Pour les départements, ce DOB doit avoir lieu au conseil départemental dans un délai de 2 mois précédant l'examen du budget. Pour les régions, ce DOB doit avoir lieu au conseil régional dans un délai de 10 semaines précédant l'examen du budget.

Ce débat est une formalité substantielle à l'adoption du budget. Une délibération sur le budget non précédée du débat d'orientation budgétaire serait entachée d'illégalité (*TA de Versailles, 28 décembre 1993, Commune de Fontenay le Fleury*).

b) L'information des élus locaux

Les membres de l'assemblée délibérante concernée doivent être convoqués suffisamment tôt et informés par une communication préalable des documents budgétaires.

Dans les communes de moins de 3 500 habitants, la convocation est adressée 3 jours francs au moins avant la réunion du conseil municipal.

Dans les départements et les régions, cette information devra avoir lieu 12 jours au moins avant la réunion de l'assemblée délibérante.

Pour les communes de 3 500 habitants et plus, la convocation, qui sera accompagnée d'une note explicative de synthèse, sera adressée aux membres du conseil municipal 5 jours francs avant la réunion du conseil. De plus, l'article L. 2313-1 du CGCT présente la liste des annexes qui doivent être jointes aux documents budgétaires (liste des concours attribués par la commune aux associations sous forme de prestations en nature ou de subventions...).

c) Le vote du budget local

L'organe délibérant est seul compétent pour se prononcer sur le budget qui est présenté par l'exécutif de la collectivité territoriale. Le quorum doit être réuni au moment du vote du budget local. Le vote peut se faire au scrutin secret lorsque le tiers des membres présents le réclame. Il se fera par chapitre à moins que l'assemblée délibérante décide de le faire par article.

d) La transmission au préfet

Le budget primitif de la collectivité territoriale est transmis au préfet de département au plus tard quinze jours après le délai limite fixé pour son adoption (art. L. 1612-8, CGCT).

e) La publicité du budget adopté

Le budget est mis à la disposition du public dans les quinze jours qui suivent son adoption.

■ *L'exécution du budget local*

Elle suit pour l'essentiel les mêmes règles que l'exécution du budget de l'État et va s'organiser autour de la distinction entre ordonnateurs et comptables publics.

Seuls les exécutifs locaux (maire, président du conseil départemental ou régional) ont la qualité d'ordonnateurs principaux. Les ordonnateurs délégués bénéficient quant à eux d'une délégation de signature de la part de l'ordonnateur principal.

Le comptable local est un fonctionnaire de l'État qui appartient au corps des comptables du Trésor. Le comptable de la commune (*receveur municipal*), du département (*payeur départemental*) ou de la région (*payeur régional)* est un comptable public de l'État qui a la qualité de comptable principal. Il est nommé par le ministre chargé du Budget après information préalable, selon le cas, du ou des maires concernés, du président du conseil départemental ou du président du conseil régional (art. L. 1617-1, CGCT).

Le comptable de la région et du département ne peut être chargé des fonctions de comptable de l'État.

Les finances européennes

Chapitre 19

Les principes généraux des finances publiques européennes et le contenu du budget de l'Union européenne seront examinés successivement.

1 Les principes budgétaires européens

Ces huit principes budgétaires ont été définis par le règlement financier (RF) n° 1605/2002 du 25 juin 2002 du Conseil, lequel règlement a été modifié par le règlement n° 1081/2010 du 24 novembre 2010 qui a été adopté suite à l'entrée en vigueur du Traité de Lisbonne.

■ *Le principe d'unité et de vérité budgétaire*

Toutes les recettes et les dépenses de l'Union doivent être inscrites dans le budget général de l'UE. Ce dernier est un acte unique qui « *prévoit et autorise, pour chaque exercice, l'ensemble des recettes et des dépenses estimées nécessaires de l'Union européenne et de la Communauté européenne de l'énergie Atomique* » (art. 4, RF). « *Aucun crédit ne peut être inscrit au budget s'il ne correspond pas à une dépense estimée nécessaire* » (art. 5, RF).

■ *Le principe d'annualité budgétaire*

Les dépenses inscrites au budget de l'UE sont autorisées pour la durée d'un seul exercice budgétaire. Ce dernier commence le 1er janvier et s'achève le 31 décembre (art. 313, TFUE).

Le budget comporte des crédits non dissociés et des crédits dissociés, lesquels donnent lieu à des crédits d'engagement et à des crédits de paiement :

- les ***crédits d'engagement*** couvrent le coût total des engagements juridiques souscrits pendant l'exercice budgétaire en cours ;
- les ***crédits de paiement*** couvrent les paiements qui découlent de l'exécution des engagements juridiques souscrits au cours de l'exercice et/ou des exercices antérieurs (art. 7, RF).

Les crédits non utilisés à la fin de l'exercice budgétaire pour lequel ils ont été inscrits seront annulés. Mais ils peuvent faire l'objet d'une décision de report limité au seul exercice suivant (art. 9, RF).

■ *Le principe d'équilibre budgétaire*

Le budget de l'UE doit être équilibré en recettes et en dépenses (art. 310, TFUE). Il est « *intégralement financé par des ressources propres* » (art. 311, TFUE). L'UE n'est pas autorisée à recourir à l'emprunt pour financer ses dépenses (art. 14, RF).

■ *Le principe d'unité de compte*

Le budget de l'UE est établi, exécuté et fait l'objet d'une reddition des comptes en euros.

■ *Le principe d'universalité budgétaire*

Ce principe se décompose en deux règles :

- ***la règle de la non-compensation ou de la non-contraction*** : « les recettes et les dépenses sont inscrites sans contraction entre elles » ;
- ***la règle de la non-affectation*** : « *l'ensemble des recettes couvre l'ensemble des crédits de paiement* ». Cette règle connaît un certain nombre de dérogations comme les contributions financières des États membres relatives à certains programmes de recherche (art. 18, RF).

■ *Le principe de spécialité budgétaire*

Les crédits sont spécialisés par titres et chapitres ; les chapitres sont subdivisés en articles et postes (art. 21, RF).

Un titre correspond à un domaine politique et un chapitre correspond, en règle générale, à une activité (art 41, RF).

On notera que ce principe connaît des exceptions. En effet, le règlement financier du Conseil détermine les règles de virements de crédit.

■ *Le principe de bonne gestion financière*

L'article 27 du règlement financier du Conseil précise que « *les crédits budgétaires sont utilisés conformément au principe de bonne gestion financière, à savoir conformément aux principes d'économie, d'efficience et d'efficacité* ».

Le ***principe d'efficience*** est celui qui « *vise le meilleur rapport entre les moyens mis en œuvre et les résultats obtenus* ».

Le ***principe d'efficacité*** est quant à lui présenté comme celui qui « *vise l'atteinte des objectifs spécifiques fixés et l'obtention des résultats escomptés* ».

■ *Le principe de transparence*

« *Le budget est établi, exécuté et fait l'objet d'une reddition de comptes dans le respect du principe de transparence* » (art. 29, RF). Le budget et les budgets rectificatifs doivent être publiés au *Journal officiel de l'Union européenne.* C'est également le cas des comptes annuels consolidés et du rapport sur la gestion budgétaire et financière établi par chaque institution de l'UE.

2 Le budget de l'Union européenne

■ *Le contenu du budget de l'Union européenne*

Selon l'article 311 du TFUE, « *le budget est, sans préjudice des autres recettes, intégralement financé par des ressources propres* ».

Les ***ressources propres*** sont les ressources propres traditionnelles (droits de douane perçus sur les importations dans l'Union de produits provenant d'États tiers, prélèvements agricoles), la « ressource TVA » et la ressource complémentaire d'équilibre (ressource RNB) qui correspond à un prélèvement sur le revenu national brut de chaque pays membre.

Les amendes sanctionnant les entreprises qui méconnaissent les règles européennes comme les contributions de pays tiers à certains programmes de l'UE font partie des *autres recettes* qui contribuent également au financement du budget général de l'UE.

S'agissant des dépenses budgétaires, il convient de distinguer les ***dépenses dites « opérationnelles »*** de l'UE, qui concernent les actions et politiques de l'Union, des ***dépenses de fonctionnement*** (salaires et pensions des fonctionnaires européens...).

■ *L'élaboration du budget de l'Union européenne*

La Commission européenne, qui participe à la procédure budgétaire, est chargée de la perception des recettes du budget de l'UE. La Commission établit le bilan de l'année écoulée, décrivant « l'actif et le passif de l'Union » et le transmet au Conseil et au Parlement (art. 318, TFUE). Elle élabore également un projet de budget qui opère la synthèse des états prévisionnels des dépenses de chacune des institutions européennes. Cet avant-projet sert de document de travail au Conseil.

Le Traité de Lisbonne de 2007 est venu accroître les pouvoirs budgétaires de ce dernier en supprimant la distinction entre les « *dépenses obligatoires* » (essentiellement les dépenses agricoles qui représentaient environ 60 % du budget) et les « *dépenses non obligatoires* » (toutes les autres dépenses). Le Conseil et le Parlement déterminent désormais, dans le cadre de la procédure législative ordinaire, la totalité des dépenses. La procédure budgétaire est nettement simplifiée avec une seule lecture par institution et un calendrier plus resserré.

La procédure budgétaire annuelle prévoit effectivement que le budget est adopté après une seule lecture au Conseil et au Parlement européen avec, en cas de désaccord, un ***Comité de conciliation*** chargé d'approuver un projet commun.

Cependant, si un accord est intervenu au sein du Comité entre les représentants du Parlement et ceux du Conseil, mais que ce dernier le rejette, le Parlement européen pourra statuer définitivement à la majorité des trois cinquièmes en reprenant tout ou partie des amendements adoptés par lui en première lecture. Dans le cas où il ne parviendrait pas à confirmer un de ses amendements à cette majorité, le budget sera adopté sur la base de l'accord du Comité de conciliation.

Enfin, dans l'hypothèse d'un rejet du projet commun du Comité par le Conseil et le Parlement ou dans le cas d'une approbation par le Conseil et d'un rejet par le Parlement, un nouveau projet de budget devra être présenté par la Commission européenne.

■ *L'exécution du budget de l'Union européenne*

a) Le rôle de la Commission européenne

La Commission exécute le budget de l'Union en coopération avec les États membres, sous sa propre responsabilité et dans la limite des crédits alloués, conformément au principe de la bonne gestion financière (art. 317, TFUE).

b) Les agents d'exécution du budget de l'UE

L'*ordonnateur* est chargé dans chaque institution de l'UE d'exécuter les recettes et les dépenses conformément aux principes de bonne gestion financière et d'en assurer la légalité et la régularité.

Chaque institution de l'UE désigne un *comptable* qui est notamment chargé de la bonne exécution des paiements, de l'encaissement des recettes et du recouvrement des créances constatées.

BIBLIOGRAPHIE

- AUBIN (E.), *La Fonction publique. Le droit applicable aux trois fonctions publiques*, Gualino éditeur, 5e éd., 2012.
- DAMAREY (S.), *L'essentiel des Finances publiques*, Gualino éditeur, 2013.
- DE BELLESCIZE (R.), *Mémentos LMD Droit administratif général*, Gualino éditeur, 2013.
- DE DAVID BEAUREGARD-BERTHIER (O.), *Mémentos LMD Droit administratif des biens*, Gualino éditeur, 9e éd., 2013.
- GRANDGUILLOT (D.), *En poche Les collectivités territoriales en France*, Gualino éditeur, 2e éd. 2013.
- MOUZET (P.), *L'essentiel des finances locales*, Gualino éditeur, 7e éd., 2012.
- ROUAULT (M.-C.), *Mémentos LMD Contentieux administratif*, Gualino éditeur, 5e éd., 2013.
- STECKEL (M.-C.), *L'essentiel des finances publiques communautaires*, Gualino éditeur, 2e éd., 2007.
- TÜRK (P.), *Principes fondamentaux de droit constitutionnel*, Gualino éditeur, 6e éd., 2013.
- ZARKA (J.– C.), *L'essentiel de l'Histoire constitutionnelle et politique de la France, (de 1789 à nos jours)*, Gualino éditeur, 6e éd. 2013.
- ZARKA (J.-C.), *L'essentiel des Institutions de l'Union européenne* 2013-2014, Gualino éditeur, 15e éd., 2013.

BIBLIOTHÈQUE UNIVERSITAIRE
AVIGNON

Achevé d'imprimer par France Quercy, 46090 Mercuès
N° d'impression : 40488 - Dépôt légal : avril 2014

IMPRIM'VERT

Imprimé en France